DStR-Schriftenreihe

Ebling/Heuermann
Die Kindergeldauszahlung durch den Arbeitgeber

Die Kindergeldauszahlung durch den Arbeitgeber

Die Neuregelung des Kindergeldes
im Einkommensteuergesetz
(Familienleistungsausgleich)

von

Dr. Klaus Ebling   Bernd Heuermann
Vors. Richter am BFH   Richter am FG

C.H.BECK'SCHE VERLAGSBUCHHANDLUNG
MÜNCHEN 1996

Die Deutsche Bibliothek – CIP-Einheitsaufnahme
Ebling, Klaus:
Die Kindergeldauszahlung durch den Arbeitgeber : die Neuregelung des Kindergeldes im Einkommensteuergesetz (Familienleistungsausgleich) / von Klaus Ebling ; Bernd Heuermann. – München : Beck, 1996
  (DStR-Schriftenreihe)
  ISBN 3 406 40737 4
NE: Heuermann, Bernd

ISBN 3 406 40737 4

© C. H. Beck'sche Verlagsbuchhandlung (Oscar Beck), München 1996
Druck der C. H. Beck'schen Buchdruckerei, Nördlingen
Gedruckt auf säurefreiem Papier
Hergestellt aus chlorfrei gebleichtem Zellstoff

Vorwort

Mit dem Jahressteuergesetz 1996 hat der Gesetzgeber das Kindergeldrecht auf eine neue, nunmehr steuerrechtliche Grundlage gestellt und es dabei in engem rechtlichen Zusammenhang mit den Kinderfreibeträgen geregelt. Diese beiden Teile des neuen Kinder*leistungs*ausgleichs sollen in ihrer Verbundenheit das finanzielle Existenzminimum eines Kindes gewährleisten. Ob dieses Ziel erreicht ist, mag zweifelhaft sein. Der eingeschlagene Weg ist jedenfalls dem Grunde nach zu befürworten. Dies gilt vornehmlich für die mit der Neuregelung verbundene stärkere Anerkennung der Leistungen der Familien mit Kindern. Der Umstand, daß das Bundesverfassungsgericht hierfür einen wesentlichen Anstoß gegeben hat, fällt dabei mit Blick auf das vorliegende Ergebnis nicht mehr allzu sehr ins Gewicht. Zu begrüßen ist auch die Harmonisierung zwischen Einkommensteuer- und Kindergeldrecht. Es bleibt jedoch zu bemängeln, daß einmal mehr eine originäre Aufgabe des Staates, hier: die Zahlung des Kindergeldes, ohne zwingende Notwendigkeit auf Dritte, nämlich die privaten Arbeitgeber, überwälzt worden ist.

Durch die Neuregelung des Kindergeldrechts ergibt sich eine Vielzahl neuer rechtlicher und verwaltungstechnischer Fragen, vornehmlich zwar für den privaten Arbeitgeber, aber ebenso für die Arbeitsämter, die sich – als Familienkassen – nunmehr ebenfalls mit steuerrechtlichen Vorschriften zu befassen haben. Aber auch die Finanzverwaltung und die öffentlich-rechtlichen Arbeitgeber werden sich mit dem Familienleistungsausgleich vertraut zu machen haben. Die vorliegende Broschüre soll dazu beitragen, Arbeitgebern und ihren Beratern sowie Behörden den Umgang mit der neuen Rechtsmaterie zu erleichtern, um so das neue Recht möglichst reibungslos umsetzen zu können.

München, im Januar 1996   Der Verfasser

Inhaltsübersicht

Inhaltsverzeichnis VII
Abkürzungsverzeichnis XXI
Schrifttum XXIII

Kapitel 1
Grundzüge der am 1. Januar 1996 in Kraft getretenen Neuregelungen zum Kindergeld und zum Kinderfreibetrag 1

Kapitel 2
Das Kindergeld. 6

Kapitel 3
Festsetzung des Kindergeldes durch Bescheid 60

Kapitel 4
Festsetzung und Zahlung des Kindergeldes an Angehörige des öffentlichen Dienstes 67

Kapitel 5
Festsetzung und Zahlung des Kindergeldes an Arbeitnehmer außerhalb des öffentlichen Dienstes 81

Kapitel 6
Zahlung des Kindergeldes in Sonderfällen (§ 74 EStG) 95

Kapitel 7
Nachzahlung und Rückforderung von Kindergeld 103

Kapitel 8
Besondere Mitwirkungspflichten (Auskunfts-, Mitteilungs-, Bescheinigungspflichten; Auskunftsrechte) 106

Kapitel 9
Pflichten des privaten Arbeitgebers 110

Kapitel 10
Haftung des Arbeitgebers und Außenprüfung. 113

Kapitel 11
Überprüfung des Fortbestehens von Anspruchsvoraussetzungen durch Meldedaten-Übermittlung 114

Kapitel 12
Aufrechnung und Pfändungsschutz 116

Kapitel 13
Erstattung von Kosten im Vorverfahren 119

Kapitel 14
Übergangsregelungen – Weitergelten des BKGG 124

Kapitel 15
Organisation und Lastenverteilung 126

Anhang 129

Stichwortverzeichnis 205

Inhaltsverzeichnis

Abkürzungsverzeichnis XXI
Schrifttum XXIII

Kapitel 1
Grundzüge der am 1. Januar 1996 in Kraft getretenen Neuregelungen zum Kindergeld und zum Kinderfreibetrag

A. Familien*leistungs*ausgleich anstelle des Familien*lasten*ausgleichs 1
B. Die einzelnen Komponenten des neuen Familienleistungsausgleichs im Überblick 2
C. Vergleich des bisherigen dualen Systems mit den Neuregelungen 3
D. Auswirkungen der Systemumstellung anhand von Beispielen 4
E. Schlußfolgerungen hieraus 5

Kapitel 2
Das Kindergeld

A. Der Rechtscharakter des Kindergeldes 6
   I. Das Kindergeld als Steuervergütung 6
   II. Kindergeld unabhängig vom Einkommen der Anspruchsberechtigten . 6
B. Die alternative Inanspruchnahme von Kindergeld und Kinderfreibetrag . . 7
   I. Abzug des Kinderfreibetrags anstelle von Kindergeld, wenn ein solcher Abzug zu einer höheren steuerlichen Entlastung führt 7
   II. Möglichkeit höherer Entlastung bereits während des laufenden Jahres . 9
C. Der begünstigte Personenkreis 10
   I. Anlehnung an das bisherige Kindergeldrecht 10
   II. Anspruchsberechtigt sind grundsätzlich nur Personen, die in der Bundesrepublik Deutschland unbeschränkt einkommensteuerpflichtig sind 10
      1. Die Voraussetzungen der unbeschränkten Steuerpflicht gemäß § 1 Abs. 1 EStG 11
      2. Erweiterte unbeschränkte Steuerpflicht gemäß § 1 Abs. 2 EStG . . . 11
      3. Erweiterte unbeschränkte Steuerpflicht gemäß § 1 Abs. 3 EStG . . . 11
   III. Deutsche Bedienstete ausländischer Organisationen 12
   IV. Im Inland unbeschränkt steuerpflichtige Ausländer sind nur dann anspruchsberechtigt, wenn sie weitere Voraussetzungen erfüllen 12
      1. Erfordernis einer Aufenthaltsgenehmigung 12
      2. Der Besitz einer Aufenthaltsberechtigung 13
      3. Der Besitz einer Aufenthaltserlaubnis 13
   V. Der Begriff des Ausländers im Sinne des Kindergeldrechts 14
      1. Maßgebend ist der Ausländerbegriff des Ausländergesetzes 14

       2. Sonderstatus der Angehörigen anderer Mitgliedstaaten der Europäischen Gemeinschaft 14
       3. Asylberechtigte Ausländer/Politisch Verfolgte 15
   VI. Kein Kindergeldanspruch bei nur vorübergehender Entsendung des Ausländers in das Inland 15
       1. Die Anspruchsberechtigung des entsandten Ausländers selbst 15
       2. Die Anspruchsberechtigung des Ehegatten eines nur zur vorübergehender Dienstleistung entsandten Ausländers 16
           a) Der Ehegatte ist selbst Ausländer 16
           b) Der Ehegatte ist Deutscher 17
           c) Beitragspflichtige/beitragsfreie Arbeitnehmer 17
   VII. Einfluß zwischenstaatlicher Abkommen auf den Kindergeldanspruch . 18
D. Welche Kinder werden berücksichtigt? 18
   I. Der gemäß § 63 Abs. 1 EStG maßgebliche Personenkreis 18
       1. Anlehnung an die Regelung im bisherigen § 2 BKGG 18
       2. Kinder im Sinne von § 32 Abs. 1 EStG 19
           a) Kinder, die im ersten Grad mit dem Steuerpflichtigen (Anspruchsberechtigten) verwandt sind (§ 32 Abs. 1 Nr. 1 EStG)... 19
           b) Pflegekinder 19
       3. Vom Berechtigten in seinen Haushalt aufgenommene Kinder seines Ehegatten (Stiefkinder) 19
       4. Vom Berechtigten in seinen Haushalt aufgenommene Enkel 20
       5. Geschwister werden nicht „als Kinder" berücksichtigt 21
   II. Die Aufnahme von Kindern/Enkeln in den eigenen Haushalt des Berechtigten 21
       1. Der Tatbestand der Haushaltsaufnahme 21
           a) Anlehnung an § 2 Abs. 1 BKGG a. F. 21
           b) Die Voraussetzungen im einzelnen 21
       2. Haushalt des Anspruchsberechtigten 23
   III. Entsprechende Anwendung des § 32 Abs. 4 und 5 EStG 24
       1. Maßgebliche Altersgrenzen 24
       2. Wegfall des Kindergeldanspruchs bei eigenen Einkünften und Bezügen des volljährigen Kindes in bestimmter Höhe 26
           a) Kein Kindergeldanspruch, wenn eigene Einkünfte und Bezüge des Kindes dessen Existenzminimum gewährleisten 26
           b) Maßgebende Grenze 27
           c) Der Begriff der eigenen „Einkünfte" und „Bezüge" des Kindes.. 28
               aa) „Einkünfte" 28
               bb) „Bezüge, die zur Bestreitung des Unterhalts oder ihrer Berufsausbildung bestimmt und geeignet sind" 30
               cc) Nicht anrechenbare eigene Einkünfte und Bezüge des Kindes.. 31
               dd) Einkünfte des Kindes aufgrund gelegentlicher Arbeiten (Ferienjobs u. ä.) 32
           d) Mitwirkungs- und Nachweispflichten bei volljährigen Kindern . 33
   IV. Kinder ohne Wohnsitz oder gewöhnlichen Aufenthalt im Inland werden nur ausnahmsweise berücksichtigt 34
       1. Leben im Haushalt eines Steuerpflichtigen, der der erweiterten unbeschränkten Steuerpflicht unterliegt 34

Inhaltsverzeichnis

2. Wohnsitz oder gewöhnlicher Aufenthalt im Inland	35
3. Anspruch auf Kindergeld aufgrund über- oder zwischenstaatlichem Recht	35
V. Die Verordnungsermächtigung, § 63 Abs. 2 EStG	36

E. Wer erhält das Kindergeld, wenn mehrere Personen für dasselbe Kind anspruchsberechtigt sind? ... 36
   I. Kindergeld wird nur an einen Berechtigten gezahlt ... 36
      1. Jedes Kind wird nur einmal und dies nur bei einem Berechtigten berücksichtigt ... 36
      2. Die Grundsatzregelung des § 64 Abs. 1 betrifft nur das sog. Zahlkind ... 37
   II. Die Rangfolge bei mehreren Berechtigten ... 38
      1. Die Bestimmung der Rangfolge bei mehreren Berechtigten (§ 64 Abs. 2 EStG) ... 38
      2. Vorrang der Haushaltszugehörigkeit ... 38
      3. Gemeinsamer Haushalt von gleichrangig Berechtigten ... 39
         a) Bestimmung des Berechtigten durch übereinstimmende Willenserklärungen (§ 64 Abs. 2 Satz 2 EStG) ... 39
         b) Bestimmung des Berechtigten durch das Vormundschaftsgericht (§ 64 Abs. 2 Satz 3 EStG) ... 40
            aa) Die materiell-rechtlichen Voraussetzungen ... 40
            bb) Das Antragsrecht gemäß § 64 Abs. 2 Satz 4 EStG ... 40
            cc) Das Verfahren vor dem Vormundschaftsgericht ... 41
            dd) Die Entscheidung des Vormundschaftsgerichts ... 41
            ee) Rechtsmittel gegen die Entscheidung des Vormundschaftsgerichts ... 43
      4. Gemeinsamer Haushalt nicht gleichrangig Berechtigter ... 43
         a) Vorrangige Zahlung an einen Elternteil ... 43
         b) Der kindergeldberechtigte Elternteil kann wirksam auf den Vorrang verzichten ... 44
   III. Kindergeldberechtigung in den Fällen, in denen das Kind nicht in den Haushalt eines Berechtigten aufgenommen ist (§ 64 Abs. 3 ESt) ... 44

F. Leistungen, die das Kindergeld ganz oder teilweise ausschließen (Kumulationsverbot) ... 45
   I. Das Kumulationsverbot des § 65 EStG ... 45
      1. Doppelleistungen sollen grundsätzlich ausgeschlossen werden ... 45
      2. Es genügt bereits das Bestehen eines materiell-rechtlichen Anspruchs auf die andere Leistung, nicht erforderlich ist, daß diese tatsächlich erbracht wird ... 45
   II. Die einzelnen Ausschlußtatbestände ... 46
      1. Kinderzulagen aus der gesetzlichen Unfallversicherung und Kinderzuschüsse aus den gesetzlichen Rentenversicherungen ... 46
         a) Bedeutsam nur noch bei Ansprüchen aufgrund der vor dem 1. 1. 1984 bestehenden Rechtslage ... 46
         b) Kinderzulage gemäß § 583 RVO ... 46
         c) Kinderzuschuß gemäß § 270 SGB VI, § 60 RKG ... 47
         d) Die anderen Leistungen müssen für dasselbe Kind und denselben Zeitraum erbracht werden ... 47

e) Kein Ausschluß der Kindergeldzahlung bei anderen Leistungen der Sozialversicherung als die in § 65 Abs. 1 Nr. 1 EStG aufgeführt sind 48
2. Vergleichbare Leistungen, die im Ausland gewährt werden 48
3. Vergleichbare Leistungen einer zwischen- oder überstaatlichen Einrichtung. 49
4. Leistungen im Sinne des § 65 Abs. 1 Satz 1 EStG stehen dem Kindergeld auch im übrigen Anwendungsbereich des EStG gleich 49
5. Konkurrenz mit Ansprüchen auf Kindergeld nach EG-Recht 49
III. Das Teilkindergeld. 49
G. Die Höhe des Kindergeldes 50
I. Die Höhe des Kindergeldes ist abhängig von der Zahl der Kinder 50
II. Die neuen Kindergeldbeträge sind mit den vor 1996 gezahlten nicht vergleichbar. 51
H. Entstehen und Erlöschen des Anspruchs auf Zahlung von Kindergeld 52
I. Der Leistungszeitraum bemißt sich nach Kalendermonaten 52
II. Der Zeitpunkt des Entstehens des Kindergeldanspruchs 52
III. Der Zeitpunkt des Wegfalls des Kindergeldanspruchs 52
IV. Anspruch auf Kindergeld besteht für einen gesamten Monat, wenn die Anspruchsvoraussetzungen zu irgendeinem Zeitpunkt während dieses Monats vorgelegen haben 52
V. Der Anspruch auf Auszahlung des Kindergeldes geht auf den Gesamtrechtsnachfolger über 53
I. Die rückwirkende Zahlung von Kindergeld 54
I. Sechsmonatsfrist ist einzuhalten 54
II. Berechnung der Sechsmonatsfrist 54
III. Folgen einer Fristversäumnis 55
IV. Entstehen und Erhöhen eines Kindergeldanspruchs aufgrund einer rückwirkend erlassenen Rechtsverordnung. 55
J. Der Kindergeldantrag 56
I. Das Antragsverfahren 56
1. Das Kindergeld wird nur auf Antrag gezahlt 56
2. Die Rechtsnatur des Antrags 57
3. Form und Wirksamkeit des Antrags 57
II. Die zuständige Familienkasse als Empfängerin des Antrags 58
III. Die Antragsberechtigten 58
IV. Anzeigepflicht bei Kindern, die das 18. Lebensjahr vollendet haben . . . 59
K. Der Zahlungszeitraum 59

Kapitel 3
Festsetzung des Kindergeldes durch Bescheid

A. Das Kindergeld wird regelmäßig durch Bescheid festgesetzt 60
I. Beibehaltung des bisherigen Verfahrens 60
II. Das Festsetzen des Kindergeldes durch Steuerbescheid 60
1. Die für die Steuerfestsetzung geltenden Vorschriften sind auf die Festsetzung des Kindergeldes sinngemäß anzuwenden 60

Inhaltsverzeichnis

2. § 70 Abs. 1 Satz 1 EStG hat – anders als Satz 2 – lediglich deklaratorische Bedeutung 61
3. Ein schriftlicher Bescheid ist grundsätzlich stets dann zu erteilen, wenn der Antrag abgelehnt oder ihm nur teilweise stattgegeben wird 61
4. Die für die Erteilung des Kindergeldbescheids sachlich und örtlich zuständige Familienkasse 62
III. Die Voraussetzungen, unter denen die Erteilung eines schriftlichen Bescheids nicht erforderlich ist 62
 1. Es bedarf nicht eines *schriftlichen* Bescheids 62
 2. Die einzelnen Anwendungsarten des § 70 Abs. 1 Satz 2 EStG 63
  a) Dem Kindergeldantrag wird entsprochen (§ 70 Abs. 1 Satz 2 Nr. 1 EStG) 63
  b) Die Anzeige durch den Berechtigten (§ 70 Abs. 1 Satz 2 Nr. 2 EStG) 63
  c) Das Kind vollendet das 18. Lebensjahr, ohne daß eine Anzeige gemäß § 67 Abs. 2 EStG erstattet wird 64
IV. Aufhebung und Änderung der Kindergeldfestsetzung (§ 70 Abs. 2 EStG) 64
V. Rechtsbehelfe bei erstmaliger Festsetzung und Änderung des Kindergeldes 65
 1. Einspruch gegen Verwaltungsakte der Familienkasse 65
 2. Finanzrechtsweg eröffnet 65

Kapitel 4
Festsetzung und Zahlung des Kindergeldes an Angehörige des öffentlichen Dienstes

A. Grundsatz: Festsetzung und Auszahlung durch die Familienkasse 67
B. Zahlung des Kindergeldes an Angehörige des öffentlichen Dienstes 67
 I. Grundsätzlich ist gemäß § 72 Abs. 1 EStG der Dienstherr für Festsetzung und Zahlung des Kindergeldes zuständig 67
 II. Der von der Regelung des § 72 Abs. 1 EStG erfaßte Personenkreis ... 68
  1. Maßgeblich ist der öffentlich-rechtliche Status des Dienstherrn ... 68
  2. Personen, die in einem öffentlich-rechtlichen Dienst-, Amts- oder Ausbildungsverhältnis stehen (§ 72 Abs. 1 Satz 1 Nr. 1 EStG) 68
  3. Personen, die Versorgungsbezüge nach beamten- oder soldatenrechtlichen Vorschriften oder Grundsätzen erhalten (§ 72 Abs. 1 Satz 1 Nr. 2 EStG) 69
  4. Arbeitnehmer des Bundes, eines Landes, einer Gemeinde, eines Gemeindeverbandes oder einer sonstigen Körperschaft, einer Anstalt oder einer Stiftung des öffentlichen Rechts, einschließlich der zu ihrer Berufsausbildung Beschäftigten (§ 72 Abs. 1 Satz 1 Nr. 3 EStG) 70
  5. Sonderregelung für Beamte und Versorgungsempfänger der Deutschen Post AG, der Deutschen Postbank AG und der Deutschen Telekom AG 71

III. (Ausnahme-)Fälle, in denen der Dienstherr nicht selbst das Kindergeld festzusetzen und auszuzahlen hat 72
   1. Religionsgemeinschaften des öffentlichen Rechts (§ 72 Abs. 3 Nr. 1 EStG) 72
   2. Verbände der Freien Wohlfahrtspflege (§ 72 Abs. 3 Nr. 2 EStG) . . . 72
   3. Kurzfristig im öffentlichen Dienst Beschäftigte (§ 72 Abs. 4 EStG) . 73
IV. Zuständigkeit für die Festsetzung und Auszahlung des Kindergeldes, wenn der Kindergeldberechtigte von mehreren öffentlich-rechtlichen Rechtsträgern Bezüge oder Arbeitsentgelt erhält 74
   1. Zuständigkeitsregelung in § 72 Abs. 5 EStG 74
   2. Zusammentreffen von Versorgungsbezügen mit anderen Bezügen oder Arbeitsentgelt aus dem aktiven Dienst (§ 72 Abs. 5 Nr. 1 EStG) 74
   3. Mehrere Versorgungsbezüge treffen zusammen (§ 72 Abs. 5 Nr. 2 EStG) 74
   4. Zusammentreffen von Arbeitsentgelt mit Bezügen aus einem öffentlich-rechtlichen Rechtsverhältnis (§ 72 Abs. 5 Nr. 3 EStG) 75
   5. Es treffen mehrere Arbeitsentgelte zusammen (§ 72 Abs. 5 Nr. 4 EStG) 75
V. Die Zuständigkeit bei Ausscheiden oder Eintritt in den öffentlichen Dienst im Laufe eines Monats (§ 72 Abs. 6 EStG) 75
VI. Festsetzung und Auszahlung von Kindergeld durch den jeweiligen Rechtsträger 76
   1. Die in § 72 Abs. 1 und 2 EStG aufgeführten Rechtsträger setzen als Familienkasse selbständig das Kindergeld fest und zahlen es aus . . . 76
   2. Der Kindergeldantrag gemäß § 67 Abs. 1 EStG sowie die Anzeige gemäß § 67 Abs. 2 EStG sind an diese Rechtsträger zu richten 77
VII. Besondere Verfahrensregelungen und das Rechtsverhältnis des Arbeitgebers zum Finanzamt (§ 72 Abs. 8 EStG) 77
   1. Gesonderter Ausweis des Kindergeldes in der Lohnabrechnung des Arbeitnehmers 77
   2. Verfahren bei der Lohnsteueranmeldung 77
VIII. Sonderregelung für die Festsetzung von Kindergeld für im Ausland lebende Kinder von Angehörigen des öffentlichen Dienstes (§ 70 Abs. 9 EStG) 79

Kapitel 5
Festsetzung und Zahlung des Kindergeldes an Arbeitnehmer außerhalb des öffentlichen Dienstes

A. Die Familienkasse setzt das Kindergeld fest 81
  I. Festsetzung und Auszahlung des Kindergeldes sind institutionell getrennt 81
  II. Die Familienkasse setzt das Kindergeld fest und erteilt die Kindergeldbescheinigung 81
  III. Die Kindergeldbescheinigung 82
   1. Inhalt der Bescheinigung und rechtliche Wirkungen der Eintragungen 82

		2. Wie wirkt sich eine Änderung des Kindergeldanspruchs auf den Inhalt der Kindergeldbescheinigung aus?	83

2. Wie wirkt sich eine Änderung des Kindergeldanspruchs auf den Inhalt der Kindergeldbescheinigung aus? 83
3. Muster der Bescheinigung 84
B. Die Auszahlung des Kindergeldes durch Arbeitgeber außerhalb des öffentlichen Dienstes 84
   I. Der private Arbeitgeber als Kindergeldzahlstelle – eine kritikwürdige Lösung 84
   II. Auszahlung des Kindergeldes ausschließlich nach den Merkmalen der Kindergeldbescheinigung 85
   III. Der Arbeitgeber ist regelmäßig zur Auszahlung des Kindergeldes verpflichtet 86
      1. Die Auszahlung an den Arbeitnehmer i. S. d. § 1 Abs. 1 LStDV ... 86
         a) Auszahlung des Kindergeldes zusammen mit dem Arbeitslohn .. 86
         b) Kindergeldzahlungen für Zeiträume, die vor Beginn des Dienstverhältnisses liegen 86
         c) Zahlung von Kindergeld für Zeiträume, für die kein Arbeitslohn gezahlt wird 87
   IV. Das auszuzahlende Kindergeld ist dem vom Arbeitgeber einbehaltenen Lohnsteuerbetrag zu entnehmen 87
   V. Der Arbeitgeber hat den entnommenen Betrag bei der nächsten Lohnsteuer-Anmeldung gesondert abzusetzen 88
   VI. Kein Zurückbehaltungsrecht des Arbeitgebers 89
   VII. Private Arbeitgeber, die ausnahmsweise nicht verpflichtet sind, das Kindergeld an die Arbeitnehmer auszuzahlen 89
      1. Der Arbeitgeber beschäftigt auf Dauer nicht mehr als 50 Arbeitnehmer 89
         a) Die materiellen Befreiungsvoraussetzungen 90
         b) Die Befreiung von der Auszahlungspflicht setzt einen entsprechenden Antrag voraus 91
         c) Die Entscheidung der Betriebsstätten-Familienkasse 91
C. Auszahlung des Kindergeldes durch die Familienkasse nur ausnahmsweise . 92
   I. Der Arbeitnehmer erhält vom Arbeitgeber kein Kindergeld 93
      1. Der Arbeitgeber ist ausdrücklich von seiner Auszahlungspflicht befreit 93
      2. Der Arbeitnehmer erhält aus anderen Gründen kein Kindergeld vom Arbeitgeber, obwohl dieser zur Zahlung verpflichtet ist 93
   II. Die Familienkasse hat das Kindergeld an Dritte auszuzahlen 94

Kapitel 6
Zahlung des Kindergeldes in Sonderfällen (§ 74 EStG)

A. Zielsetzung der Sonderregelung in § 74 EStG 95
B. Die Auszahlung bei Verletzung der Unterhaltspflicht 95
   I. Die materiellen Voraussetzungen 95
      1. Die Verletzung der Unterhaltspflicht 95
      2. Bedürftigkeit der Angehörigen 96
      3. Leistungsfähigkeit des Berechtigten nicht erforderlich 96
      4. Verschulden 96

II. Die Auszahlungsempfänger 97
　　III. Die Auszahlung in angemessener Höhe 97
　　IV. Das Verfahren. 98
　　　　1. Kein Antrag erforderlich 98
　　　　2. Die Zuständigkeit der Familienkasse 98
　　V. Die Entscheidung der Familienkasse 98
　　VI. Rechtsbehelf gegen die Entscheidung der Familienkasse 99
C. Die Auszahlung bei Unterbringung. 99
　　I. Kreis der Begünstigten ist weiter 99
　　II. Materielle Voraussetzung: Die Unterbringung 99
　　III. Verfahren 100
D. Die Überleitung des Kindergeldanspruchs bei Unterbringung auf die Stelle, der die Kosten der Unterbringung zur Last fallen 100
　　I. Überleitung des Kindergeldes erfordert schriftliche Anzeige an die Familienkasse 100
　　II. Das Überleitungsverfahren 100
　　III. Der Anspruch geht mit Zugang der Anzeige über. 101
　　IV. Die Höhe des übergeleiteten Anspruchs 101
E. Erstattungsansprüche der Leistungsträger untereinander 102

Kapitel 7
Nachzahlung und Rückforderung von Kindergeld

A. Rückforderung durch die Familienkasse 103
　　I. Familienkasse nur subsidiär für die Rückforderung zuständig 103
　　II. Zuständigkeit der Familienkasse dann gegeben, wenn Arbeitgeber das Kindergeld überhaupt nicht oder ohne Erfolg zurückfordert, und wenn die Familienkasse das Kindergeld selbst ausgezahlt hat 103
　　III. Weitere Voraussetzungen für die Rückforderung 103
B. Nachzahlung und Rückforderung von Kindergeld durch den Arbeitgeber . 104
　　I. Der Arbeitgeber ist zur Nachzahlung von Kindergeld verpflichtet, zur Rückforderung aber lediglich berechtigt 104
　　II. Zeitpunkt der Nachzahlung und der Rückforderung 105

Kapitel 8
Besondere Mitwirkungspflichten
(Auskunfts-, Mitteilungs-, Bescheinigungspflichten; Auskunftsrechte)

A. § 68 EStG begründet besondere Mitwirkungspflichten für denjenigen, der Kindergeld beantragt 106
　　I. Die Mitteilungspflicht bei Änderungen in den Verhältnissen (§ 68 Abs. 1 EStG) 106
　　II. Verletzung der Mitwirkungspflicht kann zu Schadensersatzansprüchen führen. 107
B. Auskunftspflichten des Arbeitgebers eines Kindes (§ 68 Abs. 2 EStG) 107
　　I. Auskunftspflichten treffen nur den Arbeitgeber eines Kindes. 107
　　II. Vorlage der Bescheinigung des Arbeitgebers nur auf Verlangen 107
　　III. Die Vorschrift des § 68 Abs. 2 EStG ist eng auszulegen 108

C. Die das Kindergeld auszahlende Stelle hat auf Antrag eine Bescheinigung über das ausgezahlte Kindergeld zu erteilen (§ 68 Abs. 3 EStG) 108
D. Auskunftsrecht der Familienkasse (§ 68 Abs. 4 EStG) 108

Kapitel 9
Pflichten des privaten Arbeitgebers

A. Aufzeichnungs-, Aufbewahrungs- und Bescheinigungspflichten des privaten Arbeitgebers 110
    I. Eintragungen im Lohnkonto 110
    II. Aufbewahrung der Kindergeldbescheinigung 110
       1. Kindergeldbescheinigung ist als Beleg zum Lohnkonto zu nehmen und aufzubewahren 110
       2. Die Höhe des Kindergeldes ist in die Lohnsteuerbescheinigung und die Lohnabrechnung einzutragen 111
       3. Der Arbeitgeber hat die Kindergeldbescheinigung dem Arbeitnehmer auszuhändigen, wenn er das Kindergeld nicht selbst auszahlt .. 111
       4. Anzeigepflichten des Arbeitgebers gegenüber der Familienkasse ... 111
       5. Verdienstbescheinigungen für Entgeltersatzleistungen 112

Kapitel 10
Haftung des Arbeitgebers und Außenprüfung 113

Kapitel 11
Überprüfung des Fortbestehens von Anspruchsvoraussetzungen durch Meldedaten-Übermittlung

A. § 69 EStG ermöglicht die von Amts wegen gebotene Überprüfung der Richtigkeit der geltend gemachten Ansprüche auf Kindergeld 114
B. Die Übertragung der Daten im einzelnen 114
    I. Übertragung nach Maßgabe des Melderechtsrahmengesetzes (MRRG) 114
    II. Die einzelnen übertragbaren Daten 114
    III. Die für die Kindergeldabgleichung erheblichen Daten 115
    IV. Art und Weise der Datenübermittlung 115
       1. Übermittlung in regelmäßigen Abständen 115
       2. Pflicht zur Datenübermittlung nur soweit diese in automatisierter Form durchführbar 115

Kapitel 12
Aufrechnung und Pfändungsschutz

A. Aufrechnung mit Ansprüchen auf Rückzahlung von Kindergeld sowie auf Erstattung von Kindergeld durch die Familienkasse 116
    I. Regelungsinhalt des § 75 EStG; der Begriff der Aufrechnung 116
    II. Die Aufrechnung im einzelnen 116
       1. Die Voraussetzungen der Aufrechnung 116

2. Die Höhe der Aufrechnung 117
　　　3. Die Aufrechnungserklärung 117
　　III. Die Wirkung der Aufrechnung 117
B. Der Pfändungsschutz 118
　　I. Kindergeld nur eingeschränkt pfändbar 118
　　II. Auch Zahlkinder und Zählkinder können pfänden 118

Kapitel 13
Erstattung von Kosten im Vorverfahren

A. Erstattung eigener Aufwendungen im Vorverfahren (§ 77 Abs. 1 EStG) .. 119
　　I. Ausdrückliche Regelung über die Kostenerstattung erforderlich..... 119
　　II. Das Vorverfahren 119
　　III. Erfolgreicher Einspruch vorausgesetzt 120
　　　1. Der Verfahrenserfolg muß auf dem Einspruch beruhen 120
　　　2. Quotelung bei nur teilweisem Obsiegen................ 120
　　　3. Bei Rücknahme des Einspruchs regelmäßig keine Kostenerstattung. 120
　　IV. Die Aufwendungen müssen zur zweckentsprechenden Rechtsverfolgung oder Rechtsverteidigung notwendig sein 121
　　　1. Die notwendigen Kosten 121
　　　2. Kosten für Zeitaufwand sind nicht zu erstatten............. 121
B. Erstattung von Aufwendungen eines Bevollmächtigten (§ 77 Abs. 2 EStG) 121
C. Die Entscheidung der Familienkasse über den Betrag der zu erstattenden Kosten (§ 77 Abs. 3 EStG)................................ 122
　　I. Die Kostenentscheidung 122
　　II. Die Kostenfestsetzung 122
D. Rechtsbehelfe 122

Kapitel 14
Übergangsregelungen – Weitergelten des BKGG

A. Übergangsregelungen 124
　　I. Das bisher gewährte Kindergeld ist regelmäßig ohne neuen Antrag und ohne neue Festsetzung weiterzuzahlen 124
　　II. Übergangsregelung in den Fällen, in denen der Kindergeldanspruch entfällt (§ 78 Abs. 2 und 3 EStG) 125
　　III. Erfüllung von Ansprüchen auf Kindergeld und Kinderzuschlag, die vor 1996 entstanden sind 125
　　IV. Überleitungsregelung im Zusammenhang mit dem Beitritt der ehemaligen DDR zur Bundesrepublik......................... 125
B. Das Bundeskindergeldgesetz in der ab 1. 1. 1996 geltenden Fassung 125

Kapitel 15
Organisation und Lastenverteilung

A. Die Durchführung des Kinderlastenausgleichs obliegt der Bundesfinanzverwaltung 126

B. Der Familienleistungsausgleich geht zu Lasten des Einkommensteueraufkommens von Bund, Ländern und Gemeinden 127

Anhang

1. Einkommensteuergesetz 1990 (Auszug)	129
2. Gesetz über die Finanzverwaltung (Auszug)	148
3. Kindergeldauszahlungs-Verordnung (KAV)	149
4. Muster der Kindergeldbescheinigung	152
5. Merkblatt für den Arbeitgeber zu den Rechtsänderungen beim Steuerabzug vom Arbeitslohn ab 1. Januar 1996 und zur Auszahlung des Kindergeldes ab 1. Januar 1996	154
6. Verordnung (EWG) Nr. 1408/71 (Auszug)	161
7. Bundeskindergeldgesetz a. F. (Auszug)	163
8. Bundeskindergeldgesetz i. d. F. des JStG 1996 (Auszug)	174
9. Reichsversicherungsordnung (Auszug)	177
10. Sozialgesetzbuch I, IV, VI, VIII, X (Auszug)	179
11. Durchführungserlaß zum BKGG – Zahlung von Kindergeld nach dem BKGG an Angehörige des öffentlichen Dienstes (Auszug)	191
12. Runderlaß des Bundesministers des Innern zur Neuregelung des Familienleistungsausgleichs ab 1. 1. 1996 vom 27. 10. 1995	192
13. Einführungsschreiben des BMF zum Familienleistungsausgleich vom 18. 12. 1995	200

Stichwortverzeichnis 205

Abkürzungsverzeichnis

ABl. EG	Amtsblatt der Europäischen Gemeinschaften
AFG	Arbeitsförderungsgesetz
AO	Abgabenordnung 1977
Art.	Artikel
AsylVfG	Asylverfahrensgesetz
AufenthG	Aufenthaltsgesetz
AuslG	Ausländergesetz
BB	Betriebs-Berater
BBiG	Bundesbildungsgesetz
BeamtVG	Beamtenversorgungsgesetz
BfF	Bundesamt für Finanzen
BFH	Bundesfinanzhof
BFHE	Entscheidungen des Bundesfinanzhofs
BGBl	Bundesgesetzblatt
BKGG	Bundeskindergeldgesetz
BMI	Bundesministerium des Innern
BRRG	Beamtenrechtsrahmengesetz
BSHG	Bundessozialhilfegesetz
BSG	Bundessozialgericht
BStBl	Bundessteuerblatt
BT.-Drs.	Bundestags-Drucksache
BVG	Bundesversorgungsgesetz
DB	Der Betrieb
DBlR	Dienstblatt der Bundesanstalt für Arbeit, Rechtsprechung
DStR	Deutsches Steuerrecht
EStDV	Einkommensteuer-Durchführungsverordnung
EStG	Einkommensteuergesetz
EUGHE	Entscheidungen des Europäischen Gerichtshofs
FamRZ	Familienrechtszeitschrift
FEVS	Fürsorgerechtliche Entscheidungen der Verwaltungs- und Sozialgerichte
FGG	Gesetz über die Angelegenheiten der Freiwilligen Gerichtsbarkeit
FGO	Finanzgerichtsordnung
FR	Finanz-Rundschau
FSJ-G	Gesetz zur Förderung des Freiwilligen Sozialen Jahres
FVG	Finanzverwaltungsgesetz
INF	Information für Steuer und Wirtschaft
JStEG	Jahressteuer-Ergänzungsgesetz
JStG	Jahressteuergesetz
KAV	Kindergeldauszahlungs-Verordnung
LStDV	Lohnsteuer-Durchführungsverordnung
m.w.N.	mit weiteren Nachweisen

MRRG	Melderechtsrahmengesetz
NVwZ	Neue Zeitschrift für Verwaltungsrecht
RdErl	Runderlaß
RKnG	Reichsknappschaftsgesetz
RPflG	Rechtspflegergesetz
RVO	Reichsversicherungsordnung
SG	Soldatengesetz
SGB	Sozialgesetzbuch
SGb	Die Sozialgerichtsbarkeit (Zeitschrift)
SozR	Sozialrecht (Entscheidungssammlung)
SozSich	Soziale Sicherheit (Zeitschrift)
SVG	Soldatenversorgungsgesetz
VO	Verordnung
ZfS	Zeitschrift für Sozialrecht

Schrifttum

I. Kommentare, Monographien

Bley, Sozialrecht, 7. Aufl., 1993
Blümich, Einkommensteuergesetz, Körperschaftsteuergesetz, Gewerbesteuergesetz, Kommentar, 15. Aufl., 1995
Bundesministerium der Finanzen, Verwaltungsplanspiel zur Einbeziehung des Kindergeldes und des Bundeserziehungsgeldes in das Besteuerungsverfahren -sog. Finanzamtslösung, 1991, Schriftenreihe des Bundesministeriums der Finanzen, Heft 45
Gräber, Finanzgerichtsordnung, 3. Auflage 1993
Hönsch, Erziehungs- und Kindergeldrecht, 2. Aufl., 1991
Hübschmann/Hepp/Spitaler, Abgabenordnung/Finanzgerichtsordnung, Kommentar, Stand: August 1995
Igl, Kindergeld und Erziehungsgeld, 3. Auflage, 1993
Kanein/Renner, Ausländerrecht, 5. Aufl. 1992
Kasseler Kommentar Sozialversicherungsrecht; Stand: September 1994
Kirchhof/Söhn, Einkommensteuergesetz, Kommentar, Stand: September 1995
Kühn/Hofmann, Abgabenordnung/Finanzgerichtsordnung, 17. Aufl., 1995
Schmidt, Einkommensteuergesetz, Kommentar, 14. Aufl. 1995
Stelkens/Bonk/Leonhardt, Verwaltungsverfahrensgesetz, Kommentar, 4. Aufl., 1993
Tipke/Kruse, Abgabenordnung, Finanzgerichtsordnung, Kommentar, Stand: Juni 1995
Wickenhagen/Krebs, Bundeskindergeldgesetz, Kommentar, Stand: Mai 1995

II. Abhandlungen

Debatin, Nochmals: Zur deutschen unbeschränkten Steuerpflicht für UNO-Bedienstete
Hartmann, Familienleistungsausgleich nach dem Jahressteuergesetz 1996, INF 1995, 641
Horlemann, Überblick über das Jahressteuergesetz 1996, DStZ 1995, 673
Huber, Jahressteuergesetz 1996: Neue Zuständigkeit für die Finanzgerichte?, DStR 1995, 1743
Niermann/Plenker, Jahressteuergesetz 1996: Neuregelung des Familienleistungsausgleichs, DB 1995, 1930
Nolde, Familienleistungsausgleich im Jahressteuergesetz 1995, FR 1995, 845
Sagasser/Jakobs, Änderungen im Ertragsteuerrecht durch das Jahressteuergesetz 1996, Teil I: Einkommensteuergesetz, DStR 1995, 1649
Zitzelsberger, Das Jahressteuergesetz 1996, BB 1995, 2296

Kapitel 1
Grundzüge der am 1. Januar 1996 in Kraft getretenen Neuregelungen zum Kindergeld und zum Kinderfreibetrag

A. Familien*leistungs*ausgleich anstelle des Familien*lasten*ausgleichs

Mit dem **Jahresteuergesetz 1996** (JStG 1996) i.V. mit dem Gesetz zur Ergänzung des JStG 1996 und zur Änderung anderer Gesetze – Jahressteuer-Ergänzungsgesetz (JStErgG) 1996[1]); hat der Gesetzgeber nach vielen Anläufen[2] der geminderten Leistungsfähigkeit von Familien mit Kindern durch eine umfassende Neuregelung der beiden Komponenten des **Familienleistungsausgleichs,** nämlich des Kindergeldes und der Kinderfreibeträge in dem seiner Ansicht nach erforderlichen Umfang Rechnung getragen. Dazu wurde im Einkommensteuergesetz (EStG) eine neue Vorschrift (§ 31[3]) sowie ein neuer Abschnitt X mit den §§ 62 bis 78 geschaffen. Durch die Neuregelungen, die sich an das bisherige Kindergeldrecht anlehnen, soll die besondere Leistung der Familie für die Gesellschaft stärker als bisher anerkannt werden[4]. Erreicht werden soll dieses Ziel durch eine deutliche Aufstockung der Leistungen für Familien mit Kindern sowie durch eine Verbesserung der Transparenz und eine Vereinheitlichung der Verfahren beim Familien*leistungs*ausgleich, der an die Stelle des bisherigen Familien*lasten*ausgleichs tritt[5].

1

Die Neuregelungen des Familienleistungsausgleichs sind **erstmals** für den am **1. Januar 1996** beginnenden **Vorauszahlungszeitraum 1996** anzuwenden.

2

Daß der Gesetzgeber die Neuregelungen unter dem in § 31 neu in das EStG aufgenommenen Begriff „**Leistungsausgleich**" zusammengefaßt hat, hat bereits Kritik erfahren, weil dieser Begriff nach dem allgemeinen Sprachgebrauch mehr beinhalte als nach der neuen Gesetzeslage tatsächlich ausgeglichen werde[6].

3

---

[1] BGBl I 1995, 1250, BStBl I 1995, 438; BGBl I 1995, 1959, BStBl I 1995, 786. *Dazu:* BMF-Schreiben v. 18. 12. 1995, BStBl I 1995, 805 = DStR 1996, 141; *Anhang Nr. 13.*

[2] Vgl. zur Rechtsentwicklung *Heuermann,* in: Blümich, EStG, KStG, GewStG [künftig: *Blümich/Autor*], § 62 EStG, Rdnr. 16 und Bericht des Finanzausschusses des Deutschen Bundestags, BT-Drs. 13/1558, S. 140.

[3] Der bisherige § 31 (Pauschbesteuerung) war durch das Steuerreformgesetz 1990 mit Wirkung vom 1. 1. 1990 ersatzlos aufgehoben worden.

[4] Vgl. dazu Bericht des Finanzausschusses des Deutschen Bundestags, BT-Drs. 13/1558, S. 155.

[5] Vgl. hierzu und zu weiteren, im Gesetzgebungsverfahren erörterten Gesetzesvorschlägen Bericht des Finanzausschusses des Deutschen Bundestags, a.a.O., S. 139, 122 ff.

[6] Zum Entstehen dieses Begriffs im einzelnen und zur Kritik siehe *Blümich/Oepen,* a.a.O., § 31 EStG, Rdnr. 75.

**B. Die einzelnen Komponenten
des neuen Familienleistungsausgleichs im Überblick**

4   I. Mit Beginn des Jahres 1996 können Kindergeld und Kinderfreibetrag **alternativ** in Anspruch genommen werden, wobei von Amts wegen jeweils die für die Steuerpflichtigen günstigere Regelung anzuwenden ist. Das bisher geltende sog. **duale System** ist damit **abgeschafft.** Es wird entweder nur das Kindergeld, das künftig als **Steuervergütung** gezahlt wird, *oder* nur der Kinderfreibetrag, nicht aber – wie bisher – beides berücksichtigt. Der Kinderfreibetrag kann danach künftig nicht mehr *neben* dem Kindergeld, sondern nur unter dessen **Anrechnung** berücksichtigt werden. Dabei ist das Kindergeld vorrangig, sofern es höher ist.

5   II. Ab 1996 wird bei der Lohnsteuerberechnung der Kinderfreibetrag nicht mehr berücksichtigt. Arbeitnehmer erhalten während des Jahres nur das Kindergeld. Erst nach Ablauf des jeweiligen Kalenderjahres prüft das Finanzamt im Rahmen der Einkommensteuerveranlagung von Amts wegen, ob sich unter Berücksichtigung des Kinderfreibetrages eine höhere kinderbedingte Entlastung ergibt. Ist dies der Fall, wird der Kinderfreibetrag vom Einkommen abgezogen und das gezahlte Kindergeld angerechnet.

6   Kinderfreibeträge wirken sich nur noch auf die Höhe des Solidaritätszuschlags und der Kirchensteuer aus. Damit der Arbeitgeber diese Steuerbeträge in der zutreffenden Höhe ermitteln kann, wird auf der Lohnsteuerkarte weiterhin die Zahl der Kinderfreibeträge bescheinigt.

7   III. Das Kindergeld wurde angehoben, und zwar für erste und zweite Kinder auf 200 DM monatlich, für dritte Kinder auf 300 DM monatlich und für vierte und weitere Kinder auf 350 DM monatlich. Es gibt also kein Einheitskindergeld. Das Kindergeld wird künftig **monatlich ausgezahlt.** Eine **Verschlechterung** gegenüber dem bisherigen Rechtszustand tritt jedoch insoweit ein, als bei Kindern, die älter als 18 Jahre sind und denen eigene Einkünfte und Bezüge von wenigstens 12.000 DM im Kalenderjahr zustehen, im Regelfall nicht nur der **Kinderfreibetrag,** sondern auch das **Kindergeld entfallen.**

8   IV. Der Kinderfreibetrag beträgt nunmehr 6264 DM (bisher: 4104 DM). Auch insoweit gilt das **Monatsprinzip.**

9   V. Die Kindbegriffe im Einkommensteuer- und im Kindergeldrecht wurden vereinheitlicht.

10 VI. Der bisherige Kindergeldzuschlag ist entfallen.

11 VII. Das Bundeskindergeldgesetz (BKGG) gilt zwar weiter[7]. Es ist jedoch nur noch für Ansprüche von Steuerpflichtigen maßgebend, die in der

---
[7] Siehe dazu unten Rdnr. 429.

Bundesrepublik **nicht** unbeschränkt steuerpflichtig sind oder als unbeschränkt steuerpflichtig behandelt werden[8, 9].

VIII. Die Durchführung des Familienleistungsausgleichs ist der Bundesfinanzverwaltung übertragen. Die bisherigen Kindergeldkassen bei der Bundesanstalt für Arbeit werden zu **Familienkassen** und als solche zu Organen der Bundesfinanzverwaltung. Die Fachaufsicht obliegt dem **Bundesamt für Finanzen** (BfF).

12

C. Vergleich des bisherigen dualen Systems mit den Neuregelungen

Im Rahmen des früher bestehenden dualen Systems sollte das Kindergeld nicht allein, sondern zusammen mit dem Kinderfreibetrag die geminderte steuerliche Leistungsfähigkeit durch Kinder berücksichtigen. Dies hat sich durch die Neuregelungen aufgrund des JStG 1996, die einen **Systemwechsel** beinhalten, geändert: Statt der kumulativen Gewährung von Kindergeld *und* Kinderfreibetrag kommt es nun zu einer alternierenden Inanspruchnahme, wobei bei Arbeitnehmern zunächst – während des laufenden VZ – ausschließlich Kindergeld ausgezahlt und erst bei der Veranlagung zur Einkommensteuer ein Kinderfreibetrag abgezogen wird, soweit dies steuerlich günstiger ist. (Zur Rechtslage bei Steuerpflichtigen mit Einkünften nach § 2 Abs. 1 Nr. 1 bis 3 und Nr. 5 bis 7 EStG vgl. unten Rdnr. 26). Durch diesen Systemwechsel bedingt soll das Kindergeld während des Kalenderjahres in vollem Umfang die geminderte Leistungsfähigkeit von Familien mit Kindern berücksichtigen. Folgerichtig sind die Kindergeldsätze des neuen Systems höher und können wegen der umfassenderen Bedeutung des Kindergeldes mit den Sätzen des dualen Systems nicht mehr verglichen werden. Der Systemwechsel trägt zur Vereinfachung des Sozial- und des Steuerrechts bei. Er macht es **überflüssig**, bei den Anspruchsberechtigten nur für das Kindergeld zu ermitteln, ob bestimmte **Einkommensgrenzen** überschritten sind; er beschränkt sich auf klare und eindeutige Beträge, die jeder erhält, der einen Anspruch auf Kindergeld hat. Eine solche Regelung ist transparent und erleichtert es dem Steuerpflichtigen, seine kindbedingten Entlastungen zu überblicken. Zu bemängeln ist jedoch, daß der Gesetzgeber keine für alle Einkunftsarten in vollem Umfang einheitliche Lösung gefunden hat.[10]

13

---

[8] Der Umsatzsteueranteil der Länder wurde zum Ausgleich der zwischen Bund und Ländern (einschließlich Gemeinden) entstehenden Lastenverschiebungen um 4,6 v. H.-Punkte erhöht.

[9] Nach Ansicht der Mehrheit des Finanzausschusses des Deutschen Bundestags werden die Familien aufgrund der Neuregelung in Verbindung mit dem neuen Einkommensteuertarif im Vergleich zur bisherigen Rechtslage bessergestellt. Nur in wenigen Ausnahmefällen würden sie schlechtergestellt. Vgl. dazu Bericht des Finanzausschusses des Deutschen Bundestags, BT-Drs. 13/1558, S. 139.

[10] Siehe Rdnr. 26.

D. Auswirkungen der Systemumstellung anhand von Beispielen

14 **Beispiel 1:** A und B sind zusammen veranlagte Eheleute. Sie haben zwei zu berücksichtigende Kinder. A bezieht ein zu versteuerndes Einkommen – ohne Kinderfreibeträge – i. H. von 40 068 DM. Er bekommt auf Antrag das Kindergeld ausgezahlt.

- *Rechtslage nach den §§ 62ff. EStG i. d. F. des JStG 1996*
  A erhält 1996 insgesamt **4800 DM** Kindergeld (200 DM × 2 × 12). Hierbei bleibt es auch bei der Veranlagung; denn bei Abzug der zwei Kinderfreibeträge von (2 × 6264 DM) = 12 528 DM von 40 068 DM beträgt die Einkommensteuer 1996 insgesamt 900 DM. Der kindbedingte Vorteil macht damit 3350 DM, also *weniger als 4800 DM* aus.
- *Frühere Rechtslage nach dem EStG 1990*
  A erhält insgesamt **2400 DM** Kindergeld. Zudem wirken sich die Kinderfreibeträge von 2 × 4106 DM steuersparend i. H. von **1806 DM** aus. Mit kindbedingten Entlastungen (Kindergeld + Kinderfreibetrag nach dem dualen System) von insgesamt 4206 DM, betragen die **Verbesserungen** des neuen Systems **594 DM.**

15 **Beispiel 2:** A und B sind zusammen veranlagte Eheleute. Sie haben zwei zu berücksichtigende Kinder. A bezieht ein zu versteuerndes Einkommen – ohne Kinderfreibeträge – i. H. von 140 076 DM. Er bekommt auf Antrag das Kindergeld ausgezahlt.

- *Rechtslage nach den §§ 62ff. EStG i. d. F. des JStG 1996*
  A erhält 1996 insgesamt **4800 DM** Kindergeld (200 × 2 × 12). Hierbei bleibt es auch bei der Veranlagung; denn bei Abzug der zwei Kinderfreibeträge von (2 × 6262 DM) = 12 528 DM von 140 076 DM beträgt die Einkommensteuer 1996 insgesamt 31 516 DM. Der kindbedingte Vorteil macht damit 4620 DM aus (Einkommensteuer 1996 aus 140 076 DM = 36 136 DM ./. Einkommensteuer aus 127 548 DM = 31 516 DM), also *weniger als 4800 DM*.
- *Frühere Rechtslage nach dem EStG 1990*
  A erhält insgesamt **1680 DM** (70 DM × 12 × 2) Kindergeld. Zudem wirken sich die Kinderfreibeträge von 2 × 4106 DM steuersparend i. H. von **3045 DM** aus. Mit kindbedingten Entlastungen (Kindergeld + Kinderfreibetrag nach dem dualen System) von insgesamt 4734 DM, betragen die **Verbesserungen** des neuen Systems **lediglich 66 DM.**

16 **Beispiel 3:** A und B sind zusammen veranlagte Eheleute. Sie haben zwei zu berücksichtigende Kinder. A bezieht ein zu versteuertes Einkommen – ohne Kinderfreibeträge – i. H. von 237 168 DM. Er bekommt auf Antrag das Kindergeld ausgezahlt.

- *Rechtslage nach den §§ 62ff. EStG i. d. F. des JStG 1996*
  A erhält 1996 insgesamt **4800 DM** Kindergeld (200 DM × 2 × 12). Hierbei bleibt es nicht bei der Veranlagung. Die Berücksichtigung der Kinderfreibeträge wirken sich günstiger aus; denn bei Abzug der zwei Kinderfreibeträge von (2 × 6264 DM) = 12 528 DM von 237 168 DM beträgt die Einkommensteuer 1996 insgesamt 73 554 DM. Der **kindbedingte Vorteil** beläuft sich

damit auf **6524 DM** (ESt 1996 aus 237168 DM = 80 078 DM ./. Einkommensteuer aus 224 640 DM = 73 554 DM), also *mehr als 4800 DM* (Der Grenzbetrag liegt bei 149 580 DM).
- *Frühere Rechtslage nach dem EStG 1990*
  A erhält insgesamt **1680 DM** (70 DM × 12 × 2) Kindergeld. Zudem wirken sich die Kinderfreibeträge von 2 × 4106 DM steuersparend i. H. von **4264 DM** aus. Mit kindbedingten Entlastungen (Kindergeld + Kinderfreibetrag nach dem dualen System) von insgesamt 5944 DM, betragen die **Verbesserungen** des neuen Systems **580 DM**.

E. Schlußfolgerungen hieraus

1. Die Regelungen des neuen Systems sind für die Bezieher niedrigerer Einkommen überproportional günstiger als für Bezieher höherer Einkommen. 17
2. **Bis** zu einem zu versteuernden Einkommen (ohne Kinderfreibeträge) von **149 579 DM** (Splittingtabelle) wirkt sich das **Kindergeld bei zwei** zu berücksichtigenden **Kindern** für den Berechtigten **günstiger** aus. Bei einem zu versteuerndem Einkommen von 149 580 DM stimmen die Auswirkungen von Kindergeld und Kinderfreibeträgen überein. **Ab 149 688 DM** ist der **Abzug von Kinderfreibeträgen vorteilhafter**. 18
3. In dem Maße, in dem der Abzug von Kinderfreibeträgen gegenüber dem Kindergeld günstiger ist, wächst die Lohnsteuerbelastung im Kalenderjahr, die nicht durch ein entsprechendes Mehr an Kindergeld kompensiert wird. Ab einem zu versteuernden Einkommen von 149 688 DM (Splittingtabelle) muß der Arbeitnehmer die durch die Kinderfreibeträge zu bewirkende Entlastung während des laufenden Kalenderjahres vorfinanzieren. 19
4. Das neue System entlastet alle Einkommensgruppen in größerem Umfang als das duale System. Dies wirkt sich bei hohen Einkommen aber erst bei der Veranlagung aus. 20

Kapitel 2
Das Kindergeld

A. Der Rechtscharakter des Kindergeldes

I. Das Kindergeld als Steuervergütung

21   Das in den neu in das EStG aufgenommenen §§ 62 bis 78 geregelte Kindergeld[11] ist als **Steuervergütung** eine staatliche Leistung, auf die ein **Rechtsanspruch** besteht. Insoweit unterscheidet sich das Kindergeld des EStG nicht vom Kindergeld nach dem BKGG (vgl. § 1 Abs. 1 BKGG). Es soll weiterhin dazu dienen, im Rahmen des Familienleistungsausgleichs den Familienaufwand zu mindern. Es handelt sich bei der Steuervergütung deshalb nicht um eine Sozialleistung in Form der Steuervergünstigung, sondern um die verfassungsrechtlich gebotene Berücksichtigung der kindbedingten geminderten Leistungsfähigkeit[12], die es erfordert, einen Einkommensbetrag in Höhe des Existenzminimums eines Kindes steuerlich freizustellen (vgl. § 31 Satz 1 EStG). Damit ist zugleich festgelegt, daß der Kinderfreibetrag der Höhe nach stets dem Existenzminimum eines Kindes entsprechen muß[13]. Soweit das Kindergeld für die steuerliche Freistellung nicht erforderlich ist, etwa weil die Eltern einkommenslos sind, dient es der Förderung der Familie (vgl. § 31 Satz 2 EStG). Ferner geht der Gesetzgeber davon aus, daß in den Fällen, in denen der Kinderfreibetrag abzüglich des Kindergeldes zu einer höheren Entlastung führt, d. h. bei höheren Einkommen, das Existenzminimum des Kindes entsprechend höher ist (vgl. § 31 Satz 4 EStG)[14].

II. Kindergeld unabhängig vom Einkommen der Anspruchsberechtigten

22   Kindergeld wird im Hinblick auf die Existenz eines Kindes gewährt. Die Höhe des jeweils für das einzelne Kind zu zahlenden Kindergeld*betrages* ist abhängig von der Gesamtzahl der zu berücksichtigenden Kinder. Anders als beim Kindergeld nach dem BKGG a. F. (vgl. § 11 BKGG a. F.) ist es unerheb-

---

[11] Zivilrechtlich steht das Kindergeld zwar den Eltern zu, es gebührt aber dem Kind. Siehe dazu im einzelnen *Köhler* in Münchener Kommentar, § 1602 BGB, Rdnr. 27a.
[12] Vgl. dazu BVerfG-Beschlüsse vom 29. 5. 1990, BStBl II 1990, 653, und vom 12. 6. 1990, BStBl II 1990, 664. Zur Verfassungsmäßigkeit der Neuregelung siehe im einzelnen *Blümich/Heuermann,* a. a. O., § 62 EStG, Rdnr. 20.
[13] Ebenso *Blümich/Oepen,* a. a. O., § 31 EStG, Rdnr. 80.
[14] Zu dem Einkommens-Grenzbetrag siehe Rdnr. 18

lich, wie hoch das Einkommen der Berechtigten, im Regelfall der Eltern, ist. Ebenso ist es ohne Bedeutung, welche finanzielle Belastung im Einzelfall durch die Kinder entsteht. Andererseits hat jedoch das Einkommen der Kinder selbst Einfluß darauf, ob ein Kindergeldanspruch besteht (siehe unten Rdnr. 84 ff.).

Die Neuregelung des Kindergeldes ist damit dem Grunde nach klarer und **23** überschaubarer als beim bisherigen dualen System. Praktische Schwierigkeiten sowohl für die Anspruchsberechtigten als auch für die Finanzbehörden werden sich jedoch vor allem bei über 18 Jahre alten Kindern ergeben, die bestimmte eigene Einkünfte und Bezüge von nicht mehr als 12000 im Kalenderjahr beziehen. Es fehlt ein gleitender Übergang. Dies vereinfacht zwar die Kindergeldzahlung, führt aber andererseits wegen des „Fallbeilcharakters" zu Ungerechtigkeiten bei nur geringem Überschreiten der 12000-DM-Grenze.

B. Die alternative Inanspruchnahme von Kindergeld und Kinderfreibetrag

I. Abzug des Kinderfreibetrags anstelle von Kindergeld, wenn ein solcher Abzug zu einer höheren steuerlichen Entlastung führt

Im **laufenden Kalenderjahr** wird grundsätzlich **nur Kindergeld** als Steuer- **24** vergütung gezahlt, und zwar monatlich (§ 31 Satz 3 EStG). Dies gilt auch für Arbeitnehmer, da die Kinderfreibeträge als Folge der Streichung des bisherigen § 38 Abs. 1 Satz 5 Nr. 5 EStG bei der Erhebung der Lohnsteuer nicht mehr berücksichtigt werden (wohl aber bei der Berechnung der Zuschlagsteuern – Solidaritätszuschlag und Kirchensteuer, § 51 a Abs. 2a EStG[15]).

Ob dem Anspruchsberechtigten betragsmäßig eine höhere kindbedingte **25** steuerliche Entlastung als die Summe der monatlichen Kindergeldbeträge zusteht, d. h. ob der Ansatz der **Kinderfreibeträge** steuerlich günstiger ist, entscheidet sich erst aufgrund der **Einkommensteuerveranlagung** (vgl. § 31 Satz 4 EStG), die bei Arbeitnehmern nach Maßgabe des § 46 Abs. 3 ff. EStG durchzuführen ist; es besteht **kein Wahlrecht.** Die entsprechende Prüfung bezieht sich auf das einzelne Kind. Dabei ist stets das zu versteuernde Einkommen (Jahresbetrag) zugrunde zu legen. Für **1996** können sich günstigere steuerliche Auswirkungen nur bei einem Kindergeld in Höhe von jeweils 200 DM ergeben, ab dem Veranlagungszeitraum 1997 – wegen der Erhöhung des Kinderfreibetrages auf 6912 DM – auch bei dem Kindergeld für dritte Kinder von 300 DM. Entsprechend ist zu verfahren, wenn nach einem zwischenstaatlichen Abkommen Kindergeld in geringerer Höhe gezahlt wird (vgl. Rdnr. 172).

Ergibt der von Amts wegen durchzuführende Vergleich, daß sich durch den Abzug des Kinderfreibetrags vom Einkommen die Einkommensteuer in höhe-

---

[15] Vgl. dazu *Niermann/Plenker*, DB 1995, 1930, 1933.

rem Maße mindert als die (bereits gewährte) Steuervergütung insgesamt ausmacht, so ist die gebotene steuerliche Freistellung dadurch zu bewirken, daß der Kinderfreibetrag – und nur er – abgezogen wird. In diesem Fall wird – systematisch folgerichtig – das Kindergeld nach §§ 62ff. EStG gemäß § 36 Abs. 2 Satz 1 EStG i.d.F. des JStErgG 1996 der Einkommensteuer hinzugerechnet. § 11 Abs. 1 EStG ist insoweit nicht anwendbar; denn hinzuzurechnen ist unabhängig vom tatsächlichen Zufluß. Die zeitliche Zuordnung folgt der Wechselwirkung zwischen Kinderfreibetrag und Kindergeld nach Maßgabe des § 31 EStG. Wird beispielsweise im Veranlagungszeitraum 1996 ein Kinderfreibetrag abgezogen, ist das *für 1996* gezahlte Kindergeld auch dann der Einkommensteuer hinzurechnen, wenn es tatsächlich erst in einem späteren Jahr ausgezahlt wird.

Hinzugerechnet wird nur das tatsächlich gezahlte Kindergeld. Soweit der Steuerpflichtige geltend macht, Kindergeld nicht oder nicht in entsprechender Höhe erhalten zu haben, hat er dies, ggf. durch eine entsprechende Bescheinigung der zuständigen Familienkasse, nachzuweisen oder glaubhaft zu machen.

25a Verechnet wird das dem Steuerpflichtigen für den maßgeblichen Zeitraum zustehende Kindergeld. Bei **getrennt lebenden Eltern** wird je das halbe Kindergeld verrechnet, da insoweit auch nur der halbe Kinderfreibetrag zum Abzug kommt. Der barunterhaltspflichtige Elternteil kann das Kindergeld zur Hälfte bei der Ermittlung des Regelunterhalts anrechnen (vgl. § 1615g BGB)[16]. Das Kindergeld ist bei dem barunterhaltspflichtigen Elternteil im Falle des Abzugs eines Kinderfreibetrags unabhängig davon zu verrechnen, ob der zivilrechtliche Ausgleich tatsächlich in Anspruch genommen wird.

Die Verrechnung des (halben) Kindergeldes mit dem (halben) Kinderfreibetrag kann bei den beiden Elternteilen zu unterschiedlichen Ergebnissen führen: Während für den einen das (halbe) Kindergeld betragsmäßig günstiger ist, kann sich beim anderen der Ansatz des (halben) Kinderfreibetrags steuerlich höher auswirken.

Zu beachten ist in diesem Zusammenhang, daß durch eine entsprechende Änderung des § 32 Abs. 6 EStG durch das JStErgG 1996 die Möglichkeit der einvernehmlichen Übertragung des Kinderfreibetrages beseitigt worden ist, um ein Auseinanderfallen von Kindergeldberechtigung in voller Höhe und Anspruch auf den vollen Kinderfreibetrag und damit Mißbrauchsgestaltungen zu vermeiden[17]

25b Mit dem Kinderfreibetrag wird das Kindergeld auch dann uneingeschränkt verrechnet, wenn ein niedrigerer als der Regelbetrag ausgezahlt wird, z.B. bei vorheriger Anrechnung vergleichbarer Leistungen (siehe Rdnr. 164ff.)[18]

---

[16] Vgl. *Nolde,* FR 1995, 845, sowie BMF-Schreiben vom 18. 12. 1995, a.a.O. *(Fn. 1),* Rdnr. 4.
[17] Siehe BT-Drs. 13/3084, *zu Art. 1, zu Nr. 7.*
[18] Vgl. *Nolde,* a.a.O., S. 846.

Hat das Finanzamt bei der Steuerfestsetzung Zweifel, ob Kindergeld gezahlt 25 c
ist, hat es diese Zweifel durch Anfrage bei der Familienkasse auszuräumen[19].

II. Möglichkeit höherer Entlastung bereits während des laufenden Jahres

Das neue System wurde nach der ursprünglichen Fassung des JStG 1996 26
uneingeschränkt aber nur bei Arbeitnehmern durchgeführt. Diese erhalten systemgerecht während des Jahres ausschließlich das Kindergeld. Steuerpflichtige, die nicht Arbeitslohn, sondern Einkünfte aus anderen Einkunftsarten, z. B. solche aus Gewerbebetrieb oder freiberuflicher Tätigkeit, beziehen, hatten danach allerdings die Möglichkeit, während des laufenden Kalenderjahres ihre durch Kinder verminderte steuerliche Leistungsfähigkeit auf andere Weise berücksichtigen zu lassen: Sie konnten nicht nur mit Erfolg Kindergeld nach § 67 EStG beantragen, wenn die Voraussetzungen der §§ 62, 63 EStG vorlagen. Daneben konnten die Vorauszahlungen, die diese Steuerpflichtigen im laufenden Kalenderjahr auf die Einkommensteuer zu zahlen haben, bereits durch Kinderfreibeträge gemindert sein; denn die Vorauszahlungen bemessen sich grundsätzlich nach der Einkommensteuer die sich nach Anrechnung der Steuerabzugsbeträge und der Körperschaftsteuer (§ 36 Abs. 2 Nr. 2 und 3 EStG) bei der letzten Veranlagung ergeben hat. Eine solche kumulative Berücksichtigung der kindbedingten geminderten Leistungsfähigkeit des Steuerpflichtigen durch Einkommensteuer-Vorauszahlungen, die durch einen Kinderfreibetrag ermäßigt wurden, und dem Kindergeld hätte zu einem mit Art. 3 GG nicht zu vereinbarenden Liquiditäts- und Zinsvorteil geführt. Durch das **JStErgG 1996** wurde jedoch noch rechtzeitig weitgehend Abhilfe geschaffen: In § 2 Abs. 2 EStG wurde ein Satz 2 eingefügt. Danach ist für die Ermittlung der festzusetzenden Einkommensteuer das Kindergeld der tariflichen Einkommensteuer hinzuzurechnen, wenn das Einkommen im Rahmen der Veranlagung um den Kinderfreibetrag vermindert wurde. Damit ist die um das Kindergeld vermehrte Einkommensteuer Bemessungsgrundlage i. S. des § 37 Abs. 3 Satz 2 EStG für die Einkommensteuer-Vorauszahlungen. Auch diese Lösung entspricht indes nicht in vollem Umfang dem System des § 31 EStG; denn danach soll im laufenden Kalenderjahr lediglich Kindergeld gewährt werden. Diesem Grundsatz entspräche es, wenn man auch die Vorauszahlungen – wie dies bei der Lohnsteuer der Fall ist (§ 38 c EStG) – nach der Einkommensteuer bemißt, die sich ergibt, wenn man die Kinderfreibeträge nicht vom Einkommen abzieht.

---

[19] Vgl. BT-Drs. 13/3084, *zu Artikel 1, zu Nr. 8.*

C. Der begünstigte Personenkreis

I. Anlehnung an das bisherige Kindergeldrecht

27 Der **Personenkreis,** der Kindergeld in Form der Steuervergütung gemäß §§ 62 ff. EStG beanspruchen kann, ist im einzelnen in § 62 EStG bestimmt. Die Vorschrift entspricht § 1 des bisherigen BKGG. Für Personen, die nach dem bisherigen Kindergeldrecht anspruchsberechtigt waren, jedoch wegen Fehlens der Voraussetzungen des § 62 EStG nicht von der steuerlichen Regelung mitumfaßt werden, unterfallen grundsätzlich weiterhin dem BKGG (Siehe unten Rdnr. 429). Das Kindergeld nach dem EStG ist stets vorrangig (Vgl. § 2 Abs. 4 BKGG i. d. F. des JStG 1996).

28 Ob die in § 62 EStG als anspruchsberechtigt aufgeführten Personen im jeweiligen Einzelfall einen konkreten Kindergeldanspruch haben, ist davon abhängig, ob die weiteren, in den §§ 63 ff. EStG aufgeführten Voraussetzungen erfüllt sind. Ein solcher Anspruch besteht gemäß § 63 Abs. 1 EStG „für Kinder im Sinne des § 63".

29 Die **Kinder selbst** sind für sich **nicht anspruchsberechtigt.** Ihnen *gebührt* jedoch – zivilrechtlich – das Kindergeld[20].

II. Anspruchsberechtigt sind grundsätzlich nur Personen, die in der Bundesrepublik Deutschland unbeschränkt einkommensteuerpflichtig sind

30 Für Kinder im Sinne des § 63 EStG (Siehe unten Rdnr. 57 ff.) hat grundsätzlich gemäß § 62 Abs. 1 EStG nur derjenige Anspruch auf Kindergeld, der unbeschränkt steuerpflichtig ist, d. h. der

– im **Inland** einen **Wohnsitz** oder seinen **gewöhnlichen Aufenthalt** (§ 1 Abs. 1 EStG) hat (Territorialprinzip) *oder*

– ohne Wohnsitz oder gewöhnlichen Aufenthalt im Inland gemäß § 1 Abs. 2 EStG unbeschränkt einkommensteuerpflichtig ist *oder*

– gemäß § 1 Abs. 3 EStG als unbeschränkt einkommensteuerpflichtig behandelt wird.

Ein im Inland unbeschränkt steuerpflichtiger **Ausländer** hat jedoch nur dann einen Anspruch auf Kindergeld, wenn er noch weitere Voraussetzungen erfüllt (Siehe dazu im einzelnen unten Rdnr. 38 ff.).

---

[20] *Köhler* in Münchener Kommentar, § 1602 BGB, Rdnr. 27 a.

1. Die Voraussetzungen der unbeschränkten Steuerpflicht gemäß § 1 Abs. 1 EStG

Anspruch auf Kindergeld haben nur **natürliche,** nicht jedoch auch juristische **Personen** wie z. B. Vereine, Stiftungen, Gesellschaften oder öffentliche Körperschaften[21]. Nicht erforderlich ist, daß der unbeschränkt Steuerpflichtige im Sinne des § 1 Abs. 1 EStG Arbeitslohn bezieht.   31

Einen **Wohnsitz** hat jemand dort, wo er eine Wohnung unter Umständen innehat, die darauf schließen lassen, daß er die Wohnung beibehalten und benutzen wird (§ 8 AO). Ob diese Voraussetzungen vorliegen, ist unter Berücksichtigung sämtlicher objektiver Umstände nach tatsächlichen und wirtschaftlichen Gesichtspunkten zu beurteilen[22].   32

Einen **gewöhnlichen Aufenthalt** hat jemand dort, wo er sich unter Umständen aufhält, die erkennen lassen, daß er an diesem Ort oder in diesem Gebiet nicht nur vorübergehend verweilt (§ 9 Satz 1 AO). Anders als beim Wohnsitz kann eine Person immer nur einen („ihren") gewöhnlichen Aufenthalt haben[23].   33

2. Erweiterte unbeschränkte Steuerpflicht gemäß § 1 Abs. 2 EStG

Nach **§ 1 Abs. 2 EStG** sind trotz Fehlens eines inländischen Wohnsitzes oder gewöhnlichen Aufenthalts unbeschränkt steuerpflichtig auch **deutsche Staatsangehörige,** die zu einer inländischen juristischen Person des öffentlichen Rechts in einem Dienstverhältnis stehen und dafür **Arbeitslohn** aus einer inländischen öffentlichen Kasse beziehen, wie z. B. ins Ausland abgeordnete öffentlich Bedienstete. Das gleiche gilt für die zum Haushalt einer solchen Person gehörenden **Angehörigen,** sofern diese die deutsche Staatsangehörigkeit besitzen *oder* keine *oder* nur solche Einkünfte beziehen, die ausschließlich im Inland einkommensteuerpflichtig sind[24] (sog. erweiterte unbeschränkte Steuerpflicht).   34

3. Erweiterte unbeschränkte Steuerpflicht gemäß § 1 Abs. 3 EStG

Unbeschränkt einkommensteuerpflichtig behandelt im Sinne des **§ 1 Abs. 3 EStG** werden natürliche Personen, die im Inland zwar weder Wohnsitz noch gewöhnlichen Aufenthalt haben, die aber zu einer inländischen Person des öffentlichen Rechts in einem Dienstverhältnis stehen und dafür **Arbeitslohn** aus einer inländischen öffentlichen Kasse beziehen, wie z. B. ausländische Gastlehrer. Das gleiche gilt für den nicht dauernd getrennt lebenden Ehegatten. Weitere Voraussetzung ist allerdings, daß der Steuerpflichtige allein oder zu-   35

---

[21] Zur Möglichkeit, das Kindergeld an diese Institutionen auszuzahlen, siehe Rdnr. 350 ff.

[22] Vgl. dazu im einzelnen die einschlägigen Erläuterungen zu § 8 AO, z. B. *Kühn/Hofmann*, AO/FGO, Anm. 4, 5 zu § 8 AO; *Tipke/Kruse*, AO/FGO, § 8 AO Rdnr. 1 ff.

[23] Wegen weiterer Einzelheiten vgl. die einschlägigen Erläuterungen zu § 9 AO, z. B. *Kühn/Hofmann,* AO/FGO, Anm. 3 ff. zu § 9 AO; *Tipke/Kruse,* AO/FGO, § 9 AO Rdnr. 1 ff.

[24] Wegen weiterer Einzelheiten siehe *Blümich/Ehmcke,* a. a. O., § 1 EStG, Rdnr. 60 ff.

sammen mit seinem Ehegatten im Ausland einkommensteuerpflichtige Einkünfte von nicht mehr als (derzeit) 6000 DM im Veranlagungszeitraum bezieht[25] (sog. erweiterte unbeschränkte Steuerpflicht).

36 Entsprechendes gilt für Empfänger von beamtenrechtlichen **Versorgungsbezügen** (§ 19 Abs. 2 Satz 2 Nr. 1 EStG)[26], soweit das Besteuerungsrecht hierfür nicht dem ausländischen Wohnsitzstaat zusteht (§ 1 Abs. 3 Satz 2 EStG).

III. Deutsche Bedienstete ausländischer Organisationen

37 Die deutschen Beamten und sonstigen Bediensteten der **Europäischen Gemeinschaften,** die ihren Wohnsitz oder gewöhnlichen Aufenthalt im Bundesgebiet aufgegeben haben und ihren Wohnsitz zur Ausübung ihrer – von der EG besoldeten – Amtstätigkeit im Hoheitsgebiet eines anderen Mitgliedstaates haben, würden nicht mehr gemäß § 1 Abs. 1–3 EStG unbeschränkt steuerpflichtig sein. Sie sind jedoch gemäß Art. 14 des Protokolls über die Vorrechte und Befreiungen der Europäischen Gemeinschaften vom 8. 4. 1965[27] während ihrer aktiven Dienstzeit für die Erhebung der Einkommensteuer so zu behandeln, als hätten sie ihren Wohnsitz im Bundesgebiet beibehalten[28]. Sie haben demnach ebenfalls uneingeschränkt Anspruch auf Kindergeld. Für deutsche **UNO**-Bedienstete fehlt eine entsprechende Regelung[29].

IV. Im Inland unbeschränkt steuerpflichtige Ausländer sind nur dann anspruchsberechtigt, wenn sie weitere Voraussetzungen erfüllen.

1. Erfordernis einer Aufenthaltsgenehmigung

38 **Ausländer,** die **im Inland unbeschränkt steuerpflichtig** sind, haben – im Unterschied zu deutschen Staatsangehörigen – gemäß § 62 Abs. 2 EStG nur dann einen Anspruch auf Kindergeld, wenn sie im Besitz einer **Aufenthaltsgenehmigung** in Form einer Aufenthaltserlaubnis (§ 15 AuslG) oder einer Aufenthaltsberechtigung (§ 27 AuslG) sind[30].

39 § 62 Abs. 2 EStG ist damit hinsichtlich des Erfordernisses weiterer Voraussetzungen für den Anspruch von Ausländern auf Kindergeld **lex specialis** zum Grundtatbestand des § 62 Abs. 1 EStG.

---

[25] Wegen weiterer Einzelheiten siehe *Blümich/Ehmcke,* a. a. O., § 1 EStG, Rdnr. 70 ff.
[26] Vgl. dazu im einzelnen *Blümich/Thürmer,* a. a. O., § 19 EStG, Rdnr. 311 ff.
[27] BGBl II 1965, 1482; 1967, 2156.
[28] Vgl. dazu *Blümich/Ehmcke,* a. a. O., § 1 EStG, Rdnr. 76.
[29] Vgl. dazu *Debatin,* DStR 1981, 580 und BMF-Schreiben vom 27. 5. 1981, DStR 1981, 441. **NATO**-Angehörige sind nur mit ihren Dienstbezügen im Inland steuerfrei (Art. X NATO-Truppenstatut), im übrigen unterliegen sie der *beschränkten* Steuerpflicht.
[30] Vgl. zur Rechtsentwicklung dieser Tatbestandsvoraussetzungen bei § 1 Abs. 3 BKGG *Wickenhagen/Krebs,* Bundeskindergeldgesetz, Kommentar, § 1 Rdnr. 120 ff.

2. Der Besitz einer Aufenthaltsberechtigung

Der Ausländer ist zwar berechtigt, die Steuervergütung in Anspruch zu 40
nehmen, wenn er im Besitz einer Aufenthaltsberechtigung nach § 27 AuslG ist
und die übrigen Voraussetzungen der §§ 62 ff. EStG vorliegen. Dies gilt aber
dann nicht, wenn sein ausländischer Ehegatte von seinem im Ausland ansässigen Arbeitgeber zur vorübergehenden Dienstleistung in das Inland entsandt ist
(§ 62 Abs. 2 Satz 2). Hier sind weitere Voraussetzungen zu prüfen (vgl. unten
Rdnr. 52 ff.).

Die Aufenthaltsgenehmigung (§ 5 AuslG) wird als **Aufenthaltsberechti-** 41
gung erteilt, wenn dem Ausländer der Aufenthalt ohne Bindung an einen
bestimmten Aufenthaltszweck und zeitlich sowie räumlich unbestimmt erlaubt
werden soll (§ 27 AuslG). Die Aufenthaltsberechtigung ist die stärkste Form
der Aufenthaltsgenehmigung[31].

Unter **Besitz einer Aufenthaltsberechtigung** ist der Besitz einer bestands- 42
kräftigen Aufenthaltsberechtigung, also das ausdrückliche Zubilligen des Aufenthaltsrechts durch Verwaltungsakt zu verstehen; ein Kindergeldanspruch besteht nur solange eine solche Aufenthaltsberechtigung wirksam ist. Die Aufenthaltsgenehmigungen wirken jedoch kindergeldrechtlich nicht zurück[32]. Die
von der Ausländerbehörde erteilte Aufenthaltsberechtigung ist für die Finanzbehörden bindend; diese sind nicht berechtigt, selbständig über die materielle
Berechtigung des Ausländers zum Aufenthalt zu befinden. Die Entscheidung
der Ausländerbehörde entfaltet insoweit Tatbestandswirkung. Ist sie vollziehbar, muß sie von den Finanzbehörden beachtet werden, und zwar selbst dann,
wenn die Voraussetzungen für die Erteilung tatsächlich nicht vorgelegen haben. Eine eventuelle Rechtswidrigkeit der ausländerrechtlichen Entscheidung
muß im Verwaltungsrechtsweg überprüft werden[33].

3. Der Besitz einer Aufenthaltserlaubnis

Die Aufenthaltsgenehmigung (§ 5 AuslG) wird als **Aufenthaltserlaubnis** 43
(§§ 15, 17 AuslG) erteilt, wenn einem Ausländer der Aufenthalt ohne Bindung
an einen bestimmten Aufenthaltszweck erlaubt wird (§ 15 AuslG), ohne daß
die Voraussetzungen für die Erteilung einer Aufenthaltsberechtigung vorliegen
(vgl. die §§ 16 ff. AuslG). Als die im Vergleich zur Aufenthaltsberechtigung
schwächere Form der Aufenthaltsgenehmigung kann die Aufenthaltserlaubnis
mit Bedingungen und Auflagen versehen werden (§ 14 AuslG); nur unter den
Voraussetzungen der §§ 24 ff. AuslG wird sie unbefristet verlängert. Für den
Anspruch auf die Steuervergütung genügt jede Form der Aufenthaltserlaubnis.

---

[31] Vgl. i. e. *Kanein/Renner*, Ausländerrecht, § 27 Rdnr. 4 ff.
[32] Vgl. dazu RdErl 375/74 der Bundesanstalt für Arbeit, Tz. 1.31 der Durchführungsanweisungen zum BKGG.
[33] BSG U. vom 24. 3. 1992 – 14 b/4 REg 11/91; vgl. auch *Wickenhagen/Krebs*, a. a. O.,
§ 1 Rdnr. 136; *Igl*, Kindergeld und Erziehungsgeld, 3. Aufl., 1993, S. 135.

Ist diese bestandskräftig erteilt, hat sie die gleiche Tatbestandswirkung wie die Aufenthaltsberechtigung.

44 Zur Regelung in den Fällen vorübergehender Dienstleistung im Inland siehe unten Rdnr. 48 ff.

V. Der Begriff des Ausländers im Sinne des Kindergeldrechts

1. Maßgebend ist der Ausländerbegriff des Ausländergesetzes

45 Das Einkommensteuergesetz selbst bestimmt nicht den Inhalt des Begriffs „Ausländer". Maßgebend ist der **Ausländerbegriff des Ausländergesetzes.** Danach ist Ausländer jeder, der nicht Deutscher im Sinne des Art. 116 GG ist (§ 1 Abs. 2 AuslG). Über den Kreis der deutschen Staatsangehörigen hinaus sind damit auch Flüchtlinge und Vertriebene deutscher Volkszugehörigkeit sowie deren Ehegatten und Abkömmlinge, die im Gebiet des Deutschen Reiches nach dem Stand vom 31. 12. 1937 Aufnahme gefunden haben – sog. **Statusdeutsche** – vom Anwendungsbereich des § 62 Abs. 2 EStG ausgenommen; sie brauchen ebenfalls nicht die in dieser Vorschrift aufgeführten weiteren Voraussetzungen zu erfüllen. Für die Eigenschaft als Flüchtling oder Vertriebener deutscher Volkszugehörigkeit ist das Bundesvertriebenengesetz in der jeweils gültigen Fassung maßgebend[34].

2. Sonderstatus der Angehörigen anderer Mitgliedstaaten der Europäischen Gemeinschaft

46 Nach dem Wortlaut des § 62 Abs. 2 EStG erfaßt diese Vorschrift auch die **Angehörigen der anderen Mitgliedstaaten der Europäischen Gemeinschaft,** die nach Maßgabe des Aufenthaltsgesetz/EWG (AufenthG/EWG) grundsätzlich eine Aufenthaltserlaubnis-EG benötigen (vgl. i. e. §§ 3 ff. AufenthG/EWG). Es fehlt im EStG auch eine dem § 17 BKGG n. F. entsprechende Vorschrift, wonach Angehörige der anderen Mitgliedstaaten der EG nach Maßgabe des Vertrages zur Gründung der Europäischen Wirtschaftsgemeinschaft und der auf seiner Grundlage erlassenen Verordnungen die gleichen Rechte haben wie Deutsche. Indessen können sich EG-Bürger auf die Regelungen der Verordnung (EWG) Nr. 1408/71 des Rates vom 14. 6. 1971 (ABL. EG Nr. L 149/2) in der Fassung der VO Nr. 2000/83 vom 2. 6. 1983[35] berufen. Art. 3 dieser Verordnung enthält den Gleichbehandlungsgrundsatz: Personen, die im Gebiet eines Mitgliedstaats wohnen und für die die Verordnung gilt, haben die gleichen Rechte und Pflichten aufgrund der Rechtsvorschriften eines Mitgliedstaats wie die Staatsangehörigen dieses Staates, soweit nicht besondere Bestimmungen dieser Verordnung etwas anderes vorschreiben. Gemäß Art. 4 Abs. 1

---

[34] So *Wickenhagen/Krebs,* a. a. O., § 1 Rdnr. 132.
[35] ABL 230/1983 1; abgedruckt im *Anhang (Nr. 6)* sowie bei *Wickenhagen/Krebs,* a. a. O., Anhang VI; vgl. *Igl,* a. a. O., S. 114.

Buchst. h der Verordnung gilt diese auch für Familienleistungen, zu denen das Kindergeld – auch in seiner Ausgestaltung als Steuervergütung – gehört[36]. EG-Bürger haben dementsprechend unter den selben Voraussetzungen Anspruch auf Kindergeld wie deutsche Staatsangehörige. Die Vorschriften der Verordnung haben als Gemeinschaftsrecht Anwendungsvorrang. Dieser Vorrang[37] beruht auf einer ungeschriebenen Norm des primären Gemeinschaftsrechts. Das bedeutet: Die Regelungen der VO (EWG) Nr. 1408/71 sind von Amts wegen anzuwenden, d. h. auch dann, wenn sich der Berechtigte nicht ausdrücklich darauf beruft.

3. Asylberechtigte Ausländer/Politisch Verfolgte

Asylberechtigte Ausländer und sonstige politisch Verfolgte im Sinne von § 3 AsylVfG können Kindergeld ab dem Monat der Anerkennung durch unanfechtbaren Bescheid des Bundesamtes für die Anerkennung ausländischer Flüchtlinge oder rechtskräftige gerichtliche Entscheidung erhalten[38]. 47

VI. Kein Kindergeldanspruch bei nur vorübergehender Entsendung des Ausländers in das Inland

1. Die Anspruchsberechtigung des entsandten Ausländers selbst

Ein ausländischer Arbeitnehmer, der nur zur vorübergehenden Dienstleistung in das Inland entsandt ist, hat gemäß § 62 Abs. 2 Satz 2, 1. Halbsatz EStG generell kein Anspruch auf Kindergeld und damit auch dann nicht, wenn er eine Aufenthaltserlaubnis im Sinne von § 62 Abs. 2 Satz 1 EStG besitzt. Dieser einschränkenden Regelung liegt folgende Überlegung zugrunde: Ebensowenig wie eine vorübergehende Aufgabe des Wohnsitzes oder des gewöhnlichen Aufenthalts aus beruflichen Gründen bei einem deutschen Staatsangehörigen zum Verlust der Kindergeldanspruchsberechtigung führt, soll entsprechend umgekehrt ein Anspruch auf Kindergeld nicht durch einen beruflich bedingten vorübergehenden Aufenthalt eines Ausländers im Inland begründet werden können[39]. 48

Sowohl das EStG in § 62 als auch das BKGG in § 1 Abs. 1 Satz 1 Nr. 2 Buchst. a, der den Kindergeldanspruch von Personen regelt, die im Inland weder einen Wohnsitz noch ihren gewöhnlichen Aufenthalt haben, bestimmen den Begriff „zur vorübergehenden Dienstleistung entsandt" nicht näher. Insoweit kann jedoch der wegen des inneren Zusammenhangs beider Vorschriften 49

---

[36] Vgl. i. e. zu dieser Verordnung *Wickenhagen/Krebs*, a. a. O., § 42 Rdnr. 9 m. w. N.
[37] Vgl. EuGH vom 15. 7. 1964 Rs. 6/64, EuGHE 1964, 1251, 1270 – Vorrang des Gemeinschaftsrechts.
[38] Vgl. i. e. zu Flüchtlingen und Asylberechtigten den RdErl 375/74 der Bundesanstalt für Arbeit, Tz. 1.32 der Durchführungsanweisungen zum BKGG.
[39] Vgl. *Wickenhagen/Krebs*, a. a. O., § 1 Rdnr. 140.

der Auslegung des BSG gefolgt werden, das an die Regelung des § 4 Sozialgesetzbuch (SGB) IV anknüpft[40]. Danach ist ein Arbeitnehmer *entsandt,* wenn trotz seiner Tätigkeit im Ausland (respektive: im Inland) der Schwerpunkt des Beschäftigungsverhältnisses nach dessen rechtlichen und tatsächlichen Merkmalen weiterhin im Inland (im Ausland) liegt, seine Tätigkeit im Inland infolge der Eigenart der Beschäftigung oder vertraglich im voraus zeitlich begrenzt ist[41]. Obwohl der Begriff der Entsendung nach § 4 Abs. 1 SGB IV nicht unmittelbar auf das Kindergeldrecht übertragbar ist, geht das BSG bei seiner Auslegung im wesentlichen davon aus, daß der Normgehalt der Vorschriften übereinstimmt.

50   Zwar ist bei der Auslegung der §§ 62 ff. EStG zunächst der Bedeutungszusammenhang mit anderen steuerrechtlichen Vorschriften zu beachten. So ergibt sich aus § 9 AO, der die Voraussetzungen für die Annahme eines gewöhnlichen Aufenthalts im Inland enthält, daß ein *vorübergehendes* Verweilen im Inland grundsätzlich bis zu sechs Monate – in den Sonderfällen des § 9 Satz 3 AO sogar bis zu einem Jahr – dauern kann, ohne daß dadurch ein gewöhnlicher Aufenthalt begründet wird. § 62 Abs. 2 Satz 2, 1. Halbsatz EStG liefe aber leer, wenn man zur Auslegung des Begriffes „*vorübergehende*" Dienstleistung an § 9 AO anknüpfen würde. § 62 Abs. 2 Satz 2 EStG setzt aber – von den Ausnahmen des § 62 Abs. 1 Nr. 2 EStG abgesehen – gerade voraus, daß der zur vorübergehenden Dienstleistung in das Inland entsandte Arbeitnehmer hier einen Wohnsitz oder einen gewöhnlichen Aufenthalt hat.

51   Erforderlich ist also, daß – bezogen auf § 62 Abs. 2 Satz 2 EStG – ein im Ausland begonnenes und durch die vorübergehende Entsendung in das Inland in seinem Kern nicht berührtes Beschäftigungsverhältnis gegeben ist, das im Ausland fortgesetzt werden soll. Eine Entsendung liegt nach der Rechtsprechung des BSG zur sog. Ausstrahlung (vgl. § 4 SGB IV) nur bei Aufenthalten von zwölf bis höchstens 24 Monaten vor[42].

2. Die Anspruchsberechtigung des Ehegatten eines nur zur vorübergehender Dienstleistung entsandten Ausländers

a) Der Ehegatte ist selbst Ausländer

52   Ist ein im Inland unbeschränkt steuerpflichtiger Ausländer nur zur vorübergehenden Dienstleistung ins Inland entsandt, so ist **grundsätzlich** nicht nur er, sondern auch sein **Ehegatte nicht anspruchsberechtigt**. Dieser hat jedoch gemäß § 62 Abs. 2 Satz 2, 2. Halbsatz EStG dann – und nur dann – Anspruch auf Kindergeld, wenn er selbst im Besitz einer Aufenthaltsberechtigung oder Auf-

---

[40] Vgl. BSG Urteil vom 14. 1. 1987, SozR § 1 Nr. 11.
[41] Vgl. hierzu RdErl 375/74 der Bundesanstalt für Arbeit, Tz. 1.41 der Durchführungsanweisungen zum BKGG.
[42] Eingehend dazu *Wickenhagen/Krebs,* a. a. O., § 1 Rdnr. 65 ff., 76 ff. m. w. N., und *Igl,* a. a. O., S. 13.

enthaltserlaubnis[43] ist und eine der Beitragspflicht zur Bundesanstalt für Arbeit unterliegende oder nach § 169c Nr. 1 des Arbeitsförderungsgesetz (AFG) beitragsfreie Beschäftigung als Arbeitnehmer ausübt.

b) Der Ehegatte ist Deutscher

Ist der **Ehegatte** allerdings **deutscher Staatsangehöriger,** ergibt sich seine Anspruchsberechtigung regelmäßig unmittelbar aus Abs. **1** des § 62 EStG, und zwar ohne daß die weiteren Voraussetzungen des Abs. **2** dieser Vorschrift erfüllt sein müssen. Liegen jedoch die Voraussetzungen des § 62 Abs. 1 EStG ausnahmsweise nicht vor, so wäre ein Ehegatte deutscher Staatsangehörigkeit nach dem Wortlaut des § 62 Abs. 2 EStG nur dann anspruchsberechtigt, wenn er die in dieser Vorschrift aufgeführten Voraussetzungen erfüllt, insbesondere, wenn er im Besitz einer Aufenthaltsberechtigung oder Aufenthaltserlaubnis ist. Als deutscher Staatsangehöriger bedarf er jedoch derartiger Genehmigungen nicht. Da der Gesetzgeber deutsche Ehegatten bei Vorliegen der weiteren Voraussetzungen des § 62 Abs.2 EStG nicht von der Anspruchsberechtigung hat ausschließen wollen und im Hinblick auf den Gleichbehandlungsgrundsatz des Art. 3 des Grundgesetzes (GG) auch nicht ausschließen dürfen, ist davon auszugehen, daß der Wortlaut des § 26 Abs. 2 EStG insoweit zu weit geraten ist. Er ist im Wege der sog. **teleologischen Reduktion** dahingehend einzuschränken, daß das Tatbestandsmerkmal „wenn er im Besitz einer Aufenthaltsberechtigung oder Aufenthaltserlaubnis ist" bei deutschen Ehegatten gegenstandslos ist. Der deutsche Ehegatte muß jedoch, um anspruchsberechtigt zu sein, ebenso wie der Ausländerehegatte eine der Beitragspflicht zur Bundesanstalt für Arbeit unterliegende oder nach § 169c Nr.1 des Arbeitsbeförderungsgesetzes (AFG) beitragsfreie Beschäftigung als Arbeitnehmer ausüben[44].

c) Beitragspflichtige/beitragsfreie Arbeitnehmer

Der Kreis der Personen, die als Arbeitnehmer verpflichtet sind, Beiträge zur Bundesanstalt für Arbeit zu leisten, ist in § 168 AFG festgelegt. Grundsätzlich sind danach beitragspflichtig solche Personen, die als Arbeiter oder Angestellte gegen Entgelt oder zu ihrer Berufsausbildung beschäftigt sind, soweit sie nicht nach den §§ 169 bis 169c AFG oder einer Rechtsverordnung nach § 173 Abs. 1 AFG (Sonderregelung im Grenzverkehr) beitragsfrei sind.

Beitragsfrei gemäß § 169c Nr. 1 AFG, auf den § 62 Abs. 2 EStG – eindeutig ausschließlich – Bezug nimmt, sind nur Arbeitnehmer, die das 65. Lebensjahr vollendet haben, mit Ablauf des Monats, in dem sie dieses Lebensjahr vollenden. Der als Arbeitnehmer tätige Ehegatte des vorübergehend entsandten Ausländers hat in den Fällen der Beitragsfreiheit damit nur dann Anspruch auf Kindergeld, wenn seine Beitragsfreiheit auf der Vollendung des 65. Lebensjahres beruht.

---

[43] Siehe oben Rdnr. 40ff.
[44] Im Ergebnis ebenso zu § 1 Abs. 3 Satz 2 BKGG *Wickenhagen/Krebs,* a. a. O., § 1 Rdnr. 144.

VII. Einfluß zwischenstaatlicher Abkommen auf den Kindergeldanspruch

56 Die Bundesrepublik Deutschland hat mit mehreren Staaten **Abkommen über soziale Sicherheit** geschlossen, z. B. mit der Republik Österreich, dem Königreich Schweden, der Schweiz, der Republik Türkei[45]. Diese Verträge enthalten keine eigenständigen Bestimmungen über die Ausgestaltung des Rechtsanspruchs auf Kindergeld, sondern eröffnen – ebenso wie die VO (EWG) Nr. 1408/71 des Rates vom 14. 6. 1971[46] – nur die Ansprüche nach nationalem Recht. Sie ergänzen die §§ 62ff. EStG, wenn Sachverhalte zum Teil im Ausland verwirklicht werden. Dies kann geschehen durch das Erstrecken des deutschen Rechts auf ausländische Sachverhalte, durch das Behandeln ausländischer Sachverhalte als ob sie im Inland vorlägen (Fiktion) und durch Aufstellen besonderer Maßstäbe für bestimmte Auslandssachverhalte.

D. Welche Kinder werden berücksichtigt?

I. Der gemäß § 63 Abs. 1 EStG maßgebliche Personenkreis

1. Anlehnung an die Regelung im bisherigen § 2 BKGG

57 Für welche Kinder der Berechtigte Anspruch auf Kindergeld hat, regelt **§ 63 EStG**. Diese Vorschrift knüpft bei der Umschreibung der zu berücksichtigenden Kinder trotz des unterschiedlichen Wortlauts im Ergebnis im wesentlichen an die Auflistung im bisherigen § 2 BKGG an[47].

58 Als Kinder werden danach berücksichtigt:
– *Kinder im Sinne des § 32 Abs. 1 EStG,*
– *vom Berechtigten in seinen Haushalt aufgenommene Kinder seines Ehegatten*
– *vom Berechtigten in seinen Haushalt aufgenommene Enkel.*

59 Ein nach § 63 Abs. 1 EStG zu berücksichtigendes Kind wird als „**Zählkind**" bezeichnet. Das Zählkindschaftsverhältnis ist notwendige, aber nicht hinreichende Bedingung für die Auszahlung von Kindergeld. Der Anspruch kann vorrangig einem anderen Berechtigten (vgl. § 64 Abs. 2 und 3 EStG) zustehen oder ruhen, weil eine dem Kindergeld vergleichbare Leistung für das Kind zu zahlen ist (vgl. § 65 EStG). Diejenigen Zählkinder, für die der Anspruch auf Kindergeld nicht einem anderen Berechtigten zusteht oder – um eine Doppelzahlung zu vermeiden – nicht aufgrund der in §§ 64 und 65 EStG enthaltenen Regelungen ausgeschlossen ist, sind dann zugleich „**Zahlkinder**". Die Begriffe „Zählkind" und „Zahlkind" verwendet das Gesetz in den §§ 62ff. EStG zwar

---

[45] Vgl. dazu *Igl,* a. a. O., S. 114.
[46] A. a. O. *(Fn. 27).*
[47] Vgl. dazu auch dazu Bericht des Finanzausschusses des Deutschen Bundestags, BT-Drs. 13/1558, S. 161.

nicht. Sie entsprechen jedoch den bereits im Rahmen des BKGG für dieselbe Rechtskonstruktion seit langem schlagwortartig verwendeten, praktikablen Kurzbezeichnungen[48].

2. Kinder im Sinne von § 32 Abs. 1 EStG

Als Kinder werden gemäß § 63 Abs. 1 Nr. 1 EStG in erster Linie die Kinder im Sinne des § 32 Abs. 1 EStG berücksichtigt. Dies sind: **60**

a) Kinder, die im ersten Grad mit dem Steuerpflichtigen (Anspruchsberechtigten) verwandt sind (§ 32 Abs. 1 Nr. 1 EStG)

Im ersten Grad verwandte Kinder sind **leibliche** (eheliche[49], für ehelich erklärte[50], nichteheliche) **Kinder** und **Adoptivkinder,** d. h. Kinder, die der Steuerpflichtige „als Kind" angenommen hat[51]. Nicht erforderlich ist grundsätzlich, daß der Anspruchsberechtigte das Kind in seinen Haushalt aufgenommen oder unterhalten hat[52].

b) Pflegekinder

Pflegekinder sind gemäß § 32 Abs. 1 Nr. 2 EStG – abweichend von § 15 **61** Abs. 1 Nr. 8 AO – Personen, mit denen der Steuerpflichtige (Anspruchsberechtigte) durch ein familienähnliches, auf längere Dauer berechnetes Band verbunden ist und die er in seinen Haushalt aufgenommen hat. Weitere Voraussetzung ist, daß das Obhuts- und Pflegeverhältnis zu den Eltern nicht mehr besteht und der Steuerpflichtige (Anspruchsberechtigte) das Kind mindestens zu einem nicht unwesentlichen Teil auf seine Kosten unterhält[53]. Zum Vorrang des Pflegekindschaftsverhältnisses bei der sog. **„Erwachsenen-Adoption"** siehe § 32 Abs. 2 i. d. F. des JStErgG 1996.

3. Vom Berechtigten in seinen Haushalt aufgenommene Kinder seines Ehegatten (Stiefkinder)

Als Kinder werden gemäß § 63 Abs. 1 Nr. 2 EStG auch Kinder seines Ehe- **62** gatten berücksichtigt, die der Berechtigte in seinen Haushalt aufgenommen hat. Dies sind Kinder, die bürgerlich-rechtlich nicht Kinder des Berechtigten

---

[48] Vgl. *Wickenhagen/Krebs,* a. a. O., § 2 Rdnr. 8ff.; *Bley,* Sozialrecht, E II. 1.a.
[49] Zum Begriff des *ehelichen Kindes* siehe §§ 1591ff. BGB.
[50] Nichteheliche Kinder können durch **Verheiratung des Vaters mit der Mutter** (§ 1719 BGB), durch **Ehelicherklärung** auf Antrag des Vaters (§§ 1723ff. BGB) oder aufgrund **eigenen Antrags** (§ 1740a BGB) die Rechtsstellung eines ehelichen Kindes erlangen.
[51] Vgl. dazu im einzelnen §§ 1741ff. BGB.
[52] Wegen weiterer Einzelheiten siehe *Blümich/Stäuber,* a. a. O., § 32 EStG, Rdn. 8ff.; *Schmidt/Glanegger,* § 32 Rdn. 13ff.
[53] Wegen weiterer Einzelheiten siehe *Blümich/Stäuber,* a. a. O., § 32 EStG, Rdn. 12ff. *Schmidt/Glanegger,* § 32 Rdn. 20ff.

selbst, sondern seines Ehegatten sind⁵⁴. Bis zum 31. 12. 1993 bezeichnete § 2 Abs. 1 Satz 1 Nr. 1 BKGG a. F. diese Personengruppe als „*Stiefkinder*". Kennzeichnend für die sogenannte Stiefkindbeziehung ist, daß Stiefkinder mit dem Berechtigten nur **verschwägert** sind (§ 1590 BGB). Es muß sich dabei nicht um ein bereits in die Ehe eingebrachtes Kind des anderen Ehegatten handeln. Stiefkind ist auch ein während der Ehe geborenes Kind des anderen Ehegatten, dessen Ehelichkeit mit Erfolg angefochten worden ist (§ 1593 BGB). Bei der einmal begründeten Stiefkindeigenschaft verbleibt es auch nach Auflösung der Ehe durch Scheidung oder Tod des leiblichen Elternteils; das Stiefkindverhältnis ist nicht vom Bestand der Ehe abhängig, durch die es begründet wurde⁵⁵. Dem entspricht die Rechtslage nach BGB: Gemäß § 1590 Abs. 1 BGB sind Stiefeltern und Stiefkinder miteinander in gerader Linie verschwägert. Die Schwägerschaft dauert nach § 1590 Abs. 2 BGB an, auch wenn die Ehe durch die sie begründet wurde, aufgelöst worden ist⁵⁶.

63 Ob ein Kind des Ehegatten beim Kindergeld zu berücksichtigen ist, hängt allein davon ab, daß der Berechtigte es „in seinen Haushalt aufgenommen hat" (siehe dazu unten Rdnr. 67 ff.). Ob und in welchen Umfang der Berechtigte zum Unterhalt des Kindes tatsächlich beigetragen hat, ist im Rahmen des § 63 Abs. 1 Nr. 2 EStG, anders als z. B. bei Pflegekindern (§ 32 Abs. 1 Nr. 2 EStG), ohne Bedeutung.

4. Vom Berechtigten in seinen Haushalt aufgenommene Enkel

64 Enkel sind Kinder im Sinne des Bürgerlichen Rechts, die im zweiten Grad in absteigender Linie mit dem Berechtigten verwandt sind. Der Begriff „Enkel" umfaßt damit alle ehelichen, nichtehelichen und für ehelich erklärten Kinder der Abkömmlinge (im Sinne des BGB) des Anspruchsberechtigten. Im Falle der Minderjährigenadoption (vgl. § 1754 Abs. 1 BGB, § 1770 Abs. 1 BGB) sind auch angenommene Kinder der Abkömmlinge Enkel im Sinne von § 63 Abs. 1 Nr. 3 EStG.

65 **Nicht** zu den Enkeln rechnen die **Urenkel**. Der Wortlaut des § 63 Abs. 1 Nr. 3 EStG ist insoweit eindeutig. Ein Recht auf Kindergeld kann sich für Urgroßeltern nur aus § 63 Abs. 1 Nr. 1 EStG i. V. m. § 32 Abs. 1 Nr. 2 EStG (Pflegekindverhältnis) ergeben. Auch **Stiefenkel,** d. h. nicht aus der Ehe mit dem Abkömmling stammende Kinder des Schwiegerkindes, können nicht gemäß § 63 Abs. 1 Nr. 2 EStG als „Enkel", sondern nur als Pflegekinder berücksichtigt werden⁵⁷.

Zur Aufnahme in den Haushalt des Berechtigten siehe Rdnr. 74 f.

---

⁵⁴ Vgl. dazu auch BSG Urteil vom 22. 9. 1993, NJW 1994, 1366.
⁵⁵ BSG Urteil vom 25. 7. 1963, NJW 1963, 2341.
⁵⁶ A. A. Bundesanstalt für Arbeit RdErl 375/74 Durchführungsanordnungen zum BKGG, Tz. 2.111 Abs. 2: Das Kind ist ohne weitere Prüfung als Pflegekind zu berücksichtigen.
⁵⁷ So zutreffend. *Wickenhagen/Krebs*, a. a. O., § 3 Rdnr. 51 m. w. N.

5. Geschwister werden nicht „als Kinder" berücksichtigt

Geschwister können – wie schon im bisher geltenden Steuerrecht – nur noch **66**
dann berücksichtigt werden, wenn sie zugleich **Pflegekinder** sind[58]. Die bislang gemäß § 2 Abs. 1 Nr. 3 BKGG a. F. bestehende Möglichkeit, ohne Vorliegen zusätzlicher Voraussetzungen Kindergeld für die in den eigenen Haushalt aufgenommenen oder zumindest überwiegend unterhaltenen Geschwister zu erhalten, ist entfallen.

II. Die Aufnahme von Kindern/Enkeln in den eigenen Haushalt des Berechtigten

1. Der Tatbestand der Haushaltsaufnahme

a) Anlehnung an § 2 Abs. 1 BKGG a. F.

Gemeinsame Voraussetzung für ein Berücksichtigen des in § 63 Abs. 1 Nr. 2 **67**
und 3 EStG genannten Personenkreises „als Kinder" ist die Aufnahme dieser Personen in den Haushalt des Berechtigten[59]. Das gleiche Tatbestandsmerkmal ist ebenso in § 32 Abs. 1 Nr. 2 EStG (Pflegekinder) enthalten, wenngleich nur als weitere (kumulative) Voraussetzung[60]. Es erhält als neben der Umschreibung des Personenkreises einzige Voraussetzung in § 63 Abs. 1 Nr. 2 und 3 EStG eine eigenständige Bedeutung. Im Hinblick darauf, daß der Gesetzgeber § 63 EStG dem § 2 des bisherigen BKGG nachgebildet hat, erscheint es angezeigt, bei der Auslegung der Vorschrift die entsprechende Rechtsprechung des BSG zu berücksichtigen.

b) Die Voraussetzungen im einzelnen

Eine **Aufnahme in den Haushalt** liegt nicht schon dann vor, wenn das Kind **68**
lediglich in der Wohnung mitlebt. Sie ist erst dann gegeben, wenn zu dem örtlichen Merkmal (Familienwohnung) weitere Merkmale materieller Art (Vorsorge, Unterhalt) und immaterieller Art (Zuwendung von Fürsorge, Begründung eines familienähnlichen Bandes) hinzukommen und die Aufnahme des Kindes auf einem **Willensentschluß** des Berechtigten beruht. Ein bloßes Dulden oder Hinnehmen dieser Situation reicht nicht aus. Dabei kommt es aber nicht auf die Motive der Beteiligten an, sondern lediglich auf die Art und

---

[58] Ebenso Bericht des Finanzausschusses des Deutschen Bundestags, BT.-Drs. 13/1558, S. 161.
[59] Vgl. zu den gesetzgeberischen Überlegungen bei Schaffung des entsprechenden Tatbestandsmerkmals in § 2 Abs. 1 BKGG a. F. BSG Urteil vom 15. 5. 1988, SozR 5870 § 3 Nr. 6, 15, sowie *Wickenhagen/Krebs,* a. a. O., § 3 Rdn. 53.
[60] Vgl. etwa BFH GrS 6/70 v. 25. 1. 1971 (BStBl II 1971, 274 = BFHE 101, 247) und *Blümich/Stäuber,* a. a. O., § 32 EStG, Rdnr. 13.

Weise, wie sich ein entsprechender Willensentschluß tatsächlich und objektiv erkennbar realisiert hat[61].

69 Nach der ständigen Rechtsprechung des BSG müssen drei Voraussetzungen für eine *„Aufnahme in den Haushalt"* vorliegen:
– **Örtliches Merkmal**
Das örtlich gebundene Zusammenleben, das sich im Begründen einer Familienwohnung dokumentiert.
– **Materielles Merkmal**
Voraussetzungen materieller Art, wie Versorgung, Vorsorge, Gewähren nicht unerheblichen Unterhalts.
– **Immaterielles Merkmal**
Voraussetzungen immaterieller Zuwendung von Fürsorge; Anknüpfung, Begründung eines familienähnlichen Bandes.

70 Diese drei Merkmale bilden nach der zutreffenden, entsprechend auch für die Auslegung des § 63 Abs. 1 EStG maßgeblichen Auffassung des BSG die *„Familiengemeinschaft"*, bei deren Vorliegen demnach eine „Aufnahme in den Haushalt" gegeben ist; fehlt oder entfällt nur eines dieser Merkmale, so liegt eine Haushaltsaufnahme nicht (mehr) vor[62]. Das Tatbestandsmerkmal der Aufnahme in den Haushalt in § 62 Abs. 1 Nr. 2 und 3 EStG umfaßt demnach Elemente, die auch für eine Berücksichtigung als Pflegekind (§ 32 Abs. 1 Nr. 2 EStG) entscheidend sind.

71 Das **örtliche** Element der Aufnahme in den Haushalt liegt auch dann noch vor, wenn das Kind – nur – vorübergehend, z. B. zum Zwecke der Schul- oder Berufsausbildung, anderweitig untergebracht wird, aber die Zugehörigkeit zu dem Haushalt fortbesteht[63]. Davon ist auszugehen, wenn das Kind im Rahmen der bestehenden Möglichkeiten regelmäßig in diesen Haushalt zurückkehrt. Bei einer räumlichen Trennung müssen allerdings gesicherte Anhaltspunkte dafür vorhanden sein, daß die Trennung nur vorübergehender Natur ist. Ist dagegen die Unterbringung außerhalb der gemeinsamen Familienwohnung derart gestaltet, daß kein gemeinsamer Mittelpunkt mehr besteht und ein solcher in absehbarer Zeit auch nicht wieder hergestellt werden soll, so fehlt es an einer Aufnahme in den Haushalt[64].

72 Die Anforderungen an das **materielle Merkmal** der Haushaltsaufnahme (Vorsorge, Unterhalt) ist abzugrenzen vom Erfordernis des nicht unwesentlichen Unterhalts in § 32 Abs. 1 Nr. 2 EStG i. V. m. § 63 Abs. 1 Nr. 1 EStG, das als Tatbestandsmerkmal für die Subsumtion unter den Begriff „Pflegekind"

---

[61] Ebenso *Wickenhagen/Krebs*, a. a. O., § 3 Rdnr. 55 m. w. N. aus der Rechtsprechung des BSG.
[62] Ständige Rechtsprechung; vgl. insbesondere BSG Urteil vom 17. 5. 1988, SozR 5870 § 3 Nr. 6, S. 15 m. w. N.; eingehend *Wickenhagen/Krebs,* a. a. O., § 2 Rdn. 55 m. w. N. aus der Rechtsprechung des BSG.
[63] Vgl. BSG Urteil vom 8. 12. 1993, ZfS 1994, 146.
[64] BSG Urteil vom 17. 5. 1988, SozR 5870 § 3 Nr. 6; eingehend *Wickenhagen/Krebs,* a. a. O., § 2 Rdnr. 57 f. m. w. N.

bedeutsam ist. Das Gesetz unterscheidet damit selbst zwischen der Aufnahme in den Haushalt und der nicht unwesentlichen Unterhaltsleistung. Deshalb schließt die Aufnahme in den Haushalt und in die Familiengemeinschaft eine wesentliche Unterhaltsgewährung nicht notwendig mit ein. Grundsätzlich ist jedoch erforderlich, daß der Berechtigte dem in Frage kommenden Kind seine Fürsorge zuwendet, indem er es regelmäßig und in nicht unbeachtlichem Ausmaß (mit)beaufsichtigt, erzieht, pflegt oder sich an den dem Kind geltenden Hausarbeiten beteiligt. Weil es die Aufgabe des Kindergeldes im Rahmen des Familienleistungsausgleichs ist, die geminderte Leistungsfähigkeit von Familien mit Kindern steuerlich zu berücksichtigen[65], ist für die Aufnahme in den Haushalt auch nach wie vor erforderlich, daß zu den Merkmalen örtlicher und immaterieller Art (z. B. Fürsorge) die Gewährung eines nicht unerheblichen materiellen Unterhalts (Versorgung) hinzutritt[66]. Unterhalt in diesem Sinne ist nicht nur der Barunterhalt, sondern auch Naturalunterhalt in Form von Betreuung und Pflege; dieser sogenannte Betreuungsunterhalt ist dann nicht unerheblich, wenn sein zeitlicher Anteil mindestens ein Viertel des insgesamt erforderlichen Betreuungsaufwandes erreicht[67].

2. Haushalt des Anspruchsberechtigten

Der Haushalt muß dem Anspruchsberechtigten zuzurechnen sein. Es muß "*sein*" Haushalt sein. Das ist der Fall, wenn dem Berechtigten Eigentum und Besitz an Wohnung und Hausrat zustehen, und wenn er die Kosten des Haushalts trägt.

Ob diese Voraussetzungen vorliegen, kann in den Fällen, in denen Enkel bei ihren Großeltern berücksichtigt werden sollen, dann fraglich sein, wenn auch ein leiblicher Elternteil im Haushalt der Großeltern lebt und dessen Kosten zu einem nicht unwesentlichen Teil (mit)trägt. Das Gesetz geht jedoch selbst von der Möglichkeit eines *gemeinsamen Haushalts* des leiblichen Elternteils und eines Großelternteils aus, wie sich aus § 64 Abs. 2 Satz 5 EStG ergibt. Anders als das Pflegekindverhältnis (§ 32 Abs. 1 Nr. 2 EStG) setzt die Aufnahme in den Haushalt überdies nicht voraus, daß das Obhuts- und Pflegeverhältnis zu den Eltern nicht mehr besteht. Deshalb kann die Rechtsprechung des BSG zu § 2 BKGG a. F. insoweit nicht mehr bei der Auslegung berücksichtigt werden, wonach ein Kind dann nicht bei den Großeltern zu berücksichtigen sei, wenn die Mutter des Kindes ebenfalls im Haushalt der Großeltern lebe, weil das Kind in einem solchen Fall nicht von der Familiengemeinschaft mit der Mutter getrennt

73

74

---

[65] Vgl. dazu Bericht des Finanzausschusses des Deutschen Bundestags, BT-Drs. 13/1558, S. 155.
[66] So für das BKGG BSG Urteil vom 15. 3. 1988, SozR 2200 § 1267 Nr. 35 – zum Anspruch auf Waisenrente; vgl. dazu auch *Wickenhagen/Krebs,* a. a. O., § 2 Rdnr. 62 m. w. N.
[67] BSG Urteil vom 15. 3. 1988, a. a. O.

sei[68]. Die Familiengemeinschaft mit der Mutter sei die im Vergleich mit der zu anderen Personen engere Bindung und habe Vorrang, so daß von einer kindergeldrechtlich bedeutsamen Familiengemeinschaft mit den Großeltern (oder mit anderen möglichen Berechtigten) nicht gesprochen werden könne[69]. Das Enkelkind muß aber nicht (zugleich) die Voraussetzungen des Pflegekindes erfüllen. § 63 Abs. 1 Nr. 3 EStG setzt neben der verwandtschaftlichen Beziehung mit dem Berechtigten (§ 1589 BGB), als deren Folge ein familienähnliches Band gegeben ist, nur die Haushalt mit einem Elternteil (der Mutter) sein kann (vgl. § 64 Abs. 2 Satz 5 EStG).

75   Über die Prüfung der Haushaltsaufnahme hinaus bedarf es nicht der Prüfung und positiven oder negativen Feststellung, ob das Kind mit den Großeltern durch ein familienähnliches, auf längere Dauer berechnetes Band verbunden ist. Die Frage des Fortbestehens von Beziehungen zu leiblichen Eltern hat der Gesetzgeber nur bei Pflegekindern als beachtliche (negative) Voraussetzung bewertet.

III. Entsprechende Anwendung des § 32 Abs. 4 und 5 EStG

1. Maßgebliche Altersgrenzen

76   a) Durch die entsprechende Anwendung des § 32 Abs. 4 und 5 EStG gelten hinsichtlich der **Altersgrenzen** für die beim Kindergeld zu berücksichtigenden Kinder die gleichen Regelungen wie beim Kinderfreibetrag. Die Altersgrenze für die allgemeine Berücksichtigung von Kindern ist entsprechend der steuerrechtlichen Regelungen auf das **vollendete 18. Lebensjahr** angehoben worden[70]. Dies entspricht der mit dem Familienleistungsausgleich verwirklichten Harmonisierung der Kindbegriffe. Bisher wurde Kindergeld grundsätzlich nur bis zur Vollendung des 16. Lebensjahres gezahlt, darüber hinaus nur bei Vorliegen bestimmter Voraussetzungen, im Regelfall längstens jedoch bis zur Vollendung des 27. Lebensjahres (§ 2 Abs. 2 und 3 BKGG a. F.).

Nach der Neuregelung im JStG 1996 ist grundsätzlich zu unterscheiden zwischen Kindern bis zur Vollendung
– des **18.** Lebensjahres,
– des **21.** Lebensjahres und
– des **27.** Lebensjahres.

Ohne Altersbegrenzung wird Kindergeld für solche Kinder gezahlt, die wegen körperlicher, geistiger oder seelischer Behinderung außerstande sind,

---

[68] Vgl. insbesondere BSG Urteil vom 10. 2. 1983, FEVS 33, 302.
[69] Eingehend zu dieser Rechtsprechung *Wickenhagen/Krebs,* a. a. O., § 2 Rdnr. 64f. m. w. N
[70] Vgl. dazu Bericht des Finanzausschusses des Deutschen Bundestags, BT-Drs. 13/1558, S. 161, und *Blümich/Stäuber,* a. a. O., § 32 Rdnr. 51a.

sich selbst zu unterhalten (§ 63 Abs. 1 Satz 2 i. V. m. § 32 Abs. 4 Nr. 3 EStG)[71].

b) Für Kinder bis zur Vollendung des **18. Lebensjahres** wird das Kindergeld 77 bei Vorliegen der allgemeinen Voraussetzungen der §§ 62, 63 EStG uneingeschränkt gezahlt. Unerheblich ist, ob und in welcher Höhe das Kind eigene Einkünfte oder Bezüge hat.

c) Kinder, die älter als 18 Jahre sind, aber noch nicht das **27. Lebensjahr** 78 vollendet haben, werden gemäß § 63 Abs. 1 Satz 2 i. V. m. § 32 Abs. 4 Nr. 2 EStG nur dann berücksichtigt, wenn sie
– für einen Beruf ausgebildet werden *oder*
– sich in einer Übergangszeit zwischen zwei Ausbildungsabschnitten von höchstens vier Monaten befinden *oder*
– eine Berufsausbildung mangels Ausbildungsplatzes nicht beginnen oder fortsetzen können *oder*
– ein freiwilliges soziales Jahr in Sinne des Gesetzes zur Förderung eines freiwilligen sozialen Jahres[72] oder ein freiwilliges ökologisches Jahr im Sinne des Gesetzes zur Förderung eines freiwilligen ökologischen Jahres[73] leisten.

d) Kinder, die älter als 18 Jahre sind und nicht die vorstehenden Vorausset- 79 zungen erfüllen, können bis zur Vollendung des **21. Lebensjahres** berücksichtigt werden, wenn sie **arbeitslos** sind und der inländischen Arbeitsvermittlung zur Verfügung stehen (§ 32 Abs. 4 Nr. 1 EStG).

e) Im Unterschied zur bisherigen Regelung in § 2 Abs. 3 Nr. 3 bis 5 BKGG 80 a. F. sind diejenigen Kinder **nicht mehr** von vornherein bis höchstens zur Vollendung des 27. Lebensjahres **zu berücksichtigen,** die den gesetzlichen **Grundwehrdienst** oder **Zivildienst** oder **freiwilligen Wehrdienst** oder eine Tätigkeit als **Entwicklungshelfer** ausüben. Die entsprechenden Regelungen in § 32 Abs. 4 Nr. 3 bis 5 EStG in der bis zum Inkrafttreten des JStG 1996 maßgeblichen Fassung sind ersatzlos entfallen[74].

Stattdessen hat der Gesetzgeber in § 32 Abs. 5 EStG, der gemäß § 63 Abs. 1 81 Satz 2 EStG entsprechend anwendbar ist, entsprechende Verlängerungstatbestände eingeführt; der **Endzeitpunkt** der Berücksichtigung wird **hinausgeschoben.** So ermöglichen es diese Vorschriften, Kinder – bei Vorliegen der übrigen Voraussetzungen – zu berücksichtigen, die den gesetzlichen Grundwehrdienst oder einen Ersatzdienst geleistet haben, und zwar bei Arbeitslosigkeit über das 21. Lebensjahr oder bei Berufsausbildung über das 27. Lebensjahr hinaus. Für die Dauer dieser Dienste wird nämlich kein Kinderfreibetrag abgezogen.

---

[71] Vgl. zu den Neuregelungen in § 32 EStG *Blümich/Stäuber,* a. a. O., § 32 Rdnr. 35, 46.
[72] Vom 17. 8. 1964 (BGBl I 1964, 640; BStBl I 1964, 534), zuletzt geändert durch Gesetz vom 18. 12. 1989 (BGBl I 1989, 2261).
[73] Vom 17. 12. 1993 (BGBl I 1993, 21118; BStBl I 1994, 19).
[74] Vgl. dazu Bericht des Finanzausschusses des Deutschen Bundestags, BT-Drs. 13/1558, S. 155.

82 Entscheidend ist die gesetzlich vorgeschriebene Dauer des Grundwehr- oder Zivildienstes, und zwar auch dann, wenn das Kind freiwillig einen längeren Dienst leistet. Bei anerkannten **Kriegsdienstverweigerern** ist für die Verlängerung stets die Dauer des inländischen Zivildienstes maßgebend.

83 Besonderheiten ergeben sich allerdings in den Fällen, in denen der gesetzliche Grundwehr- oder Zivildienst in einem **anderen EG-Mitgliedstaat** oder in einem Staat abgeleistet wird, auf den das Abkommen über den Europäischen Wirtschaftsraum **(EWR)** Anwendung findet (vgl. § 1a Abs. 1 Nr. 1 EStG)[75]. Hier ist – zur Vermeidung einer gegen Gemeinschaftsrecht verstoßenden Diskriminierung – die Dauer dieses Dienstes maßgebend (§ 32 Abs. 5 Satz 2 EStG). Darüber hinaus bestimmt § 32 Abs. 5 Satz 4 EStG, daß dem gesetzlichen Grundwehrdienst oder Zivildienst der entsprechende Dienst gleichsteht, der in der ehemaligen **DDR** und **Berlin (Ost)** geleistet worden ist.

2. Wegfall des Kindergeldanspruchs bei eigenen Einkünften und Bezügen des volljährigen Kindes in bestimmter Höhe

a) Kein Kindergeldanspruch, wenn eigene Einkünfte und Bezüge des Kindes dessen Existenzminimum gewährleisten

84 Die gemäß § 63 Abs. 1 Satz 2 EStG vorgeschriebene entsprechende Anwendung des § 32 Abs. 4 EStG hat ferner zur Folge, daß die für den Kinderfreibetrag maßgebenden Ausschlußtatbestände der Sätze 2ff. dieser Vorschrift entsprechend auch für die Kindergeldberechtigung gelten. Daraus folgt, daß der Kindergeldanspruch erlischt, sofern und soweit dem Kind – mit **Ausnahme** der Kinder, die sich wegen **Behinderung** nicht selbst unterhalten können (§ 32 Abs. 4 Satz 1 Nr. 3 EStG) – Einkünfte und Bezüge zustehen, die das Existenzminimum des Kindes gewährleisten. Dem liegt die Überlegung zugrunde, daß bei Vorliegen dieser Voraussetzungen die Kinder ihre Eltern wirtschaftlich nicht mehr in der Weise belasten, daß diese daneben noch im Wege des Familienleistungsausgleichs entlastet zu werden brauchen[76].

85 Die Anrechnung betrifft jedoch nur Kinder, die das **18. Lebensjahr vollendet** haben, wie sich aus dem insoweit eindeutigen Wortlaut des § 32 Abs. 4 Satz 2 EStG ergibt. **Minderjährige** Kinder werden von der Regelung nicht betroffen; die Höhe ihrer Einkünfte und Bezüge hat keinen Einfluß auf den Kindergeldanspruch.

86 Auch bei Kindern, die das 18. Lebensjahr vollendet haben, ist es sowohl für die Kindergeldberechtigung als solche als auch für die Höhe des Kindergeldes **unerheblich,** wie hoch das zu versteuernde **Einkommen der Eltern** ist.

87 Es muß sich um Einkünfte und Bezüge des Kindes handeln, die zur Bestreitung des Unterhalts oder der Berufsausbildung bestimmt oder geeignet sind.

---

[75] Zur Ausdehnung der Regelung auf den EWR durch das JStErgG 1996 siehe BT-Drucks. 13/3084, *zu Art. 1, zu Nr. 7.*

[76] So Bericht des Finanzausschusses des Deutschen Bundestags, BT-Drs. 13/1558, S. 164.

b) Maßgebende Grenze

Für **1996** ist die Untergrenze **12 000 DM** im **Kalenderjahr**. Für die Veranlagungszeiträume **1997/1998** wurde sie auf **12 360 DM** und für die Veranlagungszeiträume **ab 1999** auf **13 020 DM** angehoben (§ 52 Abs. 22a EStG i. d. F. des JStG 1996). Diese Grenzen sind fest und ohne gleitenden Übergang[77]. Die Höhe des Grenzbetrags ist ausgerichtet an dem Betrag des einem erwachsenen Alleinstehenden steuerlich zu belassenden Existenzminimums[78]. 88

Unerheblich ist, ob und inwieweit die Eltern das Kind tatsächlich unterhalten (müssen).

Die ursprüngliche Fassung im JStG 1996 („denen Einkünfte ... zustehen") wurde durch das JStErgG geändert („wenn es Einkünfte ... hat"), um klarzustellen[79], daß auch insoweit das Zuflußprinzip des § 11 EStG gilt. 89

Ein Verzicht auf Teile der zustehenden Einkünfte und Bezüge steht gemäß § 32 Abs. 4 Satz 6 EStG der Anwendung der Regelung über die Grenzbeträge nicht entgegen. Damit soll verhindert werden, daß den Eltern ein sonst nicht mehr zustehender Kinderfreibetrags-/Kindergeldanspruch erhalten bleibt[80].

Der für den jeweiligen Veranlagungszeiträume maßgebliche Grenzbetrag ermäßigt sich gemäß § 32 Abs. 4 Satz 4 EStG für jeden Kalendermonat, in dem die Voraussetzungen für eine Berücksichtigung eines Kindes nach Maßgabe des § 32 Abs. 4 Satz 1 Nr. 1 oder 2 EStG (siehe Rdnr. 78 f.) nicht vorliegen, um ein Zwölftel. Die entsprechende Anwendung dieser Regelung gemäß § 63 Abs. 1 Satz 2 EStG auf das Kindergeldrecht bedeutet, daß bei Wegfall der Kindergeldberechtigung im Laufe des Jahres – aus anderen Gründen als aufgrund eigener Einkünfte und Bezüge des Kindes, z. B. wegen Abschlusses der Berufsausbildung –, der Grenzbetrag zeitanteilig monatsbezogen zu kürzen ist. Nicht entscheidend sind in einem solchen Fall die Einkünfte des gesamten Jahres. Dies hat das JStErgG im neuen Satz 5 des § 32 Abs. 4 EStG nunmehr ausdrücklich klargestellt. 90

Beispiel: Endet die Berufsausbildung des Kindes am 20. Juli 1996, so beträgt die maßgebende Kürzung $\frac{5}{12}$ von 12 000 DM – 5000 DM. Stehen dem Kind in der Zeit vom 1. 1. 1996 bis 31. 7. 1996 Einkünfte und Bezüge in Höhe von 7000 DM (12 000 DM ./. 5000 DM) oder mehr zu, dann besteht für die ersten sieben Monate des Jahres 1996 aus diesem Grund kein Kindergeldanspruch. Ist dies nicht der Fall, bleibt der Kindergeldanspruch für die ersten sieben Monate des Jahres auch dann bestehen, wenn das Kind **Jahres**einkünfte von mehr als 7000 DM oder sogar mehr als 12 000 DM hat.

---

[77] Zum Verzicht des Gesetzgebers auf einen gleitenden Übergang siehe *Blümich/Stäuber*, a. a. O., § 32 Rdnr. 51 d.

[78] So Bericht des Finanzausschusses des Deutschen Bundestags, BT-Drs. 13/1558, S. 164. Die Grenze von 12 000 DM ist auch für Kinder maßgebend, die wegen *körperlicher, geistiger* oder *seelischer Behinderung* außerstande sind, sich selbst zu unterhalten; siehe BMF-Schreiben vom 18. 12. 1995, a. a. O. *(Fn. 1)*, Rdnr. 20.

[79] Siehe BT-Drucks. 13/3084, *zu Art. 1, zu Nr. 7*.

[80] Vgl. dazu Bericht des Finanzausschusses des Deutschen Bundestags, BT-Drs. 13/1558, S. 164. Die dabei verwendete Formulierung: „soweit dadurch beabsichtigt ist, den Eltern ... zu erhalten" könnte allerdings dafür sprechen, daß es unschädlich ist, wenn das Kind *aus anderen Gründen* auf die zustehenden Einkünfte oder Bezüge verzichtet.

91   Umgekehrt kommt es auf die im Kalender**jahr** zustehenden Einkünfte und Bezüge an, wenn die übrigen Voraussetzungen der Kindergeldberechtigung während des gesamten Kalenderjahres vorliegen. Es ist deshalb unschädlich, wenn das Kind während einiger Monate des Jahres jeweils mehr als 1000 DM Einkünfte oder Bezüge hat, beispielsweise durch Ferienarbeit, wenn jedenfalls die Jahresgrenze von 12 000 DM nicht erreicht wird[81].

c) Der Begriff der eigenen „Einkünfte" und „Bezüge" des Kindes

92   aa) *„Einkünfte"*. Die im EStG verwendeten Begriffe sind grundsätzlich in gleicher Weise auszulegen. Von diesem Grundsatz wollte der Gesetzgeber auch im Rahmen der Kindergeldregelung nicht abweichen; im Gegenteil, sein Bestreben war es gerade, sogar Begriffe im Einkommensteuer- und Kindergeldrecht zu vereinheitlichen[82].

93   Dies bedeutet, daß unter dem Begriff **„Einkünfte"** im Sinne des § 32 Abs. 4 EStG der **Gewinn** (§§ 4 bis 7g EStG) oder der **Überschuß der Einnahmen über die Werbungskosten** (§§ 8 bis 9a EStG), zu verstehen ist. Dies hat die Folge, daß bei den Überschußeinkünften *zumindest* die **Pauschbeträge** für Werbungskosten gemäß § 9a EStG abzusetzen sind, die nach der gesetzlichen Regelung unabhängig davon abzusetzen sind, ob sie tatsächlich angefallen sind. Dazu gehören der **Arbeitnehmer-Pauschbetrag** von **2000 DM,** der bei den Einkünften aus **Kapitalvermögen** abzusetzende Pauschbetrag von **100 DM**, der Pauschbetrag bei **wiederkehrenden Bezügen** von **200 DM** sowie der bei den Einkünften aus **Vermietung und Verpachtung** ansetzbare Pauschbetrag gemäß § 9a Satz 1 Nr. 2 EStG i. d. F. des JStG 1996.

94   Diese Pauschbeträge werden sich zwar regelmäßig bereits bei der Besteuerung der Einkünfte des Kindes selbst steuermindernd ausgewirkt haben. Dies schließt jedoch den Ansatz im Rahmen der Kindergeldregelung nicht aus. § 32 Abs. 4 EStG ist seinem Wortlaut nach eindeutig: Maßgebend sind die „Einkünfte". Auch § 63 Abs. 1 Satz 2 EStG enthält keine Einschränkung. Ebensowenig vermag die gesetzgeberische Zielsetzung einen andere Auslegung zu begründen. § 31 EStG bestimmt zwar ausdrücklich, daß Kinderfreibetrag und Kindergeld dazu dienen, die steuerliche Freistellung eines *Einkommensbetrags* in Höhe des Existenzminimums eines Kindes zu bewirken[83]. Dies ist zwar nach

---

[81] Ebenso *Blümich/Stäuber,* a. a. O., § 32 EStG, Rdnr. 51 d. Zur Änderung des § 32 Abs. 4 Satz 4 EStG durch das JStErgG 1996 siehe BT-Drucks. 13/3084, *zu Art. 1, zu Nr. 7.*

[82] Vgl. dazu Bericht des Finanzausschusses des Deutschen Bundestages, BT-Drs. 13/1558, S. 139, 155.

[83] Der Begriff „Einkommensbetrag" kann hier nur untechnisch verstanden werden; denn gemäß § 2 Abs. 4 EStG ist Einkommen der Gesamtbetrag der Einkünfte vermindert um die Sonderausgaben und die außergewöhnlichen Belastungen. Maßgebend sind aber gemäß § 32 Abs. 4 Satz 2 EStG die „Einkünfte'- und „Bezüge". Wie wenig Sorgfalt der Gesetzgeber auf seine Formulierungen verwendet hat, zeigen nicht nur die kurzfri-

den Vorgaben des Bundesverfassungsgerichts grundsätzlich nach konkreten Beträgen zu bestimmten[84] Dies schließt jedoch nicht notwendigerweise aus, bei der Ermittlung der Einkünfte die pauschalen Werbungskosten im Sinne des § 9a EStG anzusetzen. Für eine einschränkende Auslegung fehlt es an einem entsprechenden Plan des Gesetzgebers.

Nach Rdnr. 3.3 der Anlage 2 zum Rundschreiben des Bundesministeriums **95** des Innern vom 27. 10. 1995[85] ist bei den Einkünften aus Kapitalvermögen auch der sogenannte **Sparer-Freibetrag** gemäß § 20 Abs. 4 EStG von **6000 DM** abzuziehen. Dies läßt sich allerdings nur rechtstechnisch rechtfertigen weil dieser Sparer-Freibetrag ebenso wie die Werbungskosten bei der Ermittlung der Einkünfte (hier: aus Kapitalvermögen) abzuziehen ist. Im Unterschied zu den Pauschbeträgen gemäß § 9a EStG betrifft er jedoch nicht (fiktive oder tatsächlich angefallene) *Aufwendungen*. Er dient vielmehr dazu, zur Sparförderung und zum Ausgleich der Geldwertminderung „Kapitalerträge aus einem bestimmten Sockelsparvermögen steuerlich zu schonen"[86]; er hat den Charakter eines Freibetrages[87]. Zudem erscheint es sehr fraglich, ob der Ansatz des Sparer-Freibetrages von 6000 DM mit dem Gleichheitssatz des Art. 3 GG vereinbar ist; denn bei Kindergeldberechtigten mit Kindern, die andere Einkünfte als solche aus Kapitalvermögen haben, werden bei der Ermittlung der anrechenbaren Einkünfte nur die mit diesen anderen Einkünften zusammenhängenden *Aufwendungen* mindernd berücksichtigt, nicht aber auch etwaige der Vermögensbildung dienende Beträge[88]. Hinzu kommt, daß selbst das den Einkünften aus Kapitalvermögen zugrundeliegende *Vermögen* bei der Ermittlung der Höhe des Unterhaltsanspruchs des Kindes zu berücksichtigen ist[89]. Ob das Existenzminimum gesichert ist, kann sich zudem nicht danach entscheiden, ob die Einkünfte solche aus Kapitalvermögen oder beispielsweise solche aus nichtselbständiger Arbeit sind.

---

stig nachgeschobenen Änderungen durch das JStErgG 1996, sondern u. a. auch ein Blick in den Bericht des Finanzausschusses (a. a. O., S. 164). Dort wird in Zusammenhang mit der entsprechenden Regelung in § 2 Abs. 2 BKGG n. F. ebenfalls der Begriff „Einkommen" gebraucht, obwohl auch insoweit die „Einkünfte und Bezüge" maßgebend sind. Die zu § 2 Abs. 2 BKGG n. F. gegebene Begründung wäre im übrigen zweckmäßigerweise entsprechend bei der ungleich bedeutsameren Regelung des § 32 Abs. 4 EStG wiedergegeben worden; dort fehlt sie.

[84] Vgl. BVerfG-Beschluß vom 29. 5. 1990, a. a. O. *(Fn. 12)*, unter C III 4b, und vom 12. 6. 1990, a. a. O., unter C II.

[85] GMBl 1995, 944 *(Anhang, Nr. 12)*.

[86] Vgl. dazu BT-Drs. 7/1470, S. 220 sowie *Blümich/Stuhrmann*, a. a. O., § 20 EStG, Rdnr. 352f.

[87] *Schmidt/Heinicke*, a. a. O., § 20 Rdnr. 219.

[88] Die Gewährung des Sparer-Freibetrags wird zwar als verfassungsgemäß angesehen (vgl. insbesondere *Dötsch* in Kirchhof/Söhn, Einkommensteuer, Kommentar, § 20 Rdnr. R 4ff.). Die hierfür maßgebenden rechtlichen Überlegungen sind jedoch hier nicht einschlägig, weil hier sowohl die rechtliche und tatsächliche Ausgangslage als auch die gesetzgeberische Zielsetzung unterschiedlich und nicht vergleichbar sind.

[89] Siehe dazu *Köhler* in Münchener Kommentar, § 1602 BGB, Rdnr. 7ff.

96 bb) *"Bezüge, die zur Bestreitung des Unterhalts oder ihrer Berufsausbildung bestimmt und geeignet sind".* Den Begriff „Bezüge, die zur Bestreitung des Unterhalts oder der Berufsausbildung bestimmt und geeignet sind", verwendet das EStG in Verbindung mit dem Begriff „Einkünfte" bereits an anderer Stelle, und zwar im Bereich der außergewöhnlichen Belastung: Anrechnung der entsprechenden eigenen Einkünfte und Bezüge des Kindes gemäß § 33a Abs. 2 Satz 2 EStG[90]. Nicht nur das Verwenden des gleichen Ausdrucks, sondern auch der sachliche Regelungszusammenhang – Anrechnung – gebieten es, den Begriff „Bezüge" in gleicher Weise auszulegen.

97 Danach sind darunter – als Auffangtatbestand – sämtliche Zuflüsse in Geld oder Naturalleistungen zu verstehen, die nicht im Rahmen der einkommensteuerrechtlichen Einkunftsermittlung (siehe vorstehend unter aa) erfaßt werden[91], sofern sie zur Bestreitung des Unterhalts oder der Berufsausbildung bestimmt und geeignet sind. Dazu gehören grundsätzlich insbesondere[92]:
– Steuerfreie Einnahmen, z. B. solche, die gemäß § 3 EStG steuerfrei sind oder die aufgrund eines Doppelbesteuerungsabkommen im Inland nicht steuerbaren, im Ausland erzielten Einnahmen
– Gemäß §§ 40, 40a EStG pauschal versteuerter Arbeitslohn
– Der Rentenanteil bei Leibrenten i. S. d. § 22 Nr. 1 Satz 3 Buchst. a EStG, der über den nicht um die Werbungskosten gekürzten Ertragsanteil hinausgeht[93].
– Alle Formen von Ausbildungshilfen, unabhängig von deren Herkunft[94].

Keine „Bezüge" sind **Unterhaltsleistungen** der Eltern.

98 Nach R 190 Abs. 5 EStR 1994 sind bei der Feststellung der anzurechnenden Bezüge aus Vereinfachungsgründen insgesamt **360 DM** im Kalenderjahr **abzuziehen,** wenn nicht höhere Aufwendungen nachgewiesen werden oder glaubhaft gemacht werden. Diese Pauschale ist, da sie Aufwendungen betrifft, aus den unter aa) dargelegten Gründen, auch im Rahmen der Kindergeldregelung zu berücksichtigen.

99 Der Begriff **„Unterhalt"** umfaßt die typischen Aufwendungen zur Bestreitung des Lebensunterhalts wie für Ernährung, Kleidung, Wohnung, Erziehung, Gesundheitsfürsorge und dgl.[95].

100 Als **Berufsausbildung** ist die Ausbildung für einen künftigen (handwerklichen, kaufmännischen, technischen oder wissenschaftlichen) Beruf anzusehen,

---

[90] Vgl. auch § 33a Abs. 1 Satz 4 EStG: Anrechnung der eigenen Einkünfte und Bezüge der unterhaltenen Person.
[91] Vgl. BFH Urteil III R 131/85 vom 6. 4. 1990, BStBl II 1990, 885 = BFHE 160, 490.
[92] Vgl. ferner *Blümich/Oepen*, a. a. O., § 33a EStG, Rdnr. 138f. und *Schmidt/Glanegger*, a. a. O., § 33a Rdnr. 33ff.
[93] Vgl. BFH Urteil VI R 98/77 vom 17. 10. 1980, BStBl II 1981, 158 = BFHE 132, 34. Der Ertragsanteil selbst führt zu „Einkünften".
[94] So Bericht des Finanzausschusses des Deutschen Bundestags, BT.-Drs. 13/1558, S. 164.
[95] Zum Begriff „Unterhalt" siehe auch §§ 1601, 1610 BGB und *Blümich/Oepen*, a. a. O., § 33a EStG Rdnr. 84.

ebenso die Anwärterzeit eines Beamten, die Ausbildung in der Hauswirtschaft aufgrund eines Berufsausbildungsvertrages oder auf einer Lehranstalt. Zur Berufsausbildung gehören auch der Besuch von Allgemeinwissen vermittelnden Schulen, von Fach- und Hochschulen sowie ein in Ausbildungsordnungen vorgeschriebenes Praktikum[96].

cc) Nicht anrechenbare eigene Einkünfte und Bezüge des Kindes. Nicht zur Bestreitung des Unterhalts oder der Berufsausbildung bestimmt oder geeignet sind Bezüge, die dem Kind zweckgebunden wegen eines nach Art und Höhe über das Übliche hinausgehenden besonderen und außergewöhnlichen Bedarfs zufließen, wie z. B. im Rahmen der Sozialhilfe[97].   **101**

Bezüge, die für **besondere Ausbildungszwecke** bestimmt sind, bleiben **102** ebenfalls bei der Ermittlung der Höhe der Einkünfte und Bezüge des Kindes außer Ansatz. Entsprechendes gilt für Einkünfte, soweit sie für solche Zwecke verwendet werden (§ 32 Abs. 4 Satz 3 i. V. m. § 63 Abs. 1 Satz 2 EStG). Die Bezüge müssen für besondere *Ausbildungs*zwecke bestimmt sein. Damit sind von der Anrechnung **nicht** ausgenommen Bezüge, die für einen besonderen Bedarf im Rahmen der *Regel*ausbildung anfallen, wie z. B. Zuwendungen für ein teureres Musikinstrument bei einem Musikstudenten. **Anders** ist es beispielsweise, wenn der Auszubildende im Rahmen seiner Studien zusätzlich noch eine spezielle Ausbildung erfährt und hierfür entsprechende Aufwendungen hat. Die Grenzen sind hier nicht eindeutig zu ziehen. Letztlich wird insoweit eine gewisse Kasuistik nicht zu vermeiden sein. Welche Vorstellungen der Gesetzgeber bei Schaffung der Regelung hatte, zeigt der Bericht des Finanzausschusses des Deutschen Bundestags. Danach rechnen zu den Bezügen, die für besondere Ausbildungszwecke bestimmt sind, insbesondere:
– das Büchergeld bei Begabtenförderung,
– die Studiengebühren, Reisekosten sowie die Zuschläge zum Wechselkursausgleich und zur Auslandskrankenversicherung bei einem Auslandsaufenthalt[98].
Das BMF-Schreiben vom 18. 12. 1995[97] ergänzt diese Auflistung noch um
– Reisekosten bei einem Freiwilligen sozialen Jahr i. S. des Gesetzes zur Förderung eines Freiwilligen sozialen Jahres (FSJ-G) ins und vom Europäischen Ausland (Hin- und Rückreise) sowie für höchstens vier Fortbildungsveranstaltungen; Entsprechendes gilt für das Freiwillige Ökologische Jahr i. S. des Gesetzes zur Förderung eines Freiwilligen Ökologischen Jahres.

---

[96] Wegen weiterer Einzelheiten zum Begriff der „Berufsausbildung" siehe *Blümich/Stäuber,* a. a. O., § 32 EStG, Rdnr. 24 ff., *Schmidt/Glanegger,* § 32 Rdnr. 38 ff. sowie R 180 ff. EStR 1994.
[97] Wegen weiterer Einzelheiten siehe BMF-Schreiben vom 18. 12. 1995,, a. a. O. (Fn. 1), Rdnr. 17 f., sowie *Blümich/Oepen,* a. a. O., § 33a EStG, Rdnr. 139, und *Schmidt/Glanegger,* a. a. O., § 33a, Rdnr. 35.
[98] Bericht des Finanzausschusses des Deutschen Bundestags, BT.-Drs. 13/1558, S. 139, 155.

Damit sollen die nichtabsetzbaren Leistungen **abschließend** aufgezählt sein. Eine solche abschließende Regelung kann jedoch nicht allein durch ein BMF-Schreiben begründet werden. Sie ist insbesondere hinsichtlich ihrer Vollständigkeit für die Gerichte nicht bindend. Ob die Finanzverwaltung bestimmte Leistungen im jeweiligen Einzelfall zu Recht als nicht „für besondere Ausbildungszwecke bestimmt" beurteilt hat, unterliegt in vollem Umfang der gerichtlichen Überprüfung.

In der Regel werden derartige Bezüge zwar von einer *öffentlich-rechtlichen* Einrichtung gezahlt; zwingende Voraussetzung für den Nichtansatz ist dies jedoch nicht.

103 *dd) Einkünfte des Kindes aufgrund gelegentlicher Arbeiten (Ferienjobs u. ä.).* Dadurch, daß nach der Neuregelung des Kindergeldrechts die **Jahres**einkünfte/-bezüge maßgebend sind, hat die Frage, in welchem Umfang gelegentliche Einkünfte des Kindes, z. B. aufgrund von Ferienarbeiten, schädlich sind, erheblich an praktischer Bedeutung verloren. Bedeutsam bleibt die Frage aber immer noch in den Fällen, in denen die 12000 DM-Grenze in Verbindung mit anderen Einkünften und Bezügen erreicht oder überschritten wird. Insoweit verbleibt es bei der Anrechnung.

104 Dabei ist zum einen zu berücksichtigen, daß bestimmte Einnahmen ohnehin schon nicht zu den „Bezügen" zu rechnen sind und zum anderen bestimmte Einkünfte und Bezüge nach der ausdrücklichen gesetzlichen Regelung in § 32 Abs. 4 Satz 3 EStG bei der Ermittlung der anrechenbaren Bezüge des Kindes außer Ansatz bleiben (siehe vorstehend cc). Die danach noch verbleibenden Einkünfte und Bezüge beeinflussen regelmäßig die Höhe des Unterhaltsanspruchs des Kindes, und zwar selbst eines minderjährigen[99]. Eine Anrechnung steht überdies in Einklang mit den Entscheidungen des Bundesverfassungsgerichts vom 29. 5. 1990[100] und vom 12. 6. 1990[101]. Danach muß der Staat bei der Beurteilung der steuerlichen Leistungsfähigkeit den Unterhaltsaufwand für Kinder in dem Umfang als besteuerbares Einkommen außer Betracht lassen, in dem die Unterhaltsaufwendungen zur Gewährleistung des Existenzminimums der Kinder erforderlich sind. Dabei ist jedoch nicht einmal erforderlich, daß der Gesetzgeber die Unterhaltsleistungen für Kinder in der vollen Höhe des bürgerlich-rechtlichen Unterhaltsanspruchs berücksichtigt; eine individuelle Bemessung des Entlastungsbetrages nach den Umständen des Einzelfalles kommt nicht in Betracht. Dementsprechend sind eigene Einkünfte und Bezüge des Kindes, die zur Bestreitung des Unterhalts oder der Berufsausbildung geeignet sind, grundsätzlich auch dann zu berücksichtigen, wenn und soweit sie nicht regelmäßig, sondern nur gelegentlich anfallen.

---

[99] Siehe dazu im einzelnen *Köhler* in Münchener Kommentar, § 1602 BGB, Rdnr. 7 ff., und *Palandt/Diederichsen,* BGB, § 1603 BGB, Rdnr. 19, und § 1610 BGB, Rdnr. 59.
[100] BStBl II 1990, 653.
[101] BStBl II 1990, 664.

d) Mitwirkungs- und Nachweispflichten bei volljährigen Kindern

Wer Kindergeld für ein volljähriges Kind beantragt, hat der zuständigen Familienkasse schriftlich anzuzeigen, ‚daß die Voraussetzungen des § 32 Abs. 4 oder 5 EStG vorliegen (§ 67 Abs. 2 EStG) und Änderungen der Verhältnisse mitzuteilen (§ 68 Abs. 1 EStG). Erforderlichenfalls hat der Antragsteller das Vorliegen der den Kindergeldanspruch begründenden Tatsachen nachzuweisen. Dabei ist er allerdings nicht verpflichtet, Unterlagen vorzulegen, die er seinerseits nicht von dem Kind beanspruchen kann, wie beispielsweise den *gesamten* Ausbildungsvertrag des Kindes. Das Kind treffen jedoch eigene Mitwirkungspflichten (siehe Rdnr. 106). 105

Die Verpflichtungen trafen nach der ursprünglichen gesetzlichen Regelung im JStG 1996 nur den Kindergeldberechtigten, **nicht** das **Kind** selbst; dieses hatte danach[102] – weder gegenüber den Finanzbehörden noch gegenüber dem (öffentlich-rechtlichen) Arbeitgeber irgendwelche Erklärungs- oder Nachweispflichten, insbesondere auch nicht hinsichtlich der eigenen Einkünfte und Bezüge. Nach dem durch das JStErgG 1996 dem § 68 Abs. 1 EStG neu angefügten Satz 2 ist jedoch ein **Kind,** das das 18. Lebensjahr vollendet hat, auf Verlangen der Familienkasse **verpflichtet,** an der Aufklärung des für die Kindergeldzahlung maßgeblichen Sachverhalts **mitzuwirken;** § 101 AO (Auskunftsverweigerungsrecht der Angehörigen) findet insoweit keine Anwendung. Diese Regelung behandelt das volljährige Kind, das als Zahl- oder Zählkind (siehe Rdnr. 59) zu berücksichtigen ist, wie einen am Verfahren selbst Beteiligten. Das ist folgerichtig: Zwar ist das Kind in eigener Person nicht anspruchsberechtigt. Ihm gebührt jedoch zivilrechtlich das Kindergeld (siehe Rdnr. 29). 106

Die Mitwirkungspflicht besteht nur demjenigen gegenüber, der eine solche Mitwirkung beanspruchen kann. Dies ist die Familienkasse, nicht jedoch auch der Kindergeldberechtigte. § 68 Abs. 1 Satz 2 EStG ist nicht gleichzeitig auch lex specialis zur zivilrechtlichen Regelung, nach der das Kind zur Auskunftserteilung gegenüber dem Unterhaltsverpflichteten in entsprechender Anwendung des § 1605 BGB verpflichtet ist, dies jedoch nur auf Verlangen und nur über die Einkünfte und das Vermögen, nicht über sonstige Umstände, die für den Bestand eines Unterhaltsanspruchs von Bedeutung sind[103].

Kommt das volljährige Kind seiner Mitwirkungspflicht nicht nach, geht dies nicht automatisch stets zu Lasten des Kindergeldberechtigten. Vielmehr kann die Familienkasse verpflichtet sein, die Mitwirkungshandlungen zunächst durch Zwangsmittel gemäß § 328 AO durchzusetzen, und zwar insbesondere dann, wenn der Kindergeldberechtigte seinerseits alles objektiv in seiner Macht Stehende getan hat, um den Kindergeldanspruch zu begründen. Insoweit bedarf es einer engen Zusammenarbeit zwischen Familienkasse und Finanzamt.

---

[102] Siehe BT-Drucks. 13/3084, zu Art. 1, zu Nr. 15, zu Buchst. a.
[103] Zu der Auskunftsverpflichtung im einzelnen siehe *Köhler* in Münchener Kommentar, § 1605 Rdnr. 6ff. Zuständig sind insoweit die **Familiengerichte, nicht** die **Finanzgerichte,** siehe dazu *Köhler,* a. a. O., Rdnr. 17.

107 Kann der Kindergeldberechtigte die erforderlichen Nachweise nicht führen, geht dies zu seinen Lasten; ihn trifft insoweit die objektive Beweislast (Feststellungslast). Er kann sich insbesondere nicht mit Erfolg lediglich darauf berufen, er kenne die Einkommensverhältnisse seines volljährigen Kindes nicht. Andererseits ist es dem Finanzamt nicht verwehrt, ggf. ist es sogar verpflichtet, amtlich zugängliche Unterlagen zu verwerten[104], und zwar vornehmlich die gemäß § 68 Abs. 1 Satz 2 EStG durch die Familienkasse vom volljährigen Kind eingeforderten Unterlagen (siehe auch Rdnr. 106). § 90 Abs. 2 AO ist im Rahmen des § 68 EStG nicht analog anwendbar.

IV. Kinder ohne Wohnsitz oder gewöhnlichen Aufenthalt im Inland werden nur ausnahmsweise berücksichtigt

1. Leben im Haushalt eines Steuerpflichtigen, der der erweiterten unbeschränkten Steuerpflicht unterliegt

108 Gemäß § 63 Abs. 1 Satz 3 EStG i. d. F. des JStG 1996 wurden Kinder, die weder einen Wohnsitz noch ihren gewöhnlichen Aufenthalt im Inland haben, nur dann berücksichtigt, wenn sie im Haushalt eines Berechtigten im Sinne des § 62 Abs. 1 Nr. 2 EStG leben, d. h. im Haushalt Steuerpflichtigen, der gemäß § 1 Abs. 2 oder 3 EStG (erweitert) unbeschränkt steuerpflichtig ist. Da eine solche Regelung mit EG-Recht nicht vereinbar ist, wurde sie durch das JStErgG 1996 geändert. Nunmehr werden auch Kinder berücksichtigt, die nicht nur im Inland, sondern auch in einem Mitgliedstaat der Europäischen Gemeinschaft oder – darüber hinaus – in einem Staat, auf den das Abkommen über den Europäischen Wirtschaftsraum Anwendung findet, weder einen Wohnsitz noch ihren gewöhnlichen Aufenthalt haben. Voraussetzung ist allerdings, daß sie im Haushalt eines Berechtigten i. S. des § 62 Abs. 1 Nr. 2 **Buchst. a** EStG, d. h. eines gemäß § 1 Abs. 2 EStG unbeschränkt Steuerpflichtigen (z. B. Diplomaten), leben. Dies bedeutet insoweit eine Einschränkung gegenüber der ursprünglichen Regelung; die Familienförderung wird damit auf im EU/EWR-Raum lebende Kinder beschränkt.

Der EWR-Vertrag ist nach dem Beitritt Finnlands, Österreichs und Schwedens zur EU nur noch auf Island, Norwegen und Liechtenstein anzuwenden; die Schweiz hat den EWR-Vertrag nicht ratifiziert.

109 Im Unterschied zu der bisherigen Regelung in § 2 Abs. 5 BKGG a. F. und zu § 63 Abs. 1 Nr. 2 und 3 EStG ist nicht erforderlich, daß die Kinder in den Haushalt des Berechtigten „aufgenommen" werden, sondern daß sie in diesem Haushalt „leben". Sachlich bedeutet dies im Hinblick auf die Intensität der familiären Einbindung jedoch keinen Unterschied; das Aufgenommenwerden

---

[104] Zu den Mitwirkungspflichten im Zusammenhang mit dem Antrag auf Kindergeld allgemein siehe unten Rdnr. 369 ff.

in einen Haushalt ist gleichsam die notwendige „Vorstufe" zum nachfolgenden „Leben in einem Haushalt".

Die Regelung des § 63 Abs. 1 Satz 3 EStG verstößt nicht gegen Art. 3 Abs. 1 GG[105]. **110**

2. Wohnsitz oder gewöhnlicher Aufenthalt im Inland

Hier gelten zunächst die oben unter Rdnr. 32f. aufgezeigten Grundsätze. Ergänzend ist folgendes zu bemerken:

Anders als im bürgerlichen Recht, nach dem Begründung, Beibehaltung und Aufgabe des Wohnsitzes rechtsgeschäftliche Willenserklärungen darstellen, die Geschäftsfähigkeit voraussetzen (vgl. §§ 7, 8 BGB), ist für den steuerlichen Wohnsitzbegriff die tatsächliche Gestaltung der Verhältnisse entscheidend[106]. Soweit die Willensrichtung im Widerspruch zur tatsächlichen Gestaltung steht, ist sie steuerrechtlich unbeachtlich. Demnach können auch Minderjährige – auch ohne das Einverständnis ihres gesetzlichen Vertreters – selbständig einen Wohnsitz begründen oder aufgeben. Entsprechendes gilt für den gewöhnlichen Aufenthalt. **111**

Ohne Bedeutung ist dabei, ob mit einer Rückkehr des Kindes in das Inland zu rechnen ist und ob das Kind freiwillig oder unfreiwillig die Bundesrepublik Deutschland auf Dauer verlassen hat. Demgemäß besteht bei widerrechtlicher Entfernung von Kindern in das Ausland – z.B. durch den Vater gegen den Willen der im Inland verbleibenden sorgeberechtigten Mutter – für diese Kinder kein Anspruch auf Kindergeld[107]. Auslandsaufenthalte des Kindes sind aber für die Annahme eines Wohnsitzes im Inland unschädlich, wenn der Auslandsaufenthalt zeitlich begrenzt ist, so etwa zur Schul- oder Berufsausbildung, **und** wenn eine Rückkehrmöglichkeit gegeben ist[108]. **112**

Gastarbeiterkinder, die sich zur Schul- oder Berufsausbildung in ihren Heimatländern aufhalten, haben nach der Rechtsprechung des BSG grundsätzlich keinen Wohnsitz oder gewöhnlichen Aufenthalt im Inland[109]. **113**

3. Anspruch auf Kindergeld aufgrund über- oder zwischenstaatlichem Recht

Der Anspruch auf Kindergeld kann sich in bezug auf Kinder, die im Inland weder unbeschränkt steuerpflichtig sind, noch im Haushalt eines Berechtigten leben (§ 63 Abs. 1 Satz 3 EStG) aufgrund **über- oder zwischenstaatlicher Regelungen** ergeben (vgl. dazu Rdnr. 56). **114**

---

[105] So zu Recht BSG Urteil vom 6. 4. 1989, SGb 1989, S. 298 Nr. 11 zu der entsprechenden Regelung in § 2 Abs. 5 BKGG.
[106] Vgl. dazu insbesondere *Kühn/Hofmann,* a.a.O., Anm. 5 zu § 8 AO m.w.N.
[107] BSG Urteil vom 14. 4. 1983, SozSich 1984, RsprNr. 3794.
[108] BSG Urteil vom 25. 4. 1984, SozR 5870 § 2 Nr. 32, S. 106.
[109] BSG Urteil vom 17. 12. 1981, SozR 5870, § 2 Nr. 25 zu § 2 Abs. 5 BKGG.

V. Die Verordnungsermächtigung, § 63 Abs. 2 EStG

115 Gemäß § 63 Abs. 2 EStG wird die Bundesregierung ermächtigt, durch nicht zustimmungsbedürftige Rechtsverordnung zu bestimmen, daß einem Berechtigten, der im Inland erwerbstätig ist oder sonst seine hauptsächlichen Einkünfte erzielt, unter bestimmten Voraussetzungen für seine im Ausland ansässigen Kinder Kindergeld ganz oder teilweise zu leisten ist.

116 Diese Verordnungsermächtigung betrifft die Fälle, in denen es in anderen als den durch § 62 Abs. 2 EStG oder durch über- und zwischenstaatliche Regelungen erfaßten Fällen geboten ist, Kindergeld für Kinder zu leisten, die außerhalb des Geltungsbereichs des EStG, also nicht im Inland leben. Im Hinblick darauf, daß die zu begünstigenden Berechtigten im Inland erwerbstätig sind oder sonst ihre hauptsächlichen Einkünfte erzielen und sie mit diesen dem Unterhalt der Familie dienenden Einkünften im allgemeinen im Inland zur Einkommensteuer herangezogen werden, hält es der Gesetzgeber für angemessen, der durch die Kinder bedingten Minderung ihrer steuerlichen Leistungsfähigkeit Rechnung zu tragen. Nach dem in der Ermächtigung genannten Maßstab kommt der Erlaß einer Rechtsverordnung nicht für ein Land in Betracht, in dem die Lebenshaltungskosten für die dort wohnenden Kinder – gemessen an der dortigen Kaufkraft der DM – so gering sind, daß es einer Entlastung der Eltern durch Kindergeld nicht bedarf[110].

117 Die Verordnungsermächtigung des § 63 Abs. 2 EStG entspricht wörtlich dem § 2 Abs 6 BKGG a. F. Eine Rechtsverordnung ist jedoch bisher zu keiner der beiden Vorschriften ergangen.

E. Wer erhält das Kindergeld, wenn mehrere Personen für dasselbe Kind anspruchsberechtigt sind?

I. Kindergeld wird nur an einen Berechtigten gezahlt

1. Jedes Kind wird nur einmal und dies nur bei einem Berechtigten berücksichtigt

118 § 64 Abs. 1 EStG bestimmt, daß für jedes Kind nur *einem* Berechtigten Kindergeld gezahlt wird. Dies bedeutet, daß der gesetzliche Betrag des Kindergeldes nicht für ein und dasselbe Kind mehrfach gewährt wird; jedes Kind wird nur einmal berücksichtigt. Gleichzeitig wird damit festgelegt, daß das Kindergeld nicht unter mehreren Personen, die die Anspruchsvoraussetzungen erfüllen, aufgeteilt werden kann. Es gibt nur einen Anspruchsberechtigten[111]. Dieser erhält das Kindergeld auch dann, wenn ein anderer Anspruchsinhaber im

---

[110] Vgl. zur ratio legis BT-Drucks. 7/2032, S. 9, *zu Nr. 2 Abs. 6.*
[111] Vgl. BT-Drucks. IV/1961, S. 13.

Sinne der §§ 62, 63 EStG dem Kind Unterhalt gewährt, wie sich aus dem Umkehrschluß aus § 64 Abs. 3 Satz 1 EStG ergibt.

Auch verwaltungsmäßig muß es ausgeschlossen sein, daß für *ein* Kind an *mehrere* Personen Kindergeld gezahlt wird. Deshalb müssen die Familienkassen bei jedem Kind, für das sie Kindergeld gewähren, prüfen, ob noch andere Personen die Voraussetzungen der §§ 62, 63 EStG erfüllen. Dies ist insbesonders bedeutsam bei Kindern, die nicht bei dem Berechtigten wohnen, sowie bei Adoptiv-, Stief-, und Pflegekindern. Der Antragsteller (§ 67 EStG) muß über diese – für die Leistung erheblichen (§ 68 Abs. 1 EStG) – Verhältnisse Angaben machen. 119

Maßgebend für die Beurteilung, ob mehrere Personen kindergeldberechtigt sind, sind die Verhältnisse im jeweiligen Veranlagungszeitraum. Für **verschiedene Zeiträume** kann das Kindergeld an **unterschiedliche Personen** zu gewähren sein. 120

Erfüllen neben dem Antragsteller noch weitere Personen im maßgeblichen Veranlagungszeitraum die Voraussetzungen der Kindergeldberechtigung, sind die Kollisionsnormen des § 64 Abs. 2ff. EStG anzuwenden, die eine bestimmte Rangfolge festschreiben. 121

2. Die Grundsatzregelung des § 64 Abs. 1 betrifft nur das sog. Zahlkind

§ 64 Abs. 1 EStG schließt nur aus, daß ein Kind bei mehreren Berechtigten als sog. **Zahlkind**[112] berücksichtigt wird. Es kann aber in mehreren Fällen als sog. **Zählkind**[113] bedeutsam sein; denn bei der Feststellung, ob ein Kind bei dem Berechtigten als erstes, zweites, drittes oder weiteres Kind zu berücksichtigen ist, werden auch solche Kinder mitgezählt, für die der Berechtigte nur deshalb keinen Anspruch auf Kindergeld hat, weil für sie vorrangig einer anderen Person der Anspruch auf Kindergeld nach § 64 EStG zusteht oder weil für sie eine dem Kindergeld vergleichbare Leistung zu zahlen ist (§ 65 EStG). Auf diese Weise wird für jüngere Kinder des Berechtigten ein höherer Kindergeldsatz gezahlt. Dies deshalb, weil auch die Zählkinder den Berechtigten noch wirtschaftlich belasten[114]. Rechtlich möglich ist es mithin, daß dasselbe Kind nicht nur bei einer Person, sondern bei mehreren Berechtigten als Zählkind mitgerechnet (damit beeinflußt es die Höhe des Kindergeldanspruchs) und nur einmal als Zahlkind berücksichtigt wird[115]. 122

---

[112] Zum Begriff „Zahlkind" siehe Rdnr. 59.
[113] Zum Begriff „Zählkind" siehe Rdnr. 59.
[114] Vgl. BT-Druck. 7/2032, S. 11, zu Nr. 9.
[115] Vgl. *Wickenhagen/Krebs,* a. a. O., § 3 Rdnr. 11 m. w. N.

II. Die Rangfolge bei mehreren Berechtigten

1. Die Bestimmung der Rangfolge bei mehreren Berechtigten (§ 64 Abs. 2 EStG)

123 Sind mehrere Berechtigte vorhanden, so unterscheidet § 64 Abs. 2 EStG zwischen **gleichartigen** und **nicht gleichartigen Berechtigten**. Ist ein Kind im gemeinsamen Haushalt gleichartig Berechtigter (also in dem jeweiligen Haushalt, d. h. dem der Eltern, der Großeltern, der Pflegeeltern oder dem eines Elternteils und dessen Ehegatten), so müssen diese untereinander den Berechtigten bestimmen (§ 64 Abs. 2 Satz 2 EStG). Bestimmen sie ihn nicht, so entscheidet auf Antrag das Vormundschaftsgericht, wer Berechtigter ist. Lebt ein Kind im Haushalt nicht gleichartig Berechtigter (also im Haushalt von Eltern und Großeltern), so enthält § 64 Abs. 2 Satz 4 EStG die maßgebende Rangfolge: Vorrangig wird das Kindergeld einem Elternteil gezahlt. Verzichtet diese Person jedoch gegenüber der zuständigen Stelle schriftlich auf seinen Vorrang, so wird das Kindergeld an einen Großelternteil gezahlt. Die Konkurrenz zwischen Großeltern bestimmt sich dann nach § 64 Abs. 2 Satz 2 EStG. § 64 Abs. 3 EStG schließlich regelt die Rangfolge der Kindergeldansprüche, wenn das Kind nicht in den Haushalt eines Berechtigten aufgenommen ist.

124 § 64 EStG entspricht § 3 des BKGG i. d. F. des JStG 1996, die von der Fassung des § 3 BKGG a. F. wesentlich abweicht. § 3 BKGG a. F. normierte zunächst drei Gruppen von Berechtigten sowie eine gruppenspezifische Rangfolge zwischen den dort Bezeichneten. § 64 EStG verwirklicht demgegenüber ebenso wie § 3 BKGG n. F. mehr noch als bisher das sog. **Obhutsprinzip.** Danach ist das Kindergeld im Interesse des Kindes vorrangig demjenigen Berechtigten zu zahlen, der am meisten mit dem Kindesunterhalt belastet ist. Dies ist nach allgemeiner Lebenserfahrung derjenige, der das Kind in seiner Obhut hat, es also betreut, erzieht und versorgt[116].

2. Vorrang der Haushaltszugehörigkeit

125 Nach § 64 Abs. 2 Satz 1 EStG wird bei mehreren Berechtigten das Kindergeld demjenigen gezahlt, der das Kind in seinem Haushalt aufgenommen hat[117].

126 Der Gesetzgeber folgt damit dem Obhutsprinzip. Entsprechend dem Zweck des Kindergeldes im Rahmen des Familienleistungsausgleichs, Unterhaltslasten zu mindern, ist das Kindergeld demjenigen Berechtigten zu zahlen, der am meisten mit dem Kindesunterhalt belastet ist. Nach allgemeiner Lebenserfah-

---

[116] Vgl. dazu Bericht des Finanzausschusses des Deutschen Bundestags, BT-Drucks. 13/1558, S. 165 zu § 3 Abs. 2 BKGG).
[117] Zum Begriff der Haushaltsaufnahme siehe Rdnr. 67 ff.

rung, die der Gesetzgeber zugrunde gelegt hat[118], ist das derjenige, der das Kind in seiner Obhut hat, es also betreut, erzieht und versorgt. Damit erhält vorrangig die Person das Kindergeld, in deren Obhut sich das Kind befindet (Obhutsprinzip).

Die Berechtigten, die das Kind in ihren Haushalt aufgenommen haben, schließen also alle anderen Berechtigten, zu deren Haushalt das Kind nicht gehört, vom Anspruch auf Kindergeld aus, und zwar unabhängig davon, ob und inwieweit diese Personen materiell – etwa durch Geldzahlungen – zum Unterhalt des Kindes beigetragen haben. 127

3. Gemeinsamer Haushalt von gleichrangig Berechtigten

a) Bestimmung des Berechtigten durch übereinstimmende Willenserklärungen (§ 64 Abs. 2 Satz 2 EStG)

aa) *Gemeinsamer Haushalt.* § 64 Abs. 2 Satz 2 EStG löst die **Konkurrenz** von Anspruchsberechtigten **innerhalb eines Haushalts**. Ist das Kind in den gemeinsamen Haushalt von Eltern, einem Elternteil und dessen Ehegatten, Pflegeeltern oder Großeltern aufgenommen worden, so bestimmten diese untereinander den Berechtigten. 128

Ein **gemeinsamer Haushalt** liegt vor, wenn der Haushalt beiden Anspruchsinhabern zuzurechnen ist. Dies ist der Fall, wenn der Besitz an Hausrat und Wohnung beiden Berechtigten, also beiden Eltern, Pflegeeltern, Großeltern oder einem Elternteil und dessen Ehegatten zusteht. Beide müssen regelmäßig auch die Kosten des Haushalts tragen. Es genügt aber, wenn nur ein Anspruchsinhaber die Kosten des Haushalts trägt, während der andere das Kind versorgt. Die durch die Rechtsprechung des BSG zum Begriff des gemeinsamen Haushalts bisher entwickelten Grundsätze[119], wonach es primär auf die Kostentragung ankam, können wegen der völlig anderen Rangfolgeregelungen des § 64 Abs. 2 EStG gegenüber § 3 Abs. 2 und 3 BKGG a. F. nicht ohne weiteres übernommen werden. 129

Anders als nach dem BKGG a. F. erstreckt sich das Obhutsprinzip nunmehr auch auf die Konkurrenzsituation, bei denen **Vater und Mutter** als Anspruchsinhaber nebeneinanderstehen. Bislang war ein Elternteil – nämlich der Vater eines nichtehelichen Kindes – vom Kindergeldanspruch ausgeschlossen, und zwar selbst dann, wenn er das Kind in seiner Obhut hatte, wie z. B. im Falle der nichtehelichen Lebensgemeinschaft. Mit Rücksicht auf die einkommensabhängigen Kindergeldminderungen – die es nach der jetzigen Rechtslage nicht mehr gibt – war dies gerechtfertigt, weil nicht die Einkommen beider Partner bei der Ermittlung des maßgeblichen Einkommens zugrundegelegt wurde. U. a. im Hinblick auf die erwartete Reform des Kindschaftsrechts, mit der die 130

---

[118] So Bericht des Finanzausschusses des Deutschen Bundestags, BT-Drucks. 13/1558 S. 165 zu § 3 Abs. 2 BKGG.
[119] Vgl. z. B. BSG Urteil vom 10. 7. 1969, DBlR 1456 KG/§ 2 BKGG.

Möglichkeit einer gemeinsamen elterlichen Sorge nicht miteinander verheirateter Eltern eingeführt werden soll, hat es der Gesetzgeber für erforderlich gehalten, das Obhutsprinzip auch im Falle der nichtehelichen Lebensgemeinschaft anzuwenden[120].

131 *bb) Übereinstimmende Willenserklärung gegenüber der Familienkasse.* Die in einem gemeinschaftlichen Haushalt lebenden Anspruchsinhaber bestimmen den Berechtigten untereinander durch **übereinstimmende Willenserklärung,** die der zuständigen Familienkasse, die an die Stelle der bisherigen „Kindergeldkasse" (§ 25 BKGG a. F.) getreten ist, abzugeben ist. Sie wird in entsprechender Anwendung des § 130 BGB mit dem Zugang bei der **Familienkasse** wirksam[121]. Empfängerin der Erklärung ist die *zuständige* Familienkasse. Dies ist die nach § 16 AO i. V. m. § 5 Abs. 1 Nr. 11 FVG sachlich und gemäß § 19 AO örtlich zuständige bei der Bundesanstalt für Arbeit (den Arbeitsämtern) eingerichtete **Familienkasse,** die **insoweit** – unter der Fachaufsicht des Bundesamts für Finanzen – als **Bundesfinanzbehörde** gilt. Örtlich zuständig ist sonach die Familienkasse, in deren Bezirk der Berechtigte seinen Wohnsitz oder in Ermangelung eines Wohnsitzes seinen gewöhnlichen Aufenthalt hat. Das Gesetz schreibt eine bestimmte Form der Erklärung nicht vor. Deshalb genügt eine mündliche, übereinstimmende Erklärung der Anspruchsinhaber gegenüber der zuständigen Familienkasse. Zum Vermeiden von Nachweisschwierigkeiten, empfiehlt es sich jedoch die Schriftform.

132 Die **Erklärung** der Anspruchsinhaber gegenüber der zuständigen Familienkasse ist mangels einer abweichenden gesetzlichen Regelung **frei widerruflich.** Hinreichend ist die einseitige formlose Erklärung *eines* Anspruchsinhabers, der die ursprüngliche (gemeinsame) Bestimmung nicht länger hinnehmen will. Die Gründe für den Widerruf unterliegen nicht der Prüfung durch die Familienkasse. Unerheblich ist ferner, ob und inwieweit sich die tatsächlichen Verhältnisse geändert haben[122].

b) Bestimmung des Berechtigten durch das Vormundschaftsgericht (§ 64 Abs. 2 Satz 3 EStG)

133 *aa) Die materiell-rechtlichen Voraussetzungen.* **Materiell-rechtlich** setzt das Tätigwerden des Vormundschaftsgerichts voraus, daß die Kindergeldberechtigten untereinander einen Berechtigten nicht bestimmen, oder daß sie sich über den Berechtigten nicht einigen können. § 64 Abs. 2 Satz 3 EStG erfaßt sonach die Fälle, in denen sie eine Bestimmung überhaupt nicht treffen, keine Übereinstimmung untereinander erzielen oder eine bereits erfolgte Einigung widerrufen.

134 *bb) Das Antragsrecht gemäß § 64 Abs. 2 Satz 4 EStG.* Die Entscheidung über die Person des Berechtigten durch das Vormundschaftsgericht setzt **verfah-**

---

[120] So Bericht des Finanzausschusses des Deutschen Bundestags, BT-Drucks. 13/1558 S. 165 zu § 3 Abs. 2 BKGG.

[121] Vgl. dazu BFH Urteil IX R 37/91 vom 17. 1. 1995, BStBl II 1995, 410 = BFHE 177, 58.

[122] Vgl. dazu BSG Urteil vom 20. 10. 1992, SozR 3-5870, § 3 Nr. 3.

rensrechtlich einen **Antrag** voraus. Diesen kann gemäß § 64 Abs. 2 Satz 4 EStG derjenige stellen, der ein berechtigtes Interesse an der Zahlung des Kindergeldes hat.

Als allgemeine Verfahrensvoraussetzung ist das Vorliegen des Antrags in jeder Lage des Verfahrens von Amts wegen zu prüfen. Das Interesse an der Zahlung von Kindergeld hat jede Person, die einen sachlich begründeten Anlaß hat, eine Entscheidung des Vormundschaftsgerichts herbeizuführen. Dies ist jeder, der den Anspruch nach den §§ 62, 63 EStG geltend machen kann, ferner Vormünder, Beistände, Pfleger sowie solche Personen, die den Kindern gegenüber unterhaltsverpflichtet sind oder die zu deren Unterhalt wesentlich beitragen[123]. Der Personenkreis derer, die ein berechtigtes Interesse an der Zahlung des Kindergeldes haben, ist demgemäß weiter als der Personenkreis der Berechtigten im Sinne der §§ 62, 63 EStG. Dies folgt auch aus § 67 Abs. 1 EStG, wonach den Antrag auf Kindergeld außer den Berechtigten auch stellen kann, wer ein berechtigtes Interesse an der Leistung des Kindergeldes hat. 135

Eine besondere **Form** für den Antrag ist weder im Gesetz über die Freiwillige Gerichtsbarkeit (FGG) noch im EStG vorgeschrieben. Er kann deshalb **schriftlich oder mündlich zu Protokoll der Geschäftsstelle** des Vormundschaftsgerichts gestellt werden (§ 11 FGG). Er soll begründet werden und die in Betracht kommenden mehreren Berechtigten vollständig und genau mit Namen, Anschrift, Verhältnis zum Kind u. s. w. bezeichnen. Es sollen ferner die erforderlichen Beweisunterlagen (standesamtliche Urkunden, Urteile und andere gerichtliche Entscheidungen, Lebens- und Aufenthaltsbescheinigungen) beigebracht werden. 136

cc) Das Verfahren vor dem Vormundschaftsgericht. Das Verfahren vor dem Vormundschaftsgericht richtet sich nach den verfahrensrechtlichen Bestimmungen des FGG. **Sachlich zuständig** sind nach § 35 FGG „für die dem Vormundschaftsgericht obliegenden Verrichtungen die Amtsgerichte". **Instanziell** sind die Geschäfte dem Rechtspfleger übertragen (§ 3 Abs. 1 Nr. 2 Buchst. a, § 14 Rechtspflegergesetz – RPflG). **Örtlich zuständig** ist gemäß §§ 43, 36 FGG das Amtsgericht, in dessen Bezirk das jüngste Kind zu der Zeit, zu der die Bestimmung des Berechtigten nach § 64 Abs. 2 EStG erforderlich wird, seinen Wohnsitz oder in Ermangelung eines inländischen Wohnsitzes seinen Aufenthalt hat[124]. Das Vormundschaftsgericht entscheidet durch **Beschluß**. Es muß darin diejenige Person bezeichnen, welcher der Anspruch auf Kindergeld zusteht. Bestimmt werden kann nur ein Berechtigter, der die Anspruchsvoraussetzungen erfüllt. Dies ist einer der beiden Berechtigten im Sinne von § 64 Abs. 2 Satz 2 EStG, dem mit dem anderen zusammen der gemeinsame Haushalt zugerechnet wird. 137

dd) Die Entscheidung des Vormundschaftsgerichts. Das Vormundschaftsgericht kann durch Beschluß nur eine der beiden Personen als Berechtigten bestim- 138

---

[123] Vgl. *Wickenhagen/Krebs,* a. a. O., § 3 Rdnr. 79 f.
[124] Str.; vgl. eingehend *Wickenhagen/Krebs* a. a. O., § 3 Rdnr. 72 f.; OLG Hamm Urteil vom 22. 8. 1958, Rechtspfleger 1958, 348.

men, der gemäß § 64 Abs. 2 Satz 2 EStG zusammen mit dem anderen Anspruchsinhaber der gemeinsame Haushalt zuzurechnen ist. Anders als nach § 3 Abs. 4 Satz 2 BKGG a. F. kann es **nicht von** den gesetzlichen Regelungen des **§ 64 Abs. 2 EStG abweichen.** Dies folgt aus dem Wortlaut des § 64 Abs. 2 Satz 3 EStG und aus der systematischen Stellung dieser Vorschrift nach § 64 Abs. 2 Satz 2 EStG.

139 Das Vormundschaftsgericht kann danach nur die nicht getroffene Bestimmung der Berechtigten im Sinne des § 64 Abs. 2 Satz 2 EStG *untereinander* ersetzen. Es kann also bei einer unterbliebenen oder widerrufenen Bestimmung nur einen der beiden in § 64 Abs. 2 Satz 2 EStG genannten Berechtigten bestimmen, der zusammen mit dem anderen einen gemeinsamen Haushalt unterhält. Es kann nicht eine andere Person als Berechtigten bestimmen, die die Anspruchsvoraussetzungen erfüllt. Das Vormundschaftsgericht kann auch nicht das Kindergeld aufteilen. Hierzu fehlt es – anders als nach früherer Rechtslage (siehe § 3 Abs. 4 Satz 2 BKGG a. F.: „. . . bestimmen, daß das Kindergeld ganz oder teilweise einer anderen Person gewährt wird".) – an einer Rechtsgrundlage.

140 Bei seiner Anordnung hat das Vormundschaftsgericht das „Wohl der Kinder zu berücksichtigen". Es darf dem Antrag nicht ohne weiteres entsprechen, sondern muß gemäß § 12 FGG zunächst ermitteln, was im Einzelfall dem Wohl der Kinder am meisten dient. Was dem Wohl der Kinder am besten entspricht, kann nur nach Lage des Einzelfalls entschieden werden. Das Kindergeld wird regelmäßig demjenigen zu gewähren sein, der tatsächlich für das Kind sorgt und nach seiner Person die beste Gewähr dafür bietet, daß er das Kindergeld auch zum Wohl der Kinder verwendet. Das Kindergeld soll eine Hilfe für denjenigen sein, der die Kinder aufzieht und damit die Lasten des Unterhalts und der Erziehung trägt. Trägt z. B. der Vater zwar die materielle Last, kümmert er sich im übrigen aber nicht um die Kinder, sondern überläßt die Erziehung und Sorge allein der Mutter, so kann es gerechtfertigt sein, diese zur Berechtigten zu bestimmen, damit sie mit dem für die Kinder bestimmten Betrag zusätzlich für die Kinder sorgen kann.

141 Das Vormundschaftsgericht trifft seine Entscheidung durch Beschluß, der mit Bekanntgabe wirksam wird. Der Beschluß enthält die **positive Bestimmung des Berechtigten** sowie eine **anspruchsausschließende Entscheidung gegenüber dem anderen Anspruchsinhaber** im Sinne des § 64 Abs. 2 Satz 2 EStG. Der Beschluß wird nach § 16 Abs. 1 FGG mit der Bekanntgabe an den letzten der beiden Adressaten wirksam. Die Bestimmung des Bezugsberechtigten kann auch rückwirkend erfolgen.

142 Die Entscheidung des Gerichts **bindet** neben den Beteiligten auch die Familienkassen. Diese Verwaltungsbehörde darf das Kindergeld nicht abweichend von der vom Gericht getroffenen Rangfolge auszahlen[125]. Die Entscheidung wird aber gegenstandslos, wenn die Anspruchsberechtigung nach den §§ 62, 63 nachträglich wegfällt.

---

[125] Vgl. dazu BSG Urteil vom 28. 2. 1980, SozR 5870 § 3 Nr. 2.

Beispiel: Ein Elternteil, der zum Berechtigten bestimmt wurde, zieht aus dem gemeinsamen Haushalt mit den Kindern aus oder der vom Gericht bestimmte Berechtigte stirbt.

Das Vormundschaftsgericht kann seine **Entscheidung** gemäß § 18 Abs. 1 FGG **ändern,** wenn es sie nachträglich für ungerechtfertigt erachtet. Wurde der Antrag zurückgewiesen, setzt eine Änderung einen entsprechenden Antrag voraus. Dieser Antrag muß von demjenigen gestellt werden, dessen früherer Antrag zurückgewiesen worden war. Als Antrag i. S. des § 18 FGG gilt auch die Beschwerde gegen die Zurückweisung. 143

ee) Rechtsmittel gegen die Entscheidung des Vormundschaftsgerichts. Gegen die Entscheidung des Vormundschaftsgerichts in Form der Verfügung des Rechtspflegers ist gemäß § 11 Abs. 1, 2 RPflG die **Erinnerung** an den Richter gegeben; gegen dessen Entscheidung findet das Rechtsmittel der **Beschwerde** statt (§ 19 FGG). Dabei handelt es sich um **Rechtsmittel** gegen gerichtliche Entscheidungen, nicht um Rechtsbehelfe gegen Verwaltungsakte; das Vormundschaftsgericht entscheidet insoweit nicht als Verwaltungsbehörde, sondern als Gericht. Für das Verfahren, das der **freiwilligen Gerichtsbarkeit** zuzuordnen ist, gelten die Vorschriften des FGG, **nicht** die der **Finanzgerichtsordnung** (FGO). Dementsprechend ist auch **nicht** der **Rechtsweg** zu den **Finanzgerichten** eröffnet. 144

Beschwerdeberechtigt ist jeder, dessen Recht durch die Bestimmung des Berechtigten beeinträchtigt ist, bei Abweisung des Antrags folglich der Antragsteller (§ 20 FGG). Die Beschwerde kann beim Vormundschaftsgericht oder bei dem diesem instanziell übergeordneten, örtlich zuständigen Landgericht durch Einreichung einer Beschwerdeschrift eingelegt werden (§ 21 FGG). Die Beschwerde ist weder fristgebunden, noch hat sie aufschiebende Wirkung. Das Vormundschaftsgericht kann allerdings die Aussetzung der Vollziehung anordnen. 145

Über die Beschwerde entscheidet das **Landgericht (Beschwerdegericht).** Gegen die Entscheidung des Landgerichts ist nach § 27 FGG das Rechtsmittel der **weiteren Beschwerde** statthaft, wenn die Entscheidung auf einer Verletzung des Gesetzes beruht. Hierüber entscheidet das **Oberlandesgericht,** nicht das diesem funktional entsprechende Finanzgericht[126]. 146

4. Gemeinsamer Haushalt nicht gleichrangig Berechtigter

a) Vorrangige Zahlung an einen Elternteil

§ 64 Abs. 2 Satz 5 EStG enthält eine **haushaltsinterne Rangfolge:** Lebt ein Kind in einem gemeinsamen Haushalt von Eltern *und* Großeltern, so wird das Kindergeld vorrangig einem Elternteil gezahlt. In diesen Fällen kann die Anspruchskonkurrenz *nicht* nach dem Obhutsprinzip gelöst werden. Das Kindergeld wird deshalb abweichend von § 64 Abs. 2 und 3 EStG einem Elternteil gewährt. 147

---

[126] Vgl. zu den weiteren Besonderheiten des Verfahrens nach dem FGG die Kommentare zum FGG, z. B. *Keidel/Kuntze/Winkler,* Freiwillige Gerichtsbarkeit, 13. Aufl.

b) Der kindergeldberechtigte Elternteil kann wirksam auf den Vorrang verzichten

148 Das Kindergeld wird dann nicht vorrangig dem Elternteil gezahlt, wenn dieser gegenüber der zuständigen Stelle (z. B. zugunsten von Groß- oder Stiefeltern) auf seinen Vorrang **schriftlich verzichtet** hat (§ 63 Abs. 2 Satz 5, 2. Halbsatz EStG).

149 Zuständige Stelle ist die *zuständige* **Familienkasse.** Dies ist die nach § 16 AO i. V. m. § 5 Abs. 1 Nr. 11 FVG sachlich und gemäß § 19 AO örtlich zuständige bei den Arbeitsämtern eingerichtete Familienkasse, die auch insoweit – unter der Fachaufsicht des Bundesamts für Finanzen – als Bundesfinanzbehörde gilt. Örtlich zuständig ist sonach die Familienkasse, in deren Bezirk der Berechtigte seinen Wohnsitz oder in Ermangelung eines Wohnsitzes seinen gewöhnlichen Aufenthalt hat.

150 Der Verzicht ist eine empfangsbedürftige Willenserklärung, die der Schriftform bedarf. Sie wird in entsprechender Anwendung des § 130 BGB mit dem Zugang bei der Familienkasse wirksam[127]. Der Verzicht bedarf der Schriftform. Das bedeutet: Die den Verzicht auf den Vorrang enthaltende Urkunde muß von dem Aussteller (dem verzichtenden Elternteil) **eigenhändig** durch Namensunterschrift oder mittels beglaubigten Handzeichens unterzeichnet werden, wobei die schriftliche Form durch die notarielle Beurkundung ersetzt wird (§ 126 Abs. 1 und 3 BGB). Die Verzichtserklärung ist ebenso wie die Bestimmung nach § 64 Abs. 2 Satz 2 EStG frei widerruflich[128]. Auch der Widerruf bedarf der Schriftform.

III. Kindergeldberechtigung in den Fällen, in denen das Kind nicht in den Haushalt eines Berechtigten aufgenommen ist (§ 64 Abs. 3 EStG)

151 Ist das Kind nicht in den Haushalt eines Berechtigten aufgenommen, so erhält das Kindergeld derjenige, der dem Kind eine Unterhaltsrente zahlt. Unterhaltsrente ist Unterhalt im Sinne des § 1612 Abs. 1 Satz 1 BGB, also eine **Geldrente.** Umgekehrt folgt aus § 64 Abs. 3 EStG der Vorrang des Berechtigten, der das Kind in seinen Haushalt aufgenommen hat. Dieser erhält das Kindergeld auch dann, wenn ein anderer Anspruchsinhaber im Sinne der §§ 62, 63 EStG dem Kind Unterhalt gewährt.

152 Zahlen **mehrere Berechtigte** dem Kind Unterhaltsrenten, so erhält das Kindergeld derjenige, der dem Kind die **höchste Unterhaltsrente** zahlt. Auch mit dieser Regelung will der Gesetzgeber sicherstellen, daß derjenige das Kindergeld erhält, der durch den Kindesunterhalt am meisten belastet ist[129]. Im Anwendungsbereich des § 64 Abs. 3 EStG sind entscheidend nur die finanziellen

---

[127] Vgl. dazu BFH Urteil IX R 37/91 v. 17. 1. 1995, BStBl II 1995, 400 = BFHE 177, 58.
[128] Siehe oben Rdnr. 132.
[129] So Bericht des Finanzausschusses des Deutschen Bundestags, BT-Drucks. 13/1558, S. 165 zu § 3 Abs. 3 BKGG n. F., der § 64 Abs. 3 EStG entspricht.

Leistungen des Unterhaltsverpflichteten. Weil Voraussetzung dieser Vorschrift ist, daß das Kind nicht in den Haushalt eines Berechtigten aufgenommen ist, kommt Betreuungsunterhalt, der regelmäßig mit einer Haushaltsaufnahme verbunden ist, nicht in Betracht.

Werden **gleich hohe Unterhaltsrenten** gezahlt, so bestimmen die Berechtigten untereinander, wer das Kindergeld erhalten soll. Wird eine Bestimmung nicht getroffen oder zahlt keiner der Berechtigten dem Kind Unterhalt, so gilt Abs. 2 Satz 3 und 4 des § 64 EStG entsprechend. In diesem Fall muß also das Vormundschaftsgericht entscheiden. Es gelten insoweit die gleichen Grundsätze wie oben unter Rdnr. 133 ff. 153

F. Leistungen, die das Kindergeld ganz oder teilweise ausschließen (Kumulationsverbot)

I. Das Kumulationsverbot des § 65 EStG

1. Doppelleistungen sollen grundsätzlich ausgeschlossen werden

Kindergeld wird grundsätzlich dann ganz oder zumindest teilweise nicht gezahlt, wenn für ein Kind Anspruch auf bestimmte, kindergeldähnliche Leistungen besteht (§ 65 EStG). Für den Fall, daß der Bruttobetrag bestimmter Ausschlußleistungen geringer ist als das auf das Kind entfallende Kindergeld wird das sogenannte Teilkindergeld gewährt (§ 65 Abs. 2 EStG). 154

Die kindergeldausschließende Wirkung kann allerdings unter den in § 65 Abs. 1 Satz 3 EStG aufgeführten Voraussetzungen ausnahmsweise entfallen. Die Regelung des § 65 EStG entspricht § 4 BKGG n. F. und § 8 BKGG a. F. 155

Ebenso wie kinderbezogene Doppelleistungen gemäß § 65 EStG dadurch vermieden werden, daß nur an einen von mehreren Anspruchsinhabern tatsächlich geleistet wird, soll die finanzielle Belastung, die durch ein Kind entsteht, auch nur einmal ausgeglichen werden. § 65 EStG löst die Anspruchskonkurrenz durch die **Subsidiarität des** steuerrechtlich geregelten **Familienleistungsausgleichs** gegenüber Leistungen mit der gleichen Zielsetzung[130]. 156

2. Es genügt bereits das Bestehen eines materiell-rechtlichen Anspruchs auf die andere Leistung, nicht erforderlich ist, daß diese tatsächlich erbracht wird

Kindergeld wird nicht gewährt, wenn für das Kind eine der in § 65 Abs. 1 Satz 1 Nr. 1 bis 3 EStG aufgeführten Leistungen zu zahlen ist oder bei entsprechender Antragstellung zu zahlen wäre[131]. Es kommt dementsprechend darauf an, ob der Rechtsanspruch auf die andere Leistung besteht und in zumutbarer 157

---

[130] Vgl. dazu auch *Wickenhagen/Krebs,* a. a. O., § 8 Rdnr. 5.
[131] Zu den Auswirkungen der Zahlung solcher anderen Leistungen auf den **Kinderfreibetrag** siehe *Blümich/Oepen,* a. a. O., § 31 EStG, Rdnr. 97 f.

Weise realisiert werden kann. Nicht entscheidend ist, ob die andere Leistung auch tatsächlich gezahlt worden ist. Die kindergeldausschließende Wirkung tritt damit schon bei **Bestehen eines materiell-rechtlichen Anspruchs** auf die andere Leistung ein.

158 Liegt eine negative oder positive Entscheidung einer anderen Behörde mit Verwaltungsaktqualität vor, welche die Familienkasse wegen der Tatbestandswirkung bindet, muß die Familienkasse diese Entscheidung bei ihrer eigenen zugrunde legen und darf nicht mehr selbst die tatbestandlichen Voraussetzungen der anderen Leistung prüfen[132].

II. Die einzelnen Ausschlußtatbestände

1. Kinderzulagen aus der gesetzlichen Unfallversicherung und Kinderzuschüsse aus den gesetzlichen Rentenversicherungen

a) Bedeutsam nur noch bei Ansprüchen aufgrund der vor dem 1. 1. 1984 bestehenden Rechtslage

159 Die Regelung über den Ausschluß der Kindergeldzahlung aufgrund eines Anspruchs auf Kinderzulagen aus der gesetzlichen Unfallversicherung und auf Kinderzuschüsse aus den gesetzlichen Rentenversicherungen (§ 65 Abs. 1 Satz 1 Nr. 1 EStG) hat nur noch Bedeutung für solche Zulagen- und Zuschußansprüche, die aufgrund der vor dem 1. 1. 1984 bestehenden Rechtslage begründet worden sind. Seit dem 1. 1. 1984 werden bei Neurenten keine Kinderzulage bzw. kein Kinderzuschuß mehr geleistet.

b) Kinderzulage gemäß § 583 RVO

160 Gemäß § 583 der Reichsversicherungsordnung (RVO) erhalten Schwerverletzte eine **Kinderzulage** in Höhe von 10 v. H. der Verletztenrente. Schwerverletzte sind Personen, die aus der gesetzlichen Unfallversicherung eine Rente von 50 oder mehr v. H. der Vollrente oder mehrere Renten beziehen, deren Hundertsätze die Zahl 50 erreichen. Würde für das Kind ohne den Anspruch auf Kinderzulage ein Anspruch auf Kinderzuschuß nach den Vorschriften der gesetzlichen Rentenversicherung bestehen, so ist die Kinderzulage mindestens in Höhe des Kinderzuschusses zu gewähren (§ 583 Abs. 2 Satz 1 RVO)[133]. Der Kreis der zu berücksichtigenden Kinder ist enger als in den §§ 62ff. EStG (vgl. § 583 Abs. 5 RVO).

---

[132] Vgl. dazu eingehend *Wickenhagen/Krebs,* a.a.O., § 8 Rdnr. 64ff., insbes. Rdnr. 74f. m.w.N.

[133] Eingehend zur Kinderzulage nach § 583 RVO: *Wickenhagen/Krebs,* a.a.O., § 8 Rdnr. 12ff.

c) Kinderzuschuß gemäß § 270 SGB VI, § 60 RKG

Auch Bezieher von **Kinderzuschuß** aus einer gesetzlichen Rentenversicherung (§ 270 SGB VI, § 60 des Reichsknappschaftgesetzes – RKnG) haben keinen Anspruch auf Kindergeld. Der Anspruch auf Kinderzuschuß ist gegenüber demjenigen auf Kinderzulage subsidiär (§ 270 Abs. 2 Nr. 2 SGB VI). Ebenso wie bei der Kinderzulage ist der Kreis der berücksichtigungsfähigen Kinder beim Kinderzuschuß ebenso wie bei der Kinderzulage enger als in den §§ 62 ff. EStG. Pflegekinder und Enkel sind nicht Kinder im Sinne des § 270 SGB VI. Lediglich im Haushalt des Rentenberechtigten aufgenommene Stiefkinder können eine Erhöhung der Rente bewirken.

161

d) Die anderen Leistungen müssen für dasselbe Kind und denselben Zeitraum erbracht werden

Die Zahlung des Kindergeldes entfällt nur dann gemäß § 65 Abs. 1 Satz 1 Nr. 1 EStG, wenn der Anspruch auf die funktionsidentische Sozialleistung für **dasselbe Kind** und für **denselben Zeitraum** besteht. Kann also der Berechtigte in einem bestimmten Monat Kinderzulage oder Kinderzuschuß beanspruchen, so ruht für diesen Monat der Kindergeldanspruch. Sind die Voraussetzungen für Ansprüche nach §§ 583 RVO, 270 SGB VI zumindest an einem Tag im betreffenden Monat nicht erfüllt, so hat der Berechtigte Anspruch auf das Kindergeld für den betreffenden Monat in voller Höhe; denn gemäß § 66 Abs. 2 EStG reicht es aus, daß die Anspruchsvoraussetzungen für das Kindergeld nach den §§ 62, 63 EStG zu irgendeinem Zeitpunkt innerhalb des Monats vorgelegen haben. Selbst ein einziger Tag reicht gemäß § 66 Abs. 2 EStG aus, um den vollen Anspruch auf Kindergeld für diesen Monat entstehen zu lassen. Beginnt eine Rente mit Kinderzulage z. B. erst im Laufe eines Monats (§ 580 RVO), so wird deshalb wie die Rente selbst auch die Kinderzulage wegen ihrer Akzessorietät nur anteilig für den Monat gezahlt. Folge: Das Kindergeld wird für den Monat in voller Höhe ausgezahlt[134]. Ruht die Rente mit Kinderzuschuß gemäß §§ 1283 RVO, 96 AVG oder 80 RKnG infolge Zusammentreffens mit Arbeitslosengeld (ab 1. 1. 1992: § 95 SGB VI) wenigstens an einem Tag im Monat, so besteht der Anspruch auf Kindergeld in voller Höhe. Ruht indes die Rente mit Kinderzuschuß lediglich in Höhe des Arbeitslosengeldes und wird der Kinderzuschuß deshalb nur in verringerter Höhe, aber für den ganzen Monat gezahlt, so ist der Anspruch auf Kindergeld nach § 65 Abs. 1 Satz 1 Nr. 1 EStG grundsätzlich ausgeschlossen. Nach § 65 Abs. 2 EStG ist jedoch Kindergeld in Höhe des Unterschiedsbetrages zwischen dem nichtruhenden Teil des Kinderzuschusses und dem für das betreffende Kind in Betracht kommenden Kindergeldes zu gewähren.

162

---

[134] Vgl. zu den sozialrechtlichen Besonderheiten eingehend *Wickenhagen/Krebs*, a. a. O., § 8 Rdnr. 24 ff. m. w. N.

e) Kein Ausschluß der Kindergeldzahlung bei anderen Leistungen der Sozialversicherung als die in § 65 Abs. 1 Nr. 1 EStG aufgeführt sind

163 Aus § 65 Abs. 1 Satz 1 Nr. 1 EStG ergibt sich umgekehrt auch, daß andere kinderbezogene Leistungen der Sozialversicherungen als die in der Vorschrift aufgeführten **nicht zum Ausschluß** des Kindergeldes führen. So wird der Bezug des Kindergeldes nicht ausgeschlossen, wenn für das begünstigte Kind ein Anspruch auf Waisengeld besteht (vgl. §§ 48, 67 Nr. 7, 8 SGB VI). Nicht aufgeführt in § 65 EStG sind ferner kindbezogene Lohnbestandteile und kindbezogene Bestandteile von Dienst- und Versorgungsbezügen (vgl. § 39 BBesG i. V. m. Anlage V[135]). Auch kindbezogene Leistungen einer berufsständischen Versorgungseinrichtung schließen den Anspruch auf Kindergeld nicht aus[136]. Entsprechendes gilt auch für das Übergangsgeld gemäß § 24 SGB VI, § 39 RKnG, bei Leistungen nach dem Gesetz über die Alterhilfe bei Landwirten (GAL) und dem Überbrückungsgeld seitens der Seemannskasse (§ 891a RVO).

2. Vergleichbare Leistungen, die im Ausland gewährt werden

164 Die Leistungen, die im Ausland gewährt werden und die gemäß § 65 Abs. 1 Satz 1 Nr. 2 EStG zum Ausschluß der Kindergeldzahlung führen, müssen dem Kindergeld oder den Kinderzulagen aus der gesetzlichen Unfallversicherung bzw. den Kinderzuschüssen aus den gesetzlichen Rentenversicherungen vergleichbar sein. Für EG-Bürger ist indes die Verordnung (EWG) Nr. 1408/71 des Rates v. 14. 6. 1971 **vorrangig;** das gleiche gilt für Staaten, mit denen die Bundesrepublik Deutschland ein Abkommen über soziale Sicherheit getroffen hat[137]. Die darin enthaltenen Vorschriften regeln die Anspruchskonkurrenz als leges speciales (vgl. z. B. Art. 76 der VO (EWG) 1408/71[138]).

165 **Beispiele** für im Ausland gewährte Leistungen: Die neben der US-Invaliditätsrente bezogene US-Kinderrente ist eine dem Kinderzuschuß vergleichbare Leistung[139]. Vgl. im übrigen zu den einzelnen dem Kindergeld, der Kinderzulage oder dem Kinderzuschuß vergleichbaren Leistungen in verschiedenen anderen Ländern Tz. 8.123 der Durchführungsanweisungen zum BKGG.

---

[135] Siehe dazu auch BGH Urteil vom 3. 11. 1982, FamRZ 1983, 49.
[136] BSG Urteil vom 8. 4. 1992, SozR 3-5870 § 8 Nr. 1.
[137] Siehe dazu oben Rdnr. 56.
[138] Diese Vorschrift enthält Prioritätsregeln für den Fall der Kumulierung von Ansprüchen auf Familienleistungen gemäß den Rechtsvorschriften des zuständigen Staates, in dem die Familienangehörigen wohnen. Vgl. auch EuGH Urteil vom 7. 2. 1991 Rs. 227/89 – Rechtssache Rönfeldt – EuGHE 1991, 323ff.; zum Verhältnis des Gemeinschaftsrechts zu den in das nationale Recht eingeführten Sozialversicherungsabkommen.
Zu den Auswirkungen der Zahlung solcher dem Kindergeld vergleichbaren Leistungen auf den **Kinderfreibetrag** siehe *Blümich/Oepen,* a. a. O., § 31 EStG, Rdnr. 110f.
[139] BSG Urteil vom 14. 6. 1984, SozR 5870 § 8 Nr. 9.

3. Vergleichbare Leistungen einer zwischen- oder überstaatlichen Einrichtung

Der dritte in § 65 Abs. 1 Satz 1 EStG aufgeführte Ausschlußtatbestand ist dann **166** erfüllt, wenn eine über- oder zwischenstaatliche Einrichtung dem Anspruchsberechtigten eine dem Kindergeld vergleichbare Leistung zahlt. Die Leistungen i. S. des § 65 Abs. 1 Satz 1 Nr. 3 EStG müssen dem Kindergeld lediglich „vergleichbar" sein; nicht erforderlich ist, daß sie ihm voll entsprechen, und zwar auch nicht der Höhe nach.

Leistungen in diesem Sinne sind z. B. die Kinderzulagen nach Art. 67 Abs. 1 **167** Buchst. b) des Statuts der Beamten der EG sowie des Art. 2 des Anhanges VII zum Statut[140]. Dabei ist es ohne Bedeutung, ob die Kinderzulagen als Dienstbezüge, zum Ruhegeld oder zu einem Witwergeld zu zahlen sind[141]. Ebenfalls Leistungen i. S. des § 65 Abs. 1 Satz 1 Nr. 3 EStG sind die einem zivilen NATO-Angestellten aufgrund des Art. 29 der NATO-Sicherheits- und Personalvorschriften arbeitsvertraglich zustehenden Beihilfen für unterhaltsberechtigte Kinder.

4. Leistungen im Sinne des § 65 Abs. 1 Satz 1 EStG stehen dem Kindergeld auch im übrigen Anwendungsbereich des EStG gleich

Gemäß § 65 Abs. 1 Satz 2 EStG stehen Leistungen nach Satz 1 dem Kinder- **168** geld gleich, soweit es für die Anwendung von Vorschriften des EStG auf den Erhalt von Kindergeld ankommt. Solche Vorschriften sind z. B. §§ 31, 36 Abs. 2 Satz 1 EStG. Ohne die Regelung des § 65 Abs. 1 Satz 2 EStG gäbe es keine Rechtsgrundlage für die Einbeziehung von Leistungen gemäß § 65 Abs. 1 Satz 1 EStG in den Familienleistungsausgleich sowie für die Hinzurechnung dieser Leistungen, wenn das Einkommen bei der Veranlagung zur Einkommensteuer um den Kinderfreibetrag vermindert wird.

5. Konkurrenz mit Ansprüchen auf Kindergeld nach EG-Recht

Gemäß § 65 Abs. 1 Satz 3 EStG darf die Kindergeldzahlung für bestimmte **169** Fallgruppen nicht mit Rücksicht auf die Familienzulagen ausgeschlossen werden, die Bedienstete der EG erhalten. Diese Regelung ist Folge einer Entscheidung des EuGH vom 7. 5. 1987[142]. Das Zitieren von Satz 1 Nr. 4 in der Vorschrift ist ein Redaktionsversehen. Richtigerweise muß es Satz 1 Nr. 3 heißen.

III. Das Teilkindergeld

§ 65 Abs. 2 EStG begründet einen Anspruch auf das sogenannte **Teilkinder-** **170** **geld,** das ist Kindergeld in Höhe des Unterschiedsbetrages zu der anderen

---

[140] ABl. 1972 Nr. C 100, S. 5.
[141] Vgl. im einzelnen *Wickenhagen/Krebs,* a. a. O., § 8 Rdnr. 52.
[142] Rs. 189/85, SozR 5870 § 8 Nr. 13. Vgl. im einzelnen *Wickenhagen/Krebs,* a. a. O., § 8 Rdnr. 54ff.

Leistung nach § 65 Abs. 1 Satz 1 Nr. 1 EStG. Das Teilkindergeld wird gewährt, soweit der Bruttobetrag von Leistungen des § 65 Abs. 1 Satz 1 Nr. 1 EStG niedriger ist als das Kindergeld nach § 66 EStG. Dann wird Kindergeld in Höhe des Unterschiedsbetrages gezahlt, wenn er (der Unterschiedsbetrag) mindestens 10 DM beträgt.

Beispiel: Ein Rentenberechtigter hat zwei ältere Pflegekinder, die er in seinem Haushalt aufgenommen hat, und ein leibliches jüngeres Kind. Nach § 63 Abs. 1 Nr. 1 i. V. m. § 32 Abs. 1 Nr. 2 EStG sind die Pflegekinder als erstes und zweites Kind beim Kindergeld zu berücksichtigen. Demgegenüber ist für den Kinderzuschuß nur das leibliche Kind maßgebend. Der Kinderzuschuß für das leibliche Kind beträgt gemäß § 270 SGB VI 152,90 DM. Kindergeldrechtlich ist es als drittes Kind zu berücksichtigen. Demgemäß ist gemäß § 65 Abs. 2 EStG eine Differenz von 147,10 DM (300 ./. 152,90) von der Familienkasse zu zahlen.

171 Erhält der Kindergeldberechtigte nach ausländischem Recht für ein Kind eine dem Kindergeld vergleichbare Leistung im Sinne des § 65 Abs. 1 Nr. 2 EStG, die betragsmäßig höher ist als das Kindergeld, so ist diese Leistung nur in Höhe des inländischen Kindergeldes zu verrechnen[143].

G. Die Höhe des Kindergeldes

I. Die Höhe des Kindergeldes ist abhängig von der Zahl der Kinder

172 Gemäß § 66 Abs. 1 EStG beträgt das – monatlich zu zahlende (§ 71 EStG) – Kindergeld **monatlich**
– für das erste und zweite Kind jeweils 200 DM,
– für das dritte Kind 300 DM und
– für das vierte und jedes weitere Kind jeweils 350 DM.
Die gleichen Beträge gelten für Kinder von Arbeitnehmern aus einem Mitgliedstaat der Europäischen Union, aus Island, Liechtenstein und Norwegen, deren Kinder in einem der genannten Staaten wohnen. Nach zwischenstaatlichen Abkommen wird Kindergeld in geringerer Höhe gezahlt an Arbeitnehmer aus Marokko, der Schweiz, der Türkei und Tunis sowie aus dem ehemaligen Jugoslawien, nämlich aus Bosnien-Herzegowina, Bundesrepublik Jugoslawien (Montenegro und Serbien), Kroatien, Republik Mazedonien und Slowenien[144]. Sie erhalten für Kinder, die sich im Heimatland aufhalten, entsprechend den zwischenstaatlichen Vereinbarungen Kindergeld in Höhe von monatlich
– 10 DM für das erste Kind,
– 25 DM für das zweite Kind,
– jeweils 60 DM für das dritte und vierte Kind,
– jeweils 70 DM für das fünfte und jedes weitere Kind.

---

[143] Vgl. *Blümich/Oepen*, a. a. O., § 31 EStG, Rdnr. 115.
[144] Vgl. dazu BMF-Schreiben vom 18. 12. 1995, a. a. O. *(Fn. 1)*, Rdnr. 8.

Bereits **ab** dem Vorauszahlungszeitraum **1997** wird sich das Kindergeld für das **173**
erste und zweite Kind **erhöhen**. Nach § 52 Abs. 32 a EStG in der dann gültigen
Fassung des § 66 Abs. 1 EStG beträgt das Kindergeld für das erste und zweite
Kind jeweils 220 DM.

Da das Kindergeld nicht an das Kind, sondern an den Kindergeldberechtigten **174**
zu zahlen ist, kommt es entscheidend darauf an, welches Kind bei dieser Person
erstes oder weiteres **Zahlkind**[145] ist. Diese Reihenfolge bestimmt sich nach dem
Lebensalter der zu berücksichtigenden Kinder. Dementsprechend ist das „erste
Kind" das älteste beim Berechtigten zu berücksichtigende Kind. Ob ein Kind
auch als **Zählkind**[146] zu berücksichtigen ist, ist nur insoweit bedeutsam, als sich
damit der Kindergeldbetrag für die nachfolgenden Kinder der Höhe nach ändern
kann.

Die im bisherigen Kindergeldrecht enthaltenen Regelungen zur Einkom- **175**
mensgrenze sind ersatzlos weggefallen. Die vorstehend aufgeführten Beträge
werden nach dem neuen Recht unabhängig von der Höhe des Einkommens des
Berechtigten gezahlt. Jeder Berechtigte, der sämtliche Anspruchsvoraussetzungen erfüllt, hat Anspruch auf das Kindergeld in der gemäß § 66 Abs. 1 EStG
maßgeblichen Höhe.

II. Die neuen Kindergeldbeträge sind mit den vor 1996 gezahlten nicht vergleichbar

Die Höhe des Kindergeldes ist in der Vergangenheit wiederholt geändert **176**
worden[147]. Die Sätze des § 66 Abs. 1 EStG sind allerdings mit den entsprechenden Regelungen des § 10 BKGG a. F. nicht vergleichbar; denn im Rahmen des
früher bestehenden dualen Systems sollte das Kindergeld nicht allein, sondern
zusammen mit dem Kinderfreibetrag die kinderbedingte Minderung der steuerlichen Leistungsfähigkeit berücksichtigen. Insoweit ist eine grundlegende
Änderung dadurch eingetreten, daß der Gesetzgeber das System des früheren
Kinderlastenausgleichs grundlegend geändert hat.

Statt der **kumulativen** Gewährung von Kindergeld und Kinderfreibetrag **177**
kommt es nun zu einer **alternativen Inanspruchnahme,** wobei zunächst –
während des laufenden Vorauszahlungszeitraums – ausschließlich Kindergeld
ausgezahlt und erst bei der Veranlagung zur Einkommensteuer ein Kinderfreibetrag abgezogen wird, soweit dies steuerlich günstiger ist (siehe oben Rdnr. 13).
Durch diesen Systemwechsel bedingt soll das Kindergeld während des Kalenderjahres in vollem Umfang die geminderte Leistungsfähigkeit von Familien mit
Kindern berücksichtigen. Folgerichtig sind die Kindergeldsätze des neuen Systems höher und können wegen der umfassenderen Bedeutung des Kindergeldes
mit den Sätzen des dualen Systems nicht mehr verglichen werden.

---

[145] Zum Begriff des sogenannten „Zahlkinds" und dessen Unterschied zum sogenannten „Zählkind" siehe oben Rdnr. 59.
[146] S. *Fn. 145.*
[147] Vgl. im einzelnen *Wickenhagen/Krebs,* a. a. O., § 10 Rdnr. 2ff.

178–182　Der Systemwechsel trägt zur Vereinfachung des Sozial- und des Steuerrechts bei. Er macht die Ermittlung von Einkommensgrenzen nur für das Kindergeld überflüssig und beschränkt sich auf klare und eindeutige Beträge, die jeder erhält, der Kinder hat.

H. Entstehen und Erlöschen des Anspruchs auf Zahlung von Kindergeld

I. Der Leistungszeitraum bemißt sich nach Kalendermonaten

183　Das Kindergeld wird gezahlt vom Beginn des Monats an, in dem die Anspruchsvoraussetzungen erfüllt sind, bis zum Ende des Monas, in dem die Anspruchsvoraussetzungen wegfallen (§ 66 Abs. 2 EStG). Es wird für jeden Monat gewährt, in dem zumindest an einem Tag die Anspruchsvoraussetzungen vorgelegen haben (siehe unten Rdnr. 186f.).

II. Der Zeitpunkt des Entstehens des Kindergeldanspruchs

184　Der Anspruch auf Kindergeld (das Kindergeld-Stammrecht) **entsteht** mit Beginn des Monats, in dem die materiell-rechtlichen Anspruchsvoraussetzungen (vgl. §§ 62, 63 EStG) erfüllt sind. Er **erlischt** mit Ablauf des Monats, in dem diese Anspruchsvoraussetzungen wegfallen. Demnach entsteht der Anspruch auf Kindergeld mit Beginn des Monats, in dem das zu berücksichtigende Kind geboren wird.

Vom Anspruch auf Kindergeld zu unterscheiden ist der **Anspruch auf Auszahlung** des Kindergeldes.

III. Der Zeitpunkt des Wegfalls des Kindergeldanspruchs

185　Der Kindergeldanspruch erlischt grundsätzlich mit Ablauf des Monats, in dem dieses sein 18. Lebensjahr vollendet (§ 63 Abs. 1 Satz 1 Nr. 1 i. V. m. § 67 Abs. 2 EStG) und die Voraussetzungen für eine Zahlung über das 18. Lebensjahr hinaus (siehe oben Rdnr. 76ff.) nicht vorliegen.

IV. Anspruch auf Kindergeld besteht für einen gesamten Monat, wenn die Anspruchsvoraussetzungen zu irgendeinem Zeitpunkt während dieses Monats vorgelegen haben

186　Ein Anspruch auf volles Kindergeld besteht für jeden Monat, in dem die Voraussetzungen zu irgend einem Zeitpunkt erfüllt sind. Das bedeutet: Der Anspruch entsteht für den jeweiligen Monat in vollem Umfang in dem Zeitpunkt, in dem der Berechtigte den Tatbestand verwirklicht, an den das Gesetz die Leistungspflicht knüpft. Es gilt § 38 AO. Das Gesetz knüpft die Leistungspflicht des Staates an das Vorliegen eines Kindschaftsverhältnisses zum Berechtigten zu irgendeinem Zeitpunkt im Monat.

So entsteht der Anspruch auf Kindergeld für den gesamten Monat, wenn das Kind z. B. erst am letzten Tag dieses Monats geboren wird, und zwar auch dann, wenn es unmittelbar nach der Geburt stirbt. Folgerichtig entsteht der Kindergeldanspruch für den entsprechenden vollen Monat, in dem ein Kindschaftsverhältnis auch in anderen Fällen begründet oder beendet wird, so beispielsweise, wenn ein Kind während des Monats adoptiert oder als Stief- oder Pflegekind in den Haushalt des Berechtigten aufgenommen wird. Das Kindergeld wird nicht anteilig gewährt. **187**

Auch in dem Monat, in dem die Anspruchsvoraussetzungen wegfallen, besteht ein voller Anspruch für den jeweiligen Monat. Das Kindergeld wird auch insoweit nicht anteilig gewährt. Der Kindergeldanspruch kann erlöschen z. B. aufgrund des Todes des Kindes. Ein weiterer Grund für den Wegfall der Voraussetzungen kann das das Erreichen der Altersgrenzen des § 32 Abs. 3 und 4 EStG sein. Bei Erreichen der Altersgrenze ist der maßgebliche Zeitpunkt der Tag **vor** dem 18., 21. oder 27. Geburtstag, da das 18., 21. oder 27. Lebensjahr an diesem Tag vollendet wird (vgl. § 108 Abs. 1 AO i. V. m. §§ 187 Abs. 2 Satz 2, 188 Abs. 2 BGB: Am Geburtstag selbst beginnt das neue Lebensjahr). Wer also an einem 1. 9. geboren ist und seinen 18. Geburtstag begeht, erhält Kindergeld für den Monat September nur noch unter den engeren Voraussetzungen des § 32 Abs. 4 EStG. Dem entspricht die Regelung des § 32 Abs. 3 EStG, wonach ein Kind nicht mehr berücksichtigt wird, wenn es zu Beginn des Monats (im Beispielsfall am 1. 9.) das 18. Lebensjahr vollendet hat. **188**

V. Der Anspruch auf Auszahlung des Kindergeldes geht auf den Gesamtrechtsnachfolger über

Ist der Anspruch auf **Auszahlung** des Kindergeldes für einen bestimmten Monat entstanden, so geht er – etwa bei Tod des Berechtigten – gemäß § 45 AO auf den Gesamtrechtsnachfolger über. Dies gilt aber nur für den Auszahlungsanspruch. Der Rechtsnachfolger ist nicht notwendigerweise zugleich anspruchsberechtigt. Der Kindergeldanspruch als solcher kann wegen seines höchstpersönlichen Charakters nicht vererbt und übertragen werden[148]; an die Stelle des bisherigen tritt nach Maßgabe der §§ 62ff. EStG ein neuer Kindergeldberechtigter, und zwar Kraft originären eigenen Rechts. **189**

---

[148] Zur Pfändung des Auszahlungsanspruchs siehe Rdnr. 404ff.

I. Die rückwirkende Zahlung von Kindergeld

I. Sechsmonatsfrist ist einzuhalten

190 Kindergeld kann **rückwirkend** gezahlt werden, jedoch allenfalls für die letzten **sechs Monate vor Beginn des Monats,** in dem der Antrag auf Kindergeld bei der zuständigen Familienkasse (siehe Rdnr. 198 ff.) eingegangen ist (§ 66 Abs. 3 EStG). Dies bedeutet: Der Kindergeldberechtigte hat vom Ablauf des Monats an, in dem alle materiell-rechtlichen Anspruchsvoraussetzungen für den Kindergeldanspruch vorliegen, sechs Monate Zeit, seinen Antrag bei der Familienkasse zu stellen. *„Antrag"* ist der Antrag im Sinne des § 67 EStG (siehe Rdnr. 202 ff.). Ihm kommt im Rahmen des § 66 Abs. 3 EStG materiell-rechtliche Bedeutung zu. Versäumt der Berechtigte es, den Antrag zu stellen, so ist er nach Ablauf der in § 66 Abs. 3 EStG bestimmten **Ausschlußfrist** mit seinen **bis dahin** entstandenen Ansprüchen für die zurückliegenden Monate materiell-rechtlich ausgeschlossen. Der Auszahlungsanspruch ist insoweit erloschen.

Beispiel: Das zu berücksichtigende Kind wird am 20. 1. 1996 geboren. Will der Kindergeldberechtigte seine Ansprüche in vollem Umfang wahren, so muß sein Antrag auf Gewährung von Kindergeld für das betreffende Kind bis spätestens 31. 7. 1996 bei der Familienkasse eingehen. Geht dieser Antrag erst am 1. 8. 1996 ein, so kann der Antragsteller Kindergeld rückwirkend nur noch für die Monate Februar bis einschließlich Juli 1996 erhalten.

191 Der Antrag auf Kindergeld gemäß § 67 EStG muß *„eingegangen"* sein. Dies setzt den Zugang bei der Familienkasse voraus (entsprechend § 130 BGB). Bei Übersendung des Antrags auf dem Postweg ist danach nicht das Datum des Poststempels, sondern der **tatsächliche Eingang** bei der zuständigen Familienkasse entscheidend. Inhaltlich reicht es aus, wenn der Berechtigte in erkennbarer Weise seinen Willen zum Ausdruck bringt, Zahlung von Kindergeld zu begehren. Der Antrag muß sich auf das Kindergeld für ein bestimmtes Kind beziehen; er ist auch nur insoweit wirksam.

II. Berechnung der Sechsmonatsfrist

192 Bei der Berechnung der Sechsmonatsfrist wird der Eingangsmonat nicht mitgerechnet. Ein Berechtigter, der den Antrag z. B. am 1. 7. 1996 stellt, erhält dann für das gesamte Kalenderjahr Kindergeld, wenn für den betreffenden Zeitraum die Anspruchsvoraussetzungen der §§ 62 ff. EStG erfüllt sind. Kindergeldnachzahlung kommt auch dann in Betracht, wenn die Anspruchsvoraussetzungen im Zeitpunkt der Antragstellung nicht mehr vorliegen.

Beispiel: Wird für ein im Januar 1997 geborenes Kind, das im Februar desselben Jahres stirbt, im Juli 1997 der Antrag auf Kindergeld gestellt, so ist das Kindergeld unter der Voraussetzung, daß die Anspruchsvoraussetzungen im übrigen erfüllt sind, für die

Monate Januar und Feburar 1997 zu zahlen. Wäre das Kind im Dezember 1996 geboren und im Februar 1997 gestorben, so hätte ein im Juli 1997 gestellter Antrag eine Nachzahlung für Januar und Februar 1997, nicht aber für Dezember 1996 zur Folge; denn der Dezember des Vorjahres liegt mehr als sechs Monate vor dem Monat, in dem der Antrag gestellt wurde.

III. Folgen einer Fristversäumnis

Die in § 66 Abs. 3 EStG bestimmte Sechsmonatsfrist ist eine **Ausschlußfrist;** 193
denn der materielle Kindergeldanspruch erlischt im Falle der Fristversäumnis. Versäumt der Berechtigte die Frist des § 66 Abs. 3 EStG, ist er demnach mit seinem Anspruch ausgeschlossen.

Eine **Wiedereinsetzung** in den vorigen Stand gemäß § 110 AO **kommt** 194
nicht in Betracht; denn nicht wiedereinsetzbar sind gesetzliche Fristen, die – wie die des § 66 Abs. 3 EStG – als Ausschlußfristen oder uneigentliche gesetzliche Fristen eine letzte zeitliche Grenze (Zeitpunkt) für ein rechtlich bedeutsames Handeln des Beteiligten setzen[149]. Eine Wiedereinsetzung kann aber einen bereits erloschenen Anspruch nicht wieder aufleben lassen[150].

In **Ausnahmefällen** kann aber das Berufen auf das Versäumen einer gesetzli- 195
chen Ausschlußfrist eine unzulässige Rechtsausübung darstellen, wenn die Verantwortung für den Fristablauf ausschließlich der Behörde selbst zuzurechnen ist, weil diese z. B. den Berechtigten durch ihr Verhalten vom Antragstellen abgehalten hat. Insoweit könnte die Antragsfrist als nicht in Lauf gesetzt oder in ihrem Lauf gehemmt anzusehen sein[151]. Ein hierfür notwendiges qualifiziertes Fehlverhalten der Behörde ist jedoch nur in besonderen Fällen denkbar[152]. Die nach dem bisherigen Kindergeldrecht bestehende Möglichkeit, ggf. im Wege sozialrechtlichen Herstellungsanspruchs den entgangenen Betrag zu ersetzen bzw. zu bewilligen[153], ist entfallen; es gelten insoweit nur noch die steuerverfahrensrechtlichen Regelungen.

IV. Entstehen und Erhöhen eines Kindergeldanspruchs aufgrund einer rückwirkend erlassenen Rechtsverordnung

§ 66 Abs. 4 EStG bestimmt, daß in den Fällen, in denen ein Anspruch auf 196
Kindergeld durch eine mit Rückwirkung erlassene Rechtsverordnung entsteht oder sich erhöht, ein hierauf gerichteter Antrag als am Tag des Inkrafttretens der Rechtsverordnung gestellt gilt. Voraussetzung hierfür ist allerdings, daß

---

[149] Vgl. *Söhn* in *Hübschmann/Hepp/Spitaler*, AO/FGO, Kommentar, § 110 AO Rdnr. 8a m. w. N.
[150] So auch für das BKGG *Wickenhagen/Krebs*, a. a. O., § 9 Rdnr. 41.
[151] Vgl. dazu *Kühn/Hofmann*, a. a. O., § 89 AO Anm. 5, sowie *Wickenhagen/Krebs*, a. a. O., § 9 Rdnr. 43 ff. m. w. N.
[152] Vgl. z. B. BVerwG Urteil vom 25. 11. 1982, NVwZ 1983, 740.
[153] Vgl. dazu *Hönsch*, Erziehungs- und Kindergeldrecht, 2. Aufl., 1991, Rdnr. 563.

der Antrag innerhalb der ersten sechs Monate nach Ablauf des Monats gestellt wird, in dem die Rechtsverordnung verkündet worden ist.

197 Die Regelung knüpft an die Verordnungsermächtigung des § 63 Abs. 2 EStG an (vgl. dazu Rdnr. 115 f.) und begrenzt die zeitliche Rückwirkung einer (noch zu erlassenden) Rechtsverordnung. Für die Berechnung und den Rechtscharakter der Sechsmonatsfrist des § 66 Abs. 4 EStG gelten die Ausführungen zu § 66 Abs. 3 EStG entsprechend (siehe Rdnr. 190 ff.).

J. Der Kindergeldantrag

I. Das Antragsverfahren

1. Das Kindergeld wird nur auf Antrag gezahlt

198 Das Kindergeld wird nur auf Antrag gewährt (§ 67 EStG). Das Stellen dieses Antrags rechnet nicht zu den materiell-rechtlichen Voraussetzungen des Kindergeldanspruchs. Zwar ist ein Antrag abzulehnen, mit dem Kindergeld rückwirkend für einen Zeitraum begehrt wird, der über den Sechsmonatszeitraum des § 66 EStG hinausgeht (siehe Rdnr. 190). Unmittelbar ursächlich hierfür ist allerdings nicht der verspätete Antrag, sondern der Zeitablauf.

199 Bei § 67 Abs. 1 Satz 1 EStG handelt es sich um eine **zwingende Vorschrift.** Der Antrag ist demnach nur dann wirksam gestellt, wenn er bei der zuständigen Familienkasse eingeht. Anders als nach der früheren Regelung des § 17 Abs. 1 Satz 2 BKGG, einer Soll-Vorschrift[154], reicht der Zugang bei einer anderen Stelle als der für den Antragsteller zuständigen Familienkasse nicht aus. Diese andere Stelle ist jedoch gehalten, einen nicht in ihren Zuständigkeitsbereich fallenden Antrag umgehend an die zuständige Familienkasse weiterzuleiten.

200 Grundsätzlich **genügt** ein **Antrag für die erstmalige Zahlung** des Kindergeldes. Sofern sich keine die Kindergeldberechtigung beeinflussende Veränderungen ergeben, wird das Kindergeld stetig gezahlt bis das Kind das 18. Lebensjahr vollendet. Danach bedarf es einer Anzeige gemäß § 67 Abs. 2 EStG (siehe dazu Rdnr. 212 f.). War der Kindergeldanspruch für mindestens einen Monat entfallen, so bedarf es regelmäßig eines neuen Antrags. Anders kann es sein, wenn der Familienkasse bekannt ist, daß die Anspruchsvoraussetzungen nur vorübergehend nicht vorliegen[155].

201 Der Antrag ist bei der örtlich zuständigen Familienkasse, die an die Stelle der früheren „Kindergeldkasse" getreten ist, zu stellen (§ 67 Abs. 1 Satz 1 EStG).

---

[154] So jetzt auch § 9 Abs. 1 BKGG i. d. F. des JStG 1996.
[155] Vgl. *Hönsch*, a. a. O., Rdnr. 559.

Die örtliche Zuständigkeit der Familienkassen bestimmt sich nach den Vorschriften der AO[156] (siehe Rdnr. 206).

2. Die Rechtsnatur des Antrags

Der Antrag ist ein an die Verwaltungsbehörde gerichtetes Begehren auf Gewähren von Kindergeld. Er ist zunächst erforderlich, um das Verfahren einzuleiten. Das bedeutet zugleich: Die Familienkasse zahlt Kindergeld nicht von Amts wegen aus. Der Antrag ist Sachentscheidungsvoraussetzung. 202

3. Form und Wirksamkeit des Antrags

Das Kindergeld ist **schriftlich** zu beantragen; ein mündlicher Antrag, z. B. durch Telefonanruf, genügt nicht. Gemäß § 126 BGB ist danach erforderlich, daß der Antrag vom Antragsteller **eigenhändig** unterschrieben oder mittels notariell beglaubigten Handzeichens unterzeichnet wird. Der Kindergeldantrag muß für ein ganz bestimmtes Kind gestellt werden; d. h. für jedes Kind ist ein gesonderter Antrag zu stellen. Bei Mehrlingsgeburten dürfte allerdings ein Antrag für beide oder alle Kinder genügen[157]. Er hat nur für ein bestimmtes Kind Gültigkeit. Deshalb muß der Antrag erkennen lassen, daß und für welches Kind der Antragsteller Kindergeld begehrt. Ist das Begehren formal oder inhaltlich unvollständig, so ist die Familienkasse gemäß § 89 AO verpflichtet, darauf hinzuwirken, daß unverzüglich klare und sachdienliche Anträge gestellt und unvollständige Angaben ergänzt werden. Diese Verpflichtung besteht auch gegenüber dem Antragsberechtigten im Sinne des § 67 Abs. 1 Satz 2 EStG (siehe dazu Rdnr. 209 f.). 203

Die Regelungen der §§ 78 ff. AO über die Verfahrensbeteiligten gelten entsprechend. Der Antragsteller kann sich danach durch einen Bevollmächtigten vertreten lassen (§ 80 AO). 204

Der Antrag ist entsprechend § 130 BGB (erst) mit dem **Zugang bei der Familienkasse wirksam**. Er ist von diesem Zeitpunkt an nicht unwiderruflich, sondern kann zurückgenommen werden. Das ergibt sich daraus, daß das EStG unwiderrufliche Erklärungen wie z. B. den Antrag nach § 52 Abs. 21 Satz 3 EStG[158] ausdrücklich als solche kennzeichnet. Weil das Gesetz den Antrag gemäß § 67 Abs. 1 EStG nicht ausdrücklich für unwiderruflich erklärt, kann der wirksam gestellte Antrag noch bis zur Bestandskraft der behördlichen Entscheidung zurückgenommen werden. Die behördliche Entscheidung ist die Festsetzung des Kindergeldes gemäß § 70 Abs. 1 EStG. Es ist nicht erforderlich, den Antrag ausdrücklich und schriftlich zurückzunehmen. Der Antrag kann auch stillschweigend durch schlüssiges Verhalten zurückgenommen werden. Die Rücknahme 205

---

[156] Vgl. Bericht des Finanzausschusses des Deutschen Bundestags, BT-Drucks. 13/1558, S. 161.
[157] Ebenso *Hönsch*, a. a. O., Rdnr. 558.
[158] Vgl. dazu BFH Urteil IX R 37/91 vom 17. 1. 1995, BStBl II 1995, 410 = BFHE 177, 58.

des Antrages wird – als verfahrensrechtliche Willenserklärung – mit Zugang bei der Familienkasse wirksam. Weil die erstrebte Rechtsfolge ohne Verwaltungsakt eintritt, bindet sie den Steuerpflichtigen bereits mit dem Zugang der Erklärung. Sie ist nicht widerruflich und auch nicht entsprechend §§ 119 ff. BGB anfechtbar. Der Berechtigte kann aber erneut einen Antrag stellen.

II. Die zuständige Familienkasse als Empfängerin des Antrags

206 Empfängerin des Antrages ist die **örtlich zuständige Familienkasse.** Dies ist die nach § 16 AO i. V. m. § 5 Abs. 1 Nr. 11 des Finanzverwaltungsgesetzes (FVG) sachlich und gemäß § 19 AO örtlich zuständige **bei der Bundesanstalt für Arbeit** (den Arbeitsämtern) **eingerichtete** Familienkasse, die insoweit – unter der Fachaufsicht des Bundesamts für Finanzen – als **Bundesfinanzbehörde** gilt.

207 Örtlich zuständig ist sonach die Familienkasse, in deren Bezirk der Berechtigte seinen Wohnsitz oder in Ermangelung eines Wohnsitzes seinen gewöhnlichen Aufenthalt hat[159].

III. Die Antragsberechtigten

208 Den Antrag gemäß § 67 Abs. 1 Satz 1 EStG können nicht nur die Berechtigten, sondern darüber hinaus alle diejenigen stellen, die ein berechtigtes Interesse an der Leistung des Kindergeldes haben. Wer berechtigt ist, bestimmt sich nach § 62 EStG.

209 § 67 Abs. 1 Satz 2 EStG erweitert den Kreis der Berechtigten um diejenigen Personen oder Stellen, die ein berechtigtes Interesse an der Leistung des Kindergelds haben. Der Begriff des berechtigten Interesses ist weiter als der des rechtlichen Interesses; es umfaßt neben dem rechtlichen auch noch andere Interessen, nämlich persönliche oder wirtschaftliche. Das „Interesse" an der Zahlung von Kindergeld hat jede Person, die einen verständlichen Anlaß für die Inanspruchnahme staatlicher Leistungen im Rahmen des Familienleistungsausgleichs hat. Dies können Vormünder, Beistände, Pfleger sowie solche Personen sein, die den Kindern gegenüber unterhaltsverpflichtet sind oder die zu deren Unterhalt wesentlich beitragen[160]. Auch der Träger der Sozialhilfe kann als juristische Person antragsberechtigt sein, wenn er die Ansprüche des Sozialhilfeempfängers gegen einen nach bürgerlichem Recht Unterhaltsverpflichteten gemäß §§ 90, 91 BSHG auf sich überleiten will.

210 Stellt eine Person mit einem berechtigten Interesse den Antrag, so wird sie damit nicht zum Berechtigten, dem die Ansprüche auf Kindergeld zustehen; die Anspruchsvoraussetzungen müssen vielmehr in der Person des Berechtigten erfüllt sein. § 67 Abs. 1 Satz 2 EStG begründet lediglich eine verfahrens-

---

[159] Siehe dazu oben Rdnr. 32 f.
[160] Vgl. *Wickenhagen/Krebs,* a. a. O., § 17 Rz. 19 ff. m. w. N.

rechtliche Stellung als Antragsteller. Hat dementsprechend ein (materiell) Nichtberechtigter, der ein verfahrensrechtlich berechtigtes Interesse an der Leistung des Kindergeldes hat, einen Antrag gestellt, so kann der Antrag vom materiell Berechtigten im Sinne von § 62 EStG nicht zurückgenommen werden. Er könnte sonst das originäre Antragsrecht des Dritten sowie dessen berechtigtes Interesse an der Leistung des Kindergeldes vereiteln.

Wer antragsberechtigt ist, ist auch befugt, gegen einen gegen ihn ergangenen ablehnenden Bescheid (siehe Rdnr. 234) Einspruch einzulegen und Klage zu erheben (siehe dazu Rdnr. 235). **211**

IV. Anzeigepflicht bei Kindern, die das 18. Lebensjahr vollendet haben

Vollendet ein Kind, für das Kindergeld beansprucht wird, das 18. Lebensjahr, so wird es nur dann weiterhin berücksichtigt, wenn der Berechtigte der zuständigen Familienkasse schriftlich anzeigt, daß die Voraussetzungen des § 32 Abs. 4 oder 5 EStG (siehe dazu Rdnr. 76 ff.) vorliegen (§ 67 Abs. 2 EStG). Diese Regelung entspricht im wesentlichen dem § 17 Abs. 3 des BKGG a. F. Das Kindergeld soll in der Regel durch einmalige Festsetzung von der Geburt des Kindes an bis zur Vollendung des 18. Lebensjahres gezahlt werden. Deshalb entspricht die Wirkung der Anzeige nach § 67 Abs. 2 EStG einem Antrag nach Abs. 1 dieser Vorschrift. **212**

Da die Voraussetzungen für die Zahlung des Kindergeldes für Kinder ab dem 18. Lebensjahr andere sind als für Kinder bis zum 18. Lebensjahr, sind der Anzeige entsprechend umfangreichere Unterlagen zum Nachweis der Voraussetzungen beizufügen. Unterbleibt dies, bedarf die Beendigung der weiteren Zahlung keines schriftlichen Bescheides mehr (§ 70 Abs. 1 Nr. 3 EStG; siehe dazu Rdnr. 230)[161]. **213**

Beispiel: Das Kind besucht bei Vollendung des 18. Lebensjahres noch das Gymnasium. Es ist deshalb nach § 32 Abs. 4 Nr. 2 Buchst. a EStG zu berücksichtigen. Der Berechtigte muß der Familienkasse schriftlich mitteilen, daß die Schulausbildung über die Vollendung des 18. Lebensjahres hinaus fortdauert.

K. Der Zahlungszeitraum

Das Kindergeld wird **monatlich** gezahlt. Anders war die Rechtslage nach dem BKGG a. F.: Das Kindergeld wurde nach § 20 Abs. 1 BKGG a. F. zweimonatlich im Laufe der zwei Monate, für die es bestimmt ist, gezahlt. Der zweimonatige Auszahlungszeitraum galt allerdings nicht für Angehörige des öffentlichen Dienstes. An diesen Personenkreis wurde das Kindergeld monatlich ausgezahlt[162]. **214**

---

[161] Vgl. Bericht des Finanzausschusses des Deutschen Bundestags, BT-Drucks. 13/1558, S. 161.
[162] Vgl. zur Rechtslage nach dem BKGG a. F. *Wickenhagen/Krebs*, a. a. O., § 20 BKGG Rz. 12 ff.

Kapitel 3
Festsetzung des Kindergeldes durch Bescheid

A. Das Kindergeld wird regelmäßig durch Bescheid festgesetzt

I. Beibehalten des bisherigen Verfahrens

215   Das (steuerliche) Kindergeld wird wie das bisherige Kindergeld (vgl. § 25 BKGG a. F.) grundsätzlich durch **Bescheid** festgesetzt. Das gilt auch dann, wenn dem Kindergeldanspruch über- oder zwischenstaatliche Rechtsvorschriften zugrundeliegen. Entsprechendes gilt für die Zahlung.

216   Auf einen schriftlichen Bescheid verzichtet das Gesetz ausnahmsweise nur in den Fällen, in denen dem Antrag entsprochen wird, der Berechtigte anzeigt, daß die Voraussetzungen für die Berücksichtigung eines Kindes nicht mehr erfüllt sind, oder das Kind das 18. Lebensjahr vollendet, ohne daß eine Anzeige nach § 67 Abs. 2 EStG vorliegt. In diesen Fällen bedarf der Antragsteller keiner förmlichen Nachricht über die Entscheidung: Entweder er erhält das Kindergeld oder er hat durch Anzeige oder durch das Absehen von einer schriftlichen Anzeige nach § 67 Abs. 2 EStG bewußt herbeigeführt, daß die Familienkasse kein Kindergeld mehr auszahlt.

217   Der Gesetzgeber hat damit das bisher angewandte und bei der Arbeitsverwaltung eingespielte Verfahren der Kindergeldzahlung im Interesse der Berechtigten und der Verwaltung beibehalten[162].

Ändern sich die für die Kindergeldberechtigung maßgebenden Verhältnisse, wird die Festsetzung des Kindergeldes nach § 70 Abs. 2 EStG mit Wirkung für die Zukunft aufgehoben oder geändert.

II. Das Festsetzen des Kindergeldes durch Steuerbescheid

1. Die für die Steuerfestsetzung geltenden Vorschriften sind auf die Festsetzung des Kindergeldes sinngemäß anzuwenden

218   Das Kindergeld im Sinne des § 62 EStG wird von der Familienkasse durch Bescheid festgesetzt (§ 70 Abs. 1 Satz 1 EStG). Dieser Grundsatz gilt ausnahmslos. Der mit einer einschränkenden Konjunktion beginnende Satzteil des § 70 Abs. 1 Satz 1 EStG „soweit nichts anderes bestimmt ist" bezieht sich nur auf die mit *„und"* beginnende zweite Hälfte des Satzes 1. Danach wird das

---

[162] So Bericht des Finanzausschusses des Deutschen Bundestags, BT-Drucks. 13/1558, S. 161.

Kindergeld von der Familienkasse nur *ausgezahlt,* soweit nichts anderes bestimmt ist. Zwar gilt gemäß § 70 Abs. 1 Satz 2 EStG § 157 AO unter bestimmten Voraussetzungen nicht. Diese Vorschrift betrifft jedoch lediglich Form und Inhalt der Steuerbescheide.

Setzt die Familienkasse das Kindergeld fest, so bedeutet dies gleichzeitig, daß sie **über den Kindergeldanspruch** (vgl. Rdnr. 184 ff.) **entscheidet.** Dieser kann bestehen, nicht bestehen oder nicht im vollen (beantragten) Umfang bestehen. Dementsprechend setzt die Familienkasse das Kindergeld in der beantragten Höhe oder abweichend vom Antrag niedriger fest. Kommt die Familienkasse zum Ergebnis, daß der Kindergeldanspruch nicht besteht, lehnt sie den Antrag ab. **219**

Da das Kindergeld eine **Steuervergütung** ist, sind gemäß § 155 Abs. 6 AO die für die Steuerfestsetzung geltenden Vorschriften auf die Festsetzung dieser Steuervergütung sinngemäß anzuwenden, soweit die §§ 62 bis 78 EStG keine spezielleren Regelungen enthalten. Dementsprechend ist das Kindergeld gemäß § 155 Abs. 1 Satz 1 AO **durch Steuerbescheid festzusetzen.** Steuerbescheid ist der gemäß § 122 AO bekanntgegebene und damit nach § 124 AO wirksam gewordene schriftliche Verwaltungsakt. Gemäß § 124 Abs. 1 Satz 1 AO wird der Bescheid gegenüber demjenigen, für den er bestimmt ist oder der von ihm betroffen wird, in dem Zeitpunkt wirksam, in dem er bekanntgegeben wird. Er wird mit dem Inhalt wirksam, mit dem er bekanntgegeben wird (§ 124 Abs. 1 Satz 2 AO). **220**

2. § 70 Abs. 1 Satz 1 EStG hat – anders als Satz 2 – lediglich deklaratorische Bedeutung

Steuerbescheide sind nach § 157 Abs. 1 Satz 1 AO grundsätzlich schriftlich zu erteilen, soweit nicht anderes bestimmt ist. Dies gilt auch für die Festsetzung des Kindergeldes. Soweit § 70 Abs. 1 Satz 2 EStG, der die Anwendbarkeit des § 157 AO ausschließt, nicht eingreift, ist das Kindergeld durch einen schriftlichen Steuerbescheid festzusetzen . § 70 Abs. 1 Satz 1 EStG wirkt daher lediglich deklaratorisch. Die Vorschrift wiederholt in ihrem ersten Satzteil die bereits in § 155 Abs. 1 i. V. m. Abs. 6 AO getroffene Aussage. Konstitutiv wirkt erst § 70 Abs. 1 Satz 2, der in drei Fällen die Geltung von § 157 AO ausschließt und damit etwas anderes i. S. von § 157 Abs. 1 Satz 1 AO bestimmt. **221**

3. Ein schriftlicher Bescheid ist grundsätzlich stets dann zu erteilen, wenn der Antrag abgelehnt oder ihm nur teilweise stattgegeben wird

Eines **schriftlichen Bescheids** bedarf es immer dann, wenn der Antrag auf Kindergeld – von den in Satz 2 Nr. 2 und 3 geregelten Fällen abgesehen – **abgelehnt** oder **nicht in vollem Umfang stattgegeben** wird. **222**

Eine **völlige Ablehnung** des Antrags kann auf unterschiedlichen Gründen beruhen. Es können bereits die Voraussetzungen für die Kindergeldberechtigung (§§ 62, 63 EStG) fehlen. Ferner können andere Personen gemäß § 64 **223**

EStG berechtigt sein oder es kann ein Anspruch auf andere kindbezogene Leistungen i. S. von § 65 EStG bestehen, die der Zahlung von Kindergeld entgegenstehen. Eine **teilweise Ablehnung** ist denkbar, wenn der Berechtigte den Antrag verspätet gestellt hat und länger zurückliegende Zeiträume, für die er den Antrag gestellt hat, gemäß § 66 Abs. 3 EStG nicht mehr zu berücksichtigen sind. Teilweise ablehnen muß die Familienkasse den Antrag auch dann, wenn sie den Kindergeldanspruch nur für einzelne Kinder anerkennt. Ein schriftlicher Bescheid ist überdies dann erforderlich, wenn die Familienkasse die Festsetzung ändern oder aufheben will (§ 70 Abs. 2 EStG). Letzteres gilt aber dann nicht, wenn die Änderung oder Aufhebung auf einer Anzeige i. S. von § 68 Abs. 1 EStG oder dem Unterbleiben einer Anzeige i. S. von § 67 Abs. 2 EStG beruht (§ 70 Abs. 1 Satz 2 Nr. 2 und 3 EStG).

Zur Änderung und Aufhebung der Festsetzung siehe unten Rdnr. 231 ff.

4. Die für die Erteilung des Kindergeldbescheids sachlich und örtlich zuständige Familienkasse

224 Im übrigen gelten für die Festsetzung des Kindergeldes die einschlägigen Vorschriften der AO. Sachlich und örtlich zuständig für die Festsetzung ist grundsätzlich die Familienkasse des Wohnsitzes (siehe Rdnr. 206 f.).

225 **Etwas anderes** gilt gemäß § 72 Abs. 1 Satz 2 EStG in bezug auf Kindergeld, das an **Angehörige des öffentlichen Dienstes** gezahlt wird. Die hierfür zuständigen juristischen Personen öffentlichen Rechts setzen das Kindergeld zugleich auch fest (siehe im einzelnen dazu Rdnr. 237 ff.).

III. Die Voraussetzungen, unter denen die Erteilung eines schriftlichen Bescheids nicht erforderlich ist

1. Es bedarf nicht eines **schriftlichen** *Bescheids*

226 § 70 Abs. 1 Satz 2 EStG bestimmt – insoweit konstitutiv – die Voraussetzungen, unter denen es eines *schriftlichen* Bescheids gemäß § 157 AO nicht bedarf. Das Erfordernis der Festsetzung des Kindergeldes durch Steuerbescheid wird dadurch nicht berührt (siehe Rdnr. 218). In den in § 70 Abs. 1 Satz 2 EStG aufgeführten Fällen ergeht deshalb der **Bescheid konkludent.** Die Familienkasse macht die von ihr getroffene Entscheidung dem Antragsteller/Berechtigten gegenüber bekannt, indem sie das Kindergeld in beantragter Höhe tatsächlich auszahlt oder dem Arbeitnehmer eine entsprechende Kindergeldbescheinigung nach § 73 Abs. 1 Satz 2 EStG aushändigt (und damit dem Antrag konkludent stattgibt) oder die bisherige Zahlung von Kindergeld einstellt (und damit die ursprüngliche Festsetzung von Kindergeld konkludent aufhebt oder ändert). Mit dieser Bekanntgabe wird die Festsetzung des Kindergeldes durch Steuerbescheid dem Antragsteller/Berechtigten gegenüber i. S. von § 124 AO wirksam.

2. Die einzelnen Anwendungsarten des § 70 Abs. 1 Satz 2 EStG

a) Dem Kindergeldantrag wird entsprochen (§ 70 Abs. 1 Satz 2 Nr. 1 EStG)

In diesem Fall zahlt die Familienkasse das Kindergeld antragsgemäß aus oder sie erteilt dem Arbeitnehmer eine Kindergeldbescheinigung, die er dem Arbeitgeber vorzulegen hat (§ 73 Abs. 1 Satz 2 EStG). In beiden Fällen setzt sie das Kindergeld konkludent fest und entscheidet damit über den Kindergeldanspruch. Ein schriftlicher Steuerbescheid muß nicht ergehen. Die Familienkasse darf jedoch dann nicht davon absehen, einen schriftlichen Bescheid zu erlassen, wenn sie zu dem Ergebnis kommt, dem Berechtigten stehe Kindergeld in geringerem Umfang als beantragt zu (siehe Rdnr. 222f.). **227**

b) Die Anzeige durch den Berechtigten (§ 70 Abs. 1 Satz 2 Nr. 2 EStG)

§ 157 AO gilt ferner nicht, soweit der Berechtigte anzeigt, daß die Voraussetzungen für die Berücksichtigung eines Kindes nicht mehr erfüllt sind. Dies bezieht sich auf eine Anzeige gemäß § 68 Abs. 1 EStG (siehe Rdnr. 370; vgl. aber unten zum Unterschied bei dem Anzeigesubjekt). Von der Erteilung eines förmlichen Steuerbescheids kann nur abgesehen werden, wenn der Berechtigte selbst den Wegfall der Voraussetzungen für die Berücksichtigung eines Kindes anzeigt. Es genügt nicht, daß die Familienkasse anderweitig von der Änderung der maßgeblichen Verhältnisse erfährt. Vom Erteilen eines förmlichen Steuerbescheids kann nur gegenüber demjenigen Berechtigten abgesehen werden, der die Anzeige erstattet hat. **Berechtigter** in diesem Sinne ist der vorrangig Berechtigte, der in der Regel auch der Empfänger des Kindergeldes ist, sowie der nachrangig Berechtigte, bei dem das Kind als Zählkind berücksichtigt wird. Demgemäß unterscheiden sich die Anzeigen nach § 68 Abs. 1 EStG und § 70 Abs. 1 Satz 2 Nr. 2 EStG vom Subjekt her. **228**

Beispiel: Ein Vater hat zwei eheliche Kinder, für die er Kindergeld bezieht und ein nichteheliches Kind, das bei der Mutter lebt. Er teilt der Familienkasse mit, daß dieses Kind seine Schulausbildung beendet hat. Dem Vater muß der Wegfall des Zählkindes gemäß § 70 Abs. 1 Satz 2 Nr. 2 EStG nicht mehr förmlich mitgeteilt werden; hier genügt die Weiterzahlung des nunmehr geringeren Kindergeldes für seine jüngeren Kinder. Der Mutter dagegen muß der Wegfall des Kindergeldes schriftlich beschieden werden, da nicht sie die Anzeige gemäß § 70 Abs. 1 Satz 1 Nr. 2 EStG erstattet hat.

Eine wirksame Anzeige im Sinne des § 70 Abs. 1 Satz 2 Nr. 2 EStG liegt nur dann vor, wenn sie deutlich erkennen läßt, von welchem bestimmten Zeitpunkt an die Sachverhalte entfallen sind, nach denen Kinder berücksichtigt werden können. Das können z. B. sein: Wegfall der Schul- oder Berufsausbildung, Ende oder Abbruch eines freiwilligen sozialen Jahres, Wegfall der Behinderung, Wegfall als einzige Hilfe des Haushaltsführenden, Heirat eines Kindes, wenn der Ehegatte es unterhalten kann. Eine bestimmte Form ist für die Anzeige nicht vorgesehen. Neben der schriftlichen Mitteilung reicht somit **229** auch eine mündliche Mitteilung aus. Unter Umständen kann auch eine konkludente Anzeige genügen[163].

c) Das Kind vollendet das 18. Lebensjahr, ohne daß eine Anzeige gemäß § 67 Abs. 2 EStG erstattet wird

230   Eines *schriftlichen* Steuerbescheids bedarf es auch dann nicht, wenn das zu berücksichtigende Kind das 18. Lebensjahr vollendet, ohne daß eine Anzeige nach § 67 Abs. 2 EStG erstattet ist. Dieser Ausnahmetatbestand ist dadurch gerechtfertigt, daß das Kindergeld gleichsam konkludent unter der Voraussetzung – der auflösenden Bedingung – gewährt wird, daß es im Regelfall mit Erreichen der Altersgrenze wegfällt. Zur Anzeige gemäß § 67 Abs. 2 EStG vgl. im einzelnen Rdnr. 212f.

IV. Aufhebung und Änderung der Kindergeldfestsetzung (§ 70 Abs. 2 EStG)

231   Soweit in den Verhältnissen, die für die Zahlung des Kindergeldes erheblich sind, **Änderungen** eintreten, ist die Festsetzung des Kindergeldes mit Wirkung vom Zeitpunkt der Änderung der Verhältnisse aufzuheben oder zu ändern (§ 70 Abs. 2 EStG). Die für die Zahlung des Kindergeldes erheblichen Verhältnisse ändern sich in den in § 70 Abs. 1 Satz 2 Nr. 2 und 3 EStG umschriebenen Fällen (siehe Rdnr. 228, 230).

232   Nach den Änderungsvorschriften der AO könnte die Festsetzung nicht geändert oder aufgehoben werden. Die §§ 130 und 131 AO gelten nach § 172 Abs. 1 Satz 1 Nr. 2 Buchst. d 2. Halbsatz AO nicht; denn für Steuervergütungen sind nach § 155 Abs. 6 AO die Vorschriften über die Steuerfestsetzung und damit auch die §§ 172ff. AO anzuwenden. § 173 AO betrifft nachträglich bekanntgewordene Tatsachen und Beweismittel, die bei der Festsetzung des Kindergeldes bereits vorhanden, aber noch unbekannt waren[164]. Auch ein rückwirkendes Ereignis i. S. von § 175 Abs. 1 Satz 1 Nr. 2 oder Abs. 2 AO liegt nicht vor[165]. Deshalb mußte der Gesetzgeber für (nachträgliche) Änderungen der Verhältnisse die Aufhebung oder Änderung der Festsetzung des Kindergeldes mit Wirkung für die Zukunft durch § 70 Abs. 2 EStG eigens regeln. Diese Norm ist eine „sonst gesetzlich zugelassene" Berichtigung i. S. von § 172 Abs. 1 Satz 1 Nr. 2 Buchst. d AO.

233   Lagen die Voraussetzungen für die Gewährung von Kindergeld von vornherein nicht vor, so muß die Familienkasse den Bescheid über die Festsetzung von Kindergeld gemäß § 173 AO ändern, wenn ihr dies nachträglich bekannt wird. In diesen Fällen kommt es zu einer Änderung oder Aufhebung mit Wirkung ex tunc.

---

[163] Eingehend dazu *Wickenhagen/Krebs,* a. a. O., § 25 Rz. 25ff.
[164] Vgl. *Tipke/Kruse,* a. a. O., § 173 AO Rdnr. 15.
[165] Vgl. dazu BFH Beschluß GrS 2/92 v. 19. 7. 1993, BStBl II 1993, 897 = BFHE 172, 66.

Nach der ursprünglichen Fassung des § 70 EStG fehlte eine verfahrensrechtliche Regelung zur Korrektur **materieller Fehler der letzten Festsetzung**. Dieser Mangel wurde durch das JStErgG 1996 behoben: In einem neuen Absatz 3 wird nunmehr bestimmt, daß die genannten Fehler durch **Neufestsetzung** oder durch **Aufhebung der Festsetzung** beseitigt werden können, und zwar **ex nunc**. Damit ist es möglich, materielle Fehler der Kindergeldfestsetzung, z. B. Rechtsfehler, mit Wirkung für die Zukunft zu beseitigen. Diese eigenständige Änderungsvorschrift trägt dem Umstand Rechnung, daß die Änderungs- und Berichtigungsvorschriften der AO auf Dauerverwaltungsakte – wie die Kindergeldfestsetzung – nicht zugeschnitten sind. Der Gesetzgeber will mit dieser Vorschrift vermeiden, daß die Familienkassen – ggf. über einen längeren Zeitraum – an eine als fehlerhaft erkannte Kindergeldfestsetzung gebunden bleibt[166]. Neu festgesetzt oder aufgehoben wird gemäß § 70 Abs. 3 Satz 2 EStG mit Wirkung ab dem auf die Bekanntgabe der Neufestsetzung oder der Aufhebung der Festsetzung folgenden Monat. Bei der Neufestsetzung oder Aufhebung der Festsetzung nach Satz 1 ist § 176 AO entsprechend anzuwenden; dies gilt nicht für Monate, die nach der Verkündung der maßgeblichen Entscheidung eines obersten Gerichtshofes des Bundes beginnen (§ 70 Abs. 3 Satz 2 EStG).

V. Rechtsbehelfe bei erstmaliger Festsetzung und Änderung des Kindergeldes

1. Einspruch gegen Verwaltungsakte der Familienkasse

Gegen die Festsetzung des Kindergeldes ist der **Einspruch statthaft,** § 347 Abs. 1 Satz 1 Nr. 1 AO. Die Festsetzung des Kindergeldes ist eine **Abgabenangelegenheit** i. S. des § 347 Abs. 2 AO. Danach sind Abgabenangelegenheiten u. a. alle mit der Verwaltung der Abgaben einschließlich der Abgabenvergütung zusammenhängenden Angelegenheiten. Kindergeld ist eine Steuervergütung (siehe Rdnr. 21) und demgemäß eine Abgabenangelegenheit i. S. des § 347 Abs. 2 AO (vgl. zur Abgrenzung Rdnr. 235).

234

Für das Rechtsbehelfsverfahren gelten die §§ 347ff. AO. Auf die Kommentierung in den einschlägigen AO-Kommentaren wird insoweit verwiesen.

2. Finanzrechtsweg eröffnet

Gegen Entscheidungen der Familienkassen im Einspruchsverfahren ist der **Rechtsweg zu den Finanzgerichten** gegeben, da das Kindergeld als Steuervergütung und nicht mehr als Sozialleistung gezahlt wird. Die Zulässigkeit des Finanzrechtswegs ergibt sich allerdings nicht aus § 33 Abs. 1 Nr. 1 FGO, da das Kindergeld im Sinne des § 62 EStG eine Steuervergütung und nicht eine Abgabe und damit keine Abgabenangelegenheit im Sinne des § 33 Abs. 2

235

---

[166] Siehe dazu BT-Drucks. 13/3084, *zu Art. 1, zu Nr. 16.*

FGO[167] vorliegt. Rechtsgrundlage ist vielmehr § 33 Abs. 1 Nr. 2 FGO. Nach dieser Vorschrift ist der Finanzrechtsweg gegeben in öffentlich-rechtlichen Streitigkeiten über die Vollziehung von Verwaltungsakten in anderen als den in § 33 Abs. 1 Nr. 1 FGO bezeichneten Angelegenheiten, soweit die Verwaltungsakte durch Bundesfinanzbehörden nach den Vorschriften der Abgabenordnung zu vollziehen sind.

236 Zu den letztgenannten Angelegenheiten gehört das steuerliche Kindergeld, das durch die Familienkassen, die als Bundesfinanzbehörden gelten (vgl. § 5 Abs. 1 Nr. 11 FVG), festgesetzt und ggf. ausgezahlt wird (§§ 70 ff. EStG). Dies gilt auch in den Fällen, in denen das Kindergeld für Angehörige des öffentlichen Dienstes festgesetzt und an diese ausgezahlt wird; insoweit sind die in § 72 aufgeführten juristischen Personen Familienkassen und gelten damit ebenfalls gemäß § 5 Abs. 1 Nr. 11 FVG als Bundesfinanzbehörden.

---

[167] Vgl. dazu *Gräber/Koch*, FGO, 3. Aufl., § 33 Anm. 11, 19 ff. (Beispiele), sowie *Huber*, DStR 1995, 1743.

Kapitel 4
Festsetzung und Zahlung des Kindergeldes an Angehörige des öffentlichen Dienstes

A. Grundsatz: Festsetzung und Auszahlung durch die Familienkasse

Nach der Grundsatzregelung des § 70 Abs. 1 Satz 1 EStG wird das Kindergeld gemäß § 62 EStG von der **Familienkasse** festgesetzt und ausgezahlt. Dieser Grundsatz gilt jedoch nur, soweit nichts anderes bestimmt ist (§ 70 Abs. 1 Satz 1 a. E. EStG). 237

Etwas anderes in diesem Sinne bestimmt § 73 EStG: Nach dieser Vorschrift **zahlt** der **Arbeitgeber** das **von der Familienkasse festgesetzte Kindergeld** aus, und zwar in der von der Familienkasse bescheinigten Höhe. Das in § 73 Abs. 1 bis 6 EStG vorgeschriebene Verfahren ist im übrigen auch dann anzuwenden, wenn dem Kindergeldanspruch über- oder zwischenstaatliche Rechtsvorschriften zugrundeliegen. 238

Die in § 72 EStG aufgeführten **öffentlich-rechtlichen Arbeitgeber** sind keine Arbeitgeber im Sinne des § 73 Abs. 1 EStG, sondern selbst Familienkassen, die das Kindergeld **zugleich festsetzen und auszahlen.** 239

B. Zahlung des Kindergeldes an Angehörige des öffentlichen Dienstes

I. Grundsätzlich ist gemäß § 72 Abs. 1 EStG der Dienstherr für Festsetzung und Zahlung des Kindergeldes zuständig

Die Art und Weise, wie Kindergeld an Angehörige des öffentlichen Dienstes festgesetzt und gezahlt wird, sowie die sich daraus ergebenden verfahrensrechtlichen Besonderheiten sind in § 72 EStG geregelt. Danach ist für die **Festsetzung und Zahlung** des Kindergeldes bei Angehörigen des öffentlichen Dienstes grundsätzlich der **Dienstherr** zuständig. Für die Anwendung der in § 72 EStG enthaltenen Regelungen kommt es weder auf den Umfang der Beschäftigung noch darauf an, ob Dienstbezüge oder Arbeitsentgelt gezahlt werden. § 72 EStG nicht erfaßt Arbeitnehmer von privatrechtlich organisierten Vereinigungen, und zwar auch dann nicht, wenn diese öffentliche Aufgaben erfüllen und die Tarifverträge für Arbeitnehmer des Bundes oder eines Landes o. ä. anwenden. Eine Ausnahme bilden lediglich die Arbeitnehmer der in Abs. 2 aufgeführten Unternehmen. 240

An den Dienstherrn, der gleichzeitig Familienkasse ist, sind Kindergeldantrag und Änderungsanzeige im Sinne des § 67 EStG zu richten. 241

242 § 72 EStG ist im wesentlichen § 45 des BKGG a. F. nachgebildet. Die vorhandenen Abweichungen beruhen auf der geänderten Finanzierung und Verwaltung des Kindergelds[168]. § 72 Abs. 1 Satz 2 EStG lehnt sich an § 39 Abs. 6 EStG (Funktion der Gemeinden als örtliche Landesfinanzbehörden bei der Ausstellung von Lohnsteuerkarten) an.

II. Der von der Regelung des § 72 Abs. 1 EStG erfaßte Personenkreis

1. Maßgeblich ist der öffentlich-rechtliche Status des Dienstherrn

243 Liegen die Voraussetzungen des § 72 Abs. 1 Satz 1 Nr. 1 bis 3 EStG vor, so sind **Art und Umfang der** im öffentlichen Dienst ausgeübten **Tätigkeit ohne Belang;** maßgeblich ist allein der öffentlich-rechtliche Status, das dem Grunde nach bestehende öffentlich-rechtliche Rechtsverhältnis (bei § 72 Abs. 1 Satz 1 Nr. 1 und 2 EStG) oder das arbeitsrechtliche Grundverhältnis (bei § 72 Abs. 1 Satz 1 Nr. 3 EStG). Unerheblich ist demgemäß, ob und inwieweit tatsächlich Dienstbezüge oder Arbeitsentgelt gezahlt werden. Von § 72 EStG erfaßt werden somit auch in Teilzeit beschäftigte Personen sowie Angehörige des öffentlichen Dienstes, die unter Fortfall der Bezüge beurlaubt sind.

2. Personen, die in einem öffentlich-rechtlichen Dienst-, Amts- oder Ausbildungsverhältnis stehen (§ 72 Abs. 1 Satz 1 Nr. 1 EStG)

244 § 72 Abs. 1 Satz 1 Nr. 1 EStG umfaßt Personen, die in einem öffentlich-rechtlichen Dienst-, Amts- oder Ausbildungsverhältnis stehen, mit Ausnahme der Ehrenbeamten.

245 In einem derartigen Rechtsverhältnis stehen zunächst alle **Beamten mit Ausnahme der Ehrenbeamten,** soweit sie im aktiven Dienst sind (vgl. zum Ruhestand § 72 Abs. 1 Satz 1 Nr. 2 EStG und Rdnr. 248 ff.). Von der Regelung werden deshalb alle Beamten erfaßt, die im Dienst des Bundes oder eines der Länder stehen, sowie Beamte der Gemeinden oder Gemeindeverbände und der Körperschaften, Anstalten und Stiftungen des öffentlichen Rechts mit Dienstherrenfähigkeit (siehe § 121 des Beamtenrechtsrahmengesetzes – BRRG). „Beamte" i. S. dieser Vorschrift sind Beamte auf Lebenszeit, Beamte auf Zeit, Beamte auf Widerruf und Beamte auf Probe (vgl. § 3 Abs. 1 BRRG), nicht jedoch Ehrenbeamte. Darunter sind Personen zu verstehen, die in das Beamtenverhältnis berufen werden, um hoheitliche Aufgaben oder solche Aufgaben

---

[168] So Bericht des Finanzausschusses des Deutschen Bundestags, BT-Drucks. 13/1558 S. 161. Zur Entstehungsgeschichte des § 45 BKGG a. F. vgl. *Wickenhagen/Krebs,* a. a. O., § 45 Rz. 5 f. m. w. N.; vgl. zu § 45 BKGG a. F. im übrigen die Rundschreiben der Bundesministerien für Jugend, Familie und Gesundheit (BMJFG) und des Innern (BMI) vom 17. 12. 1982, GMBl. 1983, 114, und vom 7. 5. 1984, GMBl. 1984, 198. Zur Neuregelung des Kindergeldes durch das JStG 1996 siehe Runderlaß des BMI vom 27. 10. 1995, GMBl. 1995, 944.

ehrenamtlich wahrzunehmen, die aus Gründen der Sicherung des Staates oder des öffentlichen Lebens nicht ausschließlich Personen übertragen werden dürfen, die in einem privatrechtlichen Arbeitsverhältnis stehen (§ 3 Abs. 2 i. V. m. § 2 Abs. 2 BRRG). Ehrenbeamte sind beispielsweise die Wahlkonsuln.

§ 72 Abs. 1 Satz 1 Nr. 1 EStG erfaßt ferner **Soldaten** (Berufssoldaten und Soldaten auf Zeit), **Richter des Bundes und der Länder** (mit Ausnahme der ehrenamtlichen Richter), die **Mitglieder der Bundesregierung oder einer Landesregierung sowie Parlamentarische Staatssekretäre.** 246

In einem **öffentlich-rechtlichen Ausbildungsverhältnis** stehen alle Personen, die schon während der Ausbildung in einem öffentlich-rechtlichen Dienstverhältnis zu ihrem Ausbildenden (Dienstherrn) stehen (*Beispiele:* Beamtenanwärter, Referendare als Beamte auf Widerruf) und häufig mit dem Ziel einer späteren Verwendung als Beamte ausgebildet werden. Diejenigen, die ihren Vorbereitungsdienst im Angestelltenverhältnis absolvieren, gehören zu dem in § 72 Abs. 1 Satz 1 Nr. 3 aufgeführten Personenkreis. 247

3. Personen, die Versorgungsbezüge nach beamten- oder soldatenrechtlichen Vorschriften oder Grundsätzen erhalten (§ 72 Abs. 1 Satz 1 Nr. 2 EStG)

Hierzu zählen die **Beamten und Richter im Ruhestand** (§§ 25 ff. BRRG), die gemäß § 30 BRRG, §§ 4 ff. des Beamtenversorgungsgesetzes (BeamtVG) lebenslänglich Ruhegehalt bekommen. Zu den Versorgungsbezügen gehören gemäß § 2 BeamtVG neben dem **Ruhegehalt die Hinterbliebenenversorgung** (§§ 16 ff. BeamtVG), **Bezüge bei Verschollenheit** (§ 29 BeamtVG), **Unfallfürsorge** (§§ 30 ff. BeamtVG). 248

Beispiel (nach *Wickenhagen/Krebs*[169]): Die versorgungsberechtigte Witwe eines Ruhestandsbeamten erhält auch für ihr nichteheliches Kind, das nicht waisengeldberechtigt ist, das Kindergeld nach § 72 Abs. 1 Satz 1 Nr. 2 EStG vom Träger der Versorgungslast. Die Anwendung der Vorschrift setzt nicht voraus, daß auch für das Kind Versorgungsbezüge nach beamtenrechtlichen Vorschriften oder Grundsätzen gezahlt werden.

Versorgungsbezüge bilden auch der **Unterhaltsbeitrag** für entlassene Beamte auf Lebenszeit (§ 15 BeamtVG), das **Übergangsgeld** (§ 47 BeamtVG) sowie der Ausgleich bei besonderen Altersgrenzen (§ 48 BeamtVG). Die Leistungen nach §§ 47, 48 BeamtVG werden nur im Zusammenhang, als Anhang zu einer anderen Versorgungsleistung gewährt. Für sich gesehen begründen sie als einmalige Leistungen keine Zuständigkeit nach § 72 Abs. 1 Satz 1 Nr. 1 EStG. 249

Soldaten erhalten Versorgungsleistungen nach den Bestimmungen des Soldatenversorgungsgesetzes (SVG). Eine der Beamtenvesorgung entsprechende Versorgung erhalten nur die auf Lebenszeit ernannten Berufssoldaten (§ 1 Abs. 2 Nr. 1, §§ 37 ff. Soldatengesetz – SG –, §§ 14 ff. SVG). Für den Fall der Wehrdienstbeschädigung von Soldaten – § 81 SVG – die dem Dienstunfall des Beamten, Richter oder Berufsoldaten entspricht – verweist das SVG (§ 80 250

---

[169] A. a. O., § 45 Rdnr. 16.

SVG) auf das Bundesversorgungsgesetz (BVG). Insoweit gilt materiell letztlich nicht beamtenrechtliches Versorgungsrecht. Trotzdem ist § 72 Abs. 1 Satz 1 Nr. 2 EStG anzuwenden, weil es sich primär um eine soldatenrechtliche Vorschrift handelt.

251 Versorgungsbezüge i. S. des § 72 Abs. 1 Satz 1 Nr. 2 EStG sind auch die Versorgungsbezüge nach dem **Gesetz zu Art. 131 GG** (Gesetz zur Regelung der Rechtsverhältnisse der unter Art. 131 des Grundgesetzes fallenden Personen i. d. F. der Bekanntmachung vom 13. 10. 1965[170], also z. B. Ruhelohn, Ruhevergütung, Übergangsgeld, Übergangsvergütung, Übergangslohn, Bezüge nach den §§ 37b, 37c, 37d und 51 Abs. 1 G 131 sowie Bezüge, die nach dem in § 64 Abs. 3 Satz 1 G 131 bezeichneten Gesetz bemessen werden, Unterhaltsgeld nach den §§ 71h und 71k G 131. Ebenso fallen unter § 72 Abs. 1 Satz 1 Nr. 2 EStG die Bezüge nach den §§ 1a und 21a des Gesetzes zur Regelung der Wiedergutmachung nationalsozialistischen Unrechts für Angehörige des öffentlichen Dienstes (BWGöD).

252 **Übergangsgebührnisse** nach § 17 des Bundespolizeibeamtengesetzes und § 11 SVG gehören ebenfalls zu den Versorgungsbezügen.

§ 72 Abs. 1 Satz 1 Nr. 2 EStG erfaßt indes nicht Versorgungsempfänger, deren Bezüge zwar nach beamtenrechtlichen Grundsätzen gezahlt werden, aber auf ein Dienst- oder Arbeitsverhältnis mit einem **Rechtsträger des Privatrechts** zurückgeht.

4. Arbeitnehmer des Bundes, eines Landes, einer Gemeinde, eines Gemeindeverbandes oder einer sonstigen Körperschaft, einer Anstalt oder einer Stiftung des öffentlichen Rechts, einschließlich der zu ihrer Berufsausbildung Beschäftigten (§ 72 Abs. 1 Satz 1 Nr. 3 EStG)

253 Die Regelung des § 72 Abs. 1 Satz 1 Nr. 3 EStG erfaßt alle **Angestellten und Arbeiter**, die bei einem der genannten Arbeitgeber beschäftigt sind. Auf die Art der Tätigkeit und den Umfang der Vergütung kommt es nicht an; auch nebenberuflich oder gegen Gebührenanteile tätige Arbeitnehmer, wie z. B. Fleischbeschauer, gehören zu den Arbeitnehmern i. S. des § 72 Abs. 1 Nr. 3 EStG[171].

254 **Körperschaften des öffentlichen Rechts** sind z. B. die Sozialversicherungsträger (§ 29 Abs. 1 SGB IV, § 21 Abs. 2, § 22 Abs. 2, § 23 Abs. 2 SGB I), die Handelskammern, die Handwerkskammern, Innungen usw.

255 **Anstalten des öffentlichen Rechts** sind die Bundesanstalt für Arbeit, die öffentlich-rechtlichen Versicherungsanstalten sowie teilweise auch die öffentlich-rechtlichen Bankinstitute und Kreditanstalten. Anstalten des öffentlichen Rechts werden auch dann von Nr. 3 erfaßt, wenn sie ihre Geschäftstätigkeit auf privatrechtlicher Grundlage ausüben.

---

[170] BGBl I 1965, 1686.
[171] Vgl. *Wickenhagen/Krebs*, a. a. O., § 45 Rz. 23.

Bedienstete von **Unternehmen der öffentlichen Hand,** von Verbänden oder Körperschaften des öffentlichen Rechts gehören nicht zum Personenkreis des § 72 Abs. 1 Satz 1 Nr. 3 EStG, wenn die Unternehmen **privatrechtliche organisiert** sind. Maßgebend ist die **Rechtsform** der Verwaltungstätigkeit; es kommt nicht darauf an, ob und inwieweit sich Anteile an den Unternehmen im Besitz eines Landes, einer Gemeinde oder einer sonstigen Körperschaft oder einer Anstalt des öffentlichen Rechts befinden. Demgemäß ist § 72 Abs. 1 Satz 1 Nr. 3 EStG auch dann nicht anzuwenden, wenn **öffentliche Aufgaben in privatrechtlicher Form** wahrgenommen werden und wenn die **Tarifverträge** für Arbeitnehmer des öffentlichen Dienstes allgemein oder im Einzelfall entsprechend angewendet werden. *Beispiel:* Arbeitnehmer einer GmbH oder AG, die ein Verkehrs- oder Versorgungsunternehmen einer Gemeinde betreiben, sind nicht Arbeitnehmer i. S. des § 72 Abs. 1 Satz 1 Nr. 3 EStG. 256

Unter § 72 Abs. 1 Satz 1 Nr. 3 EStG fallen auch die **zu ihrer Berufsausbildung** bei den öffentlich-rechtlichen Arbeitgebern **beschäftigten Personen,** also diejenigen, die ihre Ausbildung nach Maßgabe des Bundesbildungsgesetzes (BBiG) und der Ausbildungsordnungen absolvieren und somit für ihren Beruf in einem privatrechtlichen Rechtsverhältnis ausgebildet werden, z. B. die für den Beruf des Sozialversicherungsfachangestellten Auszubildenden. Neben den Auszubildenden i. S. des Berufsbildungsgesetzes werden auch die Personen erfaßt, deren Beschäftigung zu ihrer Berufsausbildung durch Tarifverträge geregelt ist[172]. 257

5. Sonderregelung für Beamte und Versorgungsempfänger der Deutschen Post AG, der Deutschen Postbank AG und der Deutschen Telekom AG

Gemäß § 72 Abs. 2 EStG obliegt der Deutschen Post AG, der Deutschen Postbank AG und der Deutschen Telekom AG die Durchführung dieses Gesetzes für ihre jeweiligen Beamten und Versorgungsempfänger hinsichtlich der Festsetzung und Zahlung des Kindergeldes. Diese Vorschrift ist durch Art. 12 Abs. 72 des Gesetzes zur Neuordnung des Postwesens und der Telekommunikation vom 14. 9. 1994[173] eingefügt worden. Sie soll klar- und sicherstellen, daß sich durch die Neuordnung des Postwesens und der Telekommunikation sowie der damit verbundenen Privatisierung an der Zuständigkeit der genannten Institutionen zur Festsetzung und Auszahlung des Kindergeldes nichts ändert. 258

---

[172] Vgl. im einzelnen *Wickenhagen/Krebs,* a. a. O., § 45 Rz. 27 m. w. N.
[173] BGBl I 1994, 2325.

III. (Ausnahme-)Fälle, in denen der Dienstherr nicht selbst das Kindergeld festzusetzen und auszuzahlen hat

1. Religionsgemeinschaften des öffentlichen Rechts (§ 72 Abs. 3 Nr. 1 EStG)

259 Gemäß § 72 Abs. 3 Nr. 1 EStG gilt Abs. 1 dieser Vorschrift nicht für Personen, die ihre Bezüge oder Arbeitsentgelt von einem Dienstherrn oder Arbeitgeber im Bereich der **Religionsgesellschaften des öffentlichen Rechts** erhalten. Unter § 72 Abs. 3 Nr. 1 EStG fallen alle Religionsgemeinschaften des öffentlichen Rechts unbeschadet ihres religiösen Bekenntnisses, einschließlich der Ordensgemeinschaften, sowie ferner Einrichtungen der Kirche, mit denen diese tätig wird (kirchliche Schulen, Krankenhäuser, Kindergärten etc.).

260 Ratio legis ist, für die sehr große Anzahl kleiner und kleinster Rechtsträger – z. B. der einzelnen Kirchengemeinden – verwaltungsmäßige Belastungen zu vermeiden[174]. Der Gesetzgeber hat damit die mit Art. 137 Abs. 1 der Weimarer Reichsverfassung eingeführte Trennung von Staat und Kirche berücksichtigt. Die Eigenschaft von Kirchen als öffentlich-rechtliche Körperschaften ist im wesentlichen formeller Natur; sie sind organisatorisch nicht in den Staat eingegliedert. Kirchen sind gesellschaftliche (private) und keine staatliche Einrichtungen.

2. Verbände der Freien Wohlfahrtspflege (§ 72 Abs. 3 Nr. 2 EStG)

261 Von der Grundregelung sind gemäß § 72 Abs. 3 Nr. 2 EStG ferner Personen ausgenommen, die ihre Bezüge oder Arbeitsentgelt von einem Spitzenverband der **Freien Wohlfahrtspflege,** einem diesem unmittelbar oder mittelbar angeschlossenen Mitgliedsverband oder einer einem solchen Verband angeschlossenen Einrichtung oder Anstalt erhalten. Zu den Verbänden gehören *insbesondere*
– Arbeiterwohlfahrt-Hauptausschuß,
– Diakonisches Werk der Evangelischen Kirche Deutschland,
– Deutscher Caritas-Verband,
– Deutscher Paritätischer Wohlfahrtsverband,
– Deutsches Rotes Kreuz,
– Zentralwohlfahrtstelle der Juden in Deutschland.

Erfaßt werden nicht nur die jeweiligen Spitzenverbände, sondern auch die ihnen unmittelbar oder mittelbar angeschlossenen **Mitgliederverbände** sowie die diesen angeschlossenen Einrichtungen und Anstalten.

---

[174] Vgl. BT-Drucks. 7/2032, S. 11 f.

3. *Kurzfristig im öffentlichen Dienst Beschäftigte (§ 72 Abs. 4 EStG)*

§ 72 Abs. 1 EStG gilt nicht für Personen, die voraussichtlich nicht länger als **262** sechs Monate in den Kreis der in Abs. 1 Satz 1 Nr. 1 bis 3 und Abs. 2 dieser Vorschrift Bezeichneten eintreten (§ 72 Abs. 4 EStG).

Mit dieser Regelung will der Gesetzgeber vermeiden, daß mit der Aufnahme **263** einer kurzfristigen Beschäftigung im öffentlichen Dienst jeweils ein Wechsel in der Zuständigkeit für die Festsetzung und Zahlung des Kindergelds eintritt; die Vorschrift dient der Verwaltungsvereinfachung und berücksichtigt auch die Interessen des Kindergeldberechtigten, dem auf diese Weise ein neuer Antrag erspart werden soll[175].

Die Beschäftigung im öffentlichen Dienst darf voraussichtlich nicht länger **264** als sechs Monate dauern. Der Begriff „*voraussichtlich*" bedingt eine **Prognoseentscheidung**. Entscheidend ist nicht die tatsächliche Dauer der Beschäftigung, sondern die **voraussichtliche Beschäftigungsdauer.** Bereits bei Eintritt des Berechtigten in den öffentlichen Dienst muß klar sein, ob eine der in § 72 Abs. 1 und 2 EStG bezeichneten juristischen Personen des öffentlichen Rechts das Kindergeld festsetzen und auszahlen müssen. Maßgeblich für die Zeitspanne ist deshalb allein die voraussichtliche Dauer eines Beschäftigungsverhältnisses, die bei Eintritt in den öffentlichen Dienst zu prüfen ist. Diese Zeitspanne ist anhand des Einstellungsvertrags zu ermitteln.

Ist dieser Vertrag auf unbestimmte Zeit geschlossen, so ist zu prüfen, ob die **265** Beschäftigung nach dem ausdrücklichen oder mutmaßlichen Willen der Beteiligten dennoch weniger als sechs Monate dauern soll. Ist der Vertrag für eine Probezeit von z. B. drei Monaten abgeschlossen worden, nach deren Ablauf ggf. ein neuer Vertrag abgeschlossen werden soll, ist Abs. 4 des § 72 EStG anzuwenden. Ist der Vertrag dagegen von vornherein auf unbestimmte Zeit abgeschlossen worden und enthält er gleichzeitig eine Probezeit von drei Monaten, nach deren Ablauf er sich auf unbestimmte Zeit fortsetzt, falls nicht eine der Vertragsparteien kündigt, so ist davon auszugehen, daß die Beschäftigung voraussichtlich länger als sechs Monate dauern wird[176]. Endet ein auf unbestimmte Zeit abgeschlossenes Beschäftigungsverhältnis durch Aufhebung des Vertrags oder durch Kündigung vor Ablauf von sechs Monaten, so ändert dies an der einmal begründeten Zuständigkeit der in § 72 Abs. 1 Nr. 1 bis 3 oder Abs. 2 EStG genannten Stellen nichts, weil die kurze Dauer nicht vorhersehbar war.

Die einmal auf Grund der voraussichtlichen Beschäftigungsdauer begründete **266** Zuständigkeit bleibt solange maßgebend, bis sich aus der tatsächlichen Entwicklung etwas anderes ergibt. Die Zuständigkeit ändert sich dann *ex nunc*. Wird ein Vertrag, aufgrund dessen von einer voraussichtlichen Beschäftigung im öffentlichen Dienst von weniger als sechs Monaten auszugehen ist (z. B. bei

---
[175] Vgl. BT-Drucks. 7/2032, S. 11 f.
[176] Siehe dazu *Wickenhagen/Krebs*, a. a. O., § 45 Rz. 37 ff.

einer Laufzeit von sechs Monaten), im Laufe dieser sechs Monate oder bei deren Ablauf auf unbestimmte Zeit oder auf eine weitere Zeit, die sechs Monate übersteigt, verlängert, so wird vom Zeitpunkt des Abschlusses dieser Vereinbarung an (also ex nunc) die öffentliche Stelle für die Festsetzung und Zahlung des Kindergeldes zuständig. Wird die gesetzliche Zeitspanne ohne ausdrückliche Vereinbarung überschritten, so hat die öffentliche Stelle vom Ablauf der sechs Monate an das Kindergeld festzusetzen und zu zahlen.

IV. Zuständigkeit für die Festsetzung und Auszahlung des Kindergeldes, wenn der Kindergeldberechtigte von mehreren öffentlich-rechtlichen Rechtsträgern Bezüge oder Arbeitsentgelt erhält

1. Zuständigkeitsregelung in § 72 Abs. 5 EStG

267 Das Kindergeld wird für jedes Kind nur einer Person und nur einmal gewährt (vgl. § 64 EStG und Rdnr. 118). Da ein kindergeldberechtigter Angehöriger des öffentlichen Dienstes von mehreren Rechtsträgern Bezüge oder Arbeitsentgelt erhalten kann, mußte der Gesetzgeber regeln, welcher von diesen Rechtsträgern für die Festsetzung und Zahlung von Kindergeld zuständig ist. Die Zuständigkeit richtet sich nach der Konkurrenzregelung des § 72 Abs. 5 EStG. Dabei unterscheidet das Gesetz jeweils danach, welche Art von Bezügen und Arbeitsentgelten zusammentreffen.

2. Zusammentreffen von Versorgungsbezügen mit anderen Bezügen oder Arbeitsentgelt aus dem aktiven Dienst (§ 72 Abs. 5 Nr. 1 EStG)

268 Treffen Versorgungsbezüge mit anderen Bezügen oder Arbeitsentgelt aus dem aktiven Dienst zusammen, so ist der Rechtsträger zuständig, der die Zahlung der anderen Bezüge oder des Arbeitsentgelts obliegt (§ 72 Abs. 5 Nr. 1 EStG). Dies gilt auch für den Fall, daß jemand, der bisher nur Versorgungsbezüge erhalten hat, nunmehr eine Tätigkeit im öffentlichen Dienst aufnimmt. Von diesem Zeitpunkt an zahlt das Kindergeld nicht mehr die für die Versorgungsbezüge zuständige Stelle, sondern der Rechtsträger, der das Arbeitsentgelt oder die Bezüge für die neu aufgenommene Tätigkeit zu entrichten hat.

3. Mehrere Versorgungsbezüge treffen zusammen (§ 72 Abs. 5 Nr. 2 EStG)

269 Treffen mehrere Versorgungsbezüge zusammen, so ist der Rechtsträger für die Festsetzung und Zahlung des Kindergeldes zuständig, dem die Zahlung der neuen Versorgungsbezüge i. S. der beamtenrechtlichen Ruhensvorschriften (vgl. § 54 BeamtVG) obliegt (§ 72 Abs. 5 Nr. 2 EStG). Die Entscheidung darüber, ob frühere oder neue Versorgungsbezüge vorliegen, richtet sich danach, welcher Versorgungsfall früher eingetreten ist. Bei gleichzeitigem Eintritt des

Versorgungsfalls aus mehreren Dienstverhältnissen gilt als früherer Versorgungsfall der aus dem früher begründeten Dienstverhältnis[177].

4. Zusammentreffen von Arbeitsentgelt mit Bezügen aus einem öffentlich-rechtlichen Rechtsverhältnis (§ 72 Abs. 5 Nr. 3 EStG)

Trifft Arbeitsentgelt für Arbeitnehmer des Bundes, eines Landes, einer Gemeinde, eines Gemeindeverbandes oder einer sonstigen Körperschaft, einer Anstalt oder einer Stiftung des öffentlichen Rechts (§ 72 Abs. 1 Satz 1 Nr. 3 EStG) mit Bezügen aus einem öffentlich-rechtlichen Dienst-, Amts- oder Ausbildungsverhältnis (§ 72 Abs. 1 Satz 1 Nr. 1 EStG) zusammen, so ist für die Festsetzung und Zahlung des Kindergeldes die Stelle zuständig, der die Zahlung der Bezüge aus dem öffentlich-rechtlichen Verhältnis obliegt (§ 72 Abs. 5 Nr. 3 EStG). Diese Zuständigkeit beginnt auch dann, wenn jemand, der bisher nur Arbeitsentgelt von einem öffentlich-rechtlichen Arbeitgeber bezog, nunmehr auch Bezüge aus einem öffentlich-rechtlichen Rechtsverhältnis erhält.

5. Es treffen mehrere Arbeitsentgelte zusammen (§ 72 Abs. 5 Nr. 4 EStG)

Treffen mehrere Arbeitsentgelte aus Beschäftigungen als Arbeitnehmer des Bundes, der Länder usw. (§ 72 Abs. 1 Satz 1 Nr. 3 EStG) zusammen, so hat der Rechtsträger die Auszahlung des Kindergeldes vorzunehmen, dem die Zahlung des höheren Arbeitsentgelts obliegt (§ 72 Abs. 5 Nr. 4 EStG). Entscheidend ist dabei der Gesamtbruttobetrag der einzelnen Bezüge[178]. Sind die Arbeitsentgelte aus mehreren Beschäftigungsverhältnissen gleich hoch, so hat derjenige Rechtsträger das Kindergeld festzusetzen und zu zahlen, bei dem das zuerst begründete Beschäftigungsverhältnis besteht.

V. Die Zuständigkeit bei Ausscheiden oder Eintritt in den öffentlichen Dienst im Laufe eines Monats (§ 72 Abs. 6 EStG)

§ 72 Abs. 6 EStG bestimmt die Zuständigkeit in den Fällen, in denen der Berechtigte im Laufe eines Monats aus dem von § 72 Abs. 1 Satz 1 Nr. 1 bis 3 EStG erfaßten Personenkreis ausscheidet oder in ihn eintritt. Weil das Kindergeld gemäß § 71 EStG jeweils monatlich gezahlt wird, ist eine Aufteilung der Zuständigkeit insoweit nicht möglich. Gemäß § 72 Abs. 6 Satz 1 EStG ist das Kindergeld für diesen Monat von dem Rechtsträger festzusetzen und auszuzahlen, der bis zum Ausscheiden oder Eintritt des Berechtigten zuständig war. Zuständig ist also die Familienkasse des Wohnsitzes, wenn der Berechtigte zu Beginn des betreffenden Monats nicht im öffentlichen Dienst war. Die öffentlich-rechtliche Zahlstelle ist dagegen zuständig, wenn der Berechtigte im lau-

---

[177] Vgl. *Wickenhagen/Krebs*, a.a.O., Komm., § 45 Rz. 45.
[178] Vgl. auch *Wickenhagen/Krebs*, a.a.O., § 45 Rz. 47.

fenden Monat aus dem öffentlichen Dienst ausscheidet. Bei Wechsel der zuständigen Stelle ist ein erneuter Antrag nach § 67 EStG erforderlich. Ist jedoch ein Kind erst nach dem Eintritt oder dem Ausscheiden des Berechtigten gemäß §§ 62, 63 EStG zu berücksichtigen, so gilt § 72 Abs. 6 Satz 1 EStG nicht (§ 72 Abs. 6 Satz 2 EStG). Die Zuständigkeit richtet sich nach der Rechtslage zu dem Zeitpunkt des Eintritts der Berücksichtigungsfähigkeit. Die restriktive Konjunktion „soweit" bedeutet: Die Zuständigkeit gilt nur für das betreffende Kind; unter Umständen kann es zu einer vorübergehenden Spaltung der Zuständigkeit kommen.

Beispiel: Der berechtigte Vater V hat zwei Zählkinder. Anfang Juni 1996 ist er noch im öffentlichen Dienst tätig. Zum 15. 6. 1996 wechselt er in die Privatwirtschaft über. Am 25. 6. 1996 wird sein drittes Kind geboren. Der öffentlich-rechtliche Rechtsträger ist nach § 72 Abs. 6 Satz 1 EStG für die Festsetzung und Zahlung des Kindergeldes seiner beiden ersten Kinder, die örtliche Familienkasse (bzw. für die Auszahlung sein neuer Arbeitgeber) nach § 72 Abs. 6 Satz 2 EStG für das Kindergeld seines dritten Kindes zuständig.

273 Nach § 72 Abs. 6 Satz 3 EStG muß der Berechtigte eine Zahlung gegen sich gelten lassen, wenn das Kindergeld im Fall des Satzes 1 bereits für einen folgenden Monat gezahlt worden ist. Sein Anspruch auf Kindergeld nach §§ 62, 63 EStG für den betreffenden Monat ist durch Auszahlung auch einer unzuständigen Stelle erfüllt, er kann nicht erneut Zahlung von der ansonsten zuständigen Stelle verlangen.

VI. Festsetzung und Auszahlung von Kindergeld durch den jeweiligen Rechtsträger

1. Die in § 72 Abs. 1 und 2 EStG aufgeführten Rechtsträger setzen als Familienkasse selbständig das Kindergeld fest und zahlen es aus

274 Das Kindergeld wird von den in § 72 Abs. 1 EStG bezeichneten Körperschaften, Anstalten oder Stiftungen des öffentlichen Rechts oder den in § 72 Abs. 2 EStG genannten Aktiengesellschaften festgesetzt und ausgezahlt (§ 72 Abs. 1 Satz 1 EStG). Diese juristischen Personen des öffentlichen oder diese Personen des privaten Rechts sind insoweit **Familienkasse** (§ 72 Abs. 1 Satz 2 EStG) und gelten damit als Bundesfinanzbehörden (siehe Rdnr. 430).

275 Art und Weise der Festsetzung und Auszahlung richten sich nach den Regelungen des § 70 EStG. Die juristischen Personen treten im gesamten Verfahren des X. Abschnitts des EStG (§§ 62 bis 78) an die Stelle des Bundesamtes für Finanzen und der zuständigen Behörden der Arbeitsverwaltung. Anders als nach früherer Rechtslage unter Geltung des BKGG a. F.[179] müssen sie selbst über Rechtsbehelfe (Einspruch) entscheiden, die sich gegen die Festsetzung des Kindergeldes richten (siehe Rdnr. 234). Das bisherige **Widerspruchsverfahren**

---

[179] Vgl. dazu *Wickenhagen/Krebs*, a. a. O., § 45 Rz. 62.

mit dem damit verbundenen Devolutiveffekt ist beim steuerlichen Kindergeld **nicht mehr statthaft**[180].

2. Der Kindergeldantrag gemäß § 67 Abs. 1 EStG sowie die Anzeige gemäß § 67 Abs. 2 EStG sind an diese Rechtsträger zu richten

Gemäß § 72 Abs. 7 EStG ist der nach § 67 Abs. 1 EStG erforderliche Antrag auf Kindergeld sowie die Anzeige nach § 67 Abs. 2 EStG an die Stelle zu richten, die für die Festsetzung der Bezüge oder des Arbeitsentgelts zuständig ist. Antragsempfängerin ist damit **nicht** die gemäß § 26 AO i. V. m. § 5 Abs. 1 Nr. 11 FVG, § 19 AO bei den Arbeitsämtern eingerichtete **örtlich zuständige Familienkasse**. Der Antrag ist vielmehr bei dem jeweiligen öffentlich-rechtlichen Arbeitgeber i. S. des § 72 Abs. 1 oder Abs. 2 EStG zu stellen. 276

VII. Besondere Verfahrensregelungen und das Rechtsverhältnis des Arbeitgebers zum Finanzamt (§ 72 Abs. 8 EStG)

1. Gesonderter Ausweis des Kindergeldes in der Lohnabrechnung des Arbeitnehmers

Die in den § 72 Abs. 1 und 2 EStG genannten Rechtsträger sind verpflichtet, in den Abrechnungen der Bezüge und des Arbeitsentgelts das Kindergeld **gesondert ausweisen** (§ 72 Abs. 8 Satz 1 EStG). 277

2. Verfahren bei der Lohnsteueranmeldung

Der Rechtsträger hat die Summe des von ihm für alle Berechtigten ausgezahlten Kindergeldes dem Betrag, den er insgesamt an Lohnsteuer einzubehalten hat, zu entnehmen und bei der nächsten Lohnsteuer-Anmeldung gesondert abzusetzen (§ 72 Abs. 8 Satz 2 EStG). Die insgesamt einzubehaltende Lohnsteuer ist nach Maßgabe der § 38 Abs. 3 und § 39b Abs. 2 EStG[181]. 278

In der Lohnsteuer-Anmeldung gemäß § 41a EStG hat der Rechtsträger die Summe der im Lohnsteuer-Anmeldungszeitraum (§ 31a Abs. 2 EStG: ein Monat) einzubehaltenden und zu übernehmenden Lohnsteuer anzugeben. Es ist wohl davon auszugehen, daß sich der vom Gesetzgeber in § 72 Abs. 8 Satz 2 EStG angesprochene Betrag, aus dem der Rechtsträger das Kindergeld zu entnehmen hat, trotz des insoweit abweichenden Wortlauts der Vorschrift (sie spricht nur von dem Betrag, „den er insgesamt an Lohnsteuer *einzubehalten* hat") auch aus der übernommenen Lohnsteuer (das ist die pauschale Lohnsteuer[182]) 279

---

[180] Zu den bisherigen Regelungen über den Rechtsweg siehe *Hönsch*, a. a. O., Rdnr. 710 ff.
[181] Vgl. dazu im einzelnen *Blümich/Thürmer*, a. a. O., § 38 EStG, Rdnr. 120 ff., und § 39b EStG, Rdnr. 50 ff.
[182] Vgl. *Blümich/Heuermann*, a. a. O., § 41a EStG Rdnr. 7.

zusammensetzt. Eine derartige Auslegung ergibt sich aus dem Bedeutungszusammenhang mit § 41a EStG. Hierauf läßt auch die Regelung des § 72 Abs. 8 Satz 3 EStG schließen. Nach dieser Vorschrift ist der Betrag der insgesamt *abzuführenden* Lohnsteuer Maßstab für den dem Rechtsträger gegen das Betriebsstätten-Finanzamt zustehenden Erstattungsanspruch. Abführen muß der Rechtsträger aber die Lohnsteuer, die er insgesamt eingehalten und übernommen hat (§ 41a Abs. 1 Satz 1 Nr. 2 EStG). Eine derartige Regelung enthält auch § 41c Abs. 2 EStG[183].

280 Den entnommenen Betrag muß der Rechtsträger bei der nächsten Lohnsteuer-Anmeldung **gesondert absetzen**. Der nächste Lohnsteuer-Anmeldungszeitraum ist der Kalendermonat, der dem Monat folgt, in dem das jeweilige Kindergeld ausgezahlt wird. Der Begriff des „gesonderten Absetzens" bedeutet: Das Kindergeld wird nicht im Sinne von § 41a EStG angemeldet. Es nimmt deshalb auch nicht an der Steuerfestsetzungswirkung der Lohnsteuer-Anmeldung teil (§ 168 Abs. 1 AO), die sich nur auf die einzubehaltende und zu übernehmende Lohnsteuer im Sinne des § 41a Abs. 1 Satz 1 Nr. 1 EStG bezieht. Das gesonderte Absetzen von der angemeldeten Lohnsteuer hat insoweit lediglich **Mitteilungsfunktion**. Dies ist erforderlich, weil der Rechtsträger nicht die nach § 41 Abs. 1 Satz 1 Nr. 2 EStG abzuführende Lohnsteuer, nämlich die insgesamt einbehaltene und übernommene Lohnsteuer an das Finanzamt zahlt, sondern hiervon das im Vormonat gezahlte Kindergeld abziehen („entnehmen") muß. Die abzusetzenden Beträge beeinflussen lediglich die Höhe der abzuführenden Lohnsteuer[184].

281 **Übersteigt** das insgesamt ausgezahlte Kindergeld den Betrag, der insgesamt als Lohnsteuer abzuführen ist, wird der übersteigende Betrag dem Rechtsträger auf Antrag von dem Finanzamt, an das die Lohnsteuer abzuführen ist, aus den Einnahmen der Lohnsteuer ersetzt (§ 72 Abs. 8 Satz 3 EStG). Das Finanzamt, an das die Lohnsteuer abzuführen ist, ist das Betriebsstätten-Finanzamt im Sinne des § 41 Abs. 2[185].

282 Kürzt der Rechtsträger die abzuführende Lohnsteuer zu Unrecht, so steht dem Betriebsstätten-Finanzamt ein öffentlich-rechtlicher Anspruch auf Rückforderung des zu Unrecht geleisteten Kindergeldes zu, den es durch einen auf § 37 Abs. 2 AO gestützten Rückforderungsbescheid durchsetzen kann[186]. Die Durchführung etwaiger insoweit erforderlich werdenden **Vollstreckungen** obliegt den Hauptzollämtern.

---

[183] Vgl. *Blümich/Heuermann*, a.a.O., § 41c EStG Rdnr. 21.
[184] Vgl. *Blümich/Heuermann*, a.a.O., § 41a EStG Rdnr. 8 zur vergleichbaren Regelung des § 28 Abs. 5 BerlinFG. An der letzteren Vorschrift hat sich der Gesetzgeber bei Schaffung des § 72 Abs. 8 EStG orientiert; vgl. dazu Bericht des Finanzausschusses des Deutschen Bundestags, BT-Drucks. 137/1558 S. 161.
[185] Vgl. *Blümich/Heuermann*, a.a.O., § 41c EStG Rdnr. 27ff.
[186] So für die vergleichbare Regelung des § 28 Abs. 5 BerlinFG BFH Urteil VI R 30/82 v. 14. 3. 1986, BStBl II 1986, 886 = BFHE 147, 91 m.w.N.

VIII. Sonderregelung für die Festsetzung von Kindergeld für im Ausland lebende Kinder von Angehörigen des öffentlichen Dienstes (§ 70 Abs. 9 EStG)

Nach der ursprünglichen Fassung des § 72 EStG hatten die Familienkassen des öffentlichen Dienstes das Kindergeld für im Ausland lebende Kinder öffentlich-rechtlicher Bediensteter (siehe Rdnr. 243 ff.) auch dann festzusetzen, wenn der Kindergeldanspruch auf über- oder zwischenstaatlichem Recht beruhte, wie z. B. beim Kindergeld nach EG-Recht und dem sog. „Vertragskindergeld". Die Festsetzung des Kindergeldes in den genannten Fällen ist jedoch wegen der zahlreichen Besonderheiten verwaltungsaufwendig und im Hinblick auf die geringe Fallzahl fehlerträchtig. Um die öffentlich-rechtlichen Familienkassen insoweit zu entlasten, wurde durch das JStErgG 1996 dem § 70 EStG ein neuer Absatz 9 angefügt[187]. Danach wird in den Fällen, in denen einem Beschäftigten für sein im Ausland lebendes Kind der Anspruch auf Kindergeld nur nach über- oder zwischenstaatlichen Rechtsvorschriften zusteht, der Kindergeldanspruch abweichend von Abs. 1 Satz 1 von den Familienkassen der Bundesanstalt für Arbeit (d. h. der Arbeitsämter) festgesetzt. § 72 Abs. 9 EStG enthält eine von Abs. 1 abweichende Regelung der sachlichen Zuständigkeit: Die öffentlich-rechtlichen Arbeitgeber sind danach *nur* dann für die Festsetzung des Kindergeldes zuständig, wenn sich der Anspruch aus den §§ 62 ff. EStG ergibt. Umgekehrt gilt: Ist der Kindergeldanspruch nicht gemäß den §§ 62 ff. EStG begründet, so sind die öffentlich-rechtlichen Arbeitgeber unzuständig. Eine überstaatliche Rechtsvorschrift ist z. B. die EG-Verordnung Nr. 1408/71, zwischenstaatliche Rechtsvorschriften sind die Abkommen über soziale Sicherheit (s. Rdnr. 56).

282a

Beispiel: Die Familie des türkischen Arbeitnehmers A, der bei der Deutschen Post AG beschäftigt ist, hat ihren Wohnsitz in der Türkei. Der Anspruch des A auf Zahlung von Kindergeld für seine drei Kinder beruht nicht auf den §§ 62 ff. EStG, sondern auf dem zwischen der Bundesrepublik und der Türkei abgeschlossenen Abkommen über soziale Sicherheit. Dementsprechend ist nicht die Deutsche Post AG die gemäß § 72 Abs. 1 i. V. mit Abs. 2 EStG für die Festsetzung des Kindergeldes zuständige Familienkasse, sondern die Familienkasse bei der Bundesanstalt für Arbeit.

Die **örtliche Zuständigkeit** richtet sich nach § 19 Abs. 1 Satz 3 AO i. d. F. des JStG 1996. Zuständig ist danach die Familienkasse, in deren Bezirk sich die zahlende öffentliche Kasse befindet.

282b

Für die **Auszahlung** bleiben die öffentlichen Arbeitgeber zuständig. § 73 Abs. 1 Satz 2 EStG ist entsprechend anwendbar (§ 72 Abs. 9 Satz 2 EStG). Das bedeutet: Die Familienkasse erteilt dem Arbeitnehmer über das festgesetzte Kindergeld eine Bescheinigung, die dieser seinem öffentlichen Arbeitgeber vorzulegen hat. Der Arbeitgeber hat das Kindergeld entsprechend dieser Bescheinigung auszuzahlen.

282c

---

[187] Siehe dazu BT-Drucks. 13/3084, *zu Art. 1, zu Nr. 17 und 18.*

Durch eine entsprechende Ergänzung des § 78 Abs. 1 Satz 2 EStG wurde zudem sichergestellt, daß für den betroffenen Personenkreis die Kindergeldzahlungen ohne Unterbrechungen geleistet werden (siehe Rdnr. 423).

Kapitel 5
Festsetzung und Zahlung des Kindergeldes an Arbeitnehmer außerhalb des öffentlichen Dienstes

A. Die Familienkasse setzt das Kindergeld fest

I. Festsetzung und Auszahlung des Kindergeldes sind institutionell getrennt

§ 73 Abs. 1 EStG bestimmt zwar, daß der Arbeitgeber das Kindergeld an Arbeitnehmer, die nicht im öffentlichen Dienst tätig sind, **auszuzahlen** hat. Der **private Arbeitgeber** kann das Kindergeld aber **nicht festsetzen**. Er gilt anders als die in § 72 Abs. 1 und 2 EStG genannten juristischen Personen **nicht als Familienkasse**. 283

Vielmehr **setzt die Familienkasse**, die insoweit die Funktion der bisherigen *Kindergeldkasse* der Arbeitsämter (vgl. § 15 Abs. 1 BKGG a. F.) übernommen hat, das monatlich vom Arbeitgeber auszuzahlende **Kindergeld fest**. Die Familienkasse erteilt dem Arbeitnehmer darüber eine Bescheinigung (die **Kindergeldbescheinigung**), die dieser dem Arbeitgeber vorzulegen hat. Der Kindergeldbescheinigung kommt im Rahmen des Auszahlungsverfahrens insofern die entscheidende Bedeutung zu, als der **Arbeitgeber** ist an die Eintragungen in der Bescheinigung **gebunden**. Diese Regelung lehnt sich an § 28 BerlinFG[188] an. 284

Die Rechtsstellung des Arbeitgebers im Auszahlungsverfahren entspricht seiner Rechtsstellung im Lohnsteuer-Abzugsverfahren als ein Fall der **gesetzlichen Indienstnahme Privater für Verwaltungsaufgaben** (vgl. dazu unten Rdnr. 309 ff.[189]). 285

II. Die Familienkasse setzt das Kindergeld fest und erteilt die Kindergeldbescheinigung

Nach § 73 Abs. 1 Satz 2 EStG setzt die Familienkasse das monatlich auszuzahlende Kindergeld fest. Dies setzt einen Antrag des Kindergeldberechtigten gemäß § 67 EStG (siehe Rdnr. 198 ff.) voraus. Festgesetzt wird das Kindergeld nach Maßgabe des § 70 EStG durch Bescheid (siehe oben Rdnr. 215 ff.). 286

Die Familienkasse erteilt dem Arbeitnehmer über die Höhe des Kindergeldes eine Bescheinigung (**Kindergeldbescheinigung**), die dieser dem Arbeitgeber vorzulegen hat, der das Kindergeld auszahlt. 287

---
[188] Vgl. Bericht des Finanzausschusses des Deutschen Bundestags, BT-Drucks. 13/1558, S. 162.
[189] Sowie *Blümich/Heuermann*, a. a. O., § 42d EStG Rdnr. 19 ff.

III. Die Kindergeldbescheinigung

288 Über das festgesetzte Kindergeld erteilt die Familienkasse dem Arbeitnehmer eine Bescheinigung, die dieser seinem Arbeitgeber vorzulegen hat, der das Kindergeld auszahlt (§ 72 Abs. 1 Satz 2 EStG). Der Arbeitnehmer hat einen **Anspruch auf** diese **Bescheinigung**. Steht der Arbeitnehmer gleichzeitig in mehreren Dienstverhältnissen, so kann er wählen, welchem Dienstherr er die Kindergeldbescheinigung, ggf. auch im Wechsel, vorlegt. Der Arbeitgeber hat das Kindergeld nach Maßgabe dieser Bescheinigung auszuzahlen (s. unten Rdnr. 298 ff.). Die näheren Einzelheiten zur Kindergeldbescheinigung hat die Bundesregierung aufgrund der Ermächtigung gemäß § 73 Abs. 3 Satz 1 EStG in § 1 der Kindergeldauszahlungs-Verordnung (KAV) vom 10. 11. 1995[190] geregelt.

Die für 1996 ausgestellten Kindergeldbescheinigungen sehen Kindergeldauszahlungen nur für Monate des Jahres 1996 vor. Soweit sich die kindergeldrelevanten Merkmale nicht geändert haben, erhält der Arbeitnehmer vor dem 1. 1. 1997 **von Amts wegen** eine Kindergeldbescheinigung für die Folgemonate.

1. Inhalt der Bescheinigung und rechtliche Wirkungen der Eintragungen

289 Nach § 1 Abs. 1 KAV ist in der Kindergeldbescheinigung anzugeben, für **welchen Zeitraum** und in **welcher Höhe** Kindergeld an den Arbeitnehmer zu zahlen ist. Unabhängig von der voraussichtlichen Dauer der Kindergeldberechtigung kann die Familienkasse die Geltungsdauer der Kindergeldbescheinigung auf einen kürzeren Zeitraum begrenzen. So kann sie die Dauer entsprechend der Regelung gemäß § 67 Abs. 2 EStG bis zu dem Zeitpunkt beschränken, zu dem das zu berücksichtigende Kind das 18. Lebensjahr vollendet. Der Arbeitnehmer muß einen neuen Antrag bei der Familienkasse stellen, wenn die bescheinigte Geltungsdauer abgelaufen ist. Es muß dabei substantiiert darlegen und durch Vorlage von Unterlagen nachweisen, daß die Voraussetzungen des § 32 Abs. 4 oder 5 EStG vorliegen.

290 Die Eintragungen auf der Kindergeldbescheinigung stellen eine gesonderte Feststellung von Besteuerungsgrundlagen im Sinne von § 179 Abs. 2 AO dar, die unter dem Vorbehalt der Nachprüfung steht. Diese Regelung entspricht § 39a Abs. 4 EStG[191]. Dieser Feststellungsbescheid entfaltet – wegen des Bescheinigungsprinzips – **Bindungswirkung** für die Auszahlung des Kindergeldes und beim Lohnsteuer-Abzug insoweit, als der Arbeitgeber berechtigt und verpflichtet ist, das Kindergeld lediglich in der bescheinigten Höhe bei der nächsten Lohnsteuer-Anmeldung gemäß § 41a EStG abzusetzen (§ 73 Abs. 1 Satz 5 i. V. m. § 72 Abs. 8 EStG). Er ist Grundlagenbescheid (§ 171 Abs. 10,

---

[190] BGBl I 1995, 1510, BStBl. I 1995, 715. Siehe *Anhang Nr. 3*.
[191] Vgl. hierzu und zu den einzelnen rechtlichen Wirkungen *Blümich/Thürmer*, a. a. O., § 39a EStG, Rdnr. 100 bis 104.

§ 182 AO) im Falle der Nachforderung von Kindergeld der Familienkasse gegenüber dem Arbeitnehmer.

Aus § 1 Abs. 1 Satz 3 KAV i. V. m. § 164 Abs. 2 Satz 1 AO ergibt sich, daß die Eintragungen ggf. ohne die Beschränkungen der §§ 172, 173 AO **rückwirkend geändert** werden können. Weil die Eintragungen auf der Bescheinigung als ein Feststellungsbescheid zu beurteilen ist, ist dagegen grundsätzlich der **Einspruch** statthaft, der – mangels Rechtsbehelfsbelehrung, § 1 Abs. 1 Satz 4 KAV – innerhalb eines Jahres zulässig wäre. Weicht die Familienkasse vom Antrag des Berechtigten ab, ergeht ein *schriftlicher* Kindergeld-Bescheid, gegen den der Berechtigte Einspruch einlegen kann (siehe Rdnr. 234). 291

Der Arbeitnehmer, der Arbeitgeber oder andere Personen dürfen die Eintragungen auf der Kindergeldbescheinigung – anders als die Familienkasse (siehe Rdnr. 231 ff.) – nicht ändern oder ergänzen (§ 1 Abs. 2 Satz 1 KAV). Dieser Rechtssatz folgt bereits aus der Rechtsnatur der Eintragungen als gesonderte Feststellung von Besteuerungsgrundlagen. 292

Der Arbeitgeber darf die auf die Kindergeldbescheinigung eingetragenen Merkmale nur für die Auszahlung des Kindergeldes und davon abhängiger Lohnbestandteile verwerten; er darf sie ohne Zustimmung des Arbeitnehmers nur offenbaren, soweit dies gesetzlich zugelassen ist (§ 1 Abs. 2 Satz 2 KAV). Dem entspricht § 39b Abs. 1 Satz 4 EStG. Der Arbeitgeber darf die Bescheinigung nur im Auszahlungsverfahren und im Rahmen der Außenprüfung nach § 6 KAV i. V. m. § 42f EStG offenbaren. Das **Offenbarungsverbot** des § 1 Abs. 2 KAV soll vor mißbräuchlicher Verwendung der Bescheinigung schützen. Dem Arbeitgeber obliegen in bezug auf die ihm offenbarten persönlichen Daten seines Arbeitnehmers erhöhte Sorgfaltspflichten. Bei Verletzung des Offenbarungsverbots macht sich der Arbeitgeber schadensersatzpflichtig nach § 823 Abs. 2 BGB, weil § 1 Abs. 2 KAV Schutzgesetz i. S. des § 823 Abs. 2 BGB ist. Daneben kommt wegen der Rechtsstellung des Arbeitgebers im Auszahlungsverfahren als weiteres Schutzgesetz der Tatbestand der Amtspflichtverletzung (§ 839 BGB) in Betracht[192]. 293

2. Wie wirkt sich eine Änderung des Kindergeldanspruchs auf den Inhalt der Kindergeldbescheinigung aus?

Ändert sich der Kindergeldanspruch, stellt die Familienkasse eine **neue Kindergeldbescheinigung** aus, in der die früher ausgestellte Kindergeldbescheinigung für ungültig erklärt wird. Der Arbeitnehmer hat die neue Kindergeldbescheinigung dem Arbeitgeber zu übergeben, dem die für ungültig erklärte Kindergeldbescheinigung vorliegt. Erhält der Arbeitnehmer die für ungültig erklärte und entsprechend entwertete Kindergeldbescheinigung nach § 5 Abs. 2 Satz 3 KAV zurück, hat er diese unverzüglich der Familienkasse zurückzugeben. Der Arbeitgeber kann die für ungültig erklärte Kindergeldbescheini- 294

---

[192] Vgl. hierzu auch *Blümich/Thürmer*, a. a. O., § 39b Rdnr. 41 f.

gung aber auch unmittelbar der Familienkasse übersenden. Diese überwacht den Eingang der für ungültig erklärten Bescheinigung (§ 1 Abs. 3 KAV).

295 Der Kindergeldanspruch ändert sich unter den Voraussetzungen des **§ 70 Abs. 2 EStG**, nämlich dann, wenn und soweit in den Verhältnissen, die für die Zahlung des Kindergeldes erheblich sind, Änderungen eintreten. Für den Fall des Vorlegens dieser Voraussetzungen schreibt das Gesetz gleichzeitig die Aufhebung oder Änderung der Festsetzung des Kindergeldes vor (siehe Rdnr. 231 ff.). In Einklang damit steht die Befugnis der Familienkasse, die Kindergeldbescheinigung für ungültig zu erklären und eine neue auszustellen.

296 Lagen die Voraussetzungen für die Gewährung von Kindergeld **von vornherein nicht vor,** so kann die Familienkasse die Festsetzung nur unter den Voraussetzungen der §§ 173 ff. AO ändern (siehe Rdnr. 233). Liegen diese Voraussetzungen vor, kann die Familienkasse die Eintragungen auf der Kindergeldbescheinigung nach § 1 Abs. 1 Satz 3 KAV i. V. m. § 164 Abs. 2 Satz 1 AO entsprechend berichtigen.

3. Muster der Bescheinigung

297 Nach § 7 KAV bestimmt das Bundesamt für Finanzen das Muster der Kindergeldbescheinigung. Es ist im Bundessteuerblatt bekanntzumachen.
Ein Muster der Bescheinigung ist als Anlage 4 abgedruckt.

B. Die Auszahlung des Kindergeldes durch Arbeitgeber außerhalb des öffentlichen Dienstes

I. Der private Arbeitgeber als Kindergeldzahlstelle – eine kritikwürdige Lösung

298 Gemäß § 73 Abs. 1 EStG ist das Kindergeld im Regelfall nicht nur – wie bisher – nur vom Dienstherrn im Rahmen des öffentlichen Dienstes, sondern nunmehr auch vom privaten Arbeitgeber auszuzahlen. Dies war bisher nur in wenigen Ausnahmefällen in bezug auf im Ausland lebende Kinder des inländischen Arbeitnehmers (vgl. § 20 Abs. 2 BKGG a. F.) möglich.

299 Die Neuregelung ist zu Recht auf Kritik gestoßen. So wird geltend gemacht, die Verpflichtung des privaten Arbeitgebers, das Kindergeld zusammen mit dem Arbeitslohn auszuzahlen, sei die Folge davon, daß die sog. *Finanzamtslösung*[193] am Widerstand der Bundesländer gescheitert sei[194]. Für die Richtigkeit

---

[193] Siehe dazu auch *BMF*, Verwaltungsplanspiel zur Einbeziehung des Kindergeldes und des Bundeserziehungsgeldes in das Besteuerungsverfahren – sog. Finanzamtslösung, 1991.
[194] Vgl. z. B. *Zitzelsberger*, BB 1995, 2296, 2300.

dieser These spricht der Inhalt der Empfehlung des Finanzausschusses des Deutschen Bundestags[195]. In der Tat wird dem privaten Arbeitgeber über seine bisherigen Verpflichtungen im Zusammenhang mit dem Lohnsteuerabzug hinaus eine weitere administrative Bürde zugemutet, die verwaltungsmäßigen Mehraufwand verursacht. Ob der Gesetzgeber dadurch bereits das Übermaßverbot verletzt, daß er weitere von ihm zu erfüllende und von ihm auch erfüllbare Aufgaben auf den privaten Arbeitgeber abwälzt, erscheint jedoch fraglich. Die Neuregelung dürfte sich noch im Grenzbereich bewegen; vielleicht sollte man sie aber zum Anlaß nehmen, das gesamte System des Lohnsteuerabzugs einer ernsthaften Prüfung zu unterziehen und zu überdenken[196]. Von nicht geringerer Bedeutung als die zusätzliche Kostenbelastung zugunsten einer finanziellen Entlastung des Fiskus ist der Umstand, daß es zu Streit zwischen Arbeitnehmer und Arbeitgeber über die Zahlung des Kindergeldes kommen kann, und zwar trotz eindeutiger Kindergeldbescheinigungen. Dies insbesondere dann, wenn der Arbeitgeber von der ihm zustehenden Möglichkeit, seiner Meinung nach zuviel gezahltes Kindergeld zurückzufordern (siehe Rdnr. 365 f.), Gebrauch macht, oder wenn er sich weigert, nach Ansicht des Arbeitnehmers zu wenig gezahltes Kindergeld nachzuzahlen.

Aber auch für den Arbeitnehmer birgt die neue Lösung erhebliche Risiken: **300** Vorderhand die Gefahr, daß der Arbeitgeber – aus welchen Gründen auch immer – nicht (mehr) in der Lage ist, das Kindergeld auszuzahlen.

Zur Auszahlung des Kindergeldes ab 1. 1. 1996 hat das BfF ein **Merkblatt** (künftig: *Merkblatt*)[196a] herausgegeben.

II. Auszahlung des Kindergeldes ausschließlich nach den Merkmalen der Kindergeldbescheinigung

Der Arbeitgeber darf das Kindergeld nur nach den Merkmalen einer ihm **301** vorliegenden Kindergeldbescheinigung an Arbeitnehmer auszahlen (§ 2 Abs. 1 Satz 1 KAV). Es gilt analog dem Lohnsteuerkartenprinzip (§ 39b EStG[197]) der **Grundsatz der Maßgeblichkeit der Kindergeldbescheinigung** (Bescheinigungsprinzip). Für den Arbeitgeber hat das andererseits den Vorteil, daß er sich nicht mit Fragen der Kindergeldberechtigung auseinandersetzen muß; er muß insbesondere keine eigenen Ermittlungen mit Feststellungen durchführen.

Der Arbeitgeber ist an die Eintragungen auf der Kindergeldbescheinigung **302** gebunden, und zwar selbst dann, wenn eine Eintragung für ihn erkennbar unrichtig ist[198]. Er darf die Kindergeldbescheinigung auf keine Art verändern,

---

[195] BT-Drucks. 13/1558, S. 140.
[196] Siehe dazu auch *Blümich/Heuermann*, a. a. O., Rdnr. 81 zu § 73 EStG.
[196a] BStBl I 1995, 719; siehe *Anhang Nr. 5*.
[197] Vgl. *Blümich/Thürmer*, a. a. O., § 39b EStG, Rdnr. 30.
[198] So zutreffend für die Lohnsteuerkarte *Blümich/Thürmer*, a. a. O., § 39b Rz. 30 m. w. N.

auch nicht auf Verlangen seines Arbeitnehmers. **Nicht** maßgebend für die Auszahlung des Kindergeldes sind die Eintragungen auf der **Lohnsteuerkarte**.

303 Zur **Übergangsregelung** siehe Rdnr. 422 ff.

304 Auch die Familienkasse ist an die Eintragungen auf einer Kindergeldbescheinigung gebunden, wenn sie Kindergeld auszuzahlen hat. Dies ergibt sich aber nicht (nur) aus dem (materiellen) Maßgeblichkeitsprinzip, sondern aus der Rechtsnatur der Eintragungen als gesonderte Feststellung von Besteuerungsgrundlagen (siehe Rdnr. 290). Die Eintragungen entfalten Tatbestandswirkung.

III. Der Arbeitgeber ist regelmäßig zur Auszahlung des Kindergeldes verpflichtet

1. Die Auszahlung an den Arbeitnehmer i. S. des § 1 Abs. 1 LStDV

a) Auszahlung des Kindergeldes zusammen mit dem Arbeitslohn

305 § 73 Abs. 1 Satz 1 EStG begründet eine **Auszahlungspflicht des Arbeitgebers.** Danach hat er das Kindergeld bei monatlichen oder längeren Lohnabrechnungszeiträumen jeweils zusammen mit dem Arbeitslohn, bei kürzeren als monatlichen Lohnabrechnungszeiträumen jeweils für alle in einem Kalendermonat endenden Lohnabrechnungszeiträume zusammen mit dem Arbeitslohn für den letzten in dem Kalendermonat endenden Lohnabrechnungszeitraum nach der von der Familienkasse festgesetzten und bescheinigten Höhe auszuzahlen. Ggf. kann Kindergeld für mehrere Monate nachzuzahlen sein; in einem solchen Fall kann der Arbeitgeber den Arbeitnehmer mit dessen Zustimmung an die Familienkasse verweisen (siehe *Merkblatt* Rdnr. 56).

Die Auszahlungspflicht trifft den Arbeitgeber nur *seinen* Arbeitnehmern gegenüber.

b) Kindergeldzahlungen für Zeiträume, die vor Beginn des Dienstverhältnisses liegen

306 Der Arbeitgeber muß Kindergeld u. U. aber auch für Zeiträume auszahlen, die vor Beginn des Dienstverhältnisses liegen. Legt der Arbeitnehmer zu Beginn des Dienstverhältnisses eine Bescheinigung vor, die auf Zeiträume **vor Beginn des Dienstverhältnisses** zurückwirkt, darf der Arbeitgeber Kindergeld aber nur für Zeiträume auszahlen, für die der Arbeitnehmer ausweislich der Eintragung in der Lohnsteuerbescheinigung oder in der Bescheinigung nach § 41b Abs. 1 Satz 6 EStG **noch kein Kindergeld** erhalten hat, und zwar selbst dann, wenn der Arbeitnehmer bereits Kindergeld für Zeiträume erhalten hat, die nach Beendigung des vorherigen Arbeitsverhältnisses liegen (§ 2 Abs. 1 Satz 2 KAV). Eine möglicherweise erforderliche Berichtigung der Kindergeldbescheinigung kann nur die Familienkasse vornehmen.

307 Die Regelung in § 2 Abs. 1 Satz 1 und 2 KAV dient dazu, Doppelzahlungen vermeiden. Dabei ist zu berücksichtigen, daß der frühere Arbeitgeber ver-

pflichtet war, dem Arbeitnehmer bei Beendigung des Dienstverhältnisses aufgrund der Eintragungen im Lohnkonto (§ 5 Abs. 1 Satz 1 KAV) den Kalendermonat, für den zuletzt Kindergeld ausgezahlt worden ist, sowie die Höhe des insgesamt ausgezahlten Kindergeldes in die Lohnsteuerbescheinigung einzutragen (§ 5 Abs. 3 KAV). Diese Eintragungen muß der neue Arbeitgeber beachten, wenn ihm der Arbeitnehmer eine Kindergeldbescheinigung vorlegt, die Zeiträume betrifft, die vor Beginn des Dienstverhältnisses liegen.

c) Zahlung von Kindergeld für Zeiträume, für die kein Arbeitslohn gezahlt wird

Nach § 3 Abs. 1 Satz 3 KAV *kann* der Arbeitgeber Kindergeld auch für Zeiträume auszahlen, in denen während der Dauer des Dienstverhältnisses kein Arbeitslohn gezahlt wird, z. B. im Krankheitsfall nach Ablauf der Lohnfortzahlung, bei Kurzarbeit oder während des Erziehungsurlaubs. Eine Verpflichtung hierzu besteht jedoch nicht. Der Arbeitgeber wird die weitere Auszahlung in aller Regel nach den Bedürfnissen seines Unternehmens unter Beachtung der dem Arbeitnehmer gegenüber bestehenden Fürsorgepflicht ausrichten (vgl. aber auch *Merkblatt* Rdnr. 58). **308**

Zahlt der Arbeitgeber das Kindergeld nicht weiter aus, hat er dies dem Arbeitnehmer mitzuteilen und ihm die Kindergeldbescheinigung auszuhändigen. Der Arbeitnehmer erhält das Kindergeld sodann von der Familienkasse (siehe Rdnr. 330).

Zu **Nachzahlungen** und **Rückforderungen** siehe im übrigen Rdnr. 365 ff.

IV. Das auszuzahlende Kindergeld ist dem vom Arbeitgeber einbehaltenen Lohnsteuerbetrag zu entnehmen

Der Arbeitgeber hat entsprechend der Regelung in § 72 Abs. 8 EStG (siehe dazu Rdnr. 278 ff.) die Summe des von ihm für alle Arbeitnehmer ausgezahlten Kindergeldes dem Betrag, den er insgesamt an Lohnsteuer einzubehalten hat, **zu entnehmen** und bei der nächsten Lohnsteuer-Anmeldung gesondert abzusetzen (§ 72 Abs. 8 Satz 2 EStG). Die insgesamt einzubehaltende Lohnsteuer bestimmt sich nach den §§ 38 Abs. 3 und 39b Abs. 2 EStG[199]. **309**

Bei **Nettolohnvereinbarung** unter Berücksichtigung des Kindergeldes ist die Lohnsteuer nach *dem* Bruttoarbeitslohn zu berechnen, der nach Kürzung um die Lohnsteuer und nach Hinzurechnung des ausgezahlten Kindergelds den vereinbarten Auszahlungsbetrag ergibt.

In der Lohnsteuer-Anmeldung gemäß § 41a EStG muß der Arbeitgeber die Summe der im Lohnsteuer-Anmeldungszeitraum (§ 41a Abs. 2 EStG: ein Monat) einzubehaltenden und zu übernehmenden Lohnsteuer angeben. Man kann wohl davon ausgehen, daß sich der vom Gesetzgeber in § 72 Abs. 8 Satz 2 EStG angesprochene Betrag, aus dem der Arbeitgeber das Kindergeld zu ent- **310**

---

[199] Siehe dazu im einzelnen *Blümich/Thürmer*, a. a. O., § 38 EStG, Rdnr. 120 ff., und § 39b EStG, Rdnr. 50 ff.

nehmen hat, trotz des insoweit abweichenden Wortlauts der Vorschrift (sie spricht nur von dem Betrag, „den er insgesamt an Lohnsteuer *einzubehalten* hat") auch aus der übernommenen Lohnsteuer (das ist die pauschale Lohnsteuer[200]) zusammensetzt. Eine derartige Auslegung ergibt sich aus dem Bedeutungszusammenhang mit § 41a EStG. Hierauf läßt auch die Regelung in § 72 Abs. 8 Satz 3 EStG schließen. Nach dieser Vorschrift ist der Betrag der insgesamt *abzuführenden* Lohnsteuer Maßstab für den dem Arbeitgeber gegen das Betriebsstätten-Finanzamt zustehenden Erstattungsanspruch. Abführen muß der Arbeitgeber aber die Lohnsteuer, die er insgesamt einbehalten und übernommen hat (§ 41a Abs. 1 Satz 1 Nr. 2 EStG). Die gleiche Regelung enthält § 41c Abs. 2 EStG[201].

V. Der Arbeitgeber hat den entnommenen Betrag bei der nächsten Lohnsteuer-Anmeldung gesondert abzusetzen

311   Der nächste Lohnsteuer-Anmeldungszeitraum ist der Kalendermonat, der dem Monat folgt, in dem das jeweilige Kindergeld ausgezahlt wird.

Beispiel: Das im Juli ausgezahlte Kindergeld für Juni ist in der Lohnsteuer-Anmeldung für Juni zu berücksichtigen. Der abzusetzende Betrag ist ggf. um im Wege der Rückforderung einbehaltenes Kindergeld zu kürzen.

Der Begriff des „gesonderten Absetzens" bedeutet: das Kindergeld selbst wird nicht i. S. von § 41a EStG angemeldet. Es nimmt deshalb auch nicht an der Steuer-Festsetzungswirkung der Lohnsteuer-Anmeldung teil (§ 168 Abs. 1 AO), die sich nur auf die einzubehaltende und zu übernehmende Lohnsteuer im Sinne des § 41a Abs. 1 Satz 1 Nr. 1 EStG bezieht. Die gesonderte Absetzung von der angemeldeten Lohnsteuer hat insoweit lediglich Mitteilungsfunktion. Sie ist erforderlich, weil der Arbeitgeber nicht die nach § 41a Abs. 1 Satz 1 Nr. 2 EStG abzuführende Lohnsteuer, nämlich die insgesamt eingehaltene und übernommene Lohnsteuer an das Finanzamt zahlt, sondern hiervon das im Vormonat gezahlte Kindergeld abziehen („entnehmen") muß. Die abzusetzenden Beträge beeinflussen lediglich die Höhe der abzuführenden Lohnsteuer[202].

312   **Übersteigt** das insgesamt ausgezahlte Kindergeld den Betrag, der insgesamt als Lohnsteuer abzuführen ist, so wird der übersteigende Betrag dem Arbeitgeber auf den mit der Lohnsteuer-Anmeldung automatisch gestellten Antrag von dem Finanzamt, an das die Lohnsteuer abzuführen ist, aus den Einnahmen der Lohnsteuer ersetzt (§ 72 Abs. 8 Satz 3 EStG). Es bedarf keines besonderen Erstattungsantrags. Das Finanzamt, an das die Lohnsteuer abzuführen ist, ist das **Betriebsstätten-Finanzamt** gemäß § 41 Abs. 2 EStG[203].

---

[200] Siehe *Blümich/Heuermann*, a. a. O., § 41a EStG Rdnr. 7.
[201] Vgl. *Blümich/Heuermann*, a. a. O., § 41c EStG Rdnr. 21 ff.
[202] Vgl. *Blümich/Heuermann*, a. a. O., § 41a EStG Rdnr. 8 zur vergleichbaren Regelung des § 28 Abs. 5 BerlinFG.
[203] Vgl. im einzelnen *Blümich/Heuermann*, a. a. O., § 41 EStG Rdnr. 27 ff.

Kürzt der Arbeitgeber die abzuführende Lohnsteuer zu Unrecht, so steht 313
dem Betriebsstätten-Finanzamt ein öffentlich-rechtlicher Anspruch auf Rückforderung des zu Unrecht geleisteten Kindergeldes zu, den es durch einen auf § 37 Abs. 2 AO gestützten Rückforderungsbescheid durchsetzen kann[204].

VI. Kein Zurückbehaltungsrecht des Arbeitgebers

Nach § 73 Abs. 2 EStG steht dem Arbeitgeber kein Zurückbehaltungsrecht 314
hinsichtlich des Kindergeldes zu. Er kann das Kindergeld also nicht wegen eigener Ansprüche gegen den Arbeitnehmer, etwa aus Schadensersatz oder wegen Lohn- oder Gehaltsvorschüssen, zurückbehalten oder mit solchen Ansprüchen aufrechnen. Ein Zurückbehaltungsrecht entspräche auch ohne einer ausdrücklichen gesetzlichen Regelung nicht der besonderen Zweckbestimmung des Kindergeldes. Ein derartiges Recht würde zudem der Rechtsstellung des Arbeitgebers im Auszahlungsverfahren nicht gerecht, der Verwaltungsaufgaben vollzieht und mit der Auszahlung des Kindergeldes einen öffentlich-rechtlichen Anspruch erfüllt. Es fehlt an „demselben rechtlichen Verhältnis" i. S. von § 273 Abs. 1 BGB. Die Ansprüche sind nicht konnex. Dies stellt § 73 Abs. 2 EStG klar.

Ebenso ist eine Anrechnung von Forderungen auf den auszuzahlenden Betrag nur bis zur Höhe der nach der Kindergeldbescheinigung auszuzahlenden Beträge zulässig.

VII. Private Arbeitgeber, die ausnahmsweise nicht verpflichtet sind, das Kindergeld an die Arbeitnehmer auszuzahlen

1. Der Arbeitgeber beschäftigt auf Dauer nicht mehr als 50 Arbeitnehmer

Gemäß § 73 Abs. 3 Satz 1 EStG kann die Bundesregierung Ausnahmen von 315
der Verpflichtung des privaten Arbeitgebers zur Auszahlung des Kindergeldes (§ 73 Abs. 1 EStG) zulassen. Dies hat sie mit § 3 KAV getan, der eine Befreiung von der Auszahlungspflicht konstituiert.

Beschäftigt der Arbeitgeber **auf Dauer nicht mehr als 50 Arbeitnehmer**, die 316
eine Lohnsteuerkarte vorzulegen haben, so befreit ihn die Familienkasse **auf Antrag** von der Pflicht zur Auszahlung es Kindergeldes (§ 3 Satz 1 KAV). Das gleiche gilt, wenn sich auf Grund der Auszahlung des Kindergeldes in den Lohnsteuer-Anmeldungen auf Dauer ein Erstattungsanspruch ergibt.

Mit dieser Regelung soll Härtefällen bei kleinen Unternehmen vorgebeugt werden, die dadurch entstehen können, daß die einbehaltene Lohnsteuer nicht für die Zahlung des Kindergeldes ausreicht. Der private Arbeitgeber soll in

---

[204] So für die vergleichbare Regelung des § 28 Abs. 5 BerlinFG BFH Urteil VI R 307/82 v. 14. 3. 1986, BStBl II 1986, 886 = BFHE 147, 91 m. w. N.

einem solchen Fall nicht in Vorlage treten müssen[205]. Gleichzeitig begegnet die Regelung einer weiteren Verwaltungserschwernis: Der Arbeitgeber braucht nicht zunächst beim zuständigen Finanzamt die seiner Ansicht nach erforderlichen Beträge anzufordern[206].

a) Die materiellen Befreiungsvoraussetzungen

317 Die Pflicht zur Vorlage der Lohnsteuerkarte ergibt sich aus § 39b EStG. Alle Arbeitnehmer, für die eine Lohnsteuerkarte ausgestellt werden muß[207], haben diese rechtzeitig zu Beginn des Kalenderjahres oder vor Eintritt in das Dienstverhältnis ihrem Arbeitgeber vorzulegen (§ 39b Abs. 1 Satz 1 EStG[208]).

318 Keine Lohnsteuerkarte vorlegen müssen Arbeitnehmer, wenn die Lohnsteuer nach den §§ 40 bis 40b EStG **pauschaliert** wird[209]. Deshalb werden z. B. **Teilzeitbeschäftigte** i. S. des § 40a EStG bei der Berechnung der 50-Arbeitnehmer-Grenze **nicht mitgezählt**. Das gleiche gilt für **im Ausland ansässige Arbeitnehmer,** die anstelle einer Lohnsteuerkarte eine Bescheinigung gemäß § 39c Abs. 3 oder 4 EStG oder gemäß § 39d Abs. 1 EStG vorlegen, sowie für **kurzfristig Beschäftigte** (vgl. entsprechend Rdnr. 264ff. sowie *Merkblatt,* Rdnr. 83). In die Feststellung, ob die Voraussetzung des § 3 Satz 1 KAV erfüllt ist, sind im übrigen die im Zeitpunkt der Antragstellung beim Arbeitgeber beschäftigten Arbeitnehmer sämtlicher inländischer Betriebsstätten einzubeziehen (§ 3 Satz 5 KAV).

319 Ob der Arbeitgeber „auf Dauer" nicht mehr als 50 Arbeitnehmer beschäftigt oder sich in den Lohnsteuer-Anmeldungen ein Erstattungsbetrag ergibt, ist eine **Prognoseentscheidung.** Im Zeitpunkt des Antrags müssen diese Voraussetzungen vorliegen und es muß erwartet werden können, daß nach der Struktur des Unternehmens in einem nicht unerheblichen Zeitraum (etwa fünf bis zehn Jahre) nicht mehr als 50 Arbeitnehmer beschäftigt werden (oder sich in den Lohnsteuer-Anmeldungen Erstattungen ergeben).

Diese Prognose ist auch dann maßgebend, wenn der Arbeitnehmer sein Unternehmen später erweitert. Dann kann die Befreiung mit Wirkung für die Zukunft gemäß § 131 Abs. 1 und Abs. 2 AO (die Befreiung ist kein Steuerbescheid) zwar widerrufen werden. Die ursprüngliche Entscheidung bleibt indes rechtmäßig und kann deshalb nicht zurückgenommen werden. Die spätere Erweiterung des Unternehmens kann sich in der Prognose nur dann niederschlagen, wenn der Arbeitgeber bereits zu Beginn (im Zeitpunkt des Antrages) ernsthaft eine entsprechende Erweiterung geplant hatte.

---

[205] Vgl. dazu *Horlemann,* DStZ 1995, 674.
[206] Vgl. dazu auch § 73 Abs. 3 Satz 3 EStG. Danach kann durch Rechtsverordnung bestimmt werden, daß das Finanzamt das Kindergeld dem Arbeitgeber vor Auszahlung an den Arbeitnehmer überweist.
[207] Siehe dazu *Blümich/Thürmer,* a. a. O., § 39 EStG, Rdnr. 50f.
[208] Siehe *Blümich/Thürmer,* a. a. O., § 39b EStG, Rdnr. 32.
[209] Siehe *Blümich/Thürmer,* a. a. O., § 39b EStG, Rdnr. 14; *Blümich/Heuermann,* a. a. O., § 40 EStG, Rdnr. 2 und 17, § 40a EStG, Rdnr. 6f.

Bei kleineren oder mittleren Handwerksbetrieben oder Handelsgeschäften 320
mit bis zu 30 Arbeitnehmern wird man regelmäßig davon ausgehen können,
daß die Zahl von 50 Arbeitnehmern auf Dauer *nicht* erreicht werden wird. Das
gleiche gilt für Betriebe, die bisher stets über nur einen geringen Mitarbeiterstamm (bis zu 50 Arbeitnehmern) verfügt haben. Dies erlaubt regelmäßig den
Schluß, dies werde auch in Zukunft so sein.

Der Arbeitgeber kann sich auch dann von der Auszahlung des Kindergelds 320a
befreien lassen, wenn sich aufgrund der Auszahlung des Kindergelds auf Dauer
in den Lohnsteuer-Anmeldungen ein Erstattungsbetrag ergibt. Diese Befreiung gilt für die jeweilige lohnsteuerliche Betriebsstätte und bezieht sich auf die
Auszahlung des Kindergelds an die Arbeitnehmer, deren Lohn in dieser Betriebsstätte abgerechnet wird (siehe *Merkblatt*, Rdnr. 84).

b) Die Befreiung von der Auszahlungspflicht setzt einen entsprechenden Antrag voraus

Verfahrensrechtliche Voraussetzung der Befreiung von der Auszahlungspflicht ist ein **Antrag** des Arbeitgebers. Der Antrag ist bei der zuständigen 321
Betriebsstätten-Familienkasse (siehe Rdnr. 324) zu stellen. Er kann zwar formlos gestellt werden, aus Gründen eines besseren Nachweises ist es aber zweckmäßig, den Antrag schriftlich zu stellen.

Der Arbeitgeber muß seinen Antrag begründen und Tatsachen darlegen, aus 322
denen sich das Vorliegen der Voraussetzungen für die Befreiung von der Auszahlungspflicht (siehe Rdnr. 319 ff.) ergibt.

Der **Antrag** gemäß § 3 KAV ist nicht fristgebunden. Liegen die Voraus- 323
setzungen dieser Vorschrift indes vor, ist es im Interesse des Arbeitgebers geboten, den Antrag möglichst **frühzeitig** im Jahr **1996** zu **stellen**. Stellt der Arbeitgeber den Antrag nicht, bleibt es beim Grundsatz des § 73 Abs. 1 EStG. Er
muß das Kindergeld auszahlen.

c) Die Entscheidung der Betriebsstätten-Familienkasse

Über die Befreiung entscheidet auf Antrag des Arbeitgebers die **Familien-** 324
kasse, in deren Bezirk die Betriebsstätte im Sinne des § 41 Abs. 2 EStG liegt
(**Betriebsstätten-Familienkasse**, § 3 Satz 5 KAV). Bezieht sich die Befreiung
von der Auszahlungspflicht auf **mehrere Betriebsstätten**, ist die Familienkasse
örtlich zuständig, in deren Bezirk der inländische **Mittelpunkt** der geschäftlichen Leitung des Arbeitgebers liegt (§ 3 Satz 6 KAV).

Der ArbG hat einen **Anspruch auf Befreiung**, wenn die Voraussetzungen 325
des § 3 KAV vorliegen. Der Familienkasse steht **kein Ermessen** zu. Dies ergibt
sich aus dem Wortlaut der Vorschrift (*"so befreit ihn die Familienkasse"*). Die
Familienkasse entscheidet durch Verwaltungsakt im Sinne des § 118 AO, der
dem Arbeitgeber nach § 122 Abs. 1 AO bekanntzugeben ist. Schriftform ist
nicht vorgeschrieben. Arbeitgeber, die die Voraussetzungen für eine Befreiung
von der Auszahlungspflicht erfüllen und bereits einen Befreiungsantrag gestellt
haben, werden allerdings durch eine von der jeweiligen Familienkasse öffent-

326 Die Befreiung von der Auszahlungspflicht kann **befristet** werden (§ 3 Satz 3 KAV, § 120 Abs. 2 Nr. 1 AO). Die Familienkasse wird die Befreiung befristen, wenn sie aufgrund der Prognose Zweifel hat, ob die Voraussetzungen des § 3 KAV auf Dauer vorliegen. Sie wird deren Vorliegen nach Ablauf der Frist erneut prüfen.

Die von der Familienkasse ausgesprochene **Befreiung** von der Auszahlungspflicht gilt **ex nunc** mit ihrer Bekanntgabe. Sie wirkt unmittelbar in die gesetzlich bestehende Rechtspflicht des Arbeitgebers ein, gemäß § 73 Abs. 1 EStG das Kindergeld auszuzahlen. Eine Rückwirkung der Verwaltungsentscheidung sieht die KAV nicht vor.

327 Die Familienkasse kann die Befreiung unter den Voraussetzungen des § 130 AO **zurücknehmen**, wenn der Verwaltungsakt rechtswidrig ist. Eine Rücknahme kommt z. B. in Betracht, wenn der Arbeitgeber die Befreiung von der Zahlungspflicht durch falsche oder unvollständige Angaben über die Arbeitnehmerzahl erwirkt hat (vgl. § 130 Abs. 2 Nr. 3 AO). Die Familienkasse kann eine früher erteilte Befreiung z. B. widerrufen, wenn der ArbG seinen Betrieb nachhaltig erweitert und auf Dauer mehr als 50 Arbeitnehmer beschäftigt (vgl. § 131 Abs. 2 Nr. 3, § 130 Abs. 3 AO). Hier ist der ursprüngliche Verwaltungsakt rechtmäßig, wenn auf Grund einer Prognose davon ausgegangen werden konnte, der Arbeitgeber werde auf Dauer nicht mehr als 50 Arbeitnehmer beschäftigen. Verläuft die tatsächliche Entwicklung jedoch entgegen dieser Annahme, so kann die Familienkasse ihren Verwaltungsakt mit Wirkung für die Zukunft widerrufen.

328 Die Familienkasse kann dem zuständigen Betriebsstätten-Finanzamt die Arbeitgeber **mitteilen**, die es von der Pflicht zur Auszahlung des Kindergeldes befreit hat (§ 3 Satz 3 KAV). Diese Maßnahme ist bedeutsam für die Kontrolle; sie dient dazu, sicherzustellen, daß der Arbeitgeber nicht zu Unrecht Kindergeld bei der Lohnsteuer-Anmeldung absetzt.

329 Gegen die Entscheidung der Familienkasse, den Antrag des Arbeitgebers, ihn von der Auszahlungspflicht zu befreien, abzulehnen, kann der Arbeitgeber **Einspruch** (§ 348 AO) einlegen. Hat dieser keinen Erfolg, so ist der **Rechtsweg** zu den **Finanzgerichten** gegeben (siehe Rdnr. 234 ff.). Das FG hat die Voraussetzungen des § 3 KAV in vollem Umfang überprüfen; denn der Finanzbehörde steht kein Beurteilungsspielraum zu.

C. Auszahlung des Kindergeldes durch die Familienkasse nur ausnahmsweise

Lediglich in **zwei Fällen** ist die Familienkasse anstelle des privaten Arbeitgebers für die Auszahlung des Kindergeldes zuständig, nämlich:

I. Der Arbeitnehmer erhält vom Arbeitgeber kein Kindergeld

1. Der Arbeitgeber ist ausdrücklich von seiner Auszahlungspflicht befreit

Gemäß § 2 Abs. 2 Satz 1 KAV zahlt die Familienkasse „Arbeitnehmern, die vom Arbeitgeber kein Kindergeld erhalten", das Kindergeld aus. Dies ist in erster Linie dann der Fall, wenn der Arbeitgeber nach § 3 KAV von seiner Auszahlungspflicht befreit ist (siehe Rdnr. 308, 315 ff.). Ebenso erhalten Kinder, die bisher Kindergeld für sich beziehen (**Vollwaisen**) dieses ab 1. 1. 1996 nur noch von der Familienkasse. 330

2. Der Arbeitnehmer erhält aus anderen Gründen kein Kindergeld vom Arbeitgeber, obwohl dieser zur Zahlung verpflichtet ist

Der Wortsinn der Vorschrift umfaßt aber auch die Fälle, in denen der Arbeitgeber das Kindergeld trotz entsprechender Verpflichtung nicht auszahlt, so z. B. wenn er aus finanziellen Gründen nicht mehr dazu in der Lage ist. Die mit der neuen Kindergeldregelung verbundene Zielsetzung erfordert es, die Regelung des § 2 Abs. 2 Satz 1 KAV auf Fälle der vorliegenden Art auszudehnen. Das Kindergeld dient dazu, die Leistungsfähigkeit der Familie zu gewährleisten (siehe Rdnr. 21), und zwar zeitnah, wie der Übergang zur *monatlichen* Zahlung des Kindergeldes zeigt. Dementsprechend ist auch dafür Sorge zu tragen, daß der gesetzgeberischen Vorgabe Rechnung getragen wird. Wenn und soweit der Staat derartige öffentlich-rechtliche, familienpolitische Aufgaben nicht selbst erfüllt, sondern damit private Arbeitgeber betraut, hat er anderseits sicherzustellen, daß dies **nicht zu Lasten der Kindergeldberechtigten** geht. Für eine Auslegung des § 2 Abs. 2 Satz 1 KAV in der Weise, daß der Kindergeldberechtigte in den angesprochenen Fällen einen unmittelbaren Anspruch gegen die Familienkasse hat, spricht auch die Regelung in § 2 Abs. 2 Satz 1, 2. Halbsatz KAV, wonach die Vorschrift des § 328 AO über die Zwangsmittel unberührt, d. h. anwendbar bleibt. Dies zeigt zudem, daß der private Arbeitgeber nicht ohne weiteres durch bloßes Nichtzahlen des Kindergeldes seine Verpflichtung zur Auszahlung des Kindergeldes unterlaufen kann. 331

Da die Rechtslage insoweit weiter klärungsbedürftig ist, sollte der Verordnungsgeber entsprechende, klarstellende Regelungen erlassen. Unklar ist vor allem, wie eine derartiger Anspruch gegen die Familienkasse geltend zu machen ist, insbesondere welche Voraussetzungen im einzelnen erfüllt sein müssen. Es wäre allerdings nicht in Einklang mit der Neuregelung des Kinderleistungsausgleichs und damit für den Kindergeldberechtigten auch nicht zumutbar, ihn zunächst auf den Zivilrechtsweg zu verweisen. 332

II. Die Familienkasse hat das Kindergeld an Dritte auszuzahlen

333 Die Familienkasse ist auch dann für die Auszahlung des Kindergeldes zuständig, wenn das Kindergeld ganz oder teilweise nach §§ 74 oder 76 EStG an Dritte auszuzahlen ist (§ 2 Abs. 3 KAV). Dies bedeutet: Die Familienkasse muß in diesem Fall nicht nur – teilweise – an den Dritten, sondern **auch an den berechtigten Arbeitnehmer zahlen.** Dies ergibt der Wortlaut der Vorschrift, die das konditionale *„wenn"* statt der restriktiven Konjunktion „soweit" verwendet und der Familienkasse die Auszahlungszuständigkeit *„allein"* zuweist.

Kapitel 6
Zahlung des Kindergeldes in Sonderfällen (§ 74 EStG)

A. Zielsetzung der Sonderregelung in § 74 EStG

Das Kindergeld soll die geminderte Leistungsfähigkeit von Personen mit Kindern steuerlich berücksichtigen. Es soll letzten Endes aber der Familie insgesamt (vgl. § 31 Satz 3 EStG), und zwar auch dem Ehegatten des Berechtigten und den Kindern selbst, die keinen eigenen Anspruch auf die Steuervergütung haben, zugute kommen. § 74 EStG ermöglicht es der Familienkasse, dieses Ziel zu verwirklichen, ohne daß die Angehörigen ihren Unterhalt gegenüber dem Kindergeldberechtigten vor dem Zivilgericht geltend machen müssen. Die Auszahlungsanordnung steht als selbständige Maßnahme neben den zivilrechtlichen Möglichkeiten zur Durchsetzung von Ansprüchen[210].

334

Im einzelnen betreffen die Regelungen

335

– die Auszahlung des Kindergeldes an eine andere Person als den Kindergeldberechtigten bei Verletzung der Unterhaltspflicht (§ 74 Abs. 1 EStG). Die Vorschrift entspricht § 48 SGB I;
– die Auszahlung des Kindergeldes bei Unterbringung des Kindergeldberechtigten in einer Anstalt oder Einrichtung (§ 74 Abs. 2 EStG). Die Norm entspricht § 49 SGB I;
– die Überleitung des Kindergeldanspruchs bei Unterbringung des Kindergeldberechtigten nach § 74 Abs. 2 EStG auf die Stelle, der die Kosten der Unterbringung zur Last fallen (§ 74 Abs. 3 und 4 EStG). Entsprechende Regelungen enthält § 50 SGB I;
– die weitere Anwendbarkeit von Vorschriften des SGB X (§ 74 Abs. 5 EStG)

B. Die Auszahlung bei Verletzung der Unterhaltspflicht

I. Die materiellen Voraussetzungen

1. Die Verletzung der Unterhaltspflicht

Materielle Voraussetzung ist die **Verletzung der Unterhaltspflicht gegenüber dem Ehegatten oder den Kindern** durch den Kindergeldberechtigten. Die gesetzliche Unterhaltspflicht ergibt sich gegenüber den Kindern aus §§ 1601 ff. BGB, dem Ehegatten gegenüber aus §§ 1360 ff. BGB, und zwar bei Bestehen der ehelichen Lebensgemeinschaft wie auch bei Getrenntleben der Ehegatten. Nicht unter § 74 Abs. 1 EStG fällt die Verletzung der Unterhalts-

336

---
[210] Vgl. auch Kasseler Kommentar, § 48 SGB I, Rdnr. 2 m. w. N.

pflicht gegenüber dem geschiedenen Ehegatten und der Mutter des nichtehelichen Kindes. Ob eine Unterhaltspflicht des Ehegatten besteht, hängt insbesondere von dessen Einkommen ab (siehe Rdnr. 339).

337 Der Berechtigte **verletzt** seine Unterhaltspflicht, wenn er dieser Pflicht nicht nachkommt. Eine einmalige Nichtzahlung reicht nicht ohne weiteres aus. Hinzukommen muß, daß aufgrund des konkreten Verhaltens zu erwarten ist, daß der Anspruchsinhaber auch in Zukunft nicht oder nur unvollständig Unterhalt leisten wird. Hiervon kann man regelmäßig ausgehen, wenn der Berechtigte den Unterhaltsanspruch bestreitet[211].

338 Die **Höhe der Unterhaltspflicht** ergibt sich häufig aus einem rechtskräftigen **Unterhaltstitel**. Erfüllt der Berechtigte den Unterhaltsanspruch entsprechend diesem Titel oder entsprechend einer dem gleichstehenden **Unterhaltsvereinbarung**[212], so kommt eine Auszahlung im Sinne von § 74 Abs. 1 EStG nicht in Betracht. Ohne derartige Bindungen des Berechtigten muß seine Unterhaltspflicht und ihre Höhe anhand der gebräuchlichen und allgemein anerkannten, insbesondere von der Rechtsprechung der Oberlandesgerichte entwickelten Orientierungshilfen ermittelt werden[213].

2. Bedürftigkeit der Angehörigen

339 Der unterhaltsberechtigte Angehörige muß außerstande sein, sich selbst zu unterhalten (s. § 1602 BGB). Diese Voraussetzung liegt vor, wenn er seinen notwendigen Lebensunterhalt nicht oder nicht ausreichend, vor allem aus seinem Einkommen und Vermögen, beschaffen kann[214].

3. Leistungsfähigkeit des Berechtigten nicht erforderlich

340 Gemäß § 74 Abs. 1 Satz 3 EStG ist die Auszahlung an die Angehörigen auch dann vorgesehen, wenn der Berechtigte selbst nicht leistungsfähig ist. Seine Leistungsfähigkeit, die Voraussetzung für seine Unterhaltspflicht ist (gegenüber Kindern besteht aber eine erhöhte Unterhaltspflicht, § 1603 Abs. 2 BGB), ist demnach keine Voraussetzung für eine Anordnung nach § 74 Abs. 1 EStG.

4. Verschulden

341 Verschulden des Berechtigten an dem Nicht-Gewähren des gesetzlich geschuldeten Unterhalts ist nicht erforderlich. Dies folgt bereits aus dem eindeutigen Wortlaut der Vorschrift („nicht nachkommt"). Maßgebend ist allein,

---

[211] Vgl. Kasseler Kommentar, § 48 SGB I, Rdnr. 8 m. w. N.
[212] *Palandt/Diederichsen*, a. a. O., Einf vor § 1601 Rdnr. 14.
[213] Vgl. z. B. die sog. Düsseldorfer Tabelle, *Palandt/Diederichsen*, a. a. O., § 1361 Rdnr. 49ff., § 1610 Rdnr. 1ff., § 1615f. Rdnr. 2. Die neue Düsseldorfer Tabelle gilt seit dem 1. 1. 1996.
[214] Vgl. Kasseler Kommentar, § 48 SGB I, Rdnr. 10 m. w. N.

daß der Berechtigte seiner Pflicht ganz oder teilweise **tatsächlich nicht nachkommt**[215].

II. Die Auszahlungsempfänger

Auszahlungsbegünstigt sind der **Ehegatte** des Berechtigten und die **Kinder**. Sie haben einen Anspruch auf ermessensfehlerfreie Entscheidung über die Auszahlung. Ihnen gegenüber muß der Berechtigte seiner Unterhaltspflicht nicht nachgekommen sein. An eine **dritte Person** oder eine **Stelle** kann Kindergeld nur dann ausgezahlt werden, wenn die dritte Person oder Stelle an die Angehörigen des Berechtigten tatsächlich Unterhalt gewähren (§ 74 Abs. 1 Satz 4 EStG). Dies bedeutet das Sicherstellen der Lebensbedürfnisse auch durch sächliche und persönliche Leistungen. In diesem Fall sind Ehegatte und Kinder nur tatsächlich begünstigt. Z. B. gewähren Pflegeeltern tatsächlichen Unterhalt, auch wenn sie vom Jugendamt aufgrund eines entsprechenden Pflegevertrags Pflegegeld erhalten[216]. Die Auszahlungsempfänger werden im folgenden als **Auszahlungsberechtigte** bezeichnet, um sie von den Berechtigten i. S. des § 62 EStG abzugrenzen, die – anders als die Auszahlungsberechtigten – zugleich Anspruchsinhaber sind.

342

III. Die Auszahlung in angemessener Höhe

Das Kindergeld kann in angemessener Höhe an die Auszahlungsberechtigten gezahlt werden. Das Tatbestandsmerkmal „angemessene Höhe" ist in Verbindung mit dem auf der Rechtsfolgeseite der Norm der Verwaltung eingeräumten Ermessen nicht uneingeschränkt überprüfbar (§ 102 FGO). Es gewährt einen **Beurteilungsspielraum** hinsichtlich der Höhe des an die Unterhaltsberechtigten oder die Dritten auszuzahlenden Betrages[217]. Dessen **Obergrenze** ergibt sich aus der Höhe der gesetzlich geschuldeten Unterhaltsleistung. Diese wiederum richtet sich nach den Vorschriften des BGB (siehe Rdnr. 336). Eine besondere Obergrenze gilt für die Auszahlung an Kinder. Kindergeld kann nach § 74 Abs. 1 Satz 2 EStG an Kinder, die bei der Festsetzung des Kindergeldes berücksichtigt werden, bis zur Höhe des Betrages, der sich bei entsprechender Anwendung des § 76 EStG ergibt, ausgezahlt werden. Unterhalb der Obergrenze ist der Auszahlungsbetrag nach den konkreten Einkommens-, Vermögens- und Lebensverhältnissen der Beteiligten festzulegen. Dabei sind die zum Unterhaltsrecht des BGB entwickelten Richtlinien der OLG („Düsseldorfer Tabelle" oder „Nürnberger Tabelle"[218]) heranzuziehen.

343

---

[215] Kasseler Kommentar, § 48 SGB I, Rdnr. 12 m. w. N.
[216] Kasseler Kommentar, § 48 SGB I, Rdnr. 13 m. w. N.
[217] So zutreffend Kasseler Kommentar, § 48 SGB I, Rdnr. 14 m. w. N.
[218] Siehe Rdnr. 205.

IV. Das Verfahren

1. Kein Antrag erforderlich

344 Ein Antrag der Auszahlungsberechtigten (Ehegatten, Kinder, Dritte im Sinne von § 74 Abs. 1 Satz 3 EStG) ist nicht erforderlich, wird aber regelmäßig gestellt werden. Der Antrag ersetzt nicht den Antrag des Berechtigten nach § 67 EStG. Er ist eine Anregung an die Behörde, auf der Grundlage von § 74 Abs. 1 EStG tätig zu werden. Die Familienkasse muß **von Amts wegen** tätig werden, wenn ihr ein Fall bekannt wird, in dem eine Auszahlung an einen Auszahlungsberechtigten in Betracht kommt. Dementsprechend muß die Behörde auch eigene Ermittlungen anstellen, wobei zumeist eine Anfrage bei anderen Behörden, etwa dem Jugendamt, zweckmäßig ist.

2. Die Zuständigkeit der Familienkasse

345 Zuständig für eine Auszahlung des Kindergeldes an Auszahlungsberechtigte ist die Familienkasse. Dies ergibt sich aus § 70 Abs. 1 Satz 1 EStG (siehe auch § 3 Abs. 3 KAV). Danach zahlt die Familienkasse das Kindergeld aus, soweit nichts anderes bestimmt ist. § 74 Abs. 1 EStG bestimmt nichts anderes. Deshalb bleibt es bei dem Grundsatz des § 70 Abs. 1 EStG.

V. Die Entscheidung der Familienkasse

346 Die Entscheidung der Familienkasse, ob das Kindergeld an einen Auszahlungsberechtigten gezahlt wird, ist eine **Ermessensentscheidung** („kann"), die dem Zweck des Familienleistungsausgleichs genügen muß, die Familie insgesamt und die Kinder zu fördern (vgl. auch § 31 Satz 2 EStG). Ermessensbindungen betreffen das Verfahren sowie den Inhalt der Anordnung. Ermessensfehlerhaft ist es z. B., Unterhaltsurteile der Zivilgerichte oder das Vorliegen der Voraussetzungen einer Abänderungsklage (§ 323 ZPO) außer Betracht zu lassen.

347 Die Familienkasse entscheidet durch Verwaltungsakt im Sinne des § 118 Abs. 1 AO darüber, ob sie das Kindergeld an Auszahlungsberechtigte im Sinne von § 74 Abs. 1 EStG zahlt. Die Anordnung der Familienkasse ist als **Verwaltungsakt mit Doppelwirkung** dem Berechtigten gegenüber ein belastender Verwaltungsakt, der eine vorherige Anhörung (§ 91 Abs. 1 AO) erfordert. Der Verwaltungsakt, der den Rechtsgrund für die Auszahlung an die Auszahlungsberechtigten bildet, muß dem Berechtigten wie auch dem Auszahlungsberechtigten bekanntgemacht werden; denn auch der Auszahlungsberechtigte ist von der Entscheidung i. S. von § 122 Abs. 1 AO „betroffen". Zwar bleibt das Stammrecht, der Anspruch auf das Kindergeld (siehe Rdnr. 118 ff., 342), beim Berechtigten; der Anspruch auf Auszahlung (siehe Rdnr. 342) wird jedoch *konstitutiv* auf den Auszahlungsberechtigten übertragen.

Die Entscheidung betrifft die Festsetzung von Kindergeld im Sinne des § 155 Abs. 6 AO. Sie muß deshalb gemäß § 157 AO **schriftlich** ergehen. Ferner muß sie eine Begründung enthalten, aus dem sich die maßgeblichen (Ermessens-)- Erwägungen entnehmen lassen (§ 121 AO). Die **Aufhebung der Auszahlungsanordnung** hat ebenfalls Doppelwirkung. Sie ist begünstigend gegenüber dem Berechtigten und belastend gegenüber dem Auszahlungsberechtigten. Entfällt das Stammrecht, so entfällt auch der Auszahlungsanspruch des Auszahlungsberechtigten. **348**

VI. Rechtsbehelf gegen die Entscheidung der Familienkasse

Der Berechtigte kann gegen die Anordnung **Einspruch** (§ 347 AO) einlegen; denn insoweit ist er in einem Recht (nämlich seinem Kindergeld-Stammrecht) betroffen. Der Auszahlungsberechtigte ist einspruchsbefugt, wenn die Auszahlungsanordnung aufgehoben wird; denn insoweit hat der Verwaltungsakt ihm gegenüber belastende Wirkung. **349**

C. Die Auszahlung bei Unterbringung

I. Kreis der Begünstigten ist weiter

Der Normzweck des § 74 Abs. 2 EStG, der die Auszahlung bei Unterbringung regelt, entspricht dem von § 74 Abs. 1 EStG. Anders als bei dieser Norm ist der **Kreis der Begünstigten weiter;** denn erfaßt werden alle Unterhaltsberechtigten (§§ 1601 ff. BGB), also z. B. auch Enkel, Eltern und Großeltern. Nicht erforderlich ist, daß der Berechtigte seiner Unterhaltspflicht nicht nachkommt. **350**

II. Materielle Voraussetzung: Die Unterbringung

Der Kindergeldberechtigte muß aufgrund richterlicher Anordnung länger als einen Kalendermonat in einer Anstalt oder Einrichtung untergebracht sein. Die richterliche Anordnung kann aufgrund von **Bundesrecht** (§§ 38, 63 bis 66 StGB; §§ 112 ff., 126 a StPO; § 37 BSeuchG, §§ 17 ff. GeschlechtskrankheitenG, § 57 AusländerG jeweils i. V. m. dem FreiheitsentziehungsG von 1956; § 42 SGB VIII; § 17 JGG; AuslieferungsG von 1929) oder **Landesrecht** (Unterbringungs- oder PsychKrankheitenG) erfolgen. Die richterliche Anordnung (also Urteil oder Beschluß) muß vorliegen. Die Dauer der Unterbringung muß (*voraussichtlich*) einen Kalendermonat übersteigen. Notwendig ist **351** eine Prognoseentscheidung bei einer Unterbringung ohne feste zeitliche Begrenzung[219].

III. Verfahren

352 Notwendig ist ein Antrag, und zwar vom Berechtigten oder von seinem Unterhaltsgläubiger. Der Antragsteller hat einen Rechtsanspruch auf Auszahlung an den Unterhaltsberechtigten; denn § 74 Abs. 2 EStG räumt der Familienkasse anders als Abs. 1 kein Ermessen ein. Bei mehreren Anträgen von Unterhaltsgläubigern hat die Familienkasse entsprechend dem Verhältnis der Unterhaltsansprüche zueinander den Anträgen stattzugeben. *Seewald*[220] will zu der entsprechenden Vorschrift im Sozialrecht (§ 49 SGB I) Abs. 1 Satz 2 entsprechend im Rahmen des Abs. 2 anwenden. Dies ist sinnvoll, um eine sachgerechte Aufteilung des Kindergeldes zu erreichen. Der Auszahlungsanspruch besteht nicht nur – wie bei § 74 Abs. 1 EStG – in angemessener, sondern in voller Höhe des Unterhaltsanspruchs.

D. Die Überleitung des Kindergeldanspruchs bei Unterbringung auf die Stelle, der die Kosten der Unterbringung zur Last fallen

I. Überleitung des Kindergeldes erfordert schriftliche Anzeige an die Familienkasse

353 § 74 Abs. 3 EStG ermöglicht es der Stelle, die mit den Kosten einer Unterbringung im Sinne des Abs. 2 dieser Vorschrift belastet ist, sich ohne den Umweg über den Untergebrachten (= Kindergeldberechtigten) dessen Anspruch auf Kindergeld zu beschaffen. Dabei soll sich diese Stelle nur in Höhe des entstandenen Aufwandes befriedigen können, wobei nach § 74 Abs. 4 EStG Unterhaltsberechtigte Vorrang haben[221].

II. Das Überleitungsverfahren

354 Zur **Überleitung** sind **berechtigt:**
– **Alle öffentliche Stellen** (z. B. die Träger von Strafvollzugsanstalten, Landeskrankenhäusern, Erziehungsheimen).
– **Privatrechtliche Träger** kommen als Berechtigte in Betracht, wenn sie mit der **Wahrnehmung bestimmter hoheitlicher Aufgaben** – etwa als Beliehene – betraut sind. Sie können dann funktionell begrenzt hoheitlich han-

---

[219] Zutr. Kasseler Kommentar, § 49 SGB I, Rdnr. 4 m. w. N.
[220] In Kasseler Kommentar, § 49 Rdnr. 5.
[221] Vgl. auch Kasseler Kommentar, § 50 SGB I, Rdnr. 2.

deln. Sie sind „Stelle" im Sinne des § 74 Abs. 3 EStG, wenn etwa der Berechtigte aufgrund richterlicher Anordnung bei ihnen eingewiesen ist (str.[222]).

Für die Überleitung bedarf es der schriftlichen Anzeige an die Familienkasse. Dabei handelt es sich um eine öffentliche-rechtliche Willenserklärung, die der Familienkasse zugehen muß (§ 130 BGB entsprechend). Die Unterbringungsstelle hat insoweit Ermessen, ob sie eine Überleitungsanzeige abgeben soll[223]. Die Anzeige ist im Verhältnis zum untergebrachten Berechtigten ein belastender Verwaltungsakt. Es bedarf demgemäß einer Bekanntgabe (§ 122 AO) und einer Anhörung (§ 91 Abs. 1 AO). Einspruch (§ 347 AO) ist statthaft. 355

III. Der Anspruch geht mit Zugang der Anzeige über

Der Anspruch des Berechtigten geht **mit** dem **Zugang** der Überleitungsanzeige an die Familienkasse auf die Stelle über, also nicht erst mit der Bekanntgabe an den untergebrachten Berechtigten. Erforderlich ist eine rechtlich fehlerfreie, wirksame Anzeige. 356

IV. Die Höhe des übergeleiteten Anspruchs

Der Anspruchsübergang ist nach § 74 Abs. 4 EStG auf **dreifache Weise beschränkt**. Die Anzeige bewirkt den Anspruchsübergang nach Abs. 3 des § 74 EStG nur insoweit, 357
– als das Kindergeld nicht an Unterhaltsberechtigte zu zahlen ist (1),
– der Kindergeldberechtigte die Kosten der Unterbringung zu erstatten hat (2) und
– die Leistung auf den für die Erstattung maßgebenden Zeitraum entfällt (3).

zu (1): Die Wirkung der Überleitungsanzeige ist insoweit beschränkt, als die Leistungen an den Berechtigten nicht ausreichen, sowohl die Kosten der Unterbringungsstelle zu decken als auch Unterhaltsleistungen zu erbringen. Die Leistungen an Unterhaltsberechtigte (§ 74 Abs. 1 EStG) sind vorrangig. Demnach kann die Überleitungsanzeige u. U. nur hinsichtlich eines Teils der Unterbringungskosten wirksam sein.

zu (2): Eine Überleitung kommt lediglich hinsichtlich der Kosten der Unterbringungsstelle in Betracht. Diese Kosten müssen tatsächlich angefallen sein. Überleitbar sind die angefallenen Kosten, die der Berechtigte zu erstatten hätte, z. B. gemäß § 10 JustizVerwKostO[224].

Leistungs- und Erstattungszeitraum müssen übereinstimmen. Die Anzeige 358

---

[222] Zum Streitstand siehe Kasseler Kommentar, § 50 SGB I, Rdnr. 4 m. w. N.
[223] Zur Ermessensausübung vgl. Kasseler Kommentar, § 50 SGB I, Rdnr. 14 m. w. N.
[224] Siehe auch Kasseler Kommentar, § 50 SGB I, Rdnr. 7 u. 10 m. w. N.

erfaßt nur solche Zahlungen an den Berechtigten, hinsichtlich der zeitgleich Erstattungsansprüche bestehen (sog. **Prinzip der zeitlichen Kongruenz**[225]).

E. Erstattungsansprüche der Leistungsträger untereinander

359 Gemäß § 74 Abs. 5 EStG gelten für Erstattungsansprüche der Träger von Sozialleistungen gegen die Familienkasse die §§ 102 bis 109 und 111 bis 113 des SGB X entsprechend[226].

---

[225] Vgl. Kasseler Kommentar, § 50 SGB I, Rdnr. 12.
[226] Siehe dazu im einzelnen die Erläuterungen dieser Vorschriften im Kasseler Kommentar Sozialversicherungsrecht.

Kapitel 7
Nachzahlung und Rückforderung von Kindergeld

A. Rückforderung durch die Familienkasse

I. Familienkasse nur subsidiär für die Rückforderung zuständig

Grundsätzlich ist für die Rückforderung von Kindergeld die Familienkasse 360
zuständig (§ 2 Abs. 2 Satz 2 KAV). Dies gilt aber nur vorbehaltlich des § 4
KAV. Das bedeutet: Die Nachzahlung und Rückforderung von Kindergeld
durch den **Arbeitgeber** gemäß § 4 KAV (siehe Rdnr. 365) ist **vorrangig**.

II. Zuständigkeit der Familienkasse dann gegeben, wenn Arbeitgeber das Kindergeld überhaupt nicht oder ohne Erfolg zurückfordert, und wenn die Familienkasse das Kindergeld selbst ausgezahlt hat

Die Familienkasse ist nur dann zuständig, wenn der Arbeitgeber ohne Erfolg 361
zuviel gezahltes Kindergeld nach Maßgabe des § 4 KAV zurückfordert, oder
wenn er von seinem Rückforderungsrecht keinen Gebrauch macht. Diese Fallgestaltung kann eintreten, wenn die Anspruchsvoraussetzungen der §§ 62, 63
EStG nicht gegeben sind und die Familienkasse ihre Kindergeld-Festsetzung
gemäß § 70 EStG nach § 173 AO ändert (vgl. Rdnr. 233). Stellt sie hingegen
eine neue Kindergeldbescheinigung nach § 1 Abs. 3 KAV aus (s. dazu
Rdnr. 296), so ist § 4 Nr. 1 KAV anwendbar.

Die Familienkasse ist ferner für die Rückforderung zuständig, wenn der 362
Arbeitgeber etwa bewußt von den Eintragungen auf der Kindergeldbescheinigung abgewichen ist (vgl. Rdnr. 301 f.). Das gleiche gilt, wenn die Familienkasse das Kindergeld ganz oder teilweise nach §§ 74 oder 76 EStG an Dritte
auszahlt.

III. Weitere Voraussetzungen für die Rückforderung

Voraussetzung für die Rückforderung ist gemäß § 37 Abs. 2 AO, daß die 363
Steuervergütung „Kindergeld" ohne rechtlichen Grund gezahlt worden ist.
Ohne rechtlichen Grund ist Kindergeld gezahlt, wenn die Voraussetzungen der
§§ 62 ff. EStG von vornherein nicht vorgelegen haben oder später weggefallen
sind (§ 37 Abs. 2 Satz 2 AO) **und** die Familienkasse eine entsprechende Festsetzung des Kindergeldes nach § 70 EStG geändert oder aufgehoben hat. Hierzu
ist sie nur berechtigt, wenn die Voraussetzungen der §§ 172 ff. AO oder des

§ 70 Abs. 2, 3 EStG vorliegen und eine dieser Vorschriften die Korrektur der ursprünglichen Festsetzung gestattet (siehe Rdnr. 233). Ist die Festsetzung nicht mehr änderbar, so ist die bestandkräftige Festsetzung der rechtliche Grund für das Behaltendürfen des Kindergeldes.

364 In den Fällen, in denen die Familienkasse für die Rückforderung des Kindergeldes zuständig ist, weil der Arbeitgeber von seinem Rückforderungsrecht gemäß § 4 KAV keinen Gebrauch machen will, nicht Gebrauch machen kann oder darf (er ist z. B. bewußt von den Eintragungen abgewichen), ist sie an die Eintragungen auf der Kindergeldbescheinigung gebunden, § 182 AO; denn die Eintragungen sind die gesonderte Feststellung von Besteuerungsgrundlagen i. S. von § 179 Abs. 1 AO (Rdnr. 290).

B. Nachzahlung und Rückforderung von Kindergeld durch den Arbeitgeber

I. Der Arbeitgeber ist zur Nachzahlung von Kindergeld verpflichtet, zur Rückforderung aber lediglich berechtigt

365 Gemäß § 4 KAV ist der Arbeitgeber bei der nächstfolgenden Auszahlung des Kindergeldes verpflichtet, zu wenig gezahltes Kindergeld nachzuzahlen und berechtigt, zuviel gezahltes Kindergeld zurückzufordern, wenn ihm der Arbeitnehmer eine Kindergeldbescheinigung mit Eintragungen vorlegt, die auf einen Zeitpunkt zur Vorlage der Kindergeldbescheinigung zurückwirken. Das gleiche gilt, wenn der Arbeitgeber erkennt, daß er abweichend von den Merkmalen einer ihm vorliegenden Kindergeldbescheinigung zu wenig oder zuviel Kindergeld ausgezahlt hat.

366 Die Vorschrift entspricht der Regelung in § 41c Abs. 1 EStG. Anders als nach § 41c EStG ist der Arbeitgeber indes nach § 4 KAV nicht nur berechtigt, Kindergeld nachzuzahlen, sondern er ist hierzu **verpflichtet.** Er ist aber **berechtigt,** zuviel gezahltes Kindergeld zurückzufordern. Die Vorschrift ist Ausprägung des Grundsatzes der Maßgeblichkeit der Kindergeldbescheinigung (sog. Bescheinigungsprinzip). Beides – sowohl Verpflichtung als auch Berechtigung des Arbeitgebers – besteht nur für Zeiträume, in denen ein Dienstverhältnis zu ihm bestanden hat.

Nachzahlungen und Rückforderungen für Zeiträume des abgelaufenen Kalenderjahres sind auch nach Ausstellen der Lohnsteuerbescheinigung für dieses Kalenderjahr zulässig und in der Lohnsteuer-Bescheinigung des Nachzahlungs- bzw. Rückforderungsjahrs zu erfassen (*Merkblatt* Rdnr. 61).

II. Zeitpunkt der Nachzahlung und der Rückforderung

§ 4 Nr. 1 KAV bestimmt den Zeitpunkt, ab dem der ArbG die geänderte **367** Eintragung berücksichtigen muß. Die Rückwirkung der Eintragungen auf den Zeitpunkt vor Vorlage der Kindergeldbescheinigung ergibt sich aus dem Inhalt der vorgelegten Bescheinigung. Die materielle Rechtsgrundlage hierzu ist § 66 Abs. 3 EStG (siehe Rdnr. 190 ff.) sowie § 1 Abs. 3 KAV. Die tatbestandlichen und verfahrensrechtlichen Voraussetzungen des § 4 KAV stimmen im wesentlichen mit § 41 c Abs. 1 EStG überein[227].

Liegen die Voraussetzungen des § 4 KAV nicht vor, ist etwa der Arbeitgeber **368** bewußt zugunsten seines Arbeitnehmers von den Eintragungen in der Kindergeldbescheinigung abgewichen (dann liegen die Rückforderungsvoraussetzungen des § 4 Nr. 2 KAV nicht vor[228]) oder macht er nicht von seinem Recht, zuviel gezahltes Kindergeld zurückzufordern Gebrauch, kommt eine Rückforderung des Kindergeldes vom Arbeitnehmer durch die Familienkasse in Betracht. Überdies haftet der ArbG für den ausgezahlten Betrag nach § 6 KAV i. V. m. § 42 d EStG, wenn er diesen abweichend von den Merkmalen in der Kindergeldbescheinigung ausgezahlt hat. Er haftet jedoch nicht, wenn er anzeigt, daß er von seinem Nachforderungsrecht nach § 4 KAV keinen Gebrauch macht (Rdnr. 365 f., 388).

Zu den **Anzeigenpflichten** des Arbeitgebers gegenüber der Familienkasse siehe Rdnr. 386 f.

---

[227] Wegen der Einzelheiten siehe *Blümich/Heuermann*, a. a. O., § 41 c EStG, Rdnr. 6 bis 20.
[228] Vgl. *Blümich/Heuermann*, a. a. O., § 41 c EStG, Rdnr. 12 m. w. N.

Kapitel 8
Besondere Mitwirkungspflichten
(Auskunfts-, Mitteilungs-, Bescheinigungspflichten; Auskunftsrechte)

A. § 68 EStG begründet besondere Mitwirkungspflichten für denjenigen, der Kindergeld beantragt

I. Die Mitteilungspflicht bei Änderungen in den Verhältnissen (§ 68 Abs. 1 EStG)

369 Nach der AO ist ein Steuerpflichtiger nicht verpflichtet, seine ursprünglich richtige Erklärung zu berichtigen, wenn diese durch Zeitablauf unrichtig geworden ist. Eine solche Pflicht ergibt sich nicht aus § 153 AO, weil sich Abs. 1 dieser Vorschrift nur auf Fälle bezieht, in denen die ursprüngliche Unrichtigkeit einer Erklärung nachträglich bekannt wird[229]. § 153 Abs. 2 AO greift nicht ein, weil es sich bei dem Kindergeld nicht um eine Steuerbefreiung, Steuerermäßigung oder Steuervergünstigung handelt, sondern um eine Steuervergütung, die der zutreffenden Besteuerung – der Berücksichtigung der durch Kinder geminderten Leistungsfähigkeit – dient[230].

370 Der Antragsteller muß danach ohne besondere Aufforderung Änderungen in den Verhältnissen, die für die Leistung erheblich sind oder über die im Zusammenhang mit der Leistung Erklärungen abgegeben worden sind, unverzüglich mitteilen. Erheblich in diesem Sinne sind Tatsachen, die die Voraussetzungen der §§ 62 ff. EStG betreffen, sowie ggf. geänderte Erklärungen, z. B. bei der Bestimmung des Berechtigten gemäß § 64 Abs. 2 EStG (*Beispiel:* Widerruf der Bestimmung, vgl. oben Rdnr. 123 ff.).

371 Die Kinder, für die Kindergeld begehrt wird, sind dagegen nicht verpflichtet, von sich aus etwaige Änderungen im vorstehenden Sinn mitzuteilen. Sie sind jedoch gemäß § 68 Abs. 1 Satz 2 EStG **auf Verlangen** der Familienkasse verpflichtet, bei der Sachverhaltsermittlung mitzuwirken (siehe Rdnr. 105 ff.). Dies berechtigt die Familienkassen jedoch nicht, *schematisch* – ohne entsprechende Anhaltspunkte – die Kinder aufzufordern, mitzuteilen, ob sich bedeutsame Änderungen ergeben haben.

---

[229] Vgl. *Tipke/Kruse*, a. a. O., § 153 AO, Rdnr. 3 ff. m. w. N.
[230] So Bericht des Finanzausschusses des Deutschen Bundestags, BT-Drucks. 13/1558, S. 161. § 68 Abs. 1 EStG ist § 60 Abs. 1 Nr. 2 SGB I nachgebildet.

II. Verletzung der Mitwirkungspflicht kann zu Schadensersatzansprüchen führen

Eine Verletzung der Mitwirkungspflicht kann nicht nur zur Rückzahlung bereits erhaltenen Kindergeldes führen. Die Einhaltung dieser Pflicht wird zudem durch § 823 Abs. 2 BGB sanktioniert; denn § 68 Abs. 2 EStG ist Schutzgesetz im Sinne des § 823 Abs. 2 BGB; eine Verletzung der Mitwirkungspflicht kann daher zu Schadensersatzansprüchen führen[231]. Eine Sanktion gemäß § 66 Abs. 1 SGB I, wonach der Leistungsträger bei Verletzung von Mitwirkungspflichten ohne weitere Ermittlungen die Leistung bis zur Nachholung der Mitwirkung ganz oder teilweise versagen oder entziehen kann, kommt nicht in Betracht. Die §§ 62 ff. EStG enthalten keine entsprechende Vorschrift.

372

B. Auskunftspflichten des Arbeitgebers eines Kindes (§ 68 Abs. 2 EStG)

I. Auskunftspflichten treffen nur den Arbeitgeber eines Kindes

Nach § 68 Abs. 2 EStG muß der jeweilige Arbeitgeber der in § 63 EStG bezeichneten Personen, d. h. der Kinder, für die Kindergeld begehrt wird, der Familienkasse auf Verlangen eine **Bescheinigung** über den Arbeitslohn, einbehaltene Steuern und Sozialabgaben sowie den auf der Lohnsteuerkarte eingetragenen Freibetrag ausstellen. Die Regelung entspricht dem bisherigen § 19 Abs. 2 BKGG a. F. und dient dazu, festzustellen, ob das Kind die in § 32 Abs. 4 EStG Einkunfts-/Bezügegrenze überschritten hat (siehe Rdnr. 84 ff.). Einer Zustimmung des Kindes bedarf es hierzu nicht.

373

II. Vorlage der Bescheinigung des Arbeitgebers nur auf Verlangen

Der Arbeitgeber muß diese Bescheinigung nicht von sich aus, d. h. aus eigener Initiative ausstellen; es bedarf vielmehr eines Verlangens der zuständigen Familienkasse, also einer entsprechenden Aufforderung. Nach dem Verhältnismäßigkeitsgrundsatz (Gebot des Interventionsminimums) entfällt die Auskunftspflicht, wenn sich die Familienkasse die erforderlichen Kenntnisse auf andere Weise durch geringeren Aufwand beschaffen kann. Dies beruht auf der Anwendung des allgemeinen Verhältnismäßigkeitsgrundsatzes, der auch ohne ausdrückliche gesetzliche Regelung bei jedem Verwaltungshandeln und damit auch im Rahmen des § 68 Abs. 2 zu beachten ist (vgl. auch § 65 Abs. 1 Nr. 3

374

---

[231] So zutr. *Wickenhagen/Krebs*, a.a.O., zu § 19 BKGG a. F.

SGB I[232]). Im übrigen gelten ergänzend die Rechtsgrundsätze des § 93 AO (Auskunftspflichten).

III. Die Vorschrift des § 68 Abs. 2 EStG ist eng auszulegen

375 Die Familienkasse kann die Bescheinigung jedoch nur verlangen, soweit es zur Durchführung des § 63 EStG „erforderlich" ist. Dies bedeutet, daß die Familienkasse die Bescheinigung nur fordern kann, wenn entsprechender konkreter Anlaß dazu besteht, nicht jedoch generell in jedem Fall, in dem ein Kind Arbeitslohn bezieht. Die Vorschrift ist insbesondere auch deshalb eng auszulegen, weil der Gesetzgeber der Familienkasse in bezug auf andere als Arbeitseinkünfte keinen Anspruch auf Vorlage entsprechender Belege einräumt, z. B. auf Vorlage von Bankbescheinigungen.

376 Andere als die in § 68 Abs. 2 EStG aufgeführten Angaben kann die Familienkasse nicht vom Arbeitgeber des Kinder beanspruchen, insbesondere beispielsweise nicht die Vorlage des Arbeits- oder Ausbildungsvertrags des Kindes.

C. Die das Kindergeld auszahlende Stelle hat auf Antrag eine Bescheinigung über das ausgezahlte Kindergeld zu erteilen (§ 68 Abs. 3 EStG)

377 Nach § 68 Abs. 3 EStG erteilt die das Kindergeld auszahlende Stelle auf Antrag des Berechtigten eine **Bescheinigung** über das im Kalenderjahr ausgezahlte Kindergeld.

378 Die Bescheinigung soll deshalb nur auf Antrag ausgestellt werden, weil die Höhe des ausgezahlten Kindergeldes nur in wenigen Fällen im Besteuerungsverfahren von Bedeutung ist. Bedeutsam kann die Höhe des ausgezahlten Kindergeldes allerdings bei der Anrechnung gemäß § 36 Abs. 2 Satz 1 EStG sein; denn danach wird das Kindergeld im entsprechenden Umfang der Einkommensteuer hinzugerechnet.

379 Auszahlende Stelle im Sinne des § 68 Abs. 3 EStG ist die **Familienkasse** (einschließlich der nach § 72 Abs. 1 Satz 2 EStG als Familienkasse geltenden Körperschaften, Anstalten oder Stiftungen des öffentlichen Rechts) oder der **Arbeitgeber** i. S. des § 73 EStG.

D. Auskunftsrecht der Familienkasse (§ 68 Abs. 4 EStG)

379a Um die Familienkassen in die Lage zu versetzen, den die Bezüge im öffentlichen Dienst anweisenden Stellen Auskunft über den für die jeweilige Kinder-

---

[232] So auch BMF-Schreiben vom 24. 9. 1987 (sog. AO-Anwendungserlaß), BStBl I 87, 664, 687 zu § 88; vgl. eingehend auch *Tipke/Kruse* § 88 AO Rdnr. 6a.

geldzahlung maßgebenden Sachverhalt zu erteilen, bedurfte es einer ausdrücklichen Regelung; denn ohne eine solche wären die Familienkassen durch das Steuergeheimnis (§ 30 AO) am Erteilen von Auskünften gehindert. Dem hat der Gesetzgeber durch Schaffung des § 68 Abs. 4 EStG im Rahmen des JStErgG 1996 Rechnung getragen[233]. Den Besoldungsbehörden wird es damit erleichtert, die Bezüge von Bediensteten, insbesondere von solchen mit Kindern, zutreffend festzusetzen.

---

[233] Siehe BT-Drucks. 13/3084, *zu Art. 1, zu Nr. 15.*

Kapitel 9
Pflichten des privaten Arbeitgebers

A. Aufzeichnungs-, Aufbewahrungs- und Bescheinigungspflichten des privaten Arbeitgebers

I. Eintragungen im Lohnkonto

380 § 5 KAV regelt Aufzeichnungs-, Aufbewahrungs- und Bescheinigungspflichten. Nach Abs. 1 dieser Vorschrift sind die für die Kindergeldzahlung maßgeblichen Merkmale aus der Kindergeldbescheinigung in das Lohnkonto (§ 41 Abs. 1 EStG) zu übertragen (Kindergeldnummer, Ausstellungsdatum der Bescheinigung). Bei jeder Auszahlung ist das Kindergeld (Zeiträume und Beträge) im Lohnkonto des Kalenderjahres einzutragen, zu dem der Arbeitslohn gehört, mit dem zusammen das Kindergeld ausgezahlt wird (§ 5 Abs. 1 Satz 2 KAV). Ist ein Lohnkonto nicht zu führen[234], sind entsprechende Aufzeichnungen zu machen (§ 5 Abs. 5 Satz 3 KAV).

II. Aufbewahrung der Kindergeldbescheinigung

1. Kindergeldbescheinigung ist als Beleg zum Lohnkonto zu nehmen und aufzubewahren

381 § 5 Abs. 2 KAV schreibt vor, daß die Kindergeldbescheinigung als **Beleg** zum Lohnkonto zu nehmen und aufzubewahren ist. An den Arbeitnehmer hat der Arbeitgeber die Kindergeldbescheinigung herauszugeben, wenn
– das Dienstverhältnis beendet worden ist,
– der Arbeitgeber kein Kindergeld auszahlt oder
– der Arbeitnehmer die Herausgabe der Kindergeldbescheinigung verlangt, um sie einem anderen Arbeitgeber vorlegen zu können.
Nach Ablauf der Monate, für die in der Kinderbescheinigung Zahlungen angegeben sind, bleibt diese Bescheinigung beim Lohnkonto. Sie ist auch dann nicht an den Arbeitnehmer herauszugeben, wenn dieser eine Kindergeldbescheinigung für die Folgemonate vorlegt.

382 Legt der Arbeitnehmer dem Arbeitgeber eine Kindergeldbescheinigung vor, in der die dem Arbeitnehmer bisher vorliegende Kindergeldbescheinigung für ungültig erklärt wird (siehe § 1 Abs. 3 KAV und dazu Rdnr. 294f.) hat der

---

[234] Siehe zu den Voraussetzungen im einzelnen *Blümich/Heuermann*, a.a.O., § 41 EStG, Rdnr. 21 bis 23.

Arbeitgeber nach § 5 Abs. 2 Satz 2 KAV entweder die für ungültig erklärte und entsprechend entwertete Kindergeldbescheinigung der Familienkasse zu übersenden, die die neue Kindergeldbescheinigung ausgestellt hat, oder die für ungültig erklärte Bescheinigung zu entwerten und an den Arbeitnehmer herauszugeben. Auf Verlangen der Familienkasse hat der Arbeitgeber die Kindergeldbescheinigung nach § 5 Abs. 2 Satz 4 KAV an diese zu übersenden.

2. Die Höhe des Kindergeldes ist in die Lohnsteuerbescheinigung und die Lohnabrechnung einzutragen

Bei Beendigung des Dienstverhältnisses oder am Ende des Kalenderjahres hat der Arbeitgeber nach § 5 Abs. 3 KAV aufgrund der Eintragungen im Lohnkonto den Kalendermonat, für den zuletzt Kindergeld ausgezahlt worden ist und die Höhe des insgesamt ausgezahlten Kindergeldes in die **Lohnsteuerbescheinigung** (§ 41b Abs. 1 EStG) einzutragen. In der (Zwischen-)Bescheinigung nach § 41b Abs. 1 Satz 6 EStG ist der Kalendermonat einzutragen, für den zuletzt Kindergeld ausgezahlt worden ist. 383

In der **Lohnabrechnung,** die dem Arbeitnehmer erteilt wird, ist das Kindergeld getrennt vom Arbeitslohn und den Lohnabzugsbeträgen auszuweisen.

3. Der Arbeitgeber hat die Kindergeldbescheinigung dem Arbeitnehmer auszuhändigen, wenn er das Kindergeld nicht selbst auszahlt

Zahlt der Arbeitgeber Kindergeld nicht aus, hat er dies nach § 5 Abs. 4 KAV dem Arbeitnehmer **mitzuteilen.** Dieser erhält dann das Kindergeld von der Familienkasse (Rz. 330f.). Liegt dem Arbeitgeber bereits eine Kindergeldbescheinigung für den Arbeitnehmer vor, hat er diesem die Bescheinigung auszuhändigen (§ 5 Abs. 4 Satz 2 KAV) und außerdem darin zu bescheinigen, ob und für welchen Monat zuletzt Kindergeld ausgezahlt worden ist. 384

Diese Bescheinigungspflicht gilt auch bei Herausgabe der Kindergeldbescheinigung nach § 5 Abs. 2 Satz 2 KAV. Die Aufzeichnungspflicht ist bedeutsam für die Auszahlungspflicht des neuen Arbeitgebers gemäß § 2 Abs. 1 Satz 2 KAV (siehe i. e. Rdnr. 306f.). 385

4. Anzeigepflichten des Arbeitgebers gegenüber der Familienkasse

Der Arbeitgeber hat der Familienkasse, die die Kindergeldbescheinigung ausgestellt hat, nach § 5 Abs. 5 KAV die Fälle unverzüglich[235] schriftlich **anzuzeigen,** in denen er von seiner Berechtigung zur Rückforderung des Kindergeldes nach § 4 KAV keinen Gebrauch macht oder Kindergeld nicht mehr zurückfordern kann. 386

In der Anzeige hat der Arbeitgeber die **Kindergeldnummer** des Arbeitnehmers und den zurückzufordernden Betrag anzugeben. Diese Anzeigepflicht ist 387

---

[235] Vgl. dazu *Blümich/Heuermann,* a. a. O., § 41c EStG, Rdnr. 32.

bedeutsam für die Rückforderung des Kindergeldes durch die Familienkasse nach § 2 Abs. 2 Satz 2 KAV i. V. m. § 37 Abs. 2 AO; denn diese ist nur vorbehaltlich des § 4 KAV und damit nur dann hierfür zuständig, wenn der Arbeitgeber sein Rückforderungsrecht nicht wahrnimmt oder nicht wahrnehmen kann. Überdies schließt § 5 Abs. 5 KAV ebenso wie etwa eine Anzeige nach § 41c Abs. 4 im Lohnsteuerrecht eine Haftung des Arbeitgeber nach § 6 KAV aus[236].

5. Verdienstbescheinigungen für Entgeltersatzleistungen

387a   In den Verdienstbescheinigungen für die Sozialversicherungsträger zur Berechnung von Entgeltersatzleistungen (z. B. Krankengeld) hat der Arbeitgeber sowohl das Brutto- als auch das Nettoarbeitsentgelt ohne Berücksichtigung des gezahlten und in der Lohnsteuer-Anmeldung abgesetzten Kindergelds einzutragen (siehe *Merkblatt* Rdnr. 70).

---

[236] Vgl. zur Anzeige im einzelnen *Blümich/Heuermann*, a.a.O., § 41c EStG, Rdnr. 32ff. m.w.N.

Kapitel 10
Haftung des Arbeitgebers und Außenprüfung

Der Arbeitgeber haftet für abweichend von den Merkmalen der ihm vorgelegten Kindergeldbescheinigung ausgezahltes Kindergeld (§ 6 Satz 1 KAV). Auch hier gilt das Bescheinigungsprinzip. Der Arbeitgeber haftet nicht, soweit Kindergeld in den von ihm nach § 5 Abs. 5 KAV angezeigten Fällen von der Familienkasse zurückzufordern ist (vgl. näher Rdnr. 386f. m.w.N.). 388

Für seine Inanspruchnahme ist § 42d EStG entsprechend anzuwenden (§ 6 Satz 3 KAV)[237]. Sachlich zuständig ist das **Betriebsstätten-Finanzamt**. Diese Finanzbehörde prüft auch die ordnungsgemäße Auszahlung des Kindergeldes nach § 42f EStG[238].

Die ordnungsgemäße Auszahlung des Kindergeldes und dessen Absetzung in der Lohnsteuer-Anmeldung überprüft das Betriebsstätten-Finanzamt im Rahmen der Lohnsteuer-Außenprüfung. 389

---

[237] Siehe dazu im einzelnen *Blümich/Heuermann*, a.a.O., § 42d EStG, Rdnr. 48ff.
[238] Siehe dazu *Blümich/Heuermann*, a.a.O., § 42f Rdnr. 18ff.

Kapitel 11
Überprüfung des Fortbestehens von Anspruchsvoraussetzungen durch Meldedaten-Übermittlung

A. § 69 EStG ermöglicht die von Amts wegen gebotene Überprüfung der Richtigkeit der geltend gemachten Ansprüche auf Kindergeld

390 Die Regelung entspricht § 21 des bisherigen BKGG. Ohne sie wäre eine doppelte Zahlung von Kindergeld in verschiedenen Bundesländern für dasselbe Kind nicht auszuschließen[239].

B. Die Übertragung der Daten im einzelnen

I. Übertragung nach Maßgabe des Melderechtsrahmengesetzes (MRRG)

391 Die Daten werden gemäß § 69 EStG nach Maßgabe einer aufgrund von § 20 Abs. 1 MRRG zu erlassenden Rechtsverordnung übertragen. Hierbei handelt es sich um die Zweite Meldedaten-Übermittlungsverordnung des Bundes (2. BMeldDÜV) vom 26. 6. 1984[240].

§ 69 EStG erlaubt lediglich die Weitergabe solcher in § 18 Abs. 1 MRRG genannter Daten durch die Meldebehörden, die ihrer Art nach für die Prüfung der Rechtmäßigkeit des Bezugs von Kindergeld geeignet sind.

II. Die einzelnen übertragbaren Daten

392 § 18 Abs. 1 MRRG enthält folgende Daten:
– Vor- und Familiennamen, frühere Namen, akademische Grade, Ordensnamen, Künstlernamen,
– Anschriften, Tag des Ein- und Auszugs,
– Tag und Ort der Geburt, Geschlecht,
– gesetzlicher Vertreter,
– Staatsangehörigkeit, Familienstand,
– Übermittlungssperren sowie
– Sterbetag und Sterbeort.

---

[239] Siehe Bericht des Finanzausschusses des Deutschen Bundestags, BT-Drucks. 13/1558, S. 161.
[240] BGBl I 1984, 810, zuletzt geändert durch Gesetz vom 18. 12. 1989, BGBl I 1989, 2261.

III. Die für die Kindergeldabgleichung erheblichen Daten

In § 3 der 2. BMeldDÜV hat die Bundesregierung festgelegt, welche dieser **393** Daten sie als erheblich betrachtet und deshalb von der sogenannten Kindergeldabgleichsmitteilung erfaßt sehen will:
 Gemäß § 3 Abs. 2 der 2. BMeldDÜV wird von den Einwohnern, zu deren Personen auch Daten minderjähriger Kinder gespeichert sind, der Familienname (nur die ersten fünf Buchstaben ohne Namensbestandteile) sowie der Tag der Geburt und die Anschrift (nur Gemeindeschlüssel) übermittelt. Von den Minderjährigen, die bei diesen Einwohnern gemeldet sind, ist gemäß § 3 Abs. 3 2. MeldDÜV lediglich der Tag der Geburt zu übermitteln; ist das Kind allerdings seit der letzten Kindergeldabgleichsmitteilung verstorben, ist auch der Sterbetag zu übermitteln.

IV. Art und Weise der Datenübermittlung

1. Übermittlung in regelmäßigen Abständen

Der Begriff der „*regelmäßigen Abstände*" in § 69 EStG ist durch § 3 Abs. 2 **394** 2. BMeldDÜV ausgefüllt:
 Die Daten sind einmal **jährlich zum 20. Oktober** nach dem Stand des Melderegisters vom 20. September desselben Kalenderjahres zu übermitteln. Die Datenübermittlung geschieht in der Regel auf Magnetband oder Diskette (vgl. im einzelnen §§ 5 ff. der 2. BMeldDÜV).

2. Pflicht zur Datenübermittlung nur soweit diese in automatisierter Form durchführbar

Eine Datenübermittlungspflicht der Meldebehörde besteht nur dann, wenn **395** dies in automatisierter Form durchgeführt werden kann (§ 3 Abs. 1 der 2. BMeldDÜV).
 Erhalten Meldebehörden, die die Datenübermittlung nicht in automatisierter Form erledigen, von den Familienkassen zur Prüfung der Rechtmäßigkeit des Bezugs von Kindergeld Daten, haben sie diese innerhalb eines Monats auf ihre Übereinstimmung mit den Melderegisterdaten hin zu überprüfen, Änderungen oder Abweichungen mitzuteilen und die Daten an die absendende Stelle zurückzusenden (§ 3 Abs. 4 der 2. BMeldDÜV).

Kapitel 12
Aufrechnung und Pfändungsschutz

A. Aufrechnung mit Ansprüchen auf Rückzahlung von Kindergeld sowie auf Erstattung von Kindergeld durch die Familienkasse

I. Regelungsinhalt des § 75 EStG; der Begriff der Aufrechnung

396 § 75 EStG regelt Besonderheiten bei der Aufrechnung mit Ansprüchen auf Rückzahlung von Kindergeld sowie bei der Aufrechnung eines Anspruchs auf Erstattung von Kindergeld durch die Familienkasse. Die Vorschrift war erforderlich, um den bisherigen (sozialrechtlichen) Rechtszustand beizubehalten[241].

Sie erfaßt nur die Aufrechnung durch die Familienkasse *gegen* Ansprüche des Berechtigten auf Kindergeld, nicht aber die Aufrechnung durch den Berechtigten oder durch die Familienkasse gegenüber einem anderen Leistungsträger; diese richtet sich nach allgemeinen Rechtsvorschriften (§ 226 Abs. 1 AO i. V. m. §§ 398 ff. BGB). § 75 EStG ist anzuwenden, wenn es sich bei der Hauptforderung um einen Anspruch auf das laufende Kindergeld und bei der Gegenforderung, *mit der* die Familienkasse aufrechnet, um einen Rückforderungs- oder Erstattungsanspruch handelt.

397 Aufrechnung ist die durch einseitige empfangsbedürftige Willenserklärung bewirkte wechselseitige Tilgung zweier sich gegenüberstehender aufrechenbarer Forderungen[242]. Die Vorschriften des BGB zur Aufrechnung (§§ 387 ff.) sind entsprechend anwendbar.

II. Die Aufrechnung im einzelnen

1. Die Voraussetzungen der Aufrechnung

398 Rückforderungs- und Erstattungsansprüche ergeben sich aus § 37 Abs. 2 AO, wenn die Familienkasse oder der Arbeitgeber Kindergeld ohne Rechtsgrund ausgezahlt hat (vgl. dazu im einzelnen Rdnr. 360 ff. m. w. N.). Die übrigen Voraussetzungen für eine wirksame Aufrechnung, wie Gleichartigkeit, Gegenseitigkeit sowie Fälligkeit und Erfüllbarkeit der Forderungen liegen in den Fällen des § 75 Abs. 1 und 2 EStG vor.

399 Abs. 2 des § 75 EStG bildet indes eine Ausnahme von der Voraussetzung

---

[241] So Bericht des Finanzausschusses des Deutschen Bundestags, BT-Drucks. 13/1558, S. 162.
[242] Vgl. *Palandt/Heinrichs,* a. a. O. § 387 BGB, Rdnr. 1.

der Gegenseitigkeit; denn diese Vorschrift läßt eine Aufrechnung auch gegen einen späteren Kindergeldanspruch des nicht dauernd von dem Erstattungspflichtigen getrennt lebenden Ehegatten zu.

2. Die Höhe der Aufrechnung

Grenzen der Aufrechnung sind die **Hälfte des Anspruchs** auf das laufende Kindergeld und die ggf. vorher eintretende **Hilfebedürftigkeit** i. S. der §§ 11 ff. des Bundessozialhilfegesetzes (BSHG); denn aufrechnen darf die Familienkasse überhaupt nur, *soweit* der Berechtigte nicht hilfebedürftig im Sinne der Vorschriften des BSHG über die Hilfe zum Lebensunterhalt wird. Hilfebedürftigkeit i. S. des BSHG liegt nicht nur vor, wenn sie als Folge der Aufrechnung erstmals eintritt, sondern auch dann, wenn sie schon besteht und durch die Aufrechnung noch *verstärkt* wird. Für die Beurteilung der Hilfebedürftigkeit i. S. der §§ 11 ff. BSHG sind die Regelsätze nach § 22 BSHG ggf. zuzüglich des Mehrbedarfs nach §§ 23, 24 BSHG und unter Anrechnung von sonstigen Einkommen und Vermögen des Berechtigten maßgeblich. Decken diese Einnahmen zusammen mit der anrechnungsfreien Hälfte nicht den Bedarf des Berechtigten im Sinne des BSHG, so erhöht sich die Aufrechnungsgrenze um den Fehlbetrag[243]. 400

3. Die Aufrechnungserklärung

Gemäß § 388 Satz 1 BGB bedarf es einer Aufrechnungserklärung der Familienkasse gegenüber dem Berechtigten, um die Wirkungen der Aufrechnung eintreten zulassen. Die Aufrechnungserklärung ist eine formfreie einseitige empfangsbedürftige Willenserklärung, die gemäß § 388 Satz 2 BGB nicht unter einer Bedingung oder Zeitbestimmung abgegeben werden darf. Sie ist eine **verwaltungsrechtliche Willenserklärung** und kein Verwaltungsakt gemäß § 118 AO. Die Familienkasse hat bei der Ausübung der Aufrechnungsbefugnis einen **Ermessensspielraum**[244]. 401

III. Die Wirkung der Aufrechnung

Die Aufrechnung bewirkt das **Erlöschen** der sich gegenüber stehenden aufrechenbaren Forderungen, soweit sie sich betragsmäßig decken, § 47 AO. Die Forderungen gelten in dem Zeitpunkt als erloschen, in dem sie erstmals zur Aufrechnung geeignet einander gegenüberstanden. Die **Rückwirkung** bedingt, daß von diesem Zeitpunkt keine Säumniszuschläge zu erheben sind; bereits gezahlte Säumniszuschläge sind zu erstatten[245]. 402

Hält der Berechtigte die Aufrechnung der Familienkasse für unwirksam, 403

---

[243] Vgl. Kasseler Kommentar, § 51 SGB I, Rdnr. 18f. m. w. N.
[244] Vgl. Kasseler Kommentar, § 51 SGB I, Rdnr. 22.
[245] Vgl. eingehend *Tipke/Kruse*, a. a. O., § 226 AO Rdnr. 20 m. w. N.

muß er – weil die Aufrechnung kein Verwaltungsakt ist – einen **Abrechnungsbescheid** (§ 218 Abs. 2 AO) beantragen. Gegen diesen ist nach § 347 AO der Einspruch statthaft[246].

B. Der Pfändungsschutz

I. Kindergeld nur eingeschränkt pfändbar

404 § 76 EStG konstruiert für das Kindergeld einen **besonderen Pfändungsschutz**. Die Vorschrift soll sicherstellen, daß Kindergeld wie bisher nach den sozialrechtlichen Vorschriften (vgl. § 54 Abs. 5 SGB I) nur eingeschränkt pfändbar ist[247]. Insbesondere können die Finanzbehörden – wie bisher auch – den Kindergeldanspruch nicht pfänden. Dies ergibt sich aus § 76 EStG i. V. m. § 319 AO.

405 Der Anspruch auf Kindergeld kann *nur* wegen gesetzlicher Unterhaltsansprüche eines Kindes, das bei der Festsetzung des Kindergeldes berücksichtigt wird, gepfändet werden. Damit stellt der Gesetzgeber sicher, daß dem Kind, obwohl es steuerrechtlich nicht Berechtigter dieser Leistungen ist, dennoch unmittelbar in den Genuß der ihm zugedachten Leistungen kommt. Die Pfändung ist für sonstige Gläubiger des Berechtigten und damit auch für die Finanzbehörden ausgeschlossen.

II. Auch Zahlkinder und Zählkinder können pfänden

406 Zugleich stellt das Gesetz klar, in welchem Umfang sowohl Zahlkinder als auch Zählkinder (zu den Begriffen siehe Rdnr. 59) pfänden können[248].

---

[246] Vgl. eingehend *Tipke/Kruse,* a.a.O., § 226 AO Rdnr. 21ff.
[247] Siehe Bericht des Finanzausschusses des Deutschen Bundestags, BT-Drucks. 13558, S. 162.
[248] Vgl. eingehend *Wickenhagen/Krebs,* a.a.O., § 12 Rdnr. 235ff.; siehe auch Kasseler Kommentar, § 54 SGB I Rdnr. 43f.

Kapitel 13
Erstattung von Kosten im Vorverfahren

A. Erstattung eigener Aufwendungen im Vorverfahren (§ 77 Abs. 1 EStG)

I. Ausdrückliche Regelung über die Kostenerstattung erforderlich

Anders als das außergerichtliche Rechtsbehelfsverfahren nach der AO im allgemeinen sieht § 77 EStG grundsätzlich eine Erstattung von Kosten im außergerichtlichen Rechtsbehelfsverfahren im Zusammenhang mit der **Kindergeldfestsetzung** vor. Damit wird eine Schlechterstellung gegenüber dem bisherigen Recht, die ohne die Regelung des § 77 EStG eingetreten wäre, vermieden. Die Regelung entspricht dem bislang für das Kindergeld geltenden § 63 SGB X[249].

407

Soweit sich der Kindergeldberechtigte mit dem Einspruch gegen den seiner Ansicht nach unzutreffenden Ansatz des Kindergeldes im Rahmen der **Einkommensteuerveranlagung** wendet, verbleibt es bei den allgemeinen Rechtsgrundsätzen der AO: keine Erstattung der Kosten in diesem Verfahren.

II. Das Vorverfahren

§ 77 EStG betrifft **nur die Kosten des Vorverfahrens.** Dies ist das außergerichtliche Rechtsbehelfsverfahren (Einspruchsverfahren) der §§ 347 ff. AO, nicht aber das Verfahren der sog. „schlichten" Änderung gemäß § 172 Abs. 1 Satz 1 Nr. 2 Buchst. a AO. § 77 EStG gilt nicht nur für das isolierte Vorverfahren, dem sich kein Klageverfahren anschließt. Zwar regelt § 139 Abs. 3 Satz 3 FGO die Kosten des Vorverfahrens, aber *nur* das der gegenwärtigen Klage vorangegangene (und damit erfolglose) Vorverfahren. Hatte der Kläger z. B. bereits im Vorverfahren teilweise Erfolg, so kann der wegen des Restes mit Klage fortgeführte Teil Gegenstand einer Entscheidung nach § 139 Abs. 3 Satz 3 FGO sein[250]. Im übrigen – soweit der Kläger bereits im Vorverfahren erfolgreich war – bedarf es aber der Regelung des § 77 EStG. Überdies muß die Grundentscheidung, ob Kosten des Vorverfahrens bereits im Vorverfahren zu erstatten sind, bereits in der Einspruchsentscheidung getroffen werden.

408

---

[249] Siehe Bericht des Finanzausschusses des Deutschen Bundestags, BT-Drucks. 13/1558, S. 162.
[250] Vgl. eingehend *Gräber/Ruban*, a. a. O., § 139 Rdnr. 28 ff.

III. Erfolgreicher Einspruch vorausgesetzt

1. Der Verfahrenserfolg muß auf dem Einspruch beruhen

409 Der Einspruchsführer hat nur einen Anspruch auf Kostenerstattung, soweit der Einspruch erfolgreich ist. Die restriktive Konjunktur „*soweit*" macht deutlich, daß § 77 EStG nicht auf die Fälle beschränkt ist, in denen die angefochtene Kindergeldfestsetzung im beantragten Umfang geändert wird, sondern auch dann besteht, wenn der Einspruch nur teilweise Erfolg hat. Es bedarf keiner Kausalität zwischen der Einspruchsbegründung und dem Erfolg des Einspruchs. Auch wenn die Familienkasse den Verwaltungsakt aus Gründen ändert, auf die sich der Einspruchsführer nicht gestützt hat, ist der Einspruch erfolgreich. Er hat auch dann Erfolg, wenn die Behörde ihm stattgibt, obgleich er unzulässig war[251].

410 Ist die abhelfende Entscheidung der Familienkasse aber nicht dem Einspruch, sondern einem anderen Umstand – etwa der Nachholung der Mitwirkungspflicht – zuzurechnen, so ist der Einspruch erfolgreich. Es bestehen keine Bedenken, den in § 137 FGO zum Ausdruck kommenden Rechtsgedanken im Rahmen des § 77 EStG anzuwenden.

2. Quotelung bei nur teilweisem Obsiegen

411 Bei einem teilweisen Obsiegen des Einspruchsführers kommt es zu einer teilweisen („soweit") Erstattung (sog. *Quotelung*). Der Umfang der Kostenerstattung hängt von dem Verhältnis des Erfolges zum Mißerfolg ab[252].

3. Bei Rücknahme des Einspruchs regelmäßig keine Kostenerstattung

412 Wird der Einspruch zurückgenommen, so war er nicht erfolgreich. Die außergerichtlichen Kosten sind daher nicht zu erstatten. Anders ist es jedoch, wenn die Rücknahme des Einspruchs Teil einer vergleichsweisen Regelung und die Kostenerstattung durch die Familienkasse Teil des Vergleichs ist.

413 § 77 EStG ist auch dann anzuwenden, wenn nicht der Einspruchsführer, sondern ein anderer Verfahrensbeteiligter mit seinem Rechtsbehelfsbegehren Erfolg hat; denn auch dann hat der Einspruch im Ergebnis Erfolg. Ebenso sind die außergerichtlichen Kosten zu erstatten, wenn der Einspruch nur deshalb erfolglos geblieben ist, weil die Verletzung einer (heilbaren) Verfahrens- oder Formvorschrift nach § 126 AO unbeachtlich ist. Verfolgt der Einspruchsführer doch darüber hinaus weiter eine andere Entscheidung in der Sache, so richtet sich der Erfolg insoweit nach der Entscheidung über den Einspruch in der Sache[253].

---

[251] Vgl. Kasseler Kommentar, § 63 SGB X Rdnr. 5.
[252] Vgl. dazu *Gräber/Ruban*, a.a.O., § 136 Rdnr. 1 ff. m.w.N.
[253] So zutr. Kasseler Kommentar, § 63 SGB X Rdnr. 9 m.w.N.

IV. Die Aufwendungen müssen zur zweckentsprechenden Rechtsverfolgung oder Rechtsverteidigung notwendig sein

1. Die notwendigen Kosten

Nur die Kosten, die zu einer zweckentsprechenden Rechtsverfolgung oder Rechtsverteidigung notwendig waren, werden erstattet. Aufwendungen sind notwendig, wenn sie ein verständiger Beteiligter unter Berücksichtigung oder Bedeutung der Streitsache und ihrer Schwierigkeit in tatsächlicher oder rechtlicher Hinsicht für erforderlich halten durfte[254]. Hierzu gehören z. B. Porti, Fotokopien bei Akteneinsicht, Kosten erforderlicher Telefongespräche mit der Verwaltung, Fahrtkosten zu einer Besprechung mit den Bediensteten der Familienkasse oder zur Sitzung der Einspruchsstelle (§ 364a AO). Reisekosten zu Besprechungen mit einem Rechtsberater und der dadurch entstandene Verdienstausfall sind ebenfalls zu erstatten, wenn die Hinzuziehung eines Bevollmächtigten nach § 77 Abs. 2 EStG notwendig war.

414

2. Kosten für Zeitaufwand sind nicht zu erstatten

Nicht zu erstatten sind die **Kosten für den Zeitaufwand,** der dem Einspruchsführer selbst bei dem Fertigstellen von Schriftsätzen oder bei Anrufen entsteht. Aufwendungen, die durch das **Verschulden** eines Erstattungsberechtigten entstanden sind, hat dieser selbst zu tragen; das Verschulden eines Vertreters ist dem Vertretenen zuzurechnen (§ 77 Abs. 1 Satz 3 EStG). Ein Verschulden liegt z. B. vor, wenn die Behörde wegen der ungenügenden Mitwirkung des Berechtigten nicht anders entscheiden konnte. Es gelten die Grundsätze zu § 137 FGO. Kein Verschulden ist anzunehmen, wenn sich nach der Bekanntgabe des Bescheides die Sach- oder Rechtslage oder die Rechtsprechung geändert hat[255].

415

B. Erstattung von Aufwendungen eines Bevollmächtigten (§ 77 Abs. 2 EStG)

Die Gebühren und Auslagen eines Bevollmächtigten oder Beistandes, der nach den Vorschriften des Steuerberatungsgesetzes zur geschäftsmäßigen Hilfeleistung in Steuersachen befugt ist, sind erstattungsfähig, wenn dessen Zuziehung notwendig war. Diese Frage ist vom Standpunkt einer verständigen

416

---

[254] Vgl. dazu *Gräber/Ruban*, a. a. O., § 139 Rdnr. 2 m. w. N.
[255] Vgl. im einzelnen *Gräber/Ruban*, a. a. O., § 137 Rdnr. 2; *Tipke/Kruse*, a. a. O., § 137 FGO, Rdnr. 5 m. w. N.

Person zu beurteilen (siehe Rdnr. 414). Es gelten die zu § 139 Abs. 3 Satz 3 FGO entwickelten Grundsätze[256].

C. Die Entscheidung der Familienkasse über den Betrag der zu erstattenden Kosten (§ 77 Abs. 3 EStG)

I. Die Kostenentscheidung

417 Liegen die Voraussetzungen des § 77 Abs. 1 EStG vor, so *hat* die Familienkasse die notwendigen Aufwendungen dem Einspruchsführer zu erstatten (**gebundene Entscheidung**). Ein Ermessen steht ihr nicht zu.

418 Aus § 77 Abs. 3 Satz 2 EStG ergibt sich, daß die Familienkasse über die Kosten entscheiden muß. In der Kostenentscheidung bestimmt sie auch, ob die Zuziehung eines Bevollmächtigten oder Beistandes i. S. des § 76 Abs. 2 EStG notwendig war (Abs. 3 Satz 2). Sie entscheidet im Rahmen der Einspruchsentscheidung zugleich über die Kosten. Unterbleibt eine Kostenentscheidung in der Einspruchsentscheidung oder hilft die Familienkasse dem Begehren des Einspruchsführers in vollem Umfang ab, so ergeht die notwendige Kostenentscheidung durch selbständigen Verwaltungsakt.

II. Die Kostenfestsetzung

419 Das Kostenfestsetzungsverfahren wird **auf Antrag** eingeleitet. Die Entscheidung obliegt der Familienkasse. Sie entscheidet durch Verwaltungsakt im Sinne des § 118 AO. Hinsichtlich der **Höhe** der erstattbaren Kosten enthält § 77 Abs. 3 EStG keine Regelung. Anzuwenden sind die zu § 139 Abs. 3 Satz 3 FGO entwickelten Grundsätze[257].

D. Rechtsbehelfe

420 Kostenentscheidung und Kostenfestsetzung sind Verwaltungsakte im Sinne des § 118 AO, gegen die **Einspruch** statthaft ist (§ 347 AO).

421 Der Einspruch wird nicht durch § 348 Nr. 1 AO ausgeschlossen: Auch wenn die Kostenentscheidung im Falle des teilweisen Obsiegens mit der Einspruchsentscheidung verbunden wird, ist sie eine eigenständige Regelung und nicht

---

[256] Vgl. dazu *Gräber/Ruban,* a. a. O., § 139 Rdnr. 31 ff.; *Tipke/Kruse,* a. a. O., § 139 FGO, Rdnr. 36 m. w. N.; vgl. auch Kasseler Kommentar, § 63 SGB X Rdnr. 16 ff. m. w. N.

[257] Siehe hierzu *Gräber/Ruban,* a. a. O., § 139 Rdnr. 33; eingehend *Tipke/Kruse* § 139 FGO Rdnr. 39 ff. m. w. N.; vgl. auch Kasseler Kommentar, § 63 SGB X Rdnr. 24 ff. m. w. N.

„Einspruchsentscheidung" im Sinne des § 348 Nr. 1 AO Rechtsbehelfsentscheidung zur Sache und Kostenentscheidung sind zwei völlig getrennte Rechtsinstitute; letztere betrifft nur den Teil des Begehrens, der erfolgreich war („soweit der Einspruch ... erfolgreich ist"). Deshalb kommt es für die Anfechtbarkeit nicht darauf an, ob die Familienkasse die Kostenentscheidung im Falle teilweisen Obsiegens mit der Einspruchsentscheidung verbindet oder – auch im Falle des vollständigen Obsiegens – einen eigenen Bescheid erläßt. Auch die Kostenfestsetzung ist mit Einspruch anfechtbar. Ist der Einspruch erfolglos, kann insoweit Klage erhoben werden.

Kapitel 14
Übergangsregelungen – Weitergelten des BKGG

A. Übergangsregelungen

I. Das bisher gewährte Kindergeld ist regelmäßig ohne neuen Antrag und ohne neue Festsetzung weiterzuzahlen

422 § 78 Abs. 1 EStG stellt sicher, daß bisher gewährtes **Kindergeld** grundsätzlich **ohne** einen **neuen Antrag und Festsetzung weiterhin gezahlt** werden kann. Es gilt insoweit gemäß Satz 1 der Vorschrift als nach § 70 Abs. 1 EStG festgesetzt.

423 Die Sätze 2 ff. in § 78 Abs. 1 EStG ermöglichen in den Fällen des § 12 Abs. 9 (Kindergeldzahlung für **im Ausland lebende Kinder;** siehe Rdnr. 282 c) und des § 73 EStG (**Auszahlung** durch den **Arbeitgeber**) im **1. Vierteljahr** des Kalenderjahres **1996** eine befristete **vorläufige Auszahlung** des Kindergeldes **durch** den **Arbeitgeber** ohne Vorlage der Bescheinigung nach § 73 Abs. 1 Satz 2 EStG i. V. m. § 1 KAV. Voraussetzung ist, daß der Arbeitnehmer im Dezember 1995 für das jeweilige Kind tatsächlich Kindergeld erhalten hat. Ohne Vorlage der Kindergeldbescheinigung kann der Arbeitgeber **vorläufig** auch Kindergeld für nach dem 31. 3. 1978 geborene Kinder auszahlen, für die der Arbeitnehmer im Dezember 1995 kein Kindergeld mehr erhalten hat.

Für folgende Kinder ist das Kindergeld **nicht** vorläufig zu zahlen:
– für die der Kindergeldanspruch voraussichtlich in den Monaten Januar bis März 1996 wegfallen wird,
– für die ein anderer Elternteil das Kindergeld bezogen hat bzw. bezieht,
– für die der Arbeitnehmer wegen der Anrechnung anderer Leistungen kein Kindergeld oder nur ein verringertes Kindergeld erhält,
– für die das Kindergeld ganz oder teilweise an eine andere Person oder Stelle (z. B. das Jugendamt) ausgezahlt wird, und
– für die zwar Kindergeld beantragt worden ist, aber die Bewilligung durch die Familienkasse noch aussteht (siehe dazu *Merkblatt,* Rdnr. 79).

Bis zum **20. April 1996** muß der Arbeitnehmer eine – zuvor bei der Familienkasse beantragte – **Kindergeldbescheinigung vorlegen.** Kommt er dieser Verpflichtung nicht nach, muß er damit rechnen, daß der Arbeitgeber im darauf folgenden Monat den Arbeitslohn um das bisher ausgezahlte Kindergeld kürzt (§ 78 Abs. 1 Satz 3 EStG); denn hierzu ist er gemäß § 78 Abs. 1 Satz 3 EStG ebenso verpflichtet, wie zur entsprechenden Kürzung bei der Lohnsteueranmeldung. Entsprechendes gilt auch für den Fall, daß dem Kindergeldanspruch über- oder zwischenstaatliche Rechtsvorschriften zugrundeliegen.

Arbeitnehmer, bei denen sich die **Ausstellung der Kindergeldbescheini-** 424
gung ins Jahr 1996 hinein **verzögert,** erhalten das Kindergeld bis zum Ausstellen der Bescheinigung noch von der Familienkasse.

Hat der Arbeitnehmer keinen Lohnanspruch, der für die Kürzung ausreicht, 425
so fordert die Familienkasse, die vom Arbeitgeber entsprechend in Kenntnis zu setzen ist, das zuviel gezahlte Kindergeld zurück.

II. Übergangsregelung in den Fällen, in denen der Kindergeldanspruch entfällt (§ 78 Abs. 2 und 3 EStG)

§ 78 Absatz 2 und 3 EStG enthalten Übergangsregelungen für Fälle, in denen 426
das Recht auf Kindergeld infolge der Rechtsänderungen zum 1. 1. 1996 wegfällt, d. h. bei Enkeln und Geschwistern (§ 2 Abs. 1 Nr. 3 BKGG a. F.) sowie bei Kindern, die am 31. 12. 1995 das 16. Lebensjahr vollendet hatten. Danach kann das Kindergeld in diesen Fällen noch für eine Übergangszeit von längstens einem Jahr nach Maßgabe des bisherigen Rechts weitergezahlt werden.

III. Erfüllung von Ansprüchen auf Kindergeld und Kinderzuschlag, die vor 1996 entstanden sind

Gemäß § 78 Abs. 4 EStG können vor 1996 entstandene Ansprüche auf Kin- 427
dergeld und Kinderzuschlag auch nach dem 1. 1. 1996 noch erfüllt werden.

IV. Überleitungsregelung im Zusammenhang mit dem Beitritt der ehemaligen DDR zur Bundesrepublik

§ 78 Abs. 5 EStG entspricht der Überleitungsregelung des § 44d Abs. 2 des 428
bisherigen BKGG.

B. Das Bundeskindergeldgesetz in der ab 1. 1. 1996 geltenden Fassung

Das durch das JStG 1996 sowie das JStErgG 1996 ebenfalls neu gefaßte 429
BKGG regelt nur noch Kindergeldansprüche von Eltern, die in der Bundesrepublik mangels Wohnsitz oder gewöhnlichen Aufenthalt nicht unbeschränkt steuerpflichtig (siehe Rdnr. 30ff.) sind und daher Kindergeld in Form der Steuervergütung nicht erhalten können. Insoweit bleibt das Kindergeld weiterhin Sozialleistung (vgl. § 25 SGB I). Für Streitigkeiten über die Gewährung des Kindergeldes ist nach wie vor der **Rechtsweg zu den Sozialgerichten** eröffnet (§ 51 Abs. 1 SGG).

Kapitel 15
Organisation und Lastenverteilung

A. Die Durchführung des Kinderlastenausgleichs obliegt der Bundesfinanzverwaltung

430 Gemäß § 5 Abs. 1 Nr. 11 FVG i. d. F. des JStG 1996 und des JStErgG 1996 obliegt die Durchführung des Familienleistungsausgleichs gemäß §§ 31, 62 bis 78 EStG dem BfF. Dieses Amt bedient sich aus verwaltungsoekonomischen Gründen bei der Erfüllung dieser Aufgabe der organisatorischen und personellen Struktur der bisherigen Kindergeldkassen der Bundesanstalt für Arbeit, die bei den Arbeitsämtern eingerichtet sind. Diese Behörden stehen – nunmehr als Familienkassen – ebenso wie die Familienkassen i. S. des § 72 Abs. 1 und 2 EStG (öffentlich-rechtliche Arbeitgeber) der Bundesfinanzverwaltung zur Durchführung der Aufgaben im Rahmen des Familienleistungsausgleichs zur Verfügung; sie gelten insoweit (funktional) als Bundesfinanzbehörden[258]. Hierbei handelt es sich um einen Fall der **Organleihe**[259]. Die **Fachaufsicht** obliegt dem BfF.

431 Gemäß § 386 Abs. 1 Satz 2 AO 1977 i. d. F. des JStErgG 1996 ist die Familienkasse auch im Rahmen des Steuerstrafverfahrens „Finanzbehörde". Damit erhalten Familienkassen strafverfahrensrechtlich im Zusammenhang mit dem Kindergeld die gleichen Rechte und Pflichten wie die Finanzämter im Steuerstrafverfahren. Sie sind insoweit auch für die Ahndung von Ordnungswidrigkeiten zuständig. Ohne die Änderung wäre für die Verfolgung von Straftaten und für die Ahndung von Ordnungswidrigkeiten im Zusammenhang mit dem Kindergeld ausschließlich das BfF und im Verfahren gemäß § 68 OWiG (Einspruch gegen den Bußgeldbescheid) allein das Amtsgericht Bonn zuständig[260].

Das BfF und die Landesfinanzbehörden stellen sich im Rahmen der erforderlichen Zusammenarbeit die für die Durchführung des Familienleistungsausgleichs (§ 31 EStG) erforderlichen Daten und Auskünfte zur Verfügung (§ 21 Abs. 4 FVG). Im übrigen gelten hinsichtlich der Auskunftsrechte die Regelungen in § 21 Abs. 1, 2 FVG.

---

[258] Zu den Umstellungsmaßnahmen der Arbeitsämter siehe *Hartmann,* INF 1995, 641; vgl. ferner BT-Drucks. 13/3084, *zu Art. 6.*
[259] Vgl. dazu *Stelkens/Bonk/Leonhardt,* Verwaltungsverfahrensgesetz, Kommentar, § 4 Rdnr. 29.
[260] Vgl. BT-Drucks. 13/3084, *zu Art. 14, zu Nr. 1.*

B. Der Familienleistungsausgleich geht zu Lasten des Einkommensteueraufkommens von Bund, Ländern und Gemeinden

Die Länder und Gemeinden, in denen der Gläubiger der Steuervergütung seinen Wohnsitz hat, haben entsprechend ihrem jeweiligen Anteil gemeinsam mit dem Bund die durch die Auszahlung des Kindergeldes, einer Steuervergütung, bedingte Minderung des Einkommensteueraufkommens zu tragen. Damit in Zusammenhang steht eine Erhöhung des Anteils der Länder am Umsatzsteuereinkommen auf 49,5 v. H. in den Jahren 1996 und 1997 sowie eine entsprechende Anpassung in den Folgejahren[261]

432

Hinsichtlich des Einkommensteueranteils der Länder und Gemeinden von derzeit 57,5 v. H. tritt der Bund zunächst in Vorlage. Dieser Anteil ist dem Bund monatlich nachträglich bis zum 15. des dem Zahlungsmonat folgenden Monat zu erstatten (§ 5 Abs. 3 FVG). Zu diesem Zweck stellt das BfF nach Ablauf eines jeden Monats das Monatsergebnis der Zahlungen im Familienleistungsausgleich fest, berechnet den Länder- und Gemeindeanteil daran und teilt diesen auf die einzelnen Länder nach Maßgabe der länderweisen Verteilung der gewährten Leistungen auf[262].

---

[261] Siehe dazu Art. 1 des Gesetzes zur Änderung des Finanzausgleichsgesetzes vom 13. 11. 1995, BGBl I 1995, 1506.
[262] Bericht des Finanzausschusses des Deutschen Bundestags, BT-Drucks. 13/1558, S. 166.

Anhang

1. Einkommensteuergesetz 1990

I.d.F. der Bek. vom 7. 9. 1990 (BGBl. I S. 1898, ber. 1991 I S. 808), zuletzt geändert durch Zweites Gesetz zur Änderung des Arbeitsförderungsgesetzes im Bereich des Baugewerbes vom 15. 12. 1995 (BGBl. I S. 1809)

– Auszug –

§ 1 Steuerpflicht

(1) Natürliche Personen, die im Inland einen Wohnsitz oder ihren gewöhnlichen Aufenthalt haben, sind unbeschränkt einkommensteuerpflichtig. Zum Inland im Sinne dieses Gesetzes gehört auch der der Bundesrepublik Deutschland zustehende Anteil am Festlandsockel, soweit dort Naturschätze des Meeresgrundes und des Meeresuntergrundes erforscht oder ausgebeutet werden.

(2) Unbeschränkt einkommensteuerpflichtig sind auch deutsche Staatsangehörige, die
1. im Inland weder einen Wohnsitz noch ihren gewöhnlichen Aufenthalt haben und
2. zu einer inländischen juristischen Person des öffentlichen Rechts in einem Dienstverhältnis stehen und dafür Arbeitslohn aus einer inländischen öffentlichen Kasse beziehen,

sowie zu ihrem Haushalt gehörende Angehörige, die die deutsche Staatsangehörigkeit besitzen oder keine Einkünfte oder nur Einkünfte beziehen, die ausschließlich im Inland einkommensteuerpflichtig sind. Dies gilt nur für natürliche Personen, die in dem Staat, in dem sie ihren Wohnsitz oder ihren gewöhnlichen Aufenthalt haben, lediglich in einem der beschränkten Einkommensteuerpflicht ähnlichen Umfang zu einer Steuer vom Einkommen herangezogen werden.

(3) Auf Antrag werden auch natürliche Personen als unbeschränkt einkommensteuerpflichtig behandelt, die im Inland weder einen Wohnsitz noch ihren gewöhnlichen Aufenthalt haben, soweit sie inländische Einkünfte im Sinne des § 49 haben. Dies gilt nur, wenn ihre Einkünfte im Kalenderjahr mindestens zu 90 vom Hundert der deutschen Einkommensteuer unterliegen oder die nicht der deutschen Einkommensteuer unterliegenden Einkünfte nicht mehr als 12 000 Deutsche Mark im Kalenderjahr betragen; dieser Betrag ist zu kürzen, soweit es nach den Verhältnissen im Wohnsitzstaat des Steuerpflichtigen notwendig und angemessen ist. Inländische Einkünfte, die nach einem Abkommen zur Vermeidung der Doppelbesteuerung nur der Höhe nach beschränkt besteuert werden dürfen, gelten hierbei als nicht der deutschen Einkommensteuer unterliegend. Weitere Voraussetzung ist, daß die Höhe der nicht der deutschen Einkommensteuer unterliegenden Einkünfte durch eine Bescheinigung der zuständigen ausländischen Steuerbehörde nachgewiesen wird. Der Steuerabzug nach § 50a ist ungeachtet der Sätze 1 bis 4 vorzunehmen.

(4) Natürliche Personen, die im Inland weder einen Wohnsitz noch ihren gewöhnlichen Aufenthalt haben, sind vorbehaltlich der Absätze 2 und 3 und des § 1a beschränkt einkommensteuerpflichtig, wenn sie inländische Einkünfte im Sinne des § 49 haben.

...

§ 31 Familienleistungsausgleich

Die steuerliche Freistellung eines Einkommensteuerbetrags in Höhe des Existenzminimums eines Kindes wird durch den Kinderfreibetrag nach § 32 oder durch Kindergeld nach dem X. Abschnitt bewirkt. Soweit das Kindergeld dafür nicht erforderlich ist, dient es der Förderung der Familie. Im laufenden Kalenderjahr wird Kindergeld als Steuervergütung monatlich gezahlt. Wird die gebotene steuerliche Freistellung durch das Kindergeld nicht in vollem Umfang bewirkt, ist bei der Veranlagung zur Einkommensteuer der Kinderfreibetrag abzuziehen. In diesen Fällen sind das Kindergeld oder vergleichbare Leistungen nach § 36 Abs. 2 zu verrechnen, auch soweit sie dem Steuerpflichtigen im Wege eines zivilrechtlichen Ausgleichs zustehen. Wird nach ausländischem Recht ein höheres Kindergeld als nach § 66 gezahlt, so beschränkt sich die Verrechnung auf die Höhe des inländischen Kindergeldes.

§ 32 Kinder, Kinderfreibetrag, Haushaltsfreibetrag

(1) Kinder sind
1. im ersten Grad mit dem Steuerpflichtigen verwandte Kinder,
2. Pflegekinder (Personen, mit denen der Steuerpflichtige durch ein familienähnliches, auf längere Dauer berechnetes Band verbunden ist, sofern er sie in seinen Haushalt aufgenommen hat und das Obhuts- und Pflegeverhältnis zu den Eltern nicht mehr besteht und der Steuerpflichtige sie mindestens zu einem nicht unwesentlichen Teil auf seine Kosten unterhält).

(2) Besteht bei einem angenommenen Kind das Kindschaftsverhältnis zu den leiblichen Eltern weiter, ist es vorrangig als angenommenes Kind zu berücksichtigen. Ist ein im ersten Grad mit dem Steuerpflichtigen verwandtes Kind zugleich ein Pflegekind, ist es vorrangig als Pflegekind zu berücksichtigen.

(3) Ein Kind wird in dem Kalendermonat, in dem es lebend geboren wurde, und in jedem folgenden Kalendermonat, zu dessen Beginn es das 18. Lebensjahr noch nicht vollendet hat, berücksichtigt.

(4) Ein Kind, das das 18. Lebensjahr vollendet hat, wird berücksichtigt, wenn es
1. noch nicht das 21. Lebensjahr vollendet hat, arbeitslos ist und der Arbeitsvermittlung im Inland zur Verfügung steht oder
2. noch nicht das 27. Lebensjahr vollendet hat und
   a) für einen Beruf ausgebildet wird oder
   b) sich in einer Übergangszeit zwischen zwei Ausbildungsabschnitten von höchstens vier Monaten befindet oder
   c) eine Berufsausbildung mangels Ausbildungsplatzes nicht beginnen oder fortsetzen kann oder
   d) ein freiwilliges soziales Jahr im Sinne des Gesetzes zur Förderung eines freiwilligen sozialen Jahres oder ein freiwilliges ökologisches Jahr im Sinne des Gesetzes zur Förderung eines freiwilligen ökologischen Jahres leistet oder
3. wegen körperlicher, geistiger oder seelischer Behinderung außerstande ist, sich selbst zu unterhalten.

Nach Satz 1 Nr. 1 und 2 wird ein Kind nur berücksichtigt, wenn es Einkünfte und Bezüge, die zur Bestreitung des Unterhalts oder der Berufsausbildung bestimmt oder geeignet sind, von nicht mehr als 12000 Deutsche Mark im Kalenderjahr hat. Bezüge, die für besondere Ausbildungszwecke bestimmt sind, bleiben hierbei außer Ansatz; Entsprechendes gilt für Einkünfte, soweit sie für solche Zwecke verwendet werden. Für jeden Kalendermonat, in dem die Voraussetzungen für eine Berücksichtigung nach Satz 1 Nr. 1 oder 2 nicht vorliegen, ermäßigt sich der Betrag nach Satz 2 um ein Zwölftel. Einkünfte und Bezüge des Kindes, die auf diese Kalendermonate entfallen, bleiben außer Ansatz. Ein Verzicht auf Teile der zustehenden Einkünfte und Bezüge steht der Anwendung der Sätze 2 und 4 nicht entgegen.

(5) In den Fällen des Absatzes 4 Satz 1 Nr. 1 oder Nr. 2 Buchstabe a wird ein Kind,
1. das den gesetzlichen Grundwehrdienst oder Zivildienst geleistet hat, für einen der Dauer dieses Dienstes entsprechenden Zeitraum, höchstens für die Dauer des inländischen gesetzlichen Grundwehrdienstes oder Zivildienstes, oder

2. das sich freiwillig für eine Dauer von nicht mehr als drei Jahren zum Wehrdienst oder zum Polizeivollzugsdienst, der an Stelle des gesetzlichen Grundwehr- oder Zivildienstes geleistet wird, verpflichtet hat, für einen der Dauer dieses Dienstes entsprechenden Zeitraum, höchstens für die Dauer des inländischen gesetzlichen Grundwehrdienstes, bei anerkannten Kriegsdienstverweigerern für die Dauer des inländischen gesetzlichen Zivildienstes, oder
3. das eine vom gesetzlichen Grundwehrdienst oder Zivildienst befreiende Tätigkeit als Entwicklungshelfer im Sinne des § 1 Abs. 1 des Entwicklungshelfer-Gesetzes ausgeübt hat, für einen der Dauer dieser Tätigkeit entsprechenden Zeitraum, höchstens für die Dauer des inländischen gesetzlichen Grundwehrdienstes, bei anerkannten Kriegsdienstverweigerern für die Dauer des inländischen gesetzlichen Zivildienstes,
über das 21. oder 27. Lebensjahr hinaus berücksichtigt. Wird der gesetzliche Grundwehrdienst oder Zivildienst in einem Mitgliedstaat der Europäischen Union oder einem Staat, auf den das Abkommen über den Europäischen Wirtschaftsraum Anwendung findet, geleistet, so ist die Dauer dieses Dienstes maßgebend. Absatz 4 Satz 2 bis 4 gilt entsprechend. Dem gesetzlichen Grundwehrdienst oder Zivildienst steht der entsprechende Dienst, der in dem in Artikel 3 des Einigungsvertrages genannten Gebiet geleistet worden ist, gleich.

(6) Für jedes zu berücksichtigende Kind des Steuerpflichtigen wird ein Kinderfreibetrag von 261 Deutsche Mark für jeden Kalendermonat, in dem die Voraussetzungen vorgelegen haben, bei der Veranlagung zur Einkommensteuer vom Einkommen abgezogen. Bei Ehegatten, die nach den §§ 26, 26b zusammen zur Einkommensteuer veranlagt werden, wird ein Kinderfreibetrag von 522 Deutsche Mark monatlich abgezogen, wenn das Kind zu beiden Ehegatten in einem Kindschaftsverhältnis steht. Ein Kinderfreibetrag von 522 Deutsche Mark monatlich wird auch abgezogen, wenn
1. der andere Elternteil verstorben oder nicht unbeschränkt einkommensteuerpflichtig ist oder
2. der Steuerpflichtige allein das Kind angenommen hat oder das Kind nur zu ihm in einem Pflegekindschaftsverhältnis steht.
Für ein nicht nach § 1 Abs. 1 oder 2 unbeschränkt einkommensteuerpflichtiges Kind kann ein Kinderfreibetrag nur abgezogen werden, soweit er nach den Verhältnissen seines Wohnsitzstaates notwendig und angemessen ist. Abweichend von Satz 1 wird bei einem unbeschränkt einkommensteuerpflichtigen Elternpaar, bei dem die Voraussetzungen des § 26 Abs. 1 Satz 1 nicht vorliegen, auf Antrag eines Elternteils der Kinderfreibetrag des anderen Elternteils auf ihn übertragen, wenn er, nicht jedoch der andere Elternteil seiner Unterhaltspflicht gegenüber dem Kind für das Kalenderjahr im wesentlichen nachkommt. Der Kinderfreibetrag kann auch auf einen Stiefelternteil oder Großeltern übertragen werden, wenn sie das Kind in ihrem Haushalt aufgenommen haben.

(7) Ein Haushaltsfreibetrag von 5616 Deutsche Mark wird bei einem Steuerpflichtigen, für den das Splitting-Verfahren (§ 32a Abs. 5 und 6) nicht anzuwenden ist und der auch nicht als Ehegatte (§ 26 Abs. 1) getrennt zur Einkommensteuer zu veranlagen ist, vom Einkommen abgezogen, wenn er einen Kinderfreibetrag oder Kindergeld für mindestens ein Kind erhält, das in seiner Wohnung im Inland gemeldet ist. Kinder, die bei beiden Elternteilen mit Wohnung im Inland gemeldet sind, werden dem Elternteil zugeordnet, in dessen Wohnung sie im Kalenderjahr zuerst gemeldet waren, im übrigen der Mutter oder mit deren Zustimmung dem Vater; dieses Wahlrecht kann für mehrere Kinder nur einheitlich ausgeübt werden. Als Wohnung im Inland im Sinne der Sätze 1 und 2 gilt auch die Wohnung eines Elternteils, der nach § 1 Abs. 2 unbeschränkt einkommensteuerpflichtig ist. Absatz 6 Satz 6 gilt entsprechend.

. . .

§ 36 Erhebung der Einkommensteuer

(1) ...

(2) Wurde das Einkommen in den Fällen des § 31 um den Kinderfreibetrag vermindert, so wird im entsprechenden Umfang das gezahlte Kindergeld der Einkommensteuer hinzugerechnet; § 11 Abs. 1 findet insoweit keine Anwendung. ...

§ 38 Erhebung der Lohnsteuer

(1) Bei Einkünften aus nichtselbständiger Arbeit wird die Einkommensteuer durch Abzug vom Arbeitslohn erhoben (Lohnsteuer), soweit der Arbeitslohn von einem Arbeitgeber gezahlt wird, der
1. im Inland einen Wohnsitz, seinen gewöhnlichen Aufenthalt, seine Geschäftsleitung, seinen Sitz, eine Betriebsstätte oder einen ständigen Vertreter im Sinne der §§ 8 bis 13 der Abgabenordnung hat (inländischer Arbeitgeber) oder
2. einem Dritten (Entleiher) Arbeitnehmer gewerbsmäßig zur Arbeitsleistung im Inland überläßt, ohne inländischer Arbeitgeber zu sein (ausländischer Verleiher).

Der Lohnsteuer unterliegt auch der im Rahmen des Dienstverhältnisses üblicherweise von einem Dritten für eine Arbeitsleistung gezahlte Arbeitslohn.

(2) Der Arbeitnehmer ist Schuldner der Lohnsteuer. Die Lohnsteuer entsteht in dem Zeitpunkt, in dem der Arbeitslohn dem Arbeitnehmer zufließt.

(3) Der Arbeitgeber hat die Lohnsteuer für Rechnung des Arbeitnehmers bei jeder Lohnzahlung vom Arbeitslohn einzubehalten. Bei juristischen Personen des öffentlichen Rechts hat die öffentliche Kasse, die den Arbeitslohn zahlt, die Pflichten des Arbeitgebers.

(4) Wenn der vom Arbeitgeber geschuldete Barlohn zur Deckung der Lohnsteuer nicht ausreicht, hat der Arbeitnehmer dem Arbeitgeber den Fehlbetrag zur Verfügung zu stellen oder der Arbeitgeber einen entsprechenden Teil der anderen Bezüge des Arbeitnehmers zurückzubehalten. Soweit der Arbeitnehmer seiner Verpflichtung nicht nachkommt und der Arbeitgeber den Fehlbetrag nicht durch Zurückbehaltung von anderen Bezügen des Arbeitnehmers aufbringen kann, hat der Arbeitgeber dies dem Betriebsstättenfinanzamt (§ 41a Abs. 1 Nr. 1) anzuzeigen. Das Finanzamt hat die zuwenig erhobene Lohnsteuer vom Arbeitnehmer nachzufordern.

...

§ 39a Freibetrag beim Lohnsteuerabzug

(1) Auf der Lohnsteuerkarte wird als vom Arbeitslohn abzuziehender Freibetrag die Summe der folgenden Beträge eingetragen:
1. Werbungskosten, die bei den Einkünften aus nichtselbständiger Arbeit anfallen, soweit sie den Arbeitnehmer-Pauschbetrag (§ 9a Satz 1 Nr. 1 Buchstabe a) übersteigen,
2. Sonderausgaben im Sinne des § 10 Abs. 1 Nr. 1, 1a, 4 bis 9 und des § 10b, soweit sie den Sonderausgaben-Pauschbetrag von 108 Deutsche Mark übersteigen,
3. der Betrag, der nach den §§ 33, 33a, 33b Abs. 6 und § 33c wegen außergewöhnlicher Belastungen zu gewähren ist,
4. die Pauschbeträge für Behinderte und Hinterbliebene (§ 33b Abs. 1 bis 5),
5. die folgenden Beträge, wie sie nach § 37 Abs. 3 bei der Festsetzung von Einkommensteuer-Vorauszahlungen zu berücksichtigen sind:
    a) die Beträge, die nach § 10d Abs. 2, §§ 10e, 10f, 10g, 10h, 10i, 52 Abs. 21 Satz 4 bis 7, nach § 15b des Berlinförderungsgesetzes oder nach § 7 des Fördergebietsgesetzes abgezogen werden können,
    b) die negative Summe der Einkünfte im Sinne des § 2 Abs. 1 Satz 1 Nr. 1 bis 3, 6 und 7 und der negativen Einkünfte im Sinne des § 2 Abs. 1 Satz 1 Nr. 5,
    c) das Vierfache der Steuerermäßigung nach § 34f.

(2) Die Gemeinde hat nach Anweisung des Finanzamts die Pauschbeträge für Behinderte und Hinterbliebene bei der Ausstellung der Lohnsteuerkarten von Amts wegen

einzutragen; dabei ist der Freibetrag durch Aufteilung in Monatsfreibeträge, erforderlichenfalls Wochen- und Tagesfreibeträge, jeweils auf das Kalenderjahr gleichmäßig zu verteilen. Der Arbeitnehmer kann beim Finanzamt die Eintragung des nach Absatz 1 insgesamt in Betracht kommenden Freibetrags beantragen. Der Antrag kann nur nach amtlich vorgeschriebenem Vordruck bis zum 30. November des Kalenderjahrs gestellt werden, für das die Lohnsteuerkarte gilt. Der Antrag ist hinsichtlich eines Freibetrags aus der Summe der nach Absatz 1 Nr. 1 bis 3 in Betracht kommenden Aufwendungen und Beträge unzulässig, wenn die Aufwendungen im Sinne des § 9, soweit sie den Arbeitnehmer-Pauschbetrag übersteigen, die Aufwendungen im Sinne des § 10 Abs. 1 Nr. 1, 1a, 4 bis 9, der §§ 10b, 33 und 33c sowie die abziehbaren Beträge nach den §§ 33a und 33b Abs. 6 insgesamt 1200 Deutsche Mark nicht übersteigen. Das Finanzamt kann auf nähere Angaben des Arbeitnehmers verzichten, wenn der Arbeitnehmer höchstens den auf seiner Lohnsteuerkarte für das vorangegangene Kalenderjahr eingetragenen Freibetrag beantragt und versichert, daß sich die maßgebenden Verhältnisse nicht wesentlich geändert haben. Das Finanzamt hat den Freibetrag durch Aufteilung in Monatsfreibeträge, erforderlichenfalls Wochen- und Tagesfreibeträge, jeweils auf die der Antragstellung folgenden Monate des Kalenderjahrs gleichmäßig zu verteilen. Abweichend hiervon darf ein Freibetrag, der im Monat Januar eines Kalenderjahrs beantragt wird, mit Wirkung vom 1. Januar dieses Kalenderjahrs an eingetragen werden.

(3) Für Ehegatten, die beide unbeschränkt einkommensteuerpflichtig sind und nicht dauernd getrennt leben, ist jeweils die Summe der nach Absatz 1 Nr. 2 bis 5 in Betracht kommenden Beträge gemeinsam zu ermitteln; der in Absatz 1 Nr. 2 genannte Betrag ist zu vedoppeln. Für die Anwendung des Absatzes 2 Satz 4 ist die Summe der für beide Ehegatten in Betracht kommenden Aufwendungen im Sinne des § 9, soweit sie jeweils den Arbeitnehmer-Pauschbetrag übersteigen, und der Aufwendungen im Sinne des § 10 Abs. 1 Nr. 1, 1a, 4 bis 9, der §§ 10b, 33 und 33c sowie der abziehbaren Beträge nach § 33a maßgebend. Die nach Satz 1 ermittelte Summe ist je zur Hälfte auf die Ehegatten aufzuteilen, wenn für jeden Ehegatten eine Lohnsteuerkarte ausgeschrieben worden ist und die Ehegatten keine andere Aufteilung beantragen. Für einen Arbeitnehmer, dessen Ehe in dem Kalenderjahr, für das die Lohnsteuerkarte gilt, aufgelöst worden ist und dessen bisheriger Ehegatte in demselben Kalenderjahr wieder geheiratet hat, sind die nach Absatz 1 in Betracht kommenden Beträge ausschließlich auf Grund der in seiner Person erfüllten Voraussetzungen zu ermitteln. Satz 1 zweiter Halbsatz ist auch anzuwenden, wenn die tarifliche Einkommensteuer nach § 32a Abs. 6 zu ermitteln ist.

(4) Die Eintragung eines Freibetrags auf der Lohnsteuerkarte ist die gesonderte Feststellung einer Besteuerungsgrundlage im Sinne des § 179 Abs. 1 der Abgabenordnung, die unter dem Vorbehalt der Nachprüfung steht. Der Eintragung braucht eine Belehrung über den zulässigen Rechtsbehelf nicht beigefügt zu werden. Ein mit einer Belehrung über den zulässigen Rechtsbehelf versehener schriftlicher Bescheid ist jedoch zu erteilen, wenn dem Antrag des Arbeitnehmers nicht in vollem Umfang entsprochen wird. § 153 Abs. 2 der Abgabenordnung ist nicht anzuwenden.

(5) Ist zuwenig Lohnsteuer erhoben worden, weil auf der Lohnsteuerkarte ein Freibetrag unzutreffend eingetragen worden ist, hat das Finanzamt den Fehlbetrag vom Arbeitnehmer nachzufordern, wenn er 20 Deutsche Mark übersteigt.

§ 39b Durchführung des Lohnsteuerabzugs für unbeschränkt einkommensteuerpflichtige Arbeitnehmer

(1) Für die Durchführung des Lohnsteuerabzugs hat der unbeschränkt einkommensteuerpflichtige Arbeitnehmer seinem Arbeitgeber vor Beginn des Kalenderjahrs oder beim Eintritt in das Dienstverhältnis eine Lohnsteuerkarte vorzulegen. Der Arbeitgeber

hat die Lohnsteuerkarte während des Dienstverhältnisses aufzubewahren. Er hat sie dem Arbeitnehmer während des Kalenderjahrs zur Vorlage beim Finanzamt oder bei der Gemeinde vorübergehend zu überlassen sowie innerhalb angemessener Frist nach Beendigung des Dienstverhältnisses herauszugeben. Der Arbeitgeber darf die auf der Lohnsteuerkarte eingetragenen Merkmale nur für die Einbehaltung der Lohnsteuer verwerten; er darf sie ohne Zustimmung des Arbeitnehmers nur offenbaren, soweit dies gesetzlich zugelassen ist.

(2) Für die Einbehaltung der Lohnsteuer vom laufenden Arbeitslohn hat der Arbeitgeber die Höhe des laufenden Arbeitslohns und den Lohnzahlungszeitraum festzustellen. Vom Arbeitslohn sind der auf den Lohnzahlungszeitraum entfallende Anteil des Versorgungs-Freibetrags (§ 19 Abs. 2) und der auf den Lohnzahlungszeitraum entfallende Anteil des Altersentlastungsbetrags (§ 24a) abzuziehen, wenn die Voraussetzungen für den Abzug dieser Beträge jeweils erfüllt sind. Außerdem hat der Arbeitgeber einen etwaigen Freibetrag nach Maßgabe der Eintragungen auf der Lohnsteuerkarte des Arbeitnehmers vom Arbeitslohn abzuziehen. Für den so gekürzten Arbeitslohn ist die Lohnsteuer aus der für den Lohnzahlungszeitraum geltenden allgemeinen Lohnsteuertabelle (§ 38c Abs. 1) oder aus der besonderen Lohnsteuertabelle (§ 38c Abs. 2) oder nach der diesen Lohnsteuertabellen angefügten Anleitung zu ermitteln; die besondere Lohnsteuertabelle ist anzuwenden, wenn der Arbeitnehmer in der gesetzlichen Rentenversicherung nicht versicherungspflichtig ist und zu dem in § 10c Abs. 3 bezeichneten Personenkreis gehört. Dabei ist die auf der Lohnsteuerkarte eingetragene Steuerklasse maßgebend. Die sich danach ergebende Lohnsteuer ist vom Arbeitslohn einzubehalten. Die Oberfinanzdirektion kann allgemein oder auf Antrag des Arbeitgebers ein Verfahren zulassen, durch das die Lohnsteuer unter den Voraussetzungen des § 42b Abs. 1 nach dem voraussichtlichen Jahresarbeitslohn ermittelt wird, wenn gewährleistet ist, daß die zutreffende Jahreslohnsteuer (§ 38a Abs. 2) nicht unterschritten wird.

(3) Für die Einbehaltung der Lohnsteuer von einem sonstigen Bezug hat der Arbeitgeber den voraussichtlichen Jahresarbeitslohn ohne den sonstigen Bezug festzustellen. Von dem voraussichtlichen Jahresarbeitslohn sind der Versorgungs-Freibetrag (§ 19 Abs. 2) und der Altersentlastungsbetrag (§ 24a), wenn die Voraussetzungen für den Abzug dieser Beträge jeweils erfüllt sind, sowie ein etwaiger Jahresfreibetrag nach Maßgabe der Eintragungen auf der Lohnsteuerkarte abzuziehen. Für den so gekürzten Jahresarbeitslohn (maßgebender Jahresarbeitslohn) ist die Lohnsteuer aus der allgemeinen Jahreslohnsteuertabelle (§ 38c Abs. 1) oder aus der besonderen Jahreslohnsteuertabelle (§ 38c Abs. 2) oder nach der diesen Jahreslohnsteuertabellen angefügten Anleitung zu ermitteln; die besondere Lohnsteuertabelle ist anzuwenden, wenn der Arbeitnehmer in der gesetzlichen Rentenversicherung nicht versicherungspflichtig ist und zu dem in § 10c Abs. 3 bezeichneten Personenkreis gehört. Dabei ist die auf der Lohnsteuerkarte eingetragene Steuerklasse maßgebend. Außerdem ist die Jahreslohnsteuer für den maßgebenden Jahresarbeitslohn unter Einbeziehung des sonstigen Bezugs zu ermitteln. Dabei ist der sonstige Bezug, soweit es sich nicht um einen sonstigen Bezug im Sinne des Satzes 9 handelt, um den Versorgungs-Freibetrag und den Altersentlastungsbetrag zu kürzen, wenn die Voraussetzungen für den Abzug dieser Beträge jeweils erfüllt sind und soweit sie nicht bei der Feststellung des maßgebenden Jahresarbeitslohns berücksichtigt worden sind. Der Unterschiedsbetrag zwischen den ermittelten Jahreslohnsteuerbeträgen ist die Lohnsteuer, die von dem sonstigen Bezug einzubehalten ist. Werden in einem Lohnzahlungszeitraum neben laufendem Arbeitslohn sonstige Bezüge von insgesamt nicht mehr als 300 Deutsche Mark gezahlt, so sind sie dem laufenden Arbeitslohn hinzuzurechnen. Die Lohnsteuer ist bei einem sonstigen Bezug im Sinne des § 34 Abs. 3 in der Weise zu ermäßigen, daß der sonstige Bezug bei der Anwendung des Satzes 5 mit einem Drittel anzusetzen und der Unterschiedsbetrag im Sinne des Satzes 7 zu verdreifachen ist. Von steuerpflichtigen Ent-

schädigungen im Sinne des § 34 Abs. 1 und Abs. 2 Nr. 2, die 30 Millionen Deutsche Mark nicht übersteigen, ist die nach Satz 7 ermittelte Lohnsteuer zur Hälfte einzubehalten.

(4) Für Lohnzahlungszeiträume, für die Lohnsteuertabellen nicht aufgestellt sind, ergibt sich die Lohnsteuer aus den mit der Zahl der Kalendertage oder Wochen dieser Zeiträume vervielfachten Beträgen der Lohnsteuertagestabelle oder Lohnsteuerwochentabelle.

(5) Wenn der Arbeitgeber für den Lohnzahlungszeitraum lediglich Abschlagszahlungen leistet und eine Lohnabrechnung für einen längeren Zeitraum (Lohnabrechnungszeitraum) vornimmt, kann er den Lohnabrechnungszeitraum als Lohnzahlungszeitraum behandeln und die Lohnsteuer abweichend von § 38 Abs. 3 bei der Lohnabrechnung einbehalten. Satz 1 gilt nicht, wenn der Lohnabrechnungszeitraum fünf Wochen übersteigt oder die Lohnabrechnung nicht innerhalb von drei Wochen nach dessen Ablauf erfolgt. Das Betriebsstättenfinanzamt kann anordnen, daß die Lohnsteuer von den Abschlagszahlungen einzubehalten ist, wenn die Erhebung der Lohnsteuer sonst nicht gesichert erscheint. Wenn wegen einer besonderen Entlohnungsart weder ein Lohnzahlungszeitraum noch ein Lohnabrechnungszeitraum festgestellt werden kann, gilt als Lohnzahlungszeitraum die Summe der tatsächlichen Arbeitstage oder Arbeitswochen.

(6) Ist nach einem Abkommen zur Vermeidung der Doppelbesteuerung der von einem inländischen Arbeitgeber gezahlte Arbeitslohn von der Lohnsteuer freizustellen, so erteilt das Betriebsstättenfinanzamt auf Antrag des Arbeitnehmers oder des Arbeitgebers eine entsprechende Bescheinigung. Der Arbeitgeber hat diese Bescheinigung als Beleg zum Lohnkonto (§ 41 Abs. 1) aufzubewahren.
. . .

§ 40 Pauschalierung der Lohnsteuer in besonderen Fällen

(1) Das Betriebsstättenfinanzamt (§ 41a Abs. 1 Nr. 1) kann auf Antrag des Arbeitgebers zulassen, daß die Lohnsteuer mit einem unter Berücksichtigung der Vorschriften des § 38a zu ermittelnden Pauschsteuersatz erhoben wird, soweit
1. von dem Arbeitgeber sonstige Bezüge in einer größeren Zahl von Fällen gewährt werden oder
2. in einer größeren Zahl von Fällen Lohnsteuer nachzuerheben ist, weil der Arbeitgeber die Lohnsteuer nicht vorschriftsmäßig einbehalten hat.

Bei der Ermittlung des Pauschsteuersatzes ist zu berücksichtigen, daß die in Absatz 3 vorgeschriebene Übernahme der pauschalen Lohnsteuer durch den Arbeitgeber für den Arbeitnehmer eine in Geldeswert bestehende Einnahme im Sinne des § 8 Abs. 1 darstellt (Nettosteuersatz). Die Pauschalierung ist in den Fällen der Nummer 1 ausgeschlossen, soweit der Arbeitgeber einem Arbeitnehmer sonstige Bezüge von mehr als 2000 Deutsche Mark im Kalenderjahr gewährt. Der Arbeitgeber hat dem Antrag eine Berechnung beizufügen, aus der sich der durchschnittliche Steuersatz unter Zugrundelegung der durchschnittlichen Jahresarbeitslöhne und der durchschnittlichen Jahreslohnsteuer in jeder Steuerklasse für diejenigen Arbeitnehmer ergibt, denen die Bezüge gewährt werden sollen oder gewährt worden sind.

(2) Abweichend von Absatz 1 kann der Arbeitgeber die Lohnsteuer mit einem Pauschsteuersatz von 25 vom Hundert erheben, soweit er
1. arbeitstäglich Mahlzeiten im Betrieb an die Arbeitnehmer unentgeltlich oder verbilligt abgibt oder Barzuschüsse an ein anderes Unternehmen leistet, das arbeitstäglich Mahlzeiten an die Arbeitnehmer unentgeltlich oder verbilligt abgibt. Voraussetzung ist, daß die Mahlzeiten nicht als Lohnbestandteile vereinbart sind,
2. Arbeitslohn aus Anlaß von Betriebsveranstaltungen zahlt,
3. Erholungsbeihilfen gewährt, wenn diese zusammen mit Erholungsbeihilfen, die in demselben Kalenderjahr früher gewährt worden sind, 300 Deutsche Mark für den Arbeitnehmer, 200 Deutsche Mark für dessen Ehegatten und 100 Deutsche Mark für

jedes Kind nicht übersteigen und der Arbeitgeber sicherstellt, daß die Beihilfen zu Erholungszwecken verwendet werden.

Der Arbeitgeber kann die Lohnsteuer mit einem Pauschsteuersatz von 15 vom Hundert für Sachbezüge in Form der unentgeltlichen oder verbilligten Beförderung eines Arbeitnehmers zwischen Wohnung und Arbeitsstätte und für zusätzlich zum ohnehin geschuldeten Arbeitslohn geleistete Zuschüsse zu den Aufwendungen des Arbeitnehmers für Fahrten zwischen Wohnung und Arbeitsstätte erheben, soweit diese Bezüge den Betrag nicht übersteigen, den der Arbeitnehmer nach § 9 Abs. 1 Nr. 4 und Abs. 2 als Werbungskosten geltend machen könnte, wenn die Bezüge nicht pauschal besteuert würden. Die nach Satz 2 pauschal besteuerten Bezüge mindern die nach § 9 Abs. 1 Nr. 4 und Abs. 2 abziehbaren Werbungskosten; sie bleiben bei der Anwendung des § 40a Abs. 1 bis 4 außer Ansatz.

(3) Der Arbeitgeber hat die pauschale Lohnsteuer zu übernehmen. Er ist Schuldner der pauschalen Lohnsteuer. Der pauschal besteuerte Arbeitslohn und die pauschale Lohnsteuer bleiben bei einer Veranlagung zur Einkommensteuer und beim Lohnsteuer-Jahresausgleich außer Ansatz. Die pauschale Lohnsteuer ist weder auf die Einkommensteuer noch auf die Jahreslohnsteuer anzurechnen.

§ 40a Pauschalierung der Lohnsteuer für Teilzeitbeschäftigte

(1) Der Arbeitgeber kann unter Verzicht auf die Vorlage einer Lohnsteuerkarte bei Arbeitnehmern, die nur kurzfristig beschäftigt werden, die Lohnsteuer mit einem Pauschsteuersatz von 25 vom Hundert des Arbeitslohns erheben. Eine kurzfristige Beschäftigung liegt vor, wenn der Arbeitnehmer bei dem Arbeitgeber gelegentlich, nicht regelmäßig wiederkehrend beschäftigt wird, die Dauer der Beschäftigung 18 zusammenhängende Arbeitstage nicht übersteigt und
1. der Arbeitslohn während der Beschäftigungsdauer 120 Deutsche Mark durchschnittlich je Arbeitstag nicht übersteigt oder
2. die Beschäftigung zu einem unvorhersehbaren Zeitpunkt sofort erforderlich wird.

(2) Der Arbeitgeber kann unter Verzicht auf die Vorlage einer Lohnsteuerkarte bei Arbeitnehmern, die nur in geringem Umfang und gegen geringen Arbeitslohn beschäftigt werden, die Lohnsteuer mit einem Pauschsteuersatz von 20 vom Hundert des Arbeitslohns erheben. Eine Beschäftigung in geringem Umfang und gegen geringen Arbeitslohn liegt vor, wenn bei monatlicher Lohnzahlung die Beschäftigungsdauer 86 Stunden und der Arbeitslohn ein Siebtel der monatlichen Bezugsgröße im Sinne des § 18 Abs. 1 Viertes Buch Sozialgesetzbuch nicht übersteigt; bei kürzeren Lohnzahlungszeiträumen darf wöchentlich die Beschäftigungsdauer 20 Stunden und der Arbeitslohn ein Dreißigstel der monatlichen Bezugsgröße nicht übersteigen.

(3) Abweichend von den Absätzen 1 und 2 kann der Arbeitgeber unter Verzicht auf die Vorlage einer Lohnsteuerkarte bei Aushilfskräften, die in Betrieben der land- und Forstwirtschaft im Sinne des § 13 Abs. 1 Nr. 1 bis 4 ausschließlich mit typisch land- oder forstwirtschaftlichen Arbeiten beschäftigt werden, die Lohnsteuer mit einem Pauschsteuersatz von 3 vom Hundert des Arbeitslohns erheben. Aushilfskräfte im Sinne dieser Vorschrift sind Personen, die von Fall zu Fall für eine im voraus bestimmte Arbeit von vorübergehender Dauer in ein Dienstverhältnis treten. Aushilfskräfte sind nicht Arbeitnehmer, die zu den land- und forstwirtschaftlichen Fachkräften gehören.

(4) Die Pauschalierungen nach den Absätzen 1 bis 3 sind unzulässig
1. bei Arbeitnehmern, deren Arbeitslohn während der Beschäftigungsdauer ein Zweihundertstel der monatlichen Bezugsgröße im Sinne des § 18 Abs. 1 des Vierten Buch Sozialgesetzbuch durchschnittlich je Arbeitsstunde übersteigt.
2. bei Arbeitnehmern, die für eine andere Beschäftigung von demselben Arbeitgeber Arbeitslohn beziehen, der nach den §§ 39b bis 39d dem Lohnsteuerabzug unterworfen wird.

(5) Auf die Pauschalierungen nach den Absätzen 1 bis 3 ist § 40 Abs. 3 anzuwenden.

§ 40b Pauschalierung der Lohnsteuer bei bestimmten Zukunftssicherungsleistungen

(1) Der Arbeitgeber kann die Lohnsteuer von den Beiträgen für eine Direktversicherung des Arbeitnehmers und von den Zuwendungen an eine Pensionskasse mit einem Pauschsteuersatz von 20 vom Hundert der Beiträge und Zuwendungen erheben. Die pauschale Erhebung der Lohnsteuer von Beiträgen für eine Direktversicherung ist nur zulässig, wenn die Versicherung nicht auf den Erlebensfall eines früheren als des 60. Lebensjahrs abgeschlossen und eine vorzeitige Kündigung des Versicherungsvertrags durch den Arbeitnehmer ausgeschlossen worden ist.

(2) Absatz 1 gilt nicht, soweit die zu besteuernden Beiträge und Zuwendungen des Arbeitgebers für den Arbeitnehmer 3408 Deutsche Mark im Kalenderjahr übersteigen oder nicht aus seinem ersten Dienstverhältnis bezogen werden. Sind mehrere Arbeitnehmer gemeinsam in einem Direktversicherungsvertrag oder in einer Pensionskasse versichert, so gilt als Beitrag oder Zuwendung für den einzelnen Arbeitnehmer der Teilbetrag, der sich bei einer Aufteilung der gesamten Beiträge oder der gesamten Zuwendungen durch die Zahl der begünstigten Arbeitnehmer ergibt, wenn dieser Teilbetrag 3408 Deutsche Mark nicht übersteigt; hierbei sind Arbeitnehmer, für die Beiträge und Zuwendungen von mehr als 4200 Deutsche Mark im Kalenderjahr geleistet werden, nicht einzubeziehen. Für Beiträge und Zuwendungen, die der Arbeitgeber für den Arbeitnehmer aus Anlaß der Beendigung des Dienstverhältnisses erbracht hat, vervielfältigt sich der Betrag von 3408 Deutsche Mark mit der Anzahl der Kalenderjahre, in denen das Dienstverhältnis des Arbeitnehmers zu dem Arbeitgeber bestanden hat; in diesem Fall ist Satz 2 nicht anzuwenden. Der vervielfältigte Betrag vermindert sich um die nach Absatz 1 pauschal besteuerten Beiträge und Zuwendungen, die der Arbeitgeber in dem Kalenderjahr, in dem das Dienstverhältnis beendet wird, und in den sechs vorangegangenen Kalenderjahren erbracht hat.

(3) Von den Beiträgen für eine Unfallversicherung des Arbeitnehmers kann der Arbeitgeber die Lohnsteuer mit einem Pauschsteuersatz von 20 vom Hundert der Beiträge erheben, wenn mehrere Arbeitnehmer gemeinsam in einem Unfallversicherungsvertrag versichert sind und der Teilbetrag, der sich bei einer Aufteilung der gesamten Beiträge nach Abzug der Versicherungsteuer durch die Zahl der begünstigten Arbeitnehmer ergibt, 120 Deutsche Mark im Kalenderjahr nicht übersteigt.

(4) § 40 Abs. 3 ist anzuwenden. Die Anwendung des § 40 Abs. 1 Nr. 1 auf Bezüge im Sinne des Absatzes 1 Satz 1 und des Absatzes 3 ist ausgeschlossen.

§ 41 Aufzeichnungspflichten beim Lohnsteuerabzug

(1) Der Arbeitgeber hat am Ort der Betriebsstätte (Absatz 2) für jeden Arbeitnehmer und jedes Kalenderjahr ein Lohnkonto zu führen. In das Lohnkonto sind die für den Lohnsteuerabzug erforderlichen Merkmale aus der Lohnsteuerkarte oder aus einer entsprechenden Bescheinigung zu übernehmen. Bei jeder Lohnzahlung für das Kalenderjahr, für das das Lohnkonto gilt, sind im Lohnkonto die Art und Höhe des gezahlten Arbeitslohns einschließlich der steuerfreien Bezüge sowie die einbehaltene oder übernommene Lohnsteuer einzutragen; an die Stelle der Lohnzahlung tritt in den Fällen des § 39b Abs. 5 Satz 1 die Lohnabrechnung. Ist die einbehaltene oder übernommene Lohnsteuer nach der besonderen Lohnsteuertabelle (§ 38c Abs. 2) ermittelt worden, so ist dies durch Eintragung des Großbuchstabens B zu vermerken. Ferner sind das Kurzarbeitergeld, das Schlechtwettergeld, das Winterausfallgeld, der Zuschuß zum Mutterschaftsgeld nach dem Mutterschutzgesetz, der Zuschuß nach § 4a Mutterschutzverordnung oder einer entsprechenden Landesregelung, die Entschädigungen für Verdienstausfall nach dem Bundesseuchengesetz sowie Aufstockungsbeträge nach dem Alters-

teilzeitgesetz einzutragen. Ist während der Dauer des Dienstverhältnisses in anderen Fällen als in denen des Satzes 5 der Anspruch auf Arbeitslohn für mindestens fünf aufeinanderfolgende Arbeitstage im wesentlichen weggefallen, so ist dies jeweils durch Eintragung des Großbuchstabens U zu vermerken. Die Bundesregierung wird ermächtigt, durch Rechtsverordnung mit Zustimmung des Bundesrates vorzuschreiben, welche Einzelangaben im Lohnkonto aufzuzeichnen sind. Dabei können für Arbeitnehmer mit geringem Arbeitslohn und für die Fälle der §§ 40 bis 40b Aufzeichnungserleichterungen sowie für steuerfreie Bezüge Aufzeichnungen außerhalb des Lohnkontos zugelassen werden. Die Lohnkonten sind bis zum Ablauf des sechsten Kalenderjahrs, das auf die zuletzt eingetragene Lohnzahlung folgt, aufzubewahren.

(2) Betriebsstätte ist der Betrieb oder Teil des Betriebs des Arbeitgebers, in dem der für die Durchführung des Lohnsteuerabzugs maßgebende Arbeitslohn ermittelt wird. Wird der maßgebende Arbeitslohn nicht in dem Betrieb oder einem Teil des Betriebs des Arbeitgebers oder nicht im Inland ermittelt, so gilt als Betriebsstätte der Mittelpunkt der geschäftlichen Leitung des Arbeitgebers im Inland; im Fall des § 38 Abs. 1 Nr. 2 gilt als Betriebsstätte der Ort im Inland, an dem die Arbeitsleistung ganz oder vorwiegend stattfindet. Als Betriebsstätte gilt auch der inländische Heimathafen deutscher Handelsschiffe, wenn die Reederei im Inland keine Niederlassung hat.

§ 41a Anmeldung und Abführung der Lohnsteuer

(1) Der Arbeitgeber hat spätestens am zehnten Tag nach Ablauf eines jeden Lohnsteuer-Anmeldungszeitraums
1. dem Finanzamt, in dessen Bezirk sich die Betriebsstätte (§ 41 Abs. 2) befindet (Betriebsstättenfinanzamt), eine Steuererklärung einzureichen, in der er die Summe der im Lohnsteuer-Anmeldungszeitraum einzubehaltenden und zu übernehmenden Lohnsteuer angibt (Lohnsteuer-Anmeldung),
2. die im Lohnsteuer-Anmeldungszeitraum insgesamt einbehaltene und übernommene Lohnsteuer an das Betriebsstättenfinanzamt abzuführen.

Die Lohnsteuer-Anmeldung ist nach amtlich vorgeschriebenem Vordruck abzugeben und vom Arbeitgeber oder von einer zu seiner Vertretung berechtigten Person zu unterschreiben. Der Arbeitgeber wird von der Verpflichtung zur Abgabe weiterer Lohnsteuer-Anmeldungen befreit, wenn er Arbeitnehmer, für die nach § 41 ein Lohnkonto zu führen ist, nicht mehr beschäftigt und das dem Finanzamt mitteilt.

(2) Lohnsteuer-Anmeldungszeitraum ist grundsätzlich der Kalendermonat. Lohnsteuer-Anmeldungszeitraum ist das Kalendervierteljahr, wenn die abzuführende Lohnsteuer für das vorangegangene Kalenderjahr mehr als 1200 Deutsche Mark, aber nicht mehr als 6000 Deutsche Mark betragen hat; Lohnsteuer-Anmeldungszeitraum ist das Kalenderjahr, wenn die abzuführende Lohnsteuer für das vorangegangene Kalenderjahr nicht mehr als 1200 Deutsche Mark betragen hat. Hat die Betriebsstätte nicht während des ganzen vorangegangenen Kalenderjahrs bestanden, so ist die für das vorangegangene Kalenderjahr abzuführende Lohnsteuer für die Feststellung des Lohnsteuer-Anmeldungszeitraums auf einen Jahresbetrag umzurechnen. Wenn die Betriebsstätte im vorangegangenen Kalenderjahr noch nicht bestanden hat, ist die auf einen Jahresbetrag umgerechnete für den ersten vollen Kalendermonat nach der Eröffnung der Betriebsstätte abzuführende Lohnsteuer maßgebend.

(3) Die oberste Finanzbehörde des Landes kann bestimmen, daß die Lohnsteuer nicht dem Betriebsstättenfinanzamt, sondern einer anderen öffentlichen Kasse anzumelden und an diese abzuführen ist; die Kasse erhält insoweit die Stellung einer Landesfinanzbehörde. Das Betriebsstättenfinanzamt oder die zuständige andere öffentliche Kasse können anordnen, daß die Lohnsteuer abweichend von dem nach Absatz 1 maßgebenden Zeitpunkt anzumelden und abzuführen ist, wenn die Abführung der Lohnsteuer nicht gesichert erscheint.

§ 41 b Abschluß des Lohnsteuerabzugs

(1) Bei Beendigung eines Dienstverhältnisses oder am Ende des Kalenderjahrs hat der Arbeitgeber das Lohnkonto des Arbeitnehmers abzuschließen. Der Arbeitgeber hat aufgrund der Eintragungen im Lohnkonto auf der Lohnsteuerkarte des Arbeitnehmers
1. die Dauer des Dienstverhältnisses während des Kalenderjahrs, für das die Lohnsteuerkarte gilt, sowie zusätzlich die Anzahl der nach § 41 Abs. 1 Satz 6 vermerkten Großbuchstaben U,
2. die Art und Höhe des gezahlten Arbeitslohns,
3. die einbehaltene Lohnsteuer sowie zusätzlich den Großbuchstaben B, wenn das Dienstverhältnis vor Ablauf des Kalenderjahrs endet und der Arbeitnehmer für einen abgelaufenen Lohnzahlungszeitraum oder Lohnabrechnungszeitraum des Kalenderjahrs nach der besonderen Lohnsteuertabelle (§ 38c Abs. 2) zu besteuern war,
4. das Kurzarbeitergeld, das Schlechtwettergeld, das Winterausfallgeld, den Zuschuß zum Mutterschaftsgeld nach dem Mutterschutzgesetz, die Entschädigungen für Verdienstausfall nach dem Bundesseuchengesetz sowie Aufstockungsbeträge nach dem Altersteilzeitgesetz,
5. die steuerfreien Arbeitgeberleistungen für Fahrten zwischen Wohnung und Arbeitsstätte,
6. die pauschalbesteuerten Arbeitgeberleistungen für Fahrten zwischen Wohnung und Arbeitsstätte

zu bescheinigen (Lohnsteuerbescheinigung). Liegt dem Arbeitgeber eine Lohnsteuerkarte des Arbeitnehmers nicht vor, hat er die Lohnsteuerbescheinigung nach einem entsprechenden amtlich vorgeschriebenen Vordruck zu erteilen. Der Arbeitgeber hat dem Arbeitnehmer die Lohnsteuerbescheinigung auszuhändigen, wenn das Dienstverhältnis vor Ablauf des Kalenderjahrs beendet wird oder der Arbeitnehmer zur Einkommensteuer veranlagt wird. In den übrigen Fällen hat der Arbeitgeber die Lohnsteuerbescheinigung dem Betriebsstättenfinanzamt einzureichen. Kann ein Arbeitgeber, der für die Lohnabrechnung ein maschinelles Verfahren anwendet, die Lohnsteuerbescheinigung nach Satz 2 nicht sofort bei Beendigung des Dienstverhältnisses ausschreiben, so hat er die Lohnsteuerkarte bis zur Ausschreibung der Lohnsteuerbescheinigung zurückzubehalten und dem Arbeitnehmer eine Bescheinigung über alle auf der Lohnsteuerkarte des Arbeitnehmers eingetragenen Merkmale auszuhändigen; in dieser Bescheinigung ist außerdem der Zeitpunkt einzutragen, zu dem das Dienstverhältnis beendet worden ist. In diesem Fall ist die Ausschreibung der Lohnsteuerbescheinigung innerhalb von acht Wochen nachzuholen.

(2) Absatz 1 gilt nicht für Arbeitnehmer, soweit sie Arbeitslohn bezogen haben, der nach den §§ 40 bis 40b pauschal besteuert worden ist.

§ 41 c Änderung des Lohnsteuerabzugs

(1) Der Arbeitgeber ist berechtigt, bei der jeweils nächstfolgenden Lohnzahlung bisher erhobene Lohnsteuer zu erstatten oder noch nicht erhobene Lohnsteuer nachträglich einzubehalten,
1. wenn ihm der Arbeitnehmer eine Lohnsteuerkarte mit Eintragungen vorlegt, die auf einen Zeitpunkt vor Vorlage der Lohnsteuerkarte zurückwirken, oder
2. wenn er erkennt, daß er die Lohnsteuer bisher nicht vorschriftsmäßig einbehalten hat.

(2) Die zu erstattende Lohnsteuer ist dem Betrag zu entnehmen, den der Arbeitgeber für seine Arbeitnehmer insgesamt an Lohnsteuer einbehalten oder übernommen hat. Wenn die zu erstattende Lohnsteuer aus dem Betrag nicht gedeckt werden kann, der insgesamt an Lohnsteuer einzubehalten oder zu übernehmen ist, wird der Fehlbetrag dem Arbeitgeber auf Antrag vom Betriebsstättenfinanzamt ersetzt.

(3) Nach Ablauf des Kalenderjahrs oder, wenn das Dienstverhältnis vor Ablauf des Kalenderjahrs endet, nach Beendigung des Dienstverhältnisses, ist die Änderung des

Lohnsteuerabzugs nur bis zur Ausschreibung der Lohnsteuerbescheinigung zulässig. Bei Änderung des Lohnsteuerabzugs nach Ablauf des Kalenderjahrs ist die nachträglich einzubehaltende Lohnsteuer nach dem Jahresarbeitslohn auf Grund der Jahreslohnsteuertabelle zu ermitteln. Eine Erstattung von Lohnsteuer ist nach Ablauf des Kalenderjahrs nur im Wege des Lohnsteuer-Jahresausgleichs nach § 42b zulässig.

(4) Der Arbeitgeber hat die Fälle, in denen er von seiner Berechtigung zur nachträglichen Einbehaltung von Lohnsteuer nach Absatz 1 keinen Gebrauch macht oder die Lohnsteuer nicht nachträglich einbehalten werden kann, weil
1. Eintragungen auf der Lohnsteuerkarte eines Arbeitnehmers, die nach Beginn des Dienstverhältnisses vorgenommen worden sind, auf einen Zeitpunkt vor Beginn des Dienstverhältnisses zurückwirken,
2. der Arbeitnehmer vom Arbeitgeber Arbeitslohn nicht mehr bezieht oder
3. der Arbeitgeber nach Ablauf des Kalenderjahrs bereits die Lohnsteuerbescheinigung ausgeschrieben hat,

dem Betriebsstättenfinanzamt unverzüglich anzuzeigen. Das Finanzamt hat die zuwenig erhobene Lohnsteuer vom Arbeitnehmer nachzufordern, wenn der nachzufordernde Betrag 20 Deutsche Mark übersteigt. § 42d bleibt unberührt.

...

§ 42d Haftung des Arbeitgebers und Haftung bei Arbeitnehmerüberlassung

(1) Der Arbeitgeber haftet
1. für die Lohnsteuer, die er einzubehalten und abzuführen hat,
2. für die Lohnsteuer, die er beim Lohnsteuer-Jahresausgleich zu Unrecht erstattet hat,
3. für die Einkommensteuer (Lohnsteuer), die auf Grund fehlerhafter Angaben im Lohnkonto oder in der Lohnsteuerbescheinigung verkürzt wird.

(2) Der Arbeitgeber haftet nicht,
1. soweit Lohnsteuer nach § 39 Abs. 4, § 39a Abs. 5 und in den vom Arbeitgeber angezeigten Fällen des § 38 Abs. 4 Satz 2 und des § 41c Abs. 4 nachzufordern ist,
2. soweit auf Grund der nach § 10 Abs. 5 erlassenen Rechtsverordnung eine Nachversteuerung durchzuführen ist,
3. soweit aufgrund des § 19a Abs. 2 Satz 2 eine Nachversteuerung in den vom Arbeitgeber oder Kreditinstitut angezeigten Fällen durchzuführen ist.

(3) Soweit die Haftung des Arbeitgebers reicht, sind der Arbeitgeber und der Arbeitnehmer Gesamtschuldner. Das Betriebsstättenfinanzamt kann die Steuerschuld oder Haftungsschuld nach pflichtgemäßem Ermessen gegenüber jedem Gesamtschuldner geltend machen. Der Arbeitgeber kann auch dann in Anspruch genommen werden, wenn der Arbeitnehmer zur Einkommensteuer veranlagt wird. Der Arbeitnehmer kann im Rahmen der Gesamtschuldnerschaft nur in Anspruch genommen werden,
1. wenn der Arbeitgeber die Lohnsteuer nicht vorschriftsmäßig vom Arbeitslohn einbehalten hat,
2. wenn der Arbeitnehmer weiß, daß der Arbeitgeber die einbehaltene Lohnsteuer nicht vorschriftsmäßig angemeldet hat. Dies gilt nicht, wenn der Arbeitnehmer den Sachverhalt dem Finanzamt unverzüglich mitgeteilt hat.

(4) Für die Inanspruchnahme des Arbeitgebers bedarf es keines Haftungsbescheids und keines Leistungsgebots, soweit der Arbeitgeber
1. die einzubehaltende Lohnsteuer angemeldet hat oder
2. nach Abschluß einer Lohnsteuer-Außenprüfung seine Zahlungsverpflichtung schriftlich anerkennt.

Satz 1 gilt entsprechend für die Nachforderung zu übernehmender pauschaler Lohnsteuer.

(5) Von der Geltendmachung der Steuernachforderung oder Haftungsforderung ist abzusehen, wenn diese insgesamt 20 Deutsche Mark nicht übersteigt.

(6) Soweit einem Dritten (Entleiher) Arbeitnehmer gewerbsmäßig zur Arbeitsleistung überlassen werden, haftet er mit Ausnahme der Fälle, in denen eine Arbeitnehmerüberlassung nach § 1 Abs. 3 des Arbeitnehmerüberlassungsgesetzes vorliegt, neben dem Arbeitgeber; dies gilt auch, wenn der in § 1 Abs. 2 des Arbeitnehmerüberlassungsgesetzes bestimmte Zeitraum überschritten ist. Der Entleiher haftet nicht, wenn der Überlassung eine Erlaubnis nach § 1 des Arbeitnehmerüberlassungsgesetzes zugrunde liegt und soweit er nachweist, daß er den in den §§ 28a bis 28c des Vierten Buches Sozialgesetz und § 10 des Arbeitsförderungsgesetzes vorgesehenen Meldepflichten sowie den nach § 51 Abs. 1 Nr. 2 Buchstabe d vorgesehenen Mitwirkungspflichten nachgekommen ist. Der Entleiher haftet ferner nicht, wenn er über das Vorliegen einer Arbeitnehmerüberlassung ohne Verschulden irrte. Die Haftung beschränkt sich auf die Lohnsteuer für die Zeit, für die ihm der Arbeitnehmer überlassen worden ist. Soweit die Haftung des Entleihers reicht, sind der Arbeitgeber, der Entleiher und der Arbeitnehmer Gesamtschuldner. Der Entleiher darf auf Zahlung nur in Anspruch genommen werden, soweit die Vollstreckung in das inländische bewegliche Vermögen des Arbeitgebers fehlgeschlagen ist oder keinen Erfolg verspricht; § 219 Satz 2 der Abgabenordnung ist entsprechend anzuwenden. Ist durch die Umstände der Arbeitnehmerüberlassung die Lohnsteuer schwer zu ermitteln, so ist die Haftungsschuld mit 15 vom Hundert des zwischen Verleiher und Entleiher vereinbarten Entgelts ohne Umsatzsteuer anzunehmen, solange der Entleiher nicht glaubhaft macht, daß die Lohnsteuer, für die er haftet, niedriger ist. Die Absätze 1 bis 5 sind entsprechend anzuwenden. Die Zuständigkeit des Finanzamts richtet sich nach dem Ort der Betriebsstätte des Verleihers.

(7) Soweit der Entleiher Arbeitgeber ist, haftet der Verleiher wie ein Entleiher nach Absatz 6.

(8) Das Finanzamt kann hinsichtlich der Lohnsteuer der Leiharbeitnehmer anordnen, daß der Entleiher einen bestimmten Teil des mit dem Verleiher vereinbarten Entgelts einzubehalten und abzuführen hat, wenn dies zur Sicherung des Steueranspruchs notwendig ist; Absatz 6 Satz 4 ist anzuwenden. Der Verwaltungsakt kann auch mündlich erlassen werden. Die Höhe des einzubehaltenden und abzuführenden Teils des Entgelts bedarf keiner Begründung, wenn der in Absatz 6 Satz 7 genannte Vomhundertsatz nicht überschritten wird.
...

§ 42f Lohnsteuer-Außenprüfung

(1) Für die Außenprüfung der Einbehaltung oder Übernahme und Abführung der Lohnstuer ist das Betriebsstättenfinanzamt zuständig.

(2) Für die Mitwirkungspflicht des Arbeitgebers bei der Außenprüfung gilt § 200 der Abgabenordnung. Darüber hinaus haben die Arbeitnehmer des Arbeitgebers dem mit der Prüfung Beauftragten jede gewünschte Auskunft über Art und Höhe ihrer Einnahmen zu geben und auf Verlangen die etwa in ihrem Besitz befindlichen Lohnsteuerkarten sowie die Belege über bereits entrichtete Lohnsteuer vorzulegen. Dies gilt auch für Personen, bei denen es streitig ist, ob sie Arbeitnehmer des Arbeitgebers sind oder waren.
...

X. Kindergeld

§ 62 Anspruchsberechtigte

(1) Für Kinder im Sinne des § 63 hat Anspruch auf Kindergeld nach diesem Gesetz, wer
1. im Inland einen Wohnsitz oder seinen gewöhnlichen Aufenthalt hat oder
2. ohne Wohnsitz oder gewöhnlichen Aufenthalt im Inland
   a) nach § 1 Abs. 2 unbeschränkt einkommensteuerpflichtig ist oder
   b) nach § 1 Abs. 3 als unbeschränkt einkommensteuerpflichtig behandelt wird.

(2) Ein Ausländer hat nur Anspruch auf Kindergeld, wenn er im Besitz einer Aufenthaltsberechtigung oder Aufenthaltserlaubnis ist. Ein ausländischer Arbeitnehmer, der zur vorübergehenden Dienstleistung in das Inland entsandt ist, hat keinen Anspruch auf Kindergeld; sein Ehegatte hat Anspruch auf Kindergeld, wenn er im Besitz einer Aufenthaltsberechtigung oder Aufenthaltserlaubnis ist und eine der Beitragspflicht zur Bundesanstalt für Arbeit unterliegende oder nach § 169c Nr. 1 des Arbeitsförderungsgesetzes beitragsfreie Beschäftigung als Arbeitnehmer ausübt.

§ 63 Kinder

(1) Als Kinder werden berücksichtigt
1. Kinder im Sinne des § 32 Abs. 1,
2. vom Berechtigten in seinen Haushalt aufgenommene Kinder seines Ehegatten,
3. vom Berechtigten in seinen Haushalt aufgenommene Enkel.
§ 32 Abs. 4 und 5 gilt entsprechend. Kinder, die weder einen Wohnsitz noch ihren gewöhnlichen Aufenthalt im Inland, in einem Mitgliedstaat der Europäischen Union oder in einem Staat, auf den das Abkommen über den Europäischen Wirtschaftsraum Anwendung findet, haben, werden nicht berücksichtigt, es sei denn, sie leben im Haushalt eines Berechtigten im Sinne des § 62 Abs. 1 Nr. 2 Buchstabe a.

(2) Die Bundesregierung wird ermächtigt, durch Rechtsverordnung, die nicht der Zustimmung des Bundesrates bedarf, zu bestimmen, daß einem Berechtigten, der im Inland erwerbstätig ist oder sonst seine hauptsächlichen Einkünfte erzielt, für seine in Absatz 1 Satz 3 erster Halbsatz bezeichneten Kinder Kindergeld ganz oder teilweise zu leisten ist, soweit dies mit Rücksicht auf die durchschnittlichen Lebenshaltungskosten für Kinder in deren Wohnsitzstaat und auf die dort gewährten dem Kindergeld vergleichbaren Leistungen geboten ist.

§ 64 Zusammentreffen mehrerer Ansprüche

(1) Für jedes Kind wird nur einem Berechtigten Kindergeld gezahlt.

(2) Bei mehreren Berechtigten wird das Kindergeld demjenigen gezahlt, der das Kind in seinen Haushalt aufgenommen hat. Ist ein Kind in den gemeinsamen Haushalt von Eltern, einem Elternteil und dessen Ehegatten, Pflegeeltern oder Großeltern aufgenommen worden, so bestimmen diese untereinander den Berechtigten. Wird eine Bestimmung nicht getrofffen, so bestimmt das Vormundschaftsgericht auf Antrag den Berechtigten. Den Antrag kann stellen, wer ein berechtigtes Interesse an der Zahlung des Kindergeldes hat. Lebt ein Kind im gemeinsamen Haushalt von Eltern und Großeltern, so wird das Kindergeld vorrangig einem Elternteil gezahlt; es wird an einen Großelternteil gezahlt, wenn der Elternteil gegenüber der zuständigen Stelle auf seinen Vorrang schriftlich verzichtet hat.

(3) Ist das Kind nicht in den Haushalt eines Berechtigten aufgenommen, so erhält das Kindergeld derjenige, der dem Kind eine Unterhaltsrente zahlt. Zahlen mehrere Berechtigte dem Kind Unterhaltsrenten, so erhält das Kindergeld derjenige, der dem Kind die höchste Unterhaltsrente zahlt. Werden gleich hohe Unterhaltsrenten gezahlt, so bestimmen die Berechtigten untereinander, wer das Kindergeld erhalten soll. Wird eine Bestimmung nicht getroffen oder zahlt keiner der Berechtigten dem Kind Unterhalt, so gilt Absatz 2 Satz 3 und 4 entsprechend.

§ 65 Andere Leistungen für Kinder

(1) Kindergeld wird nicht für ein Kind gezahlt, für das eine der folgenden Leistungen zu zahlen ist oder bei entsprechender Antragstellung zu zahlen wäre:
1. Kinderzulagen aus der gesetzlichen Unfallversicherung oder Kinderzuschüsse aus den gesetzlichen Rentenversicherungen,
2. Leistungen für Kinder, die im Ausland gewährt werden und dem Kindergeld oder einer der unter Nummer 1 genannten Leistungen vergleichbar sind,

3. Leistungen für Kinder, die von einer zwischen- oder überstaatlichen Einrichtung gewährt werden und dem Kindergeld vergleichbar sind.

Soweit es für die Anwendung von Vorschriften dieses Gesetzes auf den Erhalt von Kindergeld ankommt, stehen die Leistungen nach Satz 1 dem Kindergeld gleich. Übt ein Berechtigter eine der Beitragspflicht zur Bundesanstalt für Arbeit unterliegende oder nach § 169c Nr. 1 des Arbeitsförderungsgesetzes beitragsfreie Beschäftigung als Arbeitnehmer aus oder steht er im Inland in einem öffentlich-rechtlichen Dienst- oder Amtsverhältnis, so wird sein Anspruch auf Kindergeld für ein Kind nicht nach Satz 1 Nr. 3 mit Rücksicht darauf ausgeschlossen, daß sein Ehegatte als Beamter, Ruhestandsbeamter oder sonstiger Bediensteter der Europäischen Gemeinschaften für das Kind Anspruch auf Kinderzulage hat.

(2) Ist in den Fällen des Absatzes 1 Satz 1 Nr. 1 der Bruttobetrag der anderen Leistung niedriger als das Kindergeld nach § 66, wird Kindergeld in Höhe des Unterschiedsbetrages gezahlt, wenn er mindestens 10 Deutsche Mark beträgt.

§ 66 Höhe des Kindergeldes, Zahlungszeitraum

(1) Das Kindergeld beträgt für das erste und zweite Kind jeweils 200 Deutsche Mark[263], für das dritte Kind 300 Deutsche Mark und für das vierte und jedes weitere Kind jeweils 350 Deutsche Mark monatlich.

(2) Das Kindergeld wird vom Beginn des Monats an gezahlt, in dem die Anspruchsvoraussetzungen erfüllt sind, bis zum Ende des Monats, in dem die Anspruchsvoraussetzungen wegfallen.

(3) Das Kindergeld wird rückwirkend nur für die letzten sechs Monate vor Beginn des Monats gezahlt, in dem der Antrag auf Kindergeld eingegangen ist.

(4) Entsteht oder erhöht sich ein Anspruch auf Kindergeld durch eine mit Rückwirkung erlassene Rechtsverordnung, so gilt ein hierauf gerichteter Antrag als am Tage des Inkrafttretens der Rechtsverordnung gestellt, wenn er innerhalb der ersten sechs Monate nach Ablauf des Monats gestellt wird, in dem die Rechtsverordnung verkündet ist.

§ 67 Antrag

(1) Das Kindergeld ist bei der örtlich zuständigen Familienkasse schriftlich zu beantragen. Den Antrag kann außer dem Berechtigten auch stellen, wer ein berechtigtes Interesse an der Leistung des Kindergeldes hat.

(2) Vollendet ein Kind das 18. Lebensjahr, so wird es nur dann weiterhin berücksichtigt, wenn der Berechtigte der zuständigen Familienkasse schriftlich anzeigt, daß die Voraussetzungen des § 32 Abs. 4 oder 5 vorliegen.

§ 68 Besondere Mitwirkungspflichten

(1) Wer Kindergeld beantragt oder erhält, hat Änderungen in den Verhältnissen, die für die Leistung erheblich sind oder über den Zusammenhang mit der Leistung Erklärungen abgegeben worden sind, unverzüglich der zuständigen Familienkasse mitzuteilen. Ein Kind, das das 18. Lebensjahr vollendet hat, ist auf Verlangen der Familienkasse verpflichtet, an der Aufklärung des für die Kindergeldzahlung maßgebenden Sachverhalts mitzuwirken; § 101 der Abgabenordnung findet insoweit keine Anwendung.

(2) Soweit es zur Durchführung des § 63 erforderlich ist, hat der jeweilige Arbeitgeber der in dieser Vorschrift bezeichneten Personen der Familienkasse auf Verlangen eine Bescheinigung über den Arbeitslohn, einbehaltene Steuern und Sozialabgaben sowie den auf der Lohnsteuerkarte eingetragenen Freibetrag auszustellen.

(3) Auf Antrag des Berechtigten erteilt die das Kindergeld auszahlende Stelle eine Bescheinigung über das im Kalenderjahr ausgezahlte Kindergeld.

---

[263] Zur Anwendung **ab VZ 1997** siehe § 52 Abs. 32a.

(4) Die Familienkassen dürfen den die Bezüge im öffentlichen Dienst anweisenden Stellen Auskunft über den für die jeweilige Kindergeldzahlung maßgebenden Sachverhalt erteilen.

§ 69 Überprüfung des Fortbestehens von Anspruchsvoraussetzungen durch Meldedaten-Übermittlung

Die Meldebehörden übermitteln in regelmäßigen Abständen den Familienkassen nach Maßgabe einer auf Grund des § 20 Abs. 1 des Melderechtsrahmengesetzes zu erlassenden Rechtsverordnung die in § 18 Abs. 1 des Melderechtsrahmengesetzes genannten Daten aller Einwohner, zu deren Person im Melderegister Daten von minderjährigen Kindern gespeichert sind, und dieser Kinder, soweit die Daten nach ihrer Art für die Prüfung der Rechtmäßigkeit des Bezuges von Kindergeld geeignet sind.

§ 70 Festsetzung und Zahlung des Kindergeldes

(1) Das Kindergeld nach § 62 wird von der Familienkasse durch Bescheid festgesetzt und ausgezahlt, soweit nichts anderes bestimmt ist. § 157 der Abgabenordnung gilt nicht, soweit
1. dem Antrag entsprochen wird,
2. der Berechtigte anzeigt, daß die Voraussetzungen für die Berücksichtigung eines Kindes nicht mehr erfüllt sind, oder
3. das Kind das 18. Lebensjahr vollendet, ohne daß eine Anzeige nach § 67 Abs. 2 erstattet ist.

(2) Soweit in den Verhältnissen, die für die Zahlung des Kindergeldes erheblich sind, Änderungen eintreten, ist die Festsetzung des Kindergeldes mit Wirkung vom Zeitpunkt der Änderung der Verhältnisse aufzuheben oder zu ändern.

(3) Materielle Fehler der letzten Festsetzung können durch Neufestsetzung oder durch Aufhebung der Festsetzung beseitigt werden. Neu festgesetzt oder aufgehoben wird mit Wirkung ab dem auf die Bekanntgabe der Neufestsetzung oder der Aufhebung der Festsetzung folgenden Monat. Bei der Neufestsetzung oder Aufhebung der Festsetzung nach Satz 1 ist § 176 der Abgabenordnung entsprechend anzuwenden; dies gilt nicht für Monate, die nach der Verkündung der maßgeblichen Entscheidung eines obersten Gerichtshofes des Bundes beginnen.

§ 71 Zahlungszeitraum

Das Kindergeld wird monatlich gezahlt.

§ 72 Festsetzung und Zahlung des Kindergeldes an Angehörige des öffentlichen Dienstes

(1) Steht Personen, die
1. in einem öffentlich-rechtlichen Dienst-, Amts- oder Ausbildungsverhältnis stehen, mit Ausnahme der Ehrenbeamten, oder
2. Versorgungsbezüge nach beamten- oder soldatenrechtlichen Vorschriften oder Grundsätzen erhalten oder
3. Arbeitnehmer des Bundes, eines Landes, einer Gemeinde, eines Gemeindeverbandes oder einer sonstigen Körperschaft, einer Anstalt oder einer Stiftung des öffentlichen Rechts sind, einschließlich der zu ihrer Berufsausbildung Beschäftigten,

Kindergeld nach Maßgabe dieses Gesetzes zu, wird es von den Körperschaften, Anstalten oder Stiftungen des öffentlichen Rechts festgesetzt und ausgezahlt. Die genannten juristischen Personen sind insoweit Familienkasse.

(2) Der Deutschen Post AG, der Deutschen Postbank AG und der Deutschen Telekom AG obliegt die Durchführung dieses Gesetzes für ihre jeweiligen Beamten und Versorgungsempfänger in Anwendung des Absatzes 1.

(3) Absatz 1 gilt nicht für Personen, die ihre Bezüge oder Arbeitsentgelt
1. von einem Dienstherrn oder Arbeitgeber im Bereich der Religionsgesellschaften des öffentlichen Rechts oder
2. von einem Spitzenverband der Freien Wohlfahrtspflege, einem diesem unmittelbar oder mittelbar angeschlossenen Mitgliedsverband oder einer einem solchen Verband angeschlossenen Einrichtung oder Anstalt

erhalten.

(4) Die Absätze 1 und 2 gelten nicht für Personen, die voraussichtlich nicht länger als sechs Monate in den Kreis der in Absatz 1 Satz 1 Nr. 1 bis 3 und Absatz 2 Bezeichneten eintreten.

(5) Obliegt mehreren Rechtsträgern die Zahlung von Bezügen oder Arbeitsentgelt (Absatz 1 Satz 1) gegenüber einem Berechtigten, so ist für die Durchführung dieses Gesetzes zuständig:
1. bei Zusammentreffen von Versorgungsbezügen mit anderen Bezügen oder Arbeitsentgelt der Rechtsträger, dem die Zahlung der anderen Bezüge oder des Arbeitsentgelts obliegt;
2. bei Zusammentreffen mehrerer Versorgungsbezüge der Rechsträger, dem die Zahlung der neuen Versorgungsbezüge im Sinne der beamtenrechtlichen Ruhensvorschriften obliegt;
3. bei Zusammentreffen von Arbeitsentgelt (Absatz 1 Satz 1 Nr. 3) mit Bezügen aus einem der in Absatz 1 Satz 1 Nr. 1 bezeichneten Rechtsverhältnisse der Rechtsträger, dem die Zahlung dieser Bezüge obliegt;
4. bei Zusammentreffen mehrerer Arbeitsentgelte (Absatz 1 Satz 1 Nr. 3) der Rechtsträger, dem die Zahlung des höheren Arbeitsentgelts obliegt oder – falls die Arbeitsentgelte gleich hoch sind – der Rechtsträger, zu dem das zuerst begründete Arbeitsverhältnis besteht.

(6) Scheidet ein Berechtigter im Laufe eines Monats aus dem Kreis der in Absatz 1 Satz 1 Nr. 1 bis 3 Bezeichneten aus oder tritt er im Laufe eines Monats in diesen Kreis ein, so wird das Kindergeld für diesen Monat von der Stelle gezahlt, die bis zum Ausscheiden oder Eintritt des Berechtigten zuständig war. Dies gilt nicht, soweit die Zahlung von Kindergeld für ein Kind in Betracht kommt, das erst nach dem Ausscheiden oder Eintritt bei dem Berechtigten nach § 63 zu berücksichtigen ist. Ist in einem Fall des Satzes 1 das Kindergeld bereits für einen folgenden Monat gezahlt worden, so muß der für diesen Monat Berechtigte die Zahlung gegen sich gelten lassen.

(7) Der nach § 67 Abs. 1 erforderliche Antrag auf Kindergeld sowie die Anzeige nach § 67 Abs. 2 sind an die Stelle zu richten, die für die Festsetzung der Bezüge oder des Arbeitsentgelts zuständig ist.

(8) In den Abrechnungen der Bezüge und des Arbeitsentgelts ist das Kindergeld gesondert auszuweisen. Der Rechtsträger hat die Summe des von ihm für alle Berechtigten ausgezahlten Kindergeldes dem Betrag, den er insgesamt an Lohnsteuer einzubehalten hat, zu entnehmen und bei der nächsten Lohnsteuer-Anmeldung gesondert abzusetzen. Übersteigt das insgesamt ausgezahlte Kindergeld den Betrag, der insgesamt an Lohnsteuer abzuführen ist, so wird der übersteigende Betrag dem Rechtsträger auf Antrag von dem Finanzamt, an das die Lohnsteuer abzuführen ist, aus den Einnahmen der Lohnsteuer ersetzt.

(9) Abweichend von Absatz 1 Satz 1 werden Kindergeldansprüche aufgrund über- oder zwischenstaatlicher Rechtsvorschriften nach § 70 festgesetzt. Für die Auszahlung gilt § 73 Abs. 1 Satz 2 entsprechend.

§ 73 Zahlung des Kindergeldes an andere Arbeitnehmer

(1) Der Arbeitgeber hat das Kindergeld
1. bei monatlichen oder längeren Lohnabrechnungszeiträumen jeweils zusammen mit dem Arbeitslohn,

2. bei kürzeren als monatlichen Lohnabrechnungszeiträumen jeweils für alle in einem Kalendermonat endenden Lohnabrechnungszeiträume zusammen mit dem Arbeitslohn für den letzten in dem Kalendermonat endenden Lohnabrechnungszeitraum

nach der von der Familienkasse festgesetzten und bescheinigten Höhe auszuzahlen. Die Familienkasse setzt das monatlich auszuzahlende Kindergeld fest und erteilt dem Arbeitnehmer darüber eine Bescheinigung, die dem Arbeitgeber vorzulegen ist. Der Arbeitgeber hat die Bescheinigung aufzubewahren. Satz 1 gilt nicht für Arbeitnehmer, die voraussichtlich nicht länger als sechs Monate bei dem Arbeitgeber beschäftigt sind. § 72 Abs. 8 gilt entsprechend.

(2) Dem Arbeitgeber steht kein Zurückbehaltungsrecht hinsichtlich des Kindergeldes zu.

(3) Die Bundesregierung wird ermächtigt, durch Rechtsverordnung mit Zustimmung des Bundesrates Ausnahmen von Absatz 1 Satz 1 zuzulassen und das Verfahren bei der Festsetzung und Auszahlung des Kindergeldes näher zu regeln, soweit dies zur Vereinfachung des Verfahrens oder zur Vermeidung von Härten erforderlich ist. Dabei können insbesondere die Bescheinigung des auszuzahlenden Kindergeldes auf der Lohnsteuerkarte, Mitwirkungs-, Aufzeichnungs- und Mitteilungspflichten des Arbeitnehmers und des Arbeitgebers sowie die Haftung des Arbeitgebers geregelt werden. Es kann auch bestimmt werden, daß das Finanzamt das Kindergeld dem Arbeitgeber vor Auszahlung an den Arbeitnehmer überweist.

§ 74 Zahlung des Kindergeldes in Sonderfällen

(1) Kindergeld kann in angemessener Höhe an den Ehegatten oder Kinder des Kindergeldberechtigten ausgezahlt werden, wenn der Kindergeldberechtigte ihnen gegenüber seinen gesetzlichen Unterhaltspflichten nicht nachkommt. Kindergeld kann an Kinder, die bei der Festsetzung des Kindergeldes berücksichtigt werden, bis zur Höhe des Betrages, der sich bei entsprechender Anwendung des § 76 ergibt, ausgezahlt werden. Dies gilt auch, wenn der Kindergeldberechtigte mangels Leistungsfähigkeit nicht unterhaltspflichtig ist oder nur Unterhalt in Höhe eines Betrages zu leisten braucht, der geringer ist als das für die Auszahlung in Betracht kommende Kindergeld. Die Auszahlung kann auch an die Person oder Stelle erfolgen, die dem Ehegatten oder den Kindern Unterhalt gewährt.

(2) Ist ein Kindergeldberechtigter auf Grund richterlicher Anordnung länger als einen Kalendermonat in einer Anstalt oder Einrichtung untergebracht, ist das Kindergeld an den Unterhaltsberechtigten auszuzahlen, soweit der Kindergeldberechtigte kraft Gesetzes unterhaltspflichtig ist und er oder die Unterhaltsberechtigten es beantragen.

(3) Ist der Kindergeldberechtigte untergebracht (Absatz 2), kann die Stelle, der die Kosten der Unterbringung zur Last fallen, das Kindergeld durch schriftliche Anzeige an die Familienkasse auf sich überleiten.

(4) Die Anzeige bewirkt den Anspruchsübergang nur insoweit, als das Kindergeld nicht an Unterhaltsberechtigte zu zahlen ist, der Kindergeldberechtigte die Kosten der Unterbringung zu erstatten hat und die Leistung auf den für die Erstattung maßgebenden Zeitraum entfällt.

(5) Für Erstattungsansprüche der Träger von Sozialleistungen gegen die Familienkasse gelten die §§ 102 bis 109 und 111 bis 113 des Zehnten Buches Sozialgesetzbuch entsprechend.

§ 75 Aufrechnung

(1) Mit Ansprüchen auf Rückzahlung von Kindergeld kann die Familienkasse gegen Ansprüche auf laufendes Kindergeld bis zu deren Hälfte aufrechnen, soweit der Berechtigte nicht hilfebedürftig im Sinne der Vorschriften des Bundessozialhilfegesetzes über die Hilfe zum Lebensunterhalt wird.

(2) Absatz 1 gilt für die Aufrechnung eines Anspruchs auf Erstattung von Kindergeld gegen einen späteren Kindergeldanspruch des nicht dauernd von dem Erstattungspflichtigen getrennt lebenden Ehegatten entsprechend.

§ 76 Pfändung

Der Anspruch auf Kindergeld kann nur wegen gesetzlicher Unterhaltsansprüche eines Kindes, das bei der Festsetzung des Kindergeldes berücksichtigt wird, gepfändet werden. Für die Höhe des pfändbaren Betrages bei Kindergeld gilt:
1. Gehört das unterhaltsberechtigte Kind zum Kreis der Kinder, für die dem Leistungsberechtigten Kindergeld gezahlt wird, so ist eine Pfändung bis zu dem Betrag möglich, der bei gleichmäßiger Verteilung des Kindergeldes auf jedes dieser Kinder entfällt. Ist das Kindergeld durch die Berücksichtigung eines weiteren Kindes erhöht, für das einer dritten Person Kindergeld oder dieser oder dem Leistungsberechtigten eine andere Geldleistung für Kindergeld zusteht, so bleibt der Erhöhungsbetrag bei der Bestimmung des pfändbaren Betrages des Kindergeldes nach Satz 1 außer Betracht.
2. Der Erhöhungsbetrag (Nr. 1 Satz 2) ist zugunsten jedes bei der Festsetzung des Kindergeldes berücksichtigten unterhaltsberechtigten Kindes zu dem Anteil pfändbar, der sich bei gleichmäßiger Verteilung auf alle Kinder, die bei der Festsetzung des Kindergeldes zugunsten des Leistungsberechtigten berücksichtigt werden, ergibt.

§ 77 Erstattung von Kosten im Vorverfahren

(1) Soweit der Einspruch gegen die Kindergeldfestsetzung erfolgreich ist, hat die Familienkasse demjenigen, der den Einspruch erhoben hat, die zur zweckentsprechenden Rechtsverfolgung oder Rechtsverteidigung notwendigen Aufwendungen zu erstatten. Dies gilt auch, wenn der Einspruch nur deshalb keinen Erfolg hat, weil die Verletzung einer Verfahrens- oder Formvorschrift nach § 126 der Abgabenordnung unbeachtlich ist. Aufwendungen, die durch das Verschulden eines Erstattungsberechtigten entstanden sind, hat dieser selbst zu tragen; das Verschulden eines Vertreters ist dem Vertretenen zuzurechnen.

(2) Die Gebühren und Auslagen eines Bevollmächtigten oder Beistandes, der nach den Vorschriften des Steuerberatungsgesetzes zur geschäftsmäßigen Hilfeleistung in Steuersachen befugt ist, sind erstattungsfähig, wenn dessen Zuziehung notwendig war.

(3) Die Familienkasse setzt auf Antrag den Betrag der zu erstattenden Aufwendungen fest. Die Kostenentscheidung bestimmt auch, ob die Zuziehung eines Bevollmächtigten oder Beistandes im Sinne des Absatzes 2 notwendig war.

§ 78 Übergangsregelungen

(1) Kindergeld, das bis zum 31. Dezember 1995 nach den Vorschriften des Bundeskindergeldgesetzes gewährt wurde, gilt als nach den Vorschriften dieses Gesetzes festgesetzt. In Fällen des § 72 Abs. 9 und des § 73 kann der Arbeitgeber bis zur Vorlage der Bescheinigung nach § 73 Abs. 1 Satz 2 das Kindergeld für die Monate Januar bis März 1996 vorläufig auf der Grundlage einer Erklärung des Arbeitnehmers über die Zahl der Kinder, für die er Anspruch auf Zahlung von Kindergeld hat, auszahlen. Legt der Arbeitnehmer bis zum 20. April 1996 keine Bescheinigung im Sinne des § 73 Abs. 1 Satz 2 vor, hat der Arbeitgeber im nächsten Lohnzahlungszeitraum den Arbeitslohn und bei der entsprechenden Lohnsteuer-Anmeldung den dort gesondert abzusetzenden Betrag des insgesamt ausgezahlten Kindergeldes um das bisher ausgezahlte Kindergeld zu kürzen. Hat der Arbeitnehmer keinen Lohnanspruch, der für die Kürzung ausreicht, so hat der Arbeitgeber dies der Familienkasse unverzüglich anzuzeigen. Die Familienkasse fordert sodann das zuviel ausgezahlte Kindergeld vom Arbeitnehmer zurück.

(2) Abweichend von § 63 steht Berechtigten, die für Dezember 1995 für Enkel oder Geschwister Kindergeld bezogen haben, das Kindergeld für diese Kinder zu, solange die Voraussetzungen nach § 2 Abs. 1 Nr. 3 des Bundeskindergeldgesetzes in der bis zum

31. Dezember 1995 geltenden Fassung und die weiteren Anspruchsvoraussetzungen erfüllt sind, längstens bis zum 31. Dezember 1996. Sind diese Kinder auch bei anderen Personen zu berücksichtigen, gilt die Rangfolge nach § 3 Abs. 2 des Bundeskindergeldgesetzes in der bis zum 31. Dezember 1995 geltenden Fassung.

(3) Auf ein Kind, das am 31. Dezember 1995 das 16. Lebensjahr vollendet hatte, ist zugunsten des Berechtigten, dem für dieses Kind ein Kindergeldanspruch zuerkannt war, § 2 Abs. 2 des Bundeskindergeldgesetzes in der bis zum 31. Dezember 1995 geltenden Fassung anzuwenden, solange die entsprechenden Anspruchsvoraussetzungen ununterbrochen weiter erfüllt sind, längstens bis zum 31. Dezember 1996.

(4) Ist für die Nachzahlung und Rückforderung von Kindergeld und Zuschlag zum Kindergeld für Berechtigte mit geringem Einkommen der Anspruch eines Jahres vor 1996 maßgeblich, finden die §§ 10, 11 und 11a des Bundeskindergeldgesetzes in der bis zum 31. Dezember 1995 geltenden Fassung Anwendung.

(5) Abweichend von § 64 Abs. 2 und 3 steht Berechtigten, die für Dezember 1990 für ihre Kinder Kindergeld in dem in Artikel 3 des Einigungsvertrages genannten Gebiet bezogen haben, das Kindergeld für diese Kinder auch für die folgende Zeit zu, solange sie ihren Wohnsitz oder gewöhnlichen Aufenthalt in diesem Gebiet beibehalten und die Kinder die Voraussetzungen ihrer Berücksichtigung weiterhin erfüllen. § 64 Abs. 2 und 3 ist insoweit erst für die Zeit vom Beginn des Monats an anzuwenden, in dem ein hierauf gerichteter Antrag bei der zuständigen Stelle eingegangen ist; der hiernach Berechtigte muß die nach Satz 1 geleisteten Zahlungen gegen sich gelten lassen.

2. Gesetz über die Finanzverwaltung (FVG)

I. d. F. der Bek. vom 30. 8. 1971 (BGBl. I S. 1426), zuletzt geändert durch Jahressteuer-Ergänzungsgesetz 1996 vom 18. 12. 1995 (BGBl. I S. 1959)

– Auszug –

§ 5 Aufgaben des Bundesamtes für Finanzen

(1) Das Bundesamt für Finanzen hat unbeschadet des § 4 Abs. 2 und 3 folgende Aufgaben:

...

11. die Durchführung des Familienleistungsausgleichs nach Maßgabe der §§ 31, 62 bis 78 des Einkommensteuergesetzes. Die Bundesanstalt für Arbeit stellt dem Bundesamt für Finanzen zur Durchführung dieser Aufgaben ihre Dienststellen als Familienkassen zur Verfügung. Das Nähere, insbesondere die Höhe der Verwaltungskostenerstattung, wird durch Verwaltungsvereinbarung geregelt. Die Familienkassen der Bundesanstalt für Arbeit und die Familienkassen nach § 72 Abs. 1 und 2 des Einkommensteuergesetzes gelten als Bundesfinanzbehörden, soweit sie den Familienleistungsausgleich durchführen, und unterliegen insoweit der Fachaufsicht des Bundesamtes für Finanzen.

(2) Die vom Bundesamt für Finanzen aufgrund gesetzlicher Vorschriften gewährten Steuererstattungen und Steuervergütungen werden von den Ländern in dem Verhältnis getragen, in dem sie an dem Aufkommen der betreffenden Steuern beteiligt sind. Kapitalertragsteuer, die das Bundesamt für Finanzen anläßlich der Vergütung von Körperschaftsteuer vereinnahmt hat, steht den Ländern in demselben Verhältnis zu. Für die Aufteilung ist das Aufkommen an den betreffenden Steuern in den einzelnen Ländern maßgebend, das sich ohne Berücksichtigung der in den Sätzen 1 und 2 bezeichneten Steuerbeträge für das Vorjahr ergibt. Das Nähere bestimmt der Bundesminister der Finanzen durch Rechtsverordnung, die der Zustimmung des Bundesrates bedarf.

(3) Die von den Familienkassen bei der Durchführung des Familienleistungsausgleichs nach Absatz 1 Nr. 11 ausgezahlten Steuervergütungen im Sinne des § 31 des Einkommensteuergesetzes werden jeweils von den Ländern und Gemeinden, in denen der Gläubiger der Steuervergütung seinen Wohnsitz hat, nach den für die Verteilung des Aufkommens der Einkommensteuer maßgebenden Vorschriften mitgetragen. Das Bundesamt stellt nach Ablauf eines jeden Monats die Anteile der einzelnen Länder einschließlich ihrer Gemeinden an den gewährten Leistungen fest. Die nach Satz 2 festgestellten Anteile sind dem Bund von den Ländern bis zum 15. des dem Zahlungsmonat folgenden Monats zu erstatten. Für den Monat Dezember ist dem Bund von den Ländern ein Abschlag auf der Basis der Abrechnung des Vormonats zu leisten. Die Abrechnung für den Monat Dezember hat bis zum 15. Januar des Folgejahres zu erfolgen. Das Bundesministerium der Finanzen wird ermächtigt, durch Rechtsverordnung mit Zustimmung des Bundesrates das Nähere zu bestimmen.

. . .

§ 21 Auskunfts- und Teilnahmerechte

(1) Soweit die den Ländern zustehenden Steuern von Bundesfinanzbehörden verwaltet werden, haben die für die Finanzverwaltung zuständigen obersten Landesbehörden das Recht, sich über die für diese Steuern erheblichen Vorgänge bei den zuständigen Bundesfinanzbehörden zu unterrichten. Zu diesem Zweck steht ihnen das Recht auf Akteneinsicht und auf mündliche und schriftliche Auskunft zu.

(2) Die für die Finanzverwaltung zuständigen obersten Landesbehörden sind berechtigt, durch Landesbedienstete an Außenprüfungen teilzunehmen, die durch Bundesfinanzbehörden durchgeführt werden und die in Absatz 1 genannten Steuern betreffen.

(3) Die in den Absätzen 1 und 2 genannten Rechte stehen den Gemeinden hinsichtlich der Realsteuern insoweit zu, als diese von den Landesfinanzbehörden verwaltet werden. Die Gemeinden sind jedoch abweichend von Absatz 2 nur dann berechtigt, durch Gemeindebedienstete an Außenprüfungen bei Steuerpflichtigen teilzunehmen, wenn diese in der Gemeinde eine Betriebstätte unterhalten oder Grundbesitz haben und die Betriebsprüfungen im Gemeindebezirk erfolgen.

(4) Das Bundesamt für Finanzen und die Landesfinanzbehörden stellen sich die für die Durchführung des § 31 des Einkommensteuergesetzes erforderlichen Daten und Auskünfte zur Verfügung.

3. Verordnung zur Auszahlung des Kindergeldes an Arbeitnehmer außerhalb des öffentlichen Dienstes (Kindergeldauszahlungs-Verordnung – KAV)

Vom 10. 11. 1995 (BGBl. I S. 1510)

Auf Grund des § 73 Abs. 3 des Einkommensteuergesetzes in der Fassung der Bekanntmachung vom 7. 9. 1990 (BGBl. I S. 1898, 1991 I S. 808), der durch Artikel 1 Nr. 61 des Gesetzes vom 11. 10. 1995 (BGBl. I S. 1250) eingefügt worden ist, verordnet die Bundesregierung:

§ 1 Kindergeldbescheinigung

(1) In der Bescheinigung nach § 73 Abs. 1 Satz 2 des Einkommensteuergesetzes (Kindergeldbescheinigung) ist anzugeben, für welchen Zeitraum und in welcher Höhe Kindergeld an den Arbeitnehmer zu zahlen ist. Unabhängig von der voraussichtlichen Dauer der Kindergeldberechtigten kann die Familienkasse die Geltungsdauer der Kin-

dergeldbescheinigung auf einen kürzeren Zeitraum begrenzen. Die Eintragungen auf der Kindergeldbescheinigung sind die gesonderte Feststellung von Besteuerungsgrundlagen im Sinne des § 179 Abs. 1 der Abgabenordnung, die unter dem Vorbehalt der Nachprüfung steht. Den Eintragungen braucht eine Belehrung über den zulässigen Rechtsbehelf nicht beigefügt zu werden.

(2) Der Arbeitnehmer, der Arbeitgeber oder andere Personen dürfen die Eintragungen auf der Kindergeldbescheinigung nicht ändern oder ergänzen. Der Arbeitgeber darf die auf der Kindergeldbescheinigung eingetragenen Merkmale nur für die Auszahlung des Kindergeldes und davon abhängiger Lohnbestandteile verwerten; er darf sie ohne Zustimmung des Arbeitnehmers nur offenbaren, soweit dies gesetzlich zugelassen ist.

(3) Ändert sich der Kindergeldanspruch, stellt die Familienkasse eine neue Kindergeldbescheinigung aus, in der die früher ausgestellte Kindergeldbescheinigung für ungültig erklärt wird. Der Arbeitnehmer hat die neue Kindergeldbescheinigung dem Arbeitgeber zu übergeben, dem die für ungültig erklärte Kindergeldbescheinigung vorliegt. Erhält der Arbeitnehmer die für ungültig erklärte Kindergeldbescheinigung nach § 5 Abs. 2 Satz 3 zurück, so hat er diese unverzüglich der Familienkasse zurückzugeben. Die Familienkasse überwacht den Eingang der für ungültig erklärten Bescheinigung.

§ 2 Auszahlung des Kindergeldes

(1) Der Arbeitgeber darf Kindergeld nur nach den Merkmalen einer ihm vorliegenden Kindergeldbescheinigung an Arbeitnehmer auszahlen, die für den Lohnsteuerabzug eine Lohnsteuerkarte oder eine entsprechende Bescheinigung vorzulegen haben. Legt der Arbeitnehmer zu Beginn des Dienstverhältnisses eine Bescheinigung vor, die auf Zeiträume vor Beginn des Dienstverhältnisses zurückwirkt, darf der Arbeitgeber Kindergeld nur für Zeiträume auszahlen, für die der Arbeitnehmer ausweislich der Eintragung in der Lohnsteuerbescheinigung oder in der Bescheinigung nach § 41 b Abs. 1 Satz 6 des Einkommensteuergesetzes noch kein Kindergeld erhalten hat. Der Arbeitgeber kann Kindergeld auch für Zeiträume auszahlen, in denen während der Dauer des Dienstverhältnisses kein Arbeitslohn gezahlt wird.

(2) Arbeitnehmern, die vom Arbeitgeber kein Kindergeld erhalten, zahlt die Familienkasse das Kindergeld aus; § 328 der Abgabenordnung bleibt unberührt. Für die Rückforderung von Kindergeld ist vorbehaltlich des § 4 die Familienkasse zuständig.

(3) Ist Kindergeld ganz oder teilweise nach § 74 oder § 76 des Einkommensteuergesetzes an Dritte auszuzahlen, so ist allein die Familienkasse für die Auszahlung zuständig.

§ 3 Befreiung von der Auszahlungspflicht

Beschäftigt der Arbeitgeber auf Dauer nicht mehr als 50 Arbeitnehmer, die eine Lohnsteuerkarte vorzulegen haben, so befreit ihn die Familienkasse auf Antrag von der Pflicht zur Auszahlung des Kindergeldes. Das gleiche gilt, wenn sich auf Grund der Auszahlung des Kindergeldes in den Lohnsteuer-Anmeldungen auf Dauer ein Erstattungsbetrag ergibt. Die Befreiung kann befristet werden. Die Familienkasse kann dem zuständigen Betriebsstättenfinanzamt die Arbeitgeber mitteilen, die von der Pflicht zur Auszahlung des Kindergeldes befreit wurden. In die Feststellung, ob die Voraussetzung des Satzes 1 erfüllt ist, sind Arbeitnehmer sämtlicher inländischer Betriebsstätten des Arbeitgebers einzubeziehen. Für die Entscheidung über den Antrag ist die Familienkasse örtlich zuständig, in deren Bezirk die Betriebsstätte im Sinne des § 41 Abs. 2 des Einkommensteuergesetzes liegt. Bei einer Befreiung nach Satz 1 für mehrere Betriebsstätten ist die Familienkasse örtlich zuständig, in deren Bezirk der inländische Mittelpunkt der geschäftlichen Leitung des Arbeitgebers liegt.

§ 4 Nachzahlung und Rückforderung von Kindergeld durch den Arbeitgeber

Der Arbeitgeber ist bei der nächstfolgenden Auszahlung des Kindergeldes verpflichtet, zuwenig gezahltes Kindergeld nachzuzahlen und berechtigt, zuviel gezahltes Kindergeld zurückzufordern, wenn

1. ihm der Arbeitnehmer eine Kindergeldbescheinigung mit Eintragungen vorlegt, die auf einen Zeitpunkt vor Vorlage der Kindergeldbescheinigung zurückwirken, oder
2. er erkennt, daß er abweichend von den Merkmalen einer ihm vorliegenden Kindergeldbescheinigung zuwenig oder zuviel Kindergeld ausgezahlt hat.

§ 5 Aufzeichnungs-, Aufbewahrungs- und Bescheinigungspflichten

(1) Die für die Kindergeldzahlung maßgeblichen Merkmale sind aus der Kindergeldbescheinigung in das Lohnkonto zu übertragen. Bei jeder Auszahlung ist das Kindergeld im Lohnkonto des Kalenderjahrs einzutragen, zu dem der Arbeitslohn gehört, mit dem zusammen das Kindergeld ausgezahlt wird. Ist ein Lohnkonto nicht zu führen, sind entsprechende Aufzeichnungen zu machen.

(2) Die Kindergeldbescheinigung ist als Beleg zum Lohnkonto zu nehmen und aufzubewahren. An den Arbeitnehmer hat der Arbeitgeber die Kindergeldbescheinigung vorbehaltlich des Satzes 3 nur herauszugeben, wenn
1. das Dienstverhältnis beendet worden ist,
2. der Arbeitgeber kein Kindergeld auszahlt oder
3. der Arbeitnehmer die Herausgabe der Kindergeldbescheinigung verlangt, um sie einem anderen Arbeitgeber vorlegen zu können.

Legt der Arbeitnehmer dem Arbeitgeber eine Kindergeldbescheinigung vor, in der die dem Arbeitgeber bisher vorliegende Kindergeldbescheinigung für ungültig erklärt wird, hat der Arbeitgeber entweder die für ungültig erklärte Kindergeldbescheinigung der Familienkasse zu übersenden, die die neue Kindergeldbescheinigung ausgestellt hat, oder die für ungültig erklärte Bescheinigung zu entwerten und an den Arbeitnehmer herauszugeben. Auf Verlangen der Familienkasse hat der Arbeitgeber die Kindergeldbescheinigung an diese zu übersenden.

(3) Bei Beendigung des Dienstverhältnisses oder am Ende des Kalenderjahrs hat der Arbeitgeber auf Grund der Eintragungen im Lohnkonto den Kalendermonat, für den zuletzt Kindergeld ausgezahlt worden ist und die Höhe des insgesamt ausgezahlten Kindergeldes in die Lohnsteuerbescheinigung einzutragen. In der Bescheinigung nach § 41b Abs. 1 Satz 6 des Einkommensteuergesetzes ist der Kalendermonat einzutragen, für den zuletzt Kindergeld ausgezahlt worden ist.

(4) Zahlt der Arbeitgeber Kindergeld nicht aus, hat er dies dem Arbeitnehmer mitzuteilen. Liegt dem Arbeitgeber bereits eine Kindergeldbescheinigung für den Arbeitnehmer vor, hat er diese dem Arbeitnehmer auszuhändigen und außerdem darauf zu bescheinigen, ob und für welchen Monat zuletzt Kindergeld ausgezahlt worden ist. Die Bescheinigungspflicht nach Satz 2 gilt auch bei Herausgabe der Kindergeldbescheinigung nach Absatz 2 Satz 2 Nr. 3.

(5) Der Arbeitgeber hat der Familienkasse, die die Kindergeldbescheinigung ausgestellt hat, die Fälle unverzüglich schriftlich anzuzeigen, in denen er von seiner Berechtigung zur Rückforderung des Kindergeldes nach § 4 keinen Gebrauch macht oder Kindergeld nicht mehr zurückfordern kann. In der Anzeige hat der Arbeitgeber die Kindergeldnummer des Arbeitnehmers und den zurückzufordernden Betrag anzugeben.

§ 6 Haftung, Außenprüfung

Der Arbeitgeber haftet für abweichend von den Merkmalen der ihm vorgelegten Kindergeldbescheinigung ausgezahltes Kindergeld. Er haftet nicht, soweit Kindergeld in den von ihm nach § 5 Abs. 5 angezeigten Fällen von der Familienkasse zurückzufordern ist. Für seine Inanspruchnahme ist § 42d des Einkommensteuergesetzes entsprechend anzuwenden. Insoweit ist das Betriebsstättenfinanzamt zuständig, das nach § 42f des Einkommensteuergesetzes auch die ordnungsgemäße Auszahlung des Kindergeldes prüft.

§ 7 Muster der Bescheinigung

Das Bundesamt für Finanzen bestimmt das Muster der Kindergeldbescheinigung. Es ist im Bundessteuerblatt bekanntzumachen.

§ 8 Inkrafttreten

Diese Verordnung tritt am Tage nach der Verkündung in Kraft.

4. Kindergeldbescheinigung nach § 1 Kindergeldauszahlungs-Verordnung (KAV) in Verbindung mit § 73 Abs. 1 Satz 2 Einkommensteuergesetz (EStG); Muster der Bescheinigung

Von 23. November 1995 (BStBl. I S. 717)
– BfF St I 4 – S 2481 – 1/95 –

Gemäß § 7 KAV wird nachstehend das Muster der Kindergeldbescheinigung bekanntgemacht. Sofern zutreffend, können in das freie Feld vor der Grußformel noch variable Textteile zur Erläuterung für den Kindergeldberechtigten aufgenommen werden. Dies können beispielsweise sein:
– Der für den Monat .... bescheinigte Auszahlungsbetrag enthält eine Nachzahlung für die Zeit vom .... bis .... in Höhe von .... DM.
– Der geminderte Kindergeldbetrag ergibt sich aus der Aufrechnung von überzahltem Kindergeld.
– Leistungen, die dem Kindergeld vergleichbar sind, werden angerechnet.
– Die am .... ausgestellte Kindergeldbescheinigung ist hiermit ungültig. Sie sind verpflichtet, die ungültige Kindergeldbescheinigung bis .... an die Familienkasse zurückzugeben; dies kann auch durch Ihren Arbeitgeber geschehen.

Muster der Kindergeldbescheinigung 153

(Anschrift des Arbeitsamtes)

Ordnungsmerkmale des Arbeitgebers
Kindergeldnummer (bitte stets angeben)   /

Datum: ....

Kindergeldbescheinigung zur Vorlage beim Arbeitgeber

Sehr geehrte .... ,

Ihr Arbeitgeber hat das Kindergeld - wie nachstehend bescheinigt - an Sie auszuzahlen. Legen Sie daher diese Kindergeldbescheinigung bitte umgehend dem Lohnbüro Ihres Arbeitgebers vor.

Zeitraum		Monatlicher Auszahlungsbetrag
von	bis	DM

Hinweise für Sie als Kindergeldberechtigte(n):
Diese Kindergeldbescheinigung gilt zunächst nur für den oben angegebenen Zeitraum. Sofern Sie darüber hinaus Anspruch auf Kindergeld haben, erhalten Sie zu gegebener Zeit eine neue Kindergeldbescheinigung.

Ergeben sich Änderungen in Ihren Verhältnissen oder in den Verhältnissen Ihrer Kinder, die sich auf den Kindergeldanspruch auswirken, teilen Sie diese bitte unverzüglich der Familienkasse mit. Eine Änderungsmitteilung an Ihren Arbeitgeber genügt nicht.

Mit freundlichen Grüßen
Im Auftrag

Bescheinigung des Arbeitgebers (vor Rückgabe der Kindergeldbescheinigung ausfüllen, wenn trotz weiterbestehenden Dienstverhältnisses Kindergeld nicht oder nicht mehr ausgezahlt wird)	
Kindergeld ist nicht / zuletzt für den Monat .... ausgezahlt worden.	Firmenstempel, Unterschrift
Ort und Datum .... Anschrift und Fernsprechnummer, soweit nicht im Firmenstempel enthalten:	

An dem beidseitig deckungsgleich mit Wasserzeichenfarbe aufgedruckten Symbol ▲ ist zu erkennen, daß es sich um das Original des Schriftstückes handelt.

5. Merkblatt für den Arbeitgeber zu den Rechtsänderungen beim Steuerabzug vom Arbeitslohn ab 1. Januar 1996 und zur Auszahlung des Kindergeldes ab 1. Januar 1996

(BStBl. I 1995, S. 719)

Vorbemerkung

Der zum Steuerabzug vom Arbeitslohn verpflichtete Arbeitgeber hat bei der Erhebung der Lohnsteuer, des Solidaritätszuschlags und der Kirchensteuer ab 1996 die Rechtsänderungen zu beachten, die im Einkommensteuergesetz (EStG), im Solidaritätszuschlagsgesetz 1995 und in der Lohnsteuer-Durchführungsverordnung (LStDV) durch das Jahressteuergesetz 1996 in Kraft gesetzt worden sind. Bedeutsam sind außerdem neue Verwaltungsvorschriften in den Lohnsteuer-Richtlinien 1996 (LStR 1996).

Ab 1996 sind erstmals auch Arbeitgeber außerhalb des öffentlichen Dienstes verpflichtet, Kindergeld nach dem X. Abschnitt des Einkommensteuergesetzes (§§ 62ff. EStG in der Fassung des Jahressteuergesetzes 1996) an ihre Arbeitgeber auszuzahlen. Dabei sind insbesondere die Vorschriften des § 73 EStG und der Kindergeldauszahlungs-Verordnung (KAV) zu beachten.

Nachfolgend werden die wesentlichen Rechtsänderungen dargestellt; weitere Auskünfte zum Steuerabzug vom Arbeitslohn erteilen die Finanzämter, Auskünfte zur Auszahlung des Kindesgeldes erteilen die Familienkassen bei den Arbeitsämtern.

A. Änderungen beim Steuerabzug vom Arbeitslohn

...

B. Auszahlung des Kindergeldes durch private Arbeitgeber

1. Allgemeines

47 Die Neuregelung des Familienleistungsausgleichs durch das Jahressteuergesetz 1996 enthält die Anhebung des Kindergeldes und des Kinderfreibetrages, den Wegfall der bisherigen kumulativen Berücksichtigung von Kindergeld und Kinderfreibetrag und die Einbeziehung des Kindergeldes als Steuervergütung in das Einkommensteuerrecht. Kindergeld oder Kinderfreibeträge kommen bei der Veranlagung zur Einkommensteuer nur noch alternativ in Betracht.

48 Bei der Erhebung der Lohnsteuer werden ab 1996 Kinderfreibeträge nicht mehr berücksichtigt. Beim Steuerabzug vom Arbeitslohn wirken sich Kinderfreibeträge nur noch auf den Solidaritätszuschlag und die Kirchensteuer aus. Damit die durch das Kindergeld eintretende Steuerentlastung unmittelbar bei der Lohnzahlung wirksam werden kann, sind ab 1996 grundsätzlich alle Arbeitgeber verpflichtet, das Kindergeld zusammen mit dem Lohn auszuzahlen.

49 Zu den Arbeitgebern, die nach § 73 EStG zur Auszahlung des Kindergeldes im Rahmen der folgenden Regeln verpflichtet sind, gehören
– private Arbeitgeber sowie
– Körperschaften und Anstalten des öffentlichen Rechts, die eine Religionsgesellschaft, ein Spitzenverband der freien Wohlfahrtspflege, ein diesem Spitzenverband unmittelbar oder mittelbar angeschlossener Mitgliedsverband oder eine diesem Mitgliedsverband angeschlossene Einrichtung oder Anstalt sind.

Kindergeld ist im übrigen nur von inländischen Arbeitgebern auszuzahlen, die nach § 38 EStG zum Lohnsteuerabzug verpflichtet sind. Zur Befreiung des Arbeitgebers von der Auszahlungsverpflichtung vgl. Tz. 83 bis 86.

II. Auszahlung an Arbeitnehmer

1. Arbeitnehmerbegriff

50 Zu den Arbeitnehmern, denen der Arbeitgeber Kindergeld auszahlen muß, gehören alle Personen, die aus einem gegenwärtigen oder einem früheren Dienstverhältnis Arbeitslohn beziehen. Arbeitnehmer sind auch die Rechtsnachfolger dieser Personen, soweit sie Arbeitslohn aus dem früheren Dienstverhältnis ihres Rechtsvorgängers beziehen (§ 1 Abs. 1 LStDV). Der Arbeitgeber darf einem Arbeitnehmer Kindergeld nur auszahlen, wenn und solange ihm eine für den Arbeitnehmer ausgestellte Kindergeldbescheinigung (vgl. Tz. 52 bis 54) vorliegt. Arbeitnehmer, die vom Arbeitgeber kein Kindergeld erhalten und keine Kindergeldbescheinigung erhalten haben oder ihre Kindergeldbescheinigung an die Familienkasse zurückgegeben haben, erhalten das Kindergeld von der Familienkasse.

2. Ausnahmen

51 Von der Auszahlung des Kindergeldes sind folgende Arbeitnehmer ausgenommen:
- Arbeitnehmer, die voraussichtlich nicht länger als sechs Monate bei dem Arbeitgeber beschäftigt sind. Das sind insbesondere Arbeitnehmer, die von vornherein ein auf diesen Zeitraum befristetes Dienstverhältnis eingegangen sind. Arbeitnehmer, deren Fortführung des Dienstverhältnisses lediglich unter dem Vorbehalt einer Probezeit steht, fallen nicht darunter. Ob Kindergeld in diesen Fällen vom Arbeitgeber auszuzahlen ist, bleibt dessen vorausschauender Beurteilung überlassen, die solange maßgeblich bleibt, bis sich aus der tatsächlichen Entwicklung etwas anderes ergibt.
- Pauschal besteuerte Teilzeitbeschäftigte.

3. Auszahlungsvoraussetzung; Kindergeldbescheinigung

52 Die Kindergeldbescheinigung wird von der für den Arbeitnehmer zuständigen Familienkasse (bisher Kindergeldkasse) beim Arbeitsamt ausgestellt, wenn der Arbeitnehmer der Familienkasse mitgeteilt hat, daß sein Arbeitgeber ihm Kindergeld auszahlen wird. In der Kindergeldbescheinigung wird angegeben, für welche Monate und in welcher Höhe der Arbeitgeber dem Arbeitnehmer Kindergeld auszuzahlen hat. Der Arbeitnehmer ist verpflichtet, seine Kindergeldbescheinigung unverzüglich dem Arbeitgeber vorzulegen.

53 Der Arbeitgeber ist bei der Auszahlung des Kindergeldes an die Angaben in der Kindergeldbescheinigung gebunden. Eigene Ermittlungen und Feststellungen des Arbeitgebers zum Kindergeldanspruch seiner Arbeitnehmer sind nicht erforderlich. Die Angaben in der Kindergeldbescheinigung dürfen weder vom Arbeitgeber noch vom Arbeitnehmer geändert werden. Der Arbeitgeber darf die in der Kindergeldbescheinigung eingetragenen Merkmale nur für die Auszahlung des Kindergeldes und davon abhängiger Lohnbestandteile verwerten; er darf sie ohne Zustimmung des Arbeitnehmers nur offenbaren, soweit dies gesetzlich zugelassen ist. Ändert sich der Kindergeldanspruch des Arbeitnehmers, erhält er eine neue Kindergeldbescheinigung; Änderungen in einer ausgestellten Kindergeldbescheinigung sind ausgeschlossen.

54 Die für 1996 ausgestellten Kindergeldbescheinigungen sehen Kindergeldauszahlungen nur für Monate des Jahres 1996 vor. Soweit sich die für den Kindergeldanspruch des Arbeitnehmers maßgebenden Verhältnisse nicht geändert haben, wird dem Arbeitnehmer vor dem 1. Januar 1997 von Amts wegen eine Kindergeldbescheinigung für die Folgemonate ausgestellt.

III. Auszahlung des Kindergeldes

1. Auszahlung mit dem Arbeitslohn

55 Der Arbeitgeber hat das in der Kindergeldbescheinigung für einen Monat angegebene Kindergeld bei monatlicher Lohnabrechnung zusammen mit dem Arbeitslohn auszuzahlen, der für den entsprechenden Monat bezahlt wird. Bei kürzeren als monatlichen Lohnabrechnungszeiträumen ist das Kindergeld für den letzten in diesem Kalendermonat endenden Lohnabrechnungszeitraum auszuzahlen.

56 Kindergeld ist grundsätzlich auch zusammen mit dem Arbeitslohn auszuzahlen, der für einen längeren als monatlichen Lohnabrechnungszeitraum gezahlt wird. Das dem Arbeitnehmer für den Lohnabrechnungszeitraum zustehende Kindergeld mehrerer Monate ist erforderlichenfalls nachzuzahlen. Im Interesse einer kontinuierlichen monatlichen Kindergeldauszahlung bestehen keine Bedenken, wenn der Arbeitgeber von der Auszahlung des Kindergeldes absieht und den Arbeitnehmer an die Familienkasse verweist. Das gilt nicht, wenn der Arbeitnehmer ausdrücklich auf der Auszahlung durch den Arbeitgeber besteht und diesem seine Kindergeldbescheinigung vorlegt.

57 Das auszuzahlende Kindergeld entnimmt der Arbeitgeber der Lohnsteuer, die er bei der Lohnzahlung vom Arbeitslohn aller Arbeitnehmer insgesamt einzubehalten hat. Dem Arbeitgeber steht hinsichtlich des Kindergeldes kein Zurückbehaltungsrecht zu, d. h. er darf die Auszahlung des Kindergeldes nicht von der Erfüllung bestimmter, ihm aus dem Dienstverhältnis gegenüber dem Arbeitnehmer zustehender Ansprüche abhängig machen. Auch die Anrechnung von Forderungen auf den vom Arbeitgeber auszuzahlenden Betrag ist unzulässig, soweit die nach der Kindergeldbescheinigung auszuzahlenden Kindergeldbeträge unterschritten werden.

2. Dienstverhältnis ohne Arbeitslohnzahlung, Beendigung des Dienstverhältnisses

58 Auch für Monate, in denen der Arbeitnehmer keinen Arbeitslohn erhält, z. B. im Krankheitsfall nach Ablauf der Lohnfortzahlung, bei Kurzarbeit, witterungsbedingten Arbeitsausfällen oder während des Erziehungsurlaubs kann der Arbeitgeber Kindergeld auszahlen, wenn das Dienstverhältnis fortbesteht. Hierzu besteht aber keine Verpflichtung. Im Interesse einer kontinuierlichen Auszahlung sollte der Arbeitgeber das Kindergeld zumindest während kurzfristiger Lohnunterbrechungen weiter auszahlen. In diesen Fällen kann das Kindergeld in dem Zeitpunkt ausgezahlt werden, in dem es auch die anderen Arbeitnehmer erhalten.

59 Wenn der Arbeitgeber von seiner Berechtigung zur Weiterauszahlung des Kindergeldes keinen Gebrauch macht, hat er dies dem Arbeitnehmer mitzuteilen und ihm die Kindergeldbescheinigung auszuhändigen. Mit Auflösung des Dienstverhältnisses endet die Auszahlungsverpflichtung des Arbeitgebers. Endet das Dienstverhältnis im Laufe eines Monats, ist das Kindergeld mit dem letzten für diesen Monat zu zahlenden Arbeitslohn auszuzahlen. Dem Arbeitnehmer ist die Kindergeldbescheinigung auszuhändigen. Zur Bescheinigungspflicht des Arbeitgebers vgl. Tz. 68, 69.

3. Kindergeldnachzahlungen, Rückforderungen

60 Kindergeldnachzahlungen oder Rückforderungen können erforderlich werden, wenn

– der Arbeitgeber das Kindergeld für die in der Kindergeldbescheinigung angegebenen Monate zeitlich nicht zusammen mit dem Arbeitslohn dieser Monate auszahlen kann oder

– er erkennt, daß er abweichend von den Merkmalen einer ihm vorliegenden Kindergeldbescheinigung zuwenig oder zuviel Kindergeld ausgezahlt hat.

In beiden Fällen ist der Arbeitgeber verpflichtet, noch nicht oder zuwenig gezahltes Kindergeld bei der nächstfolgenden Kindergeldzahlung nachzuzahlen. Überzahltes Kindergeld kann der Arbeitgeber zum selben Zeitpunkt zurückfordern. Zur Rückforderung ist der Arbeitgeber jedoch nicht verpflichtet. Unterbleibt die Rückforderung, hat der Arbeitgeber den Fall unverzüglich der Familienkasse anzuzeigen, die dann das Kindergeld von dem Arbeitnehmer zurückfordert. In der Anzeige ist die Kindergeldnummer des Arbeitnehmers und der zurückzufordernde Betrag anzugeben.

61 Der Arbeitgeber hat Kindergeld grundsätzlich nur für Monate nachzuzahlen, in denen das Dienstverhältnis zu ihm bestanden hat. Für davor liegende Monate darf er nur nachzahlen, wenn der Arbeitnehmer für diese Monate noch kein Kindergeld erhalten hat und sich aus der Lohnsteuerbescheinigung oder Zwischenbescheinigung (vgl. Tz. 68, 69) ergibt, für welchen Monat der vorangegangene Arbeitgeber dem Arbeitnehmer zuletzt Kindergeld gezahlt hat. Der Arbeitgeber darf Kindergeld nur für Monate zurückfordern, in denen das Dienstverhältnis zu ihm bestanden hat. Nachzahlungen und Rückforderungen für Zeiträume des abgelaufenen Kalenderjahrs sind auch nach Ausstellung der Lohnsteuerbescheinigung für dieses Kalenderjahr zulässig und in der Lohnsteuerbescheinigung des Nachzahlungs- bzw. Rückforderungsjahrs zu erfassen.

4. Verfahren bei Neuausstellung und Herausgabe einer Kindergeldbescheinigung

62 Ändert sich der Kindergeldanspruch, so erhält der Arbeitnehmer eine neue Kindergeldbescheinigung. Er ist verpflichtet, diese neue Kindergeldbescheinigung unverzüglich dem Arbeitgeber vorzulegen. In der neuen Kindergeldbescheinigung wird die bisherige Bescheinigung für ungültig erklärt. Der Arbeitgeber hat die neue Bescheinigung entgegenzunehmen und die für ungültig erklärte Kindergeldbescheinigung der Familienkasse zu übersenden, die die neue Kindergeldbescheinigung ausgestellt hat. Er kann die für ungültig erklärte Bescheinigung auch dem Arbeitnehmer aushändigen. In diesem Fall muß er jedoch die ungültige Bescheinigung entwerten, d.h. auf ihr die Ungültigkeit z.B. handschriftlich oder durch einen Stempelaufdruck deutlich vermerken. Der Arbeitnehmer ist seinerseits verpflichtet, die ungültige und entwertete Bescheinigung unverzüglich der Familienkasse zu übersenden. Die Familienkasse überwacht den Eingang der für ungültig erklärten Bescheinigungen.

63 In der geänderten Kindergeldbescheinigung werden Kindergeldbeträge nur für die Monate zur Zahlung durch den Arbeitgeber angewiesen, die auf den Monat folgen, in dem die Kindergeldbescheinigung ausgestellt worden ist. Kann der Arbeitgeber das Kindergeld – z.B. wegen verspäteter Vorlage der Bescheinigung – nicht rechtzeitig entsprechend der neuen Kindergeldbescheinigung zahlen, hat er dies bei der nächsten Kindergeldauszahlung zu korrigieren (vgl. Tz. 60, 61).

64 Wenn ein Arbeitnehmer gleichzeitig in mehreren Dienstverhältnissen steht, kann er vom Arbeitgeber die Herausgabe der Kindergeldbescheinigung verlangen, um sie dem anderen Arbeitgeber vorlegen zu können. Zur Bescheinigung des Arbeitgebers vgl. Tz. 71. Nach Herausgabe der Kindergeldbescheinigung darf der Arbeitgeber diesem Arbeitnehmer kein Kindergeld mehr auszahlen.

5. Nettolohnvereinbarung

65 Wird vereinbart, daß dem Arbeitnehmer bei Übernahme der Lohnsteuer durch den Arbeitgeber und unter Berücksichtigung des ihm zustehenden Kindergeldes ein bestimmter Betrag ausgezahlt wird, so ist die Lohnsteuer nach dem Bruttoarbeitslohn zu berechnen, der nach Kürzung um die Lohnsteuer und nach Hinzurechnung des ausgezahlten Kindergeldes den vereinbarten Auszahlungsbetrag ergibt.

IV. Aufzeichnungs- und Bescheinigungspflichten des Arbeitgebers

1. Lohnkonto

66 Aus der Kindergeldbescheinigung sind mindestens folgende Angaben in das Lohnkonto zu übertragen:
– Kindergeldnummer,

- Ausstellungsdatum der Bescheinigung,
- Zeiträume und Beträge des monatlichen auszuzahlenden Kindergeldes.

Jede Kindergeldzahlung ist im Lohnkonto einzutragen. Dabei ist das ausgezahlte Kindergeld im Lohnkonto des Kalenderjahrs einzutragen, zu dem der Arbeitslohn gehört, mit dem zusammen das Kindergeld ausgezahlt worden ist. Ist ein Lohnkonto nicht zu führen, sind entsprechende Aufzeichnungen zu machen.

2. Lohnabrechnung

67 In der Lohnabrechnung, die den Arbeitnehmern erteilt wird, ist das Kindergeld getrennt vom Arbeitslohn und den Lohnabzugsbeträgen auszuweisen.

3. Lohnsteuerbescheinigung

68 Bei Beendigung des Dienstverhältnisses oder am Ende des Kalenderjahrs hat der Arbeitgeber aufgrund der Eintragungen im Lohnkonto dem Monat, für den er zuletzt Kindergeld ausgezahlt hat und die Höhe des insgesamt ausgezahlten Kindergeldes in den Zeilen 24 und 25 der Lohnsteuerbescheinigung einzutragen. Bei der Bescheinigung auf der Rückseite der Lohnsteuerkarte 1996 ist die Freizeile 24 um den Text „Ausgezahltes Kindergeld" zu ergänzen und der Kalendermonat, für den zuletzt Kindergeld gezahlt wurde, vor dem Kindergeldbetrag einzutragen. Dabei sind mindestens die drei ersten Buchstaben des Monats zu verwenden.

69 Stellt der Arbeitgeber eine Zwischenbescheinigung nach § 41b Abs. 1 Satz 6 EStG aus, weil er bei Beendigung des Dienstverhältnisses die Lohnsteuerbescheinigung nicht sofort ausschreiben kann, so ist auf dieser Zwischenbescheinigung auch der Monat einzutragen, für den der Arbeitgeber zuletzt Kindergeld gezahlt hat.

4. Verdienstbescheinigungen für Entgeltersatzleistungen

70 In den Verdienstbescheinigungen für die Sozialversicherungsträger zur Berechnung von Entgeltersatzleistungen – z.B. Krankengeld der gesetzlichen Krankenkasse – ist vom Arbeitgeber sowohl das Brutto- als auch das Nettoarbeitsentgelt ohne Berücksichtigung des gezahlten und in der Lohnsteuer-Anmeldung abgesetzten Kindergeldes (vgl. Tz. 74 und 75) einzutragen.

5. Kindergeldbescheinigung

71 Gibt der Arbeitgeber dem Arbeitnehmer die Kindergeldbescheinigung zurück.
- weil der Arbeitnehmer diese Bescheinigung trotz fortbestehendem Dienstverhältnis einem anderen Arbeitgeber vorlegen will oder
- weil der Arbeitnehmer trotz fortbestehendem Dienstverhältnis kein Kindergeld mehr auszahlt,

so hat er auf der Kindergeldbescheinigung an der dafür vorgesehenen Stelle einzutragen, ob und für welchen Monat er diesem Arbeitnehmer zuletzt Kindergeld ausgezahlt hat.

V. Aufbewahrung der Kindergeldbescheinigung

72 Die Kindergeldbescheinigung ist als Beleg zum Lohnkonto zu nehmen und so lange wie dieses aufzubewahren. Auf Verlangen und im Fall der Tz. 62 ist die Kindergeldbescheinigung der Familienkasse zu übersenden. An den Arbeitnehmer darf der Arbeitgeber die Kindergeldbescheinigung nur herausgeben, wenn
- das Dienstverhältnis beendet worden ist oder
- der Arbeitgeber kein Kindergeld mehr auszahlt oder
- der Arbeitnehmer die Herausgabe der Kindergeldbescheinigung verlangt, um sie einem anderen Arbeitgeber vorlegen zu können oder
- der Arbeitnehmer eine Kindergeldbescheinigung vorlegt, in der die dem Arbeitgeber bisher vorliegende Bescheinigung für ungültig erklärt wird. In diesem Fall ist die Bescheinigung vor Herausgabe zu entwerten (vgl. Tz. 62).

Merkblatt für den Arbeitgeber 159

73 Sind die Monate abgelaufen, für die in der Kindergeldbescheinigung Zahlungen angegeben sind, so bleibt die Kindergeldbescheinigung beim Lohnkonto. Eine Herausgabe an den Arbeitnehmer kommt auch dann nicht in Betracht, wenn der Arbeitnehmer eine Kindergeldbescheinigung für die folgenden Monate vorlegt.

VI. Lohnsteuer-Anmeldung

74 Das ausgezahlte Kindergeld ist in der Lohnsteuer-Anmeldung gesondert abzusetzen. Es ist in der Lohnsteuer-Anmeldung abzusetzen, mit der die Lohnsteuer angemeldet wird, aus der der Arbeitgeber das Kindergeld entnommen hat. Wird z. B. Kindergeld für Mai zusammen mit dem Arbeitslohn für Mai erst Anfang Juni gezahlt, ist die im Juni einbehaltene Lohnsteuer spätestens am 10. Juli abzuführen. In dieser Lohnsteuer-Anmeldung (Anmeldung für den Lohnzahlungsmonat Juni) ist das für Mai ausgezahlte Kindergeld abzusetzen.

75 Der abzusetzende Betrag ist um das Kindergeld zu kürzen, das der Arbeitgeber im gleichen Lohnsteuer-Anmeldungszeitraum als Rückforderung (vgl. Tz. 60) vom Arbeitslohn einbehalten hat. Übersteigt das zurückgeforderte Kindergeld das ausgezahlte Kindergeld, ist es insoweit in der Lohnsteuer-Anmeldung mit einem deutlichen Pluszeichen zu kennzeichnen.

76 Übersteigt der abzusetzende Kindergeldbetrag insgesamt den angemeldeten Steuerbetrag, so wird der übersteigende Betrag dem Arbeitgeber vom Betriebsstättenfinanzamt auf Antrag ersetzt. Der Antrag wird durch die Abgabe der Lohnsteuer-Anmeldung gestellt. Ein besonderer Erstattungsantrag ist deshalb nicht erforderlich.

77 Wird bei vorschüssiger Lohnzahlung Kindergeld für Januar 1996 bereits im Dezember 1995 gezahlt, ist es in der Lohnsteuer-Anmeldung für den letzten Anmeldungszeitraum des Jahres 1995 in eine freie Zeile einzutragen. Dabei ist der Absetzbetrag als Kindergeld zu bezeichnen; in der Spalte vor dem Betrag ist zusätzlch die Kennziffer „43" anzugeben.

VII. Vorläufige Auszahlung des Kindergeldes

78 Kindergeld für die Monate Januar bis März 1996 darf der Arbeitgeber aufgrund einer Erklärung des Arbeitnehmers auch dann auszahlen, wenn ihm keine Kindergeldbescheinigung vorliegt. Die vorläufige Auszahlung des Kindergeldes setzt die schriftliche Versicherung des Arbeitnehmers voraus, daß er bei der Familienkasse eine Kindergeldbescheinigung zwar beantragt, aber noch nicht erhalten hat. In einer formlosen Erklärung hat der Arbeitnehmer die Zahl der Kinder anzugeben, für die er Anspruch auf Kindergeld hat. Anzugeben sind
– die Kinder, für die der Arbeitnehmer vom Arbeitsamt im Dezember 1995 tatsächlich Kindergeld erhalten hat und
– nach dem 31. März 1978 geborene Kinder, für die der Arbeitnehmer im Dezember 1995 kein Kindergeld mehr erhalten hat.

79 Folgende Kinder bleiben außer Betracht:
– für die der Kindergeldanspruch voraussichtlich in den Monaten Januar bis März 1996 wegfallen wird,
– für die ein anderer Elternteil das Kindergeld bezogen hat bzw. bezieht,
– für die der Arbeitnehmer wegen der Anrechnung anderer Leistungen kein Kindergeld oder nur ein verringertes Kindergeld erhält,
– für die das Kindergeld ganz oder teilweise an eine andere Person oder Stelle (z. B. das Jugendamt ausgezahlt wird), und
– für die zwar Kindergeld beantragt worden ist, aber die Bewilligung durch die Familienkasse noch aussteht.

80 Das Kindergeld für ein im Inland ansässiges Kind beträgt monatlich:

jeweils 200 DM für das erste und zweite Kind,
300 DM für das dritte Kind und
jeweils 350 DM für das vierte und jedes weitere Kind.

81 Die gleichen Beträge gelten für Arbeitnehmer aus einem Mitgliedstaat der Europäischen Union, aus Island, Liechtenstein, Norwegen und der Schweiz, deren Kinder in einem der genannten Staaten wohnen. Arbeitnehmer aus dem ehemaligen Jugoslawien und der Türkei erhalten für Kinder, die sich im Heimatland aufhalten, Kindergeld in Höhe von monatlich
10 DM für das erste Kind,
25 DM für das zweite Kind,
jeweils 60 DM für das dritte und vierte Kind,
jeweils 70 DM für das fünfte und jedes weitere Kind.

82 Der Arbeitgeber ist nicht verpflichtet, aufgrund der Erklärung des Arbeitnehmers Kindergeld vorläufig auszuzahlen. Folgendes ist zu beachten:
– Bis zur Ausstellung einer Kindergeldbescheinigung erhalten Arbeitnehmer ihr Kindergeld von der Familienkasse. Deshalb treten grundsätzlich auch dann keine Lücken in der Kindergeldzahlung ein, wenn die Kindergeldbescheinigung erst im Laufe des Jahres 1996 ausgestellt wird. Zahlt der Arbeitgeber vorläufig aus, können allerdings Doppelzahlungen entstehen. Diese Doppelzahlung und die damit verbundene Rückforderung (vgl. Tz. 60 bis 61) können vermieden werden, wenn der Arbeitgeber von der vorläufigen Auszahlung des Kindergeldes absieht.
– Bei der Ausstellung einer Kindergeldbescheinigung im Laufe des Jahres 1996 wird Kindergeld nur für die Monate bescheinigt, für die der Arbeitnehmer noch kein Kindergeld von der Familienkasse erhalten hat. Hat der Arbeitgeber für diese Monate bereits Kindergeld vorläufig ausgezahlt, muß das überzahlte Kindergeld zurückgefordert werden.
– Rückforderungen oder Nachzahlungen können sich auch ergeben, wenn das auf der später ausgestellten Kindergeldbescheinigung ausgewiesene Kindergeld von dem vorläufig ausgezahlten Kindergeld betragsmäßig abweicht. Zur Nachzahlung und Rückforderung vgl. Tz. 60, 61.
– Legt der Arbeitnehmer bis zum 20. April 1996 keine Kindergeldbescheinigung vor, muß der Arbeitgeber den Lohn um das bisher vorläufig von ihm ausgezahlte Kindergeld kürzen und das so einbehaltene Kindergeld zusammen mit der Lohnsteuer abführen. Zu dieser Kürzung ist der Arbeitgeber nach § 78 EStG verpflichtet. Reicht der Lohn des Arbeitnehmers für die Tilgung des zu Unrecht vorläufig ausgezahlten Kindergeldes nicht aus, muß der Arbeitgeber dies der für den Arbeitnehmer zuständigen Familienkasse unverzüglich anzeigen. Die Familienkasse fordert sodann das zuviel ausgezahlte Kindergeld vom Arbeitnehmer zurück.

VIII. Befreiung des Arbeitgebers von der Auszahlungsverpflichtung

83 Der Arbeitgeber kann sich von der Verpflichtung zur Auszahlung des Kindergeldes auf Antrag befreien lassen, wenn er auf Dauer nicht mehr als 50 Arbeitnehmer beschäftigt. Maßgebend sind die Arbeitnehmer sämtlicher inländischer Betriebsstätten des Arbeitgebers im Zeitpunkt der Antragstellung, die vom Arbeitgeber Arbeitslohn beziehen und für den Lohnsteuerabzug eine Lohnsteuerkarte vorzulegen haben. Arbeitnehmer, bei denen die Lohnsteuer unter Verzicht auf die Vorlage einer Lohnsteuerkarte pauschal erhoben wird, und im Ausland ansässige Arbeitnehmer, die statt einer Lohnsteuerkarte eine Bescheinigung nach § 39c Abs. 3 oder 4 oder § 39d Abs. 1 EStG vorlegen, bleiben außer Betracht. Dasselbe glt für Arbeitnehmer, deren Dienstverhältnis auf längstens sechs Monate befristet ist und deren Arbeitsplatz nach Ablauf des Dienstverhältnisses nicht neu besetzt wird, z. B. aus saisonalen Gründen nur vorübergehend beschäftigte Aushilfskräfte. Die Befreiung wird nicht erteilt, wenn konkrete Anhaltspunkte dafür vorliegen, daß die Zahl der in Betracht kommenden Arbeitnehmer innerhalb der nächsten sechs Monate über 50 hinausgehen wird.

84 Der Arbeitgeber kann sich auch dann von der Auszahlung des Kindergeldes befreien lassen, wenn sich aufgrund der Auszahlung des Kindergeldes auf Dauer in den Lohnsteuer-Anmeldungen ein Erstattungsbetrag ergibt. Diese Befreiung gilt für die jeweilige lohnsteuerliche Betriebsstätte und bezieht sich auf die Auszahlung des Kindergeldes an die Arbeitnehmer, deren Lohn in dieser Betriebsstätte abgerechnet wird.

85 Die Befreiung ist schriftlich bei der zuständigen Familienkasse zu beantragen; dabei ist darzulegen, welche der für eine Befreiung erforderlichen Voraussetzungen vorliegen. Für die Entscheidung über den Befreiungsantrag ist die Familienkasse örtlich zuständig, in deren Bezirk die Betriebsstätte des Arbeitgebers im Sinne des § 41 Abs. 2 EStG liegt. Sind in die Befreiung nach Tz. 83 mehrere Betriebsstätten einzubeziehen, ist die Familienkasse örtlich zuständig, in deren Bezirk der inländische Mittelpunkt der geschäftlichen Leitung des Arbeitgebers liegt.

86 Arbeitgeber, die die Voraussetzung für eine Befreiung von der Auszahlungspflicht erfüllen und bereits einen Befreiungsantrag gestellt haben, werden durch eine von der jeweiligen Familienkasse öffentlich bekanntgemachte Allgemeinverfügung von der Auszahlungspflicht befreit. Sie erhalten deshalb keinen besonderen Bescheid. Sofern die Voraussetzungen nicht mehr vorliegen, kann die Befreiung mit Wirkung für die Zukunft widerrufen werden. Arbeitgeber, deren Befreiungsantrag mangels Erfüllung der Voraussetzungen abgelehnt werden muß, erhalten hierüber in jedem Fall einen rechtsbehelfsfähigen Bescheid.

IX. Haftung, Außenprüfung

87 Der Arbeitgeber haftet für Kindergeld, das er abweichend von den Merkmalen einer ihm vorgelegten Kindergeldbescheinigung ausgezahlt hat. Er haftet nicht, soweit er zuviel Kindergeld gezahlt und dies der Familienkasse angezeigt hat (vgl. Tz. 60). Für die Inanspruchnahme des Arbeitgebers sind die für die Lohnsteuerhaftung geltenden Vorschriften entsprechend anzuwenden.

88 Die ordnungsgemäße Auszahlung des Kindergeldes und seine Absetzung in der Lohnsteuer-Anmeldung überprüft das Betriebsstättenfinanzamt im Rahmen der Lohnsteuer-Außenprüfung.

6. Verordnung (EWG) Nr. 1408/71 über die Anwendung der Systeme der sozialen Sicherheit auf Arbeitnehmer und Selbständige sowie deren Familienangehörige, die innerhalb der Gemeinschaft zu- und abwandern

Vom 14. 6. 1971 (ABl. Nr. L 149/2, ber. 1973 Nr. L 128/22 und 1980 Nr. L 82/1), in der Neufassung der VO (EWG) Nr. 2001/83 des Rates vom 2. 6. 1983 (ABl. Nr. L 230/6), zuletzt geändert durch Beitrittsvertrag vom 24. 6. 1994 (BGBl. II S. 2060) i. d. F. des Anpassungsbeschlusses vom 1. 1. 1995 (ABl. Nr. L 1/1)

– Auszug –

. . .

Art. 3 Gleichbehandlung

(1) Die Personen, die im Gebiet eines Mitgliedstaats wohnen und für die diese Verordnung gilt, haben die gleichen Rechte und Pflichten auf Grund der Rechtsvorschriften eines Mitgliedstaats wie die Staatsangehörigen dieses Staates, soweit besondere Bestimmungen dieser Verordnung nichts anderes vorsehen.

(2) Absatz 1 gilt auch für das aktive Wahlrecht bei der Wahl der Mitglieder der Organe der Träger der sozialen Sicherheit und für das Recht, sich an ihrer Benennung zu beteiligen; die Rechtsvorschriften der Mitgliedstaaten über die Wählbarkeit und die Art der Benennung der genannten Personen für diese Organe werden jedoch davon nicht berührt.

(3) Der Geltungsbereich der Abkommen über soziale Sicherheit, die auf Grund von Artikel 7 Absatz 2 Buchstabe c) weiterhin anwendbar sind, sowie der Abkommen, die auf Grund von Artikel 8 Absatz 1 abgeschlossen werden, wird auf alle von dieser Verordnung erfaßten Personen erstreckt, soweit Anhang III nichts anderes bestimmt.

Art. 4 Sachlicher Geltungsbereich

(1) Diese Verordnung gilt für alle Rechtsvorschriften über Zweige der sozialen Sicherheit, die folgende Leistungsarten betreffen:
a) Leistungen bei Krankheit und Mutterschaft,
b) Leistungen bei Invalidität einschließlich der Leistungen, diezur Erhaltung oder Besserung der Erwerbstätigkeit bestimmt sind,
c) Leistungen bei Alter,
d) Leistungen an Hinterbliebene,
e) Leistungen bei Arbeitsunfällen und Berufskrankheiten,
f) Sterbegeld,
g) Leistungen bei Arbeitslosigkeit,
h) Familienleistungen.

(2) Diese Verordnung gilt für die allgemeinen und die besonderen, die auf Beiträgen beruhenden und die beitragsfreien Systeme der sozialen Sicherheit sowie für die Systeme, nach denen die Arbeitgeber, einschließlich der Reeder, zu Leistungen gemäß Absatz 1 verpflichtet sind.

(2a) Diese Verordnung gilt auch für beitragsunabhängige Sonderleistungen, die unter andere als die in Absatz 1 erfaßten oder die nach Absatz 4 ausgeschlossenen Rechtsvorschriften oder Systeme fallen, sofern sie
a) entweder in Versicherungsfällen, die den in Absatz 1 Buchstaben a) bis h) aufgeführten Zweigen entsprechen, ersatzweise, ergänzend oder zusätzlich gewährt werden
b) oder allein zum besonderen Schutz der Behinderten bestimmt sind.

(2b) Diese Verordnung gilt nicht für die Rechtsvorschriften eines Mitgliedstaats betreffend die in Anhang II Teil III genannten beitragsunabhängigen Sonderleistungen, deren Geltung auf einen Teil des Gebietes dieses Mitgliedstaats beschränkt ist.

(3) Titel III berührt jedoch nicht die Rechtsvorschriften der Mitgliedstaaten über die Verpflichtungen eines Reeders.

(4) Diese Verordnung ist weder auf die Sozialhilfe noch auf Leistungssysteme für Opfer des Krieges und seiner Folgen noch auf Sondersysteme für Beamte und ihnen Gleichgestellte anzuwenden.

. . .

7. Bundeskindergeldgesetz a. F.[265]
(BKGG)

I. d. F. d. Bek. vom 31. 1. 1994
(BGBl. I S. 168, ber. BGBl. 1994 I S. 701)
Geändert durch Postneuordnungsgesetz vom 14. 9. 1994 (BGBl. I S. 2325)

– Auszug –

Erster Abschnitt. Leistungen

§ 1 Anspruchsberechtigte

(1) Nach den Vorschriften dieses Gesetzes hat Anspruch auf Kindergeld für seine Kinder und die ihnen durch § 2 Abs. 1 Gleichgestellten,
1. wer im Geltungsbereich dieses Gesetzes einen Wohnsitz oder seinen gewöhnlichen Aufenthalt hat,
2. wer, ohne eine der Voraussetzungen der Nummer 1 zu erfüllen,
    a) von seinem im Geltungsbereich dieses Gesetzes ansässigen Arbeitgeber oder Dienstherrn zur vorübergehenden Dienstleistung in ein Gebiet außerhalb dieses Geltungsbereiches entsandt, abgeordnet, versetzt oder kommandiert ist,
    b) als Bediensteter des Bundeseisenbahnvermögens, des Bundesministeriums für Post und Telekommunikation einschließlich der nachgeordneten Behörden oder der Bundesfinanzverwaltung in einem der Bundesrepublik Deutschland benachbarten Staat beschäftigt ist,
    c) Versorgungsbezüge nach beamten- oder soldatenrechtlichen Vorschriften oder Grundsätzen oder eine Versorgungsrente von einer Zusatzversorgungsanstalt für Arbeitnehmer des öffentlichen Dienstes erhält,
    d) als Entwicklungshelfer Unterhaltsleistungen im Sinne des § 4 Abs. 1 Nr. 1 des Entwicklungshelfer-Gesetzes erhält.

Dem Abgeordneten im Sinne des Satzes 1 Nr. 2 Buchstabe a steht derjenige gleich, dem nach § 123a des Beamtenrechtsrahmengesetzes eine Tätigkeit bei einer Einrichtung außerhalb des Anwendungsbereichs jenes Gesetzes zugewiesen ist.

(2) Anspruch auf Kindergeld für sich selbst hat nach Maßgabe des § 14, wer
1. im Geltungsbereich dieses Gesetzes einen Wohnsitz oder seinen gewöhnlichen Aufenthalt hat,
2. Vollwaise ist oder den Aufenthalt seiner Eltern nicht kennt und
3. nicht bei einer in Absatz 1 bezeichneten Person als Kind zu berücksichtigen ist.

(3) Ein Ausländer hat einen Anspruch nach diesem Gesetz nur, wenn er im Besitz einer Aufenthaltsberechtigung oder Aufenthaltserlaubnis ist. Auch bei Besitz einer Aufenthaltserlaubnis hat ein Arbeitnehmer, der von seinem im Ausland ansässigen Arbeitgeber zur vorübergehenden Dienstleistung in den Geltungsbereich dieses Gesetzes entsandt ist, keinen Anspruch nach diesem Gesetz; sein Ehegatte hat einen Anspruch nach diesem Gesetz, wenn er im Besitz einer Aufenthaltsberechtigung oder Aufenthaltserlaubnis ist und eine der Beitragspflicht zur Bundesanstalt für Arbeit unterliegende oder nach § 169c Nr. 1 des Arbeitsförderungsgesetzes beitragsfreie Beschäftigung als Arbeitnehmer ausübt.

§ 2 Kinder

(1) Als Kinder werden auch berücksichtigt
1. vom Berechtigten in seinen Haushalt aufgenommene Kinder seines Ehegatten,

---
[265] Aufgehoben mit Wirkung ab 1. 1. 1996.

2. Pflegekinder (Personen, mit denen der Berechtigte durch ein familienähnliches, auf längere Dauer berechnetes Band verbunden ist, sofern er sie in seinen Haushalt aufgenommen hat und ein Obhuts- und Pflegeverhältnis zwischen diesen Personen und ihren Eltern nicht mehr besteht),
3. Enkel und Geschwister, die der Berechtigte in seinen Haushalt aufgenommen hat oder überwiegend unterhält.

Ein angenommenes Kind wird bei einem leiblichen Elternteil nur berücksichtigt, wenn es von diesem oder von dessen Ehegatten angenommen worden ist. Ein Kind, das mit dem Ziel der Annahme als Kind in die Obhut des Annehmenden aufgenommen ist und für das die zur Annahme erforderliche Einwilligung der Eltern erteilt ist, wird bei den Eltern nicht berücksichtigt.

(2) Kinder, die das 16. Lebensjahr vollendet haben, werden nur berücksichtigt, wenn sie
1. sich in Schul- oder Berufsausbildung befinden oder
2. ein freiwilliges soziales Jahr im Sinne des Gesetzes zur Förderung eines freiwilligen sozialen Jahres oder ein freiwilliges ökologisches Jahr im Sinne des Gesetzes zur Förderung eines freiwilligen ökologischen Jahres leisten oder
3. wegen körperlicher, geistiger oder seelischer Behinderung außerstande sind, sich selbst zu unterhalten, oder
4. als einzige Hilfe des Haushaltführenden ausschließlich in dem Haushalt des Berechtigten tätig sind, dem mindestens vier weitere Kinder angehören, die bei dem Berechtigten berücksichtigt werden, oder
5. anstelle des länger als 90 Tage arbeitsunfähig erkrankten Haushaltführenden den Haushalt des Berechtigten führen, dem mindestens ein weiteres Kind angehört.

Außer in den Fällen des Satzes 1 Nr. 3 werden Kinder nicht berücksichtigt, denen aus dem Ausbildungsverhältnis oder einer Erwerbstätigkeit Bruttobezüge in Höhe von wenigstens 750 Deutsche Mark monatlich zustehen oder nur deswegen nicht zustehen, weil das Kind auf einen Teil der vereinbarten Bruttobezüge verzichtet hat; außer Ansatz bleiben während der Ferien erzielte Bruttobezüge von Schülern, die allgemeinbildende Schulen besuchen, Ehegatten- und Kinderzuschläge und einmalige Zuwendungen sowie vermögenswirksame Leistungen, die dem Kind über die geschuldete Vergütung hinaus zustehen, soweit sie den nach dem jeweils geltenden Vermögensbildungsgesetz begünstigten Höchstbetrag nicht übersteigen. Satz 2 gilt entsprechend, wenn dem Kind Lohnersatzleistungen oder als Ausbildungshilfe gewährte Zuschüsse von Unternehmen, aus öffentlichen Mitteln oder von Förderungseinrichtungen, die hierfür öffentliche Mittel erhalten, von wenigstens 610 Deutsche Mark monatlich zustehen. Sind Beträge in ausländischer Währung zu zahlen, treten an die Stelle der in den Sätzen 2 und 3 genannten Grenzwerte die entsprechenden Werte, die sich bei Anwendung der jeweils für September des vorangegangenen Jahres vom Statistischen Bundesamt bekanntgegebenen Verbrauchergeldparität ergeben. Für die Übergangszeit zwischen zwei Ausbildungsabschnitten wird ein Ausbildungswilliger nach Satz 1 Nr. 1 berücksichtigt, wenn der nächste Ausbildungsabschnitt spätestens im vierten auf die Beendigung des vorherigen Ausbildungsabschnitts folgenden Monat beginnt; bleibt die Bewerbung um einen Ausbildungsplatz in diesem Ausbildungsabschnitt erfolglos, endet diese Berücksichtigung mit Ablauf des Monats, in dem dem Ausbildungswilligen die Ablehnung bekanntgegeben wird. Zur Schul- oder Berufsausbildung (Satz 1 Nr. 1) gehört auch
1. die Zeit, in der unter den Voraussetzungen des § 1 und im zeitlichen Rahmen des § 15 des Bundeserziehungsgeldgesetzes ein Kind betreut und erzogen wird, solange mit Rücksicht hierauf die Ausbildung unterbrochen wird, sowie
2. die Zeit, in der mit Rücksicht auf eine solche Betreuung und Erziehung eine Ausbildung, die spätestens im vierten auf die Beendigung des vorherigen Ausbildungsabschnitts folgenden Monat aufgenommen werden könnte, vorläufig nicht angestrebt oder aufgenommen wird;

erfüllen beide Elternteile diese Voraussetzungen, so wird nur derjenige von ihnen berücksichtigt, den beide hierfür bestimmen.

(2a) Absatz 2 Satz 1 gilt für verheiratete, geschiedene oder verwitwete Kinder nur, wenn sie vom Berechtigten überwiegend unterhalten werden, weil ihr Ehegatte oder früherer Ehegatte ihnen keinen ausreichenden Unterhalt leisten kann oder dem Grunde nach nicht unterhaltspflichtig ist oder weil sie als Verwitwete keine ausreichenden Hinterbliebenenbezüge erhalten.

(3) In den Fällen des Absatzes 2 Satz 1 Nr. 1, 2, 4 und 5 werden die Kinder nur berücksichtigt, wenn sie noch nicht das 27. Lebensjahr vollendet haben. Im Falle des Absatzes 2 Satz 1 Nr. 1 wird ein Kind,
1. das den gesetzlichen Grundwehrdienst oder Zivildienst geleistet hat, für einen der Dauer dieses Dienstes entsprechenden Zeitraum oder
2. das sich freiwillig für eine Dauer von nicht mehr als 3 Jahren zum Wehrdienst oder zum Polizeivollzugsdienst, der anstelle des Wehr- oder Zivildienstes abgeleistet wird, verpflichtet hat, für einen der Dauer dieses Dienstes entsprechenden Zeitraum, höchstens für die Dauer des gesetzlichen Grundwehrdienstes, bei anerkannten Kriegsdienstverweigern für die Dauer des gesetzlichen Zivildienstes oder
3. das eine vom Wehr- und Zivildienst befreiende Tätigkeit als Entwicklungshelfer im Sinne des § 1 Abs. 1 des Entwicklungshelfer-Gesetzes ausgeübt hat, für einen der Dauer dieser Tätigkeit entsprechenden Zeitraum, höchstens für die Dauer des gesetzlichen Grundwehrdienstes, bei anerkannten Kriegsdienstverweigerern für die Dauer des gesetzlichen Zivildienstes

über das 27. Lebensjahr hinaus berücksichtigt; dem Grundwehr- oder Zivildienst steht der entsprechende Dienst, der in dem in Artikel 3 des Einigungsvertrages genannten Gebiet geleistet worden ist, gleich.

(4) Kinder, die das 16., aber noch nicht das 21. Lebensjahr vollendet haben, werden auch berücksichtigt, wenn sie im Geltungsbereich dieses Gesetzes
1. eine Berufsausbildung mangels Ausbildungsplatzes nicht beginnen oder fortsetzen können oder
2. als Arbeitslose der Arbeitsvermittlung zur Verfügung stehen.
Dies gilt nicht für Kinder, die monatlich wenigstens 400 Deutsche Mark
1. an laufenden Geldleistungen wegen Erwerbs-, Beurfs- oder Arbeitsunfähigkeit oder Arbeitslosigkeit oder
2. an Übergangsgebührnissen nach beamten- oder soldatenversorgungsrechtlichen Grundsätzen oder
3. aus einer Erwerbstätigkeit nach Verminderung um die Steuern und gesetzlichen Abzüge

beziehen. Der Erfüllung der Voraussetzungen des Satzes 1 Nr. 1 oder 2 steht es gleich, wenn das Kind von der Bewerbung um einen Ausbildungsplatz oder von der Arbeitslosmeldung mit Rücksicht darauf vorläufig absieht, daß es unter den Voraussetzungen des § 1 und im zeitlichen Rahmen des § 15 des Bundeserziehungsgeldgesetzes ein Kind zu betreuen und erziehen beabsichtigt oder betreut und erzieht; Absatz 2 Satz 6 Halbsatz 2 ist anzuwenden. Absatz 2 Satz 4 sowie die Absätze 2a und 3 Satz 2 gelten entsprechend.

(5) Kinder, die weder einen Wohnsitz noch ihren gewöhnlichen Aufenthalt im Geltungsbereich dieses Gesetzes haben, werden nicht berücksichtigt. Dies gilt nicht gegenüber Berechtigten nach § 1 Abs. 1 Nr. 2, wenn sie die Kinder in ihren Haushalt aufgenommen haben.

(6) Die Bundesregierung wird ermächtigt, durch Rechtsverordnung zu bestimmen, daß einem Berechtigten, der im Geltungsbereich dieses Gesetzes erwerbstätig ist oder sonst seine hauptsächlichen Einkünfte erzielt, für seine in Absatz 5 Satz 1 bezeichneten Kinder Kindergeld ganz oder teilweise zu leisten ist, soweit dies mit Rücksicht auf die durchschnittlichen Lebenshaltungskosten für Kinder in deren Wohnland und auf die dort gewährten dem Kindergeld vergleichbaren Leistungen geboten ist.

§ 3 Zusammentreffen mehrerer Ansprüche

(1) Für jedes Kind wird nur einer Person Kindergeld gewährt.

(2) Erfüllen für ein Kind mehrere Personen die Anspruchsvoraussetzungen, so gilt für die Gewährung des Kindergeldes folgende Rangfolge:
1. Pflegeeltern, Großeltern und Geschwister (§ 2 Abs. 1 Satz 1 Nr. 2 und 3),
2. Ehegatten von Eltern (§ 2 Abs. 1 Satz 1 Nr. 1),
3. Eltern.

Lebt ein Kind im gemeinsamen Haushalt einer der in Satz 1 Nr. 1 oder 2 genannten Personen und eines Elternteils, so wird das Kindergeld abweichend von Satz 1 dem Elternteil gewährt; das gilt nicht, wenn der Elternteil gegenüber der zuständigen Stelle auf seinen Vorrang schriftlich verzichtet hat.

(3) Erfüllen für ein Kind Ehegatten, die nicht dauernd getrennt leben, die Anspruchsvoraussetzungen, so wird das Kindergeld demjenigen gewährt, den sie zum Berechtigten bestimmen. Solange eine Bestimmung nicht vorliegt, wird das Kindergeld demjenigen gewährt, der das Kind überwiegend unterhält; es wird jedoch dem Elternteil gewährt, dem die Sorge für die Person des Kindes oder des elterlichen Erziehungsrecht für das Kind allein zusteht.

(4) In anderen Fällen, in denen für ein Kind mehrere Personen die Anspruchsvoraussetzungen erfüllen, bestimmt das Vormundschaftsgericht oder das entsprechende Gericht in dem in Artikel 3 des Einigungsvertrages genannten Gebiet auf Antrag, welcher Person das Kindergeld zu gewähren ist. Es kann außerdem in den Fällen der Absätze 2 und 3 auf Antrag bestimmen, daß das Kindergeld ganz oder teilweise einer anderen Person gewährt wird, die die Anspruchsvoraussetzungen erfüllt. Antragsberechtigt sind das Jugendamt und Personen, die ein berechtigtes Interesse nachweisen. Die Anordnung muß das Wohl der Kinder berücksichtigen. Bevor eine Anordnung getroffen wird, soll das Jugendamt gehört werden.

...

§ 8 Andere Leistungen für Kinder

(1) Kindergeld wird nicht für ein Kind gewährt, für das eine der folgenden Leistungen zu zahlen ist oder bei entsprechender Antragstellung zu zahlen wäre:
1. Kinderzulagen aus der gesetzlichen Unfallversicherung oder Kinderzuschüsse aus den gesetzlichen Rentenversicherungen,
2. Leistungen für Kinder, die außerhalb des Geltungsbereiches dieses Gesetzes gewährt werden und dem Kindergeld oder einer der unter Nummer 1 genannten Leistungen vergleichbar sind,
3. Kinderzuschlag nach § 56 des Bundesbesoldungsgesetzes oder entsprechenden tariflichen Vorschriften im Bereich des öffentlichen Dienstes,
4. Leistungen für Kinder, die von einer zwischen- oder überstaatlichen Einrichtung gewährt werden und dem Kindergeld vergleichbar sind.

Übt ein Berechtigter im Geltungsbereich dieses Gesetzes eine unselbständige Tätigkeit aus, so wird sein Anspruch auf Kindergeld für ein Kind nicht nach Satz 1 Nr. 4 mit Rücksicht darauf ausgeschlossen, daß sein Ehegatte als Beamter, Ruhestandsbeamter oder sonstiger Bediensteter der Europäischen Gemeinschaften für das Kind Anspruch auf Kinderzulage hat; eine unselbständige Tätigkeit ist nur gegeben, wenn der Berechtigte eine der Beitragspflicht zur Bundesanstalt für Arbeit unterliegende oder nach § 169c Nr. 1 des Arbeitsförderungsgesetzes beitragsfreie Beschäftigung als Arbeitnehmer ausübt oder in einem öffentlich-rechtlichen Dienst- oder Amtsverhältnis steht.

(2) Ist in den Fällen des Absatzes 1 Nr. 1 und 2 der Bruttobetrag der anderen Leistung niedriger als das Kindergeld nach § 10 Abs. 1, wird Kindergeld in Höhe des Unterschiedsbetrages gezahlt; § 10 Abs. 2 und 3 bleibt unberührt. Ein Unterschiedsbetrag unter 10 Deutsche Mark wird nicht geleistet. Wenn die in Absatz 1 Satz 1 Nr. 2 bezeich-

nete Leistung nicht beantragt worden ist, kann die Zahlung des Unterschiedsbetrages versagt werden, soweit die Feststellung der anderen Leistung der Kindergeldstelle erhebliche Schwierigkeiten bereiten würde. In den Fällen des Absatzes 1 Nr. 2 ist für die Umrechnung der anderen Leistung in Deutsche Mark der Mittelkurs der anderen Währung maßgeblich, der an der Frankfurter Devisenbörse für Ende September des Jahres vor dem Kalenderjahr amtlich festgestellt ist, für das Kindergeld zu leisten ist. Wird diese Währung an der Frankfurter Devisenbörse nicht amtlich notiert, so ist der Wechselkurs maßgeblich, der sich zu demselben Termin aus dem dem Internationalen Währungsfonds gemeldeten repräsentativen Kurs der anderen Währung und der Deutschen Mark ergibt.

(3) In den Fällen des Absatzes 1 Nr. 1 ist Kindergeld zu gewähren, solange die Kinderzulagen aus der gesetzlichen Unfallversicherung oder die Kinderzuschüsse aus den gesetzlichen Rentenversicherungen noch nicht zuerkannt sind. Dem Bund steht ein Erstattungsanspruch entsprechend § 103 des Zehnten Buches Sozialgesetzbuch gegen die Träger der gesetzlichen Unfall- und Rentenversicherung zu.

§ 10 Höhe des Kindergeldes

(1) Das Kindergeld beträgt für das 1. Kind 70 Deutsche Mark, für das 2. Kind 130 Deutsche Mark, für das 3. Kind 220 Deutsche Mark und für das 4. und jedes weitere Kind je 240 Deutsche Mark monatlich. Bei der Anwendung des Satzes 1 gelten Kinder, Geschwister und Pflegekinder eines Berechtigten, dem auch Kindergeld nach § 1 Abs. 2 zusteht oder ohne Anwendung des § 8 Abs. 1 zustehen würde, als 2. oder weiteres Kind, wenn sie zuvor bei den Eltern des Berechtigten berücksichtigt wurden.

(2) Das Kindergeld für das 2. und jedes weitere Kind wird nach dem in Satz 4 genannten Maßstab stufenweise bis auf den Sockelbetrag von
– 70 Deutsche Mark für das 2. Kind,
– 140 Deutsche Mark für jedes weitere Kind
gemindert, wenn das Jahreseinkommen des Berechtigten und seines nicht dauernd von ihm getrenntlebenden Ehegatten den für ihn maßgeblichen Freibetrag um wenigstens 480 Deutsche Mark übersteigt. Für die Minderung des nach § 8 Abs. 2 bemessenen Kindergeldes verringert sich der Sockelbetrag des Satzes 1 um den Betrag der bei der Bemessung nach § 8 Abs. 2 berücksichtigten anderen Leistung. Der Freibetrag setzt sich zusammen aus
– 26 600 Deutsche Mark für Berechtigte, die verheiratet sind und von ihrem Ehegatten nicht dauernd getrennt leben,
– 19 000 Deutsche Mark für sonstige Berechtigte
sowie 9 200 Deutsche Mark für jedes Kind, für das dem Berechtigten Kindergeld zusteht oder ohne Anwendung des § 8 Abs. 1 zustehen würde. Für je 480 Deutsche Mark, um die das Jahreseinkommen den Freibetrag übersteigt, wird das Kindergeld um 20 Deutsche Mark monatlich gemindert; kommt die Minderung des für mehrere Kinder zu zahlenden Kindergeldes in Betracht, wird sie beim Gesamtkindergeld vorgenommen.

(3) Der Sockelbetrag für das 3. und jedes weitere Kind wird auf 70 Deutsche Mark festgesetzt, wenn das Jahreseinkommen des Berechtigten und seines nicht dauernd von ihm getrennt lebenden Ehegatten den für ihn nach diesem Absatz maßgeblichen Freibetrag übersteigt. Der Freibetrag beträgt
– 100 000 Deutsche Mark für Berechtigte, die verheiratet sind und von ihrem Ehegatten nicht dauernd getrennt leben,
– 75 000 Deutsche Mark für sonstige Berechtigte
sowie 9 200 Deutsche Mark für das 4. und jedes weitere Kind, für das dem Berechtigten Kindergeld zusteht oder ohne Anwendung des § 8 Abs. 1 zustehen würde.

§ 11 Jahreseinkommen

(1) Als Jahreseinkommen gilt die Summe der in dem nach Absatz 3 oder 4 maßgeblichen Kalenderjahr erzielten positiven Einkünfte im Sinne des § 2 Abs. 1 und 2 des Einkommensteuergesetzes. Ein Ausgleich mit Verlusten aus anderen Einkunftsarten und mit Verlusten des Ehegatten ist nicht zulässig.

(2) Vom Einkommen werden abgezogen
1. die Einkommensteuer und die Kirchensteuer, die für das nach Absatz 3 oder 4 maßgebliche Kalenderjahr zu leisten waren oder sind,
2. die steuerlich anerkannten Vorsorgeaufwendungen für das nach Absatz 3 oder 4 maßgebliche Kalenderjahr, soweit sie im Rahmen der Höchstbeträge nach § 10 des Einkommensteuergesetzes abziehbar sind, zumindest die Vorsorgepauschale (§ 10c des Einkommensteuergesetzes),
2a. der nach § 33b Abs. 5 des Einkommensteuergesetzes für das nach Absatz 3 oder 4 maßgebliche Kalenderjahr abgezogene Behinderten-Pauschbetrag für ein Kind, für das der Freibetrag nach § 10 Abs. 2 Satz 3 erhöht worden ist, oder die nach § 33 des Einkommensteuergesetzes wegen der Behinderung des Kindes geltend gemachten außergewöhnlichen Belastungen bis zur Höhe dieses Pauschbetrages,
3. die Unterhaltsleistungen, die der Berechtigte oder sein nicht dauernd von ihm getrenntlebender Ehegatte in dem nach Absatz 3 oder 4 maßgeblichen Kalenderjahr erbracht hat oder erbringt
   a) an Kinder, für die der Freibetrag nach § 10 Abs. 2 Satz 3 nicht erhöht worden ist, jedoch nur bis zu dem durch Unterhaltsurteil oder -vergleich festgesetzten Betrag,
   b) an sonstige Personen, soweit die Leistungen nach § 10 Abs. 1 Nr. 1 oder 33a Abs. 1 des Einkommensteuergesetzes berücksichtigt worden oder zu berücksichtigen sind.

(2a) Für die Berücksichtigung von Einkünften aus nichtselbständiger Arbeit, die keiner staatlichen Besteuerung unterlagen oder die nur nach ausländischem Steuerrecht, und zwar abschließend ohne Festsetzungsbescheid der Steuerbehörde, zu besteuern waren, ist von deren Bruttobetrag auszugehen; hiervon werden abgezogen
1. ein Betrag in Höhe des Arbeitnehmer-Pauschbetrages (§ 9a Nr. 1 des Einkommensteuergesetzes),
2. die darauf entfallenden Lohn- und Kirchensteuern oder steuerähnlichen Abgaben,
3. Vorsorgeaufwendungen bis zu dem nach Absatz 2 nr. 2 maßgeblichen Höchstbetrag,
3a. der für das nach Absatz 3 oder 4 maßgebliche Kalenderjahr bei der Besteuerung nach ausländischem Steuerrecht abgezogene, dem Behinderten-Pauschbetrag nach § 33b Abs. 5 des Einkommensteuergesetzes entsprechende Betrag für ein Kind, für das der Freibetrag nach § 10 Abs. 2 Satz 3 erhöht worden ist,
4. Unterhaltsleistungen an Kinder nach Absatz 2 Nr. 3 Buchstabe a oder entsprechend dieser Vorschrift bis zu dem Betrag von je 9 200 DM an sonstige unterhaltsberechtigte Personen.

(2b) Für die Berücksichtigung von Einkünften, die nur nach ausländischem Steuerrecht, und zwar abschließend durch Festsetzungsbescheid der Steuerbehörde, zu besteuern waren, gelten die Absätze 1 und 2 mit der Maßgabe, daß an die Stelle der darin genannten Vorschriften die entsprechenden Vorschriften des ausländischen Steuerrechts treten. Kann die Anwendung des Satzes 1 wegen der Unterschiede zwischen dem ausländischen Steuerrecht und dem Einkommensteuergesetz nicht erfolgen, ist abweichend von Satz 1 als Einkommen der Betrag anzusetzen, der die Bemessungsgrundlage für die im Einzelfall festgesetzte tarifliche Einkommensteuer ist; hiervon werden die darauf entfallenden Einkommen- und Kirchensteuern sowie Unterhaltsleistungen nach Absatz 2 Nr. 3 Buchstabe a abgezogen.

(2c) Einkünfte und Abzüge in ausländischer Währung sind nach dem Mittelkurs der anderen Währung, der an der Frankfurter Devisenbörse für Ende September des nach

Absatz 3 oder 4 maßgeblichen Kalenderjahres amtlich festgestellt ist, in Deutsche Mark umzurechnen. § 8 Abs. 2 Satz 5 gilt entsprechend.

(3) Maßgeblich ist das Einkommen im vorletzten Kalenderjahr vor dem Kalenderjahr, für das die Zahlung des Kindergeldes in Betracht kommt, und zwar mit Ausnahme der in Absatz 2a genannten Einkünfte so, wie es der Besteuerung zugrunde gelegt worden ist. Steht die Steuerfestsetzung noch aus, so werden zunächst die Sockelbeträge (§ 10 Abs. 2 Satz 1) gezahlt. Jedoch ist Berechtigten, denen für Dezember des vorigen Jahres mehr als die Sockelbeträge zustand, die Sockelbeträge übersteigendes Kindergeld nach dem für diesen Monat maßgeblichen Einkommen bis einschließlich Juni unter dem Vorbehalt der Rückforderung zu zahlen. Sobald die Steuer festgesetzt ist, ist endgültig über die Höhe des Kindergeldes zu entscheiden. Überzahltes Kindergeld ist vom Berechtigten zu erstatten. Mit dem Erstattungsanspruch kann gegen Ansprüche auf laufendes Kindergeld bis zu deren voller Höhe aufgerechnet werden; § 23 Abs. 2 gilt entsprechend.

(4) Macht der Berechtigte vor Ablauf des Kalenderjahres, für das die Zahlung des Kindergeldes in Betracht kommt (Leistungsjahr), glaubhaft, daß das Einkommen in diesem Jahr voraussichtlich so gering sein wird, daß bei seiner Berücksichtigung das Kindergeld nicht nur in Höhe des Sockelbetrages zu leisten wäre, so wird dieses Einkommen zugrunde gelegt und Kindergeld in Höhe des den Sockelbetrag übersteigenden Betrages unter dem Vorbehalt der Rückforderung gezahlt. Sobald sich das im Leistungsjahr erzielte Einkommen endgültig feststellen läßt, wird abschließend entschieden. Ergibt sich dabei, daß der Berechtigte zu Unrecht Kindergeld erhalten hat, hat er den überzahlten Betrag zurückzuzahlen. Mit dem Erstattungsanspruch kann gegen laufende Kindergeldansprüche bis zu deren voller Höhe aufgerechnet werden; § 23 Abs. 2 gilt entsprechend.
...

§ 15 Beauftragung der Bundesanstalt für Arbeit

(1) Die Bundesanstalt für Arbeit (Bundesanstalt) führt dieses Gesetz nach fachlichen Weisungen des Bundesministers für Arbeit und Sozialordnung durch.

(2) Die Bundesanstalt führt bei der Durchführung dieses Gesetzes die Bezeichnung „Kindergeldkasse".
...

Vierter Abschnitt. Verfahren

§ 17 Antrag

(1) Das Kindergeld ist schriftlich zu beantragen. Der Antrag soll bei dem nach § 24 zuständigen Arbeitsamt gestellt werden. Den Antrag kann außer dem Berechtigten auch stellen, wer ein berechtigtes Interesse an der Leistung des Kindergeldes hat.

(2) *(weggefallen)*

(3) Vollendet ein Kind das 16. Lebensjahr, so wird es nur dann weiterhin berücksichtigt, wenn der Berechtigte anzeigt, daß die Voraussetzungen des § 2 Abs. 2 oder 4 vorliegen. Absatz 1 gilt entsprechend.

§ 19 Auskunftspflicht

(1) § 60 Abs. 1 des Ersten Buches Sozialgesetzbuch gilt auch für die bei dem Antragsteller oder Berechtigten berücksichtigten Kinder, für den nicht dauernd getrenntlebenden Ehegatten des Antragstellers oder Berechtigten, für die sonstigen Personen, bei denen die bezeichneten Kinder berücksichtigt werden, sowie für die in § 2 Abs. 2a bezeichneten Ehegatten und früheren Ehegatten.

(2) Soweit es zur Durchführung des § 2, des § 10 sowie des § 11a erforderlich ist, hat der jeweilige Arbeitgeber der in diesen Vorschriften bezeichneten Personen auf Verlangen der zuständigen Stelle eine Bescheinigung über den Arbeitslohn, die einbehaltenen Steuern und Sozialabgaben, die bei der Einbehaltung der Steuern berücksichtigte Kinderzahl sowie den auf der Lohnsteuerkarte eingetragenen Freibetrag auszustellen.

(3) Die für die Durchführung dieses Gesetzes zuständigen Stellen können den nach Absatz 1 oder 2 Verpflichteten eine angemessene Frist zur Erfüllung der Pflicht setzen.

§ 20 Zahlung des Kindergeldes

(1) Das Kindergeld wird zweimonatlich im Laufe der zwei Monate, für die es bestimmt ist, gezahlt.

(2) Steht Arbeitnehmern Kindergeld auf Grund zwischen- oder überstaatlicher Regelungen zu, kann es ihren Arbeitgebern überwiesen werden; die Arbeitgeber sind verpflichtet, das Kindergeld unverzüglich kostenlos an die Arbeitnehmer auszuzahlen. Hat ein Arbeitgeber das Kindergeld nicht innerhalb einer angemessenen Frist an den Arbeitnehmer ausgezahlt, so hat er es zurückzuzahlen.

(3) Auszuzahlende Beträge sind auf Deutsche Mark abzurunden, und zwar unter 50 Deutsche Pfennig nach unten, sonst nach oben.

(4) § 45 Abs. 3 des Zehnten Buches Sozialgesetzbuch findet keine Anwendung.

(5) Ein rechtswidriger nicht begünstigender Verwaltungsakt ist abweichend von § 44 Abs. 1 des Zehnten Buches Sozialgesetzbuch für die Zukunft zurückzunehmen; er kann ganz oder teilweise auch für die Vergangenheit zurückgenommen werden.

§ 21 Überprüfung des Fortbestehens von Anspruchsvoraussetzungen durch Meldedaten-Übermittlung

Die Meldebehörden übermitteln in regelmäßigen Abständen den für die Durchführung dieses Gesetzes zuständigen Stellen nach Maßgabe einer auf Grund des § 20 Abs. 1 des Melderechtsrahmengesetzes zu erlassenden Rechtsverordnung die in § 18 Abs. 1 des Melderechtsrahmengesetzes genannten Daten aller Einwohner, zu deren Person im Melderegister Daten von minderjährigen Kindern gespeichert sind, und dieser Kinder, soweit die Daten nach ihrer Art für die Prüfung der Rechtmäßigkeit des Bezugs von Kindergeld geeignet sind.

...

§ 25 Bescheid

(1) Wird der Antrag auf Kindergeld abgelehnt oder das Kindergeld entzogen, so ist ein schriftlicher Bescheid zu erteilen.

(2) Von der Erteilung eines Bescheides kann abgesehen werden, wenn
1. der Berechtigte anzeigt, daß die Voraussetzungen für die Berücksichtigung eines Kindes nicht mehr erfüllt sind, oder
2. das Kind das 16. Lebensjahr vollendet, ohne daß eine Anzeige nach § 17 Abs. 3 erstattet ist.

...

§ 44d Überleitungsdregelungen aus Anlaß der Herstellung der Einheit Deutschlands

(1) Bei der Anwendung des § 2 Abs. 2 Satz 6 und Abs. 4 Satz 3 erster Halbsatz stehen den dort genannten Vorschriften, die in dem in Artikel 3 des Einigungsvertrages genannten Gebiet gelten, gleich.

(2) Abweichend von § 3 Abs. 2 bis 4 steht Berechtigten, die für Dezember 1990 für ihre Kinder Kindergeld in dem in Artikel 3 des Einigungsvertrages genannten Gebiet bezogen haben, das Kindergeld für diese Kinder auch für die folgende Zeit zu, solange sie ihren Wohnsitz oder gewöhnlichen Aufenthalt in diesem Gebiet beibehalten und die

Kinder die Voraussetzungen ihrer Berücksichtigung weiterhin erfüllen. § 3 Abs. 2 bis 4 ist insoweit erst für die Zeit vom Beginn des Monats anzuwenden, in dem ein hierauf gerichteter Antrag bei der zuständigen Stelle eingegangen ist; der hiernach Berechtigte muß die nach Satz 1 geleisteten Zahlungen gegen sich gelten lassen.

(3) Bei der Anwendung des § 8 Abs. 1 Satz 1 Nr. 1 bleiben Ansprüche auf den Kinderzuschlag zu einer Rente aus der gesetzlichen Renten- oder Unfallversicherung in dem in Artikel 3 des Einigungsvertrages genannten Gebiet bis zum 31. Dezember 1991 außer Betracht.

(4) Für die Leistungsjahre 1991 und 1992 wird die Anwendung des § 11 Abs. 3 gegenüber Berechtigten ausgeschlossen, die während des überwiegenden Teils des jeweils vorletzten Jahres ihren gewöhnlichen Aufenthalt in dem in Artikel 3 des Einigungsvertrages genannten Gebiet gehabt haben; dies gilt gegenüber Berechtigten, die verheiratet sind und von ihrem Ehegatten nicht dauernd getrennt leben, nur, wenn die Summe der genannten Aufenthaltszeiten beider Ehegatten zwölf Monate überstiegen hat. Gegenüber diesen Berechtigten ist
1. für das Leistungsjahr 1991 entsprechend § 11 Abs. 4 zu verfahren; jedoch wird auf Antrag des Berechtigten zunächst ungemindertes Kindergeld ohne Glaubhaftmachung des voraussichtlichen Einkommens unter dem Vorbehalt der Rückforderung gezahlt;
2. für das Leistungsjahr 1992 vorbehaltlich des § 11 Abs. 4 das Einkommen des Jahres 1991 maßgeblich; solange sich dieses noch nicht endgültig feststellen läßt, wird ungemindertes Kindergeld ohne Glaubhaftmachung des Einkommens unter dem Vorbehalt der Rückforderung gezahlt; § 11 Abs. 3 Satz 4 bis 6 gilt entsprechend.

(5) Für das Leistungsjahr 1991 wird Berechtigten, die in dem in Artikel 3 des Einigungsvertrages genannten Gebiet einen Wohnsitz oder ihren gewöhnlichen Aufenthalt haben, Zuschlag zum Kindergeld nach § 11a Abs. 8 auf Antrag ohne Glaubhaftmachung des voraussichtlichen Einkommens unter dem Vorbehalt der Rückforderung gezahlt.

(6) Abweichend von § 15 Abs. 1 wird das Kindergeld für die Monate Januar bis März 1991 den Berechtigten, die in dem in Artikel 3 des Einigungsvertrages genannten Gebiet bei einem anderen als einem der in § 45 Abs. 1 Buchstabe a Satz 1 bezeichneten Arbeitgeber beschäftigt sind, für die Kinder, für die ihnen in dem genannten Gebiet für Dezember 1990 Kindergeld zu zahlen war, von dem Arbeitgeber auf Grund der ihm vorliegenden Auszahlungskarten in der sich aus § 10 Abs. 1 ergebenden Höhe zuzüglich je Kind monatlich 48 Deutsche Mark Zuschlag zum Kindergeld vorbehaltlich späterer Prüfung des Anspruchs durch die nach § 15 Abs. 1 zuständige Stelle ausgezahlt; § 11 Abs. 3 Satz 5 und 6 ist anzuwenden. Der Arbeitgeber hat die auszuzahlenden Beträge der Lohnsteuer, die er für seine Arbeitnehmer insgesamt einbehalten hat, zu entnehmen und in der Lohnsteueranmeldung in einer Summe gesondert anzugeben. Übersteigt der für Kindergeldzahlungen zu entnehmende Betrag den Betrag, der insgesamt an Lohnsteuer einzubehalten ist, so wird der übersteigende Betrag dem Arbeitgeber auf Antrag von dem Finanzamt, an das die Lohnsteuer abzuführen ist, aus den Lohnsteuereinnahmen ersetzt. Die Finanzämter rechnen die von den Arbeitgebern geleisteten Kindergeldzahlungen mit dem für ihren Dienstsitz zuständigen Arbeitsamt – Kindergeldkasse – ab.

(7) Das Zentrale Einwohnerregister in dem in Artikel 3 des Einigungsvertrages genannten Gebiet übermittelt der Bundesanstalt für Arbeit nach Wirksamwerden des Beitritts unverzüglich folgende Daten aller Einwohner, zu deren Person im Melderegister Daten von minderjährigen Kindern gespeichert sind, und dieser Kinder:
1. Vor- und Familiennamen, frühere Namen und akademische Grade
2. Wohnung, bei mehreren die Hauptwohnung
3. Tag der Geburt
4. Geschlecht
5. Staatsangehörigkeit
6. Familienstand.

Die Bundesanstalt darf die übermittelten Daten nur dazu verwenden, eine Datei über mögliche Zahlungsempfänger in dem in Artikel 3 des Einigungsvertrages genannten Gebiet zu erstellen und diese durch Zusendung von Antragsvordrucken in die Lage zu versetzen, ihre Ansprüche geltend zu machen. Sie hat die Daten der Einwohner, die bis zum 31. 3. 1991 keinen Antrag gestellt haben, und ihrer Kinder unverzüglich zu löschen.

(8) Ein Berechtigter, der einen Wohnsitz oder seinen gewöhnlichen Aufenthalt in dem in Artikel 3 des Einigungsvertrages genannten Gebiet hat, erhält zu dem ihm für 1991 für ein erstes Kind nach § 10 Abs. 1 zustehenden Kindergeld einen Zuschlag von 15 Deutsche Mark monatlich, es sei denn, daß ihm auch für ein weiteres Kind Kindergeld zusteht.

...

§ 45 Zahlung von Kindergeld an Angehörige des öffentlichen Dienstes

(1) Personen, die
1. in einem öffentlich-rechtlichen Dienst-, Amts- oder Ausbildungsverhältnis stehen, mit Ausnahme der Ehrenbeamten oder
2. Versorgungsbezüge nach beamten- oder soldatenrechtlichen Vorschriften oder Grundsätzen erhalten oder
3. Arbeitnehmer des Bundes, eines Landes, einer Gemeinde, eines Gemeindeverbandes oder einer sonstigen Körperschaft, einer Anstalt oder einer Stiftung des öffentlichen Rechts sind, einschließlich der zu ihrer Berufsausbildung Beschäftigten,

wird Kindergeld unter der Berücksichtigung folgender Vorschriften geleistet:

a) Abweichend von § 15 wird dieses Gesetz von den Körperschaften, Anstalten oder Stiftungen des öffentlichen Rechts durchgeführt, denen die Zahlung von Bezügen oder Arbeitsentgelt an die in den Nummern 1 bis 3 bezeichneten Personen obliegt. Der Bund stellt den Ländern nach Bedarf die Mittel bereit, die sie, die Gemeinden, Gemeindeverbände und die sonstigen landesunmittelbaren Körperschaften, Anstalten und Stiftungen des öffentlichen Rechts zur Durchführung dieses Gesetzes benötigen; er stellt den bundesunmittelbaren Körperschaften, Anstalten und Stiftungen des öffentlichen Rechts nach Bedarf die Mittel bereit, die sie zur Durchführung dieses Gesetzes benötigen. Verwaltungskosten werden nicht erstattet.
b) Der nach § 17 Abs. 1 erforderliche Antrag auf Kindergeld soll an die Stelle gerichtet werden, die für die Festsetzung der Bezüge oder des Arbeitsentgelts zuständig ist. Diese Stelle tritt auch im übrigen bei der Anwendung der Vorschriften des Vierten Abschnitts und des § 29 Abs. 4 an die Stelle des Arbeitsamtes.
c) Abweichend von § 20 Abs. 1 kann das Kindergeld monatlich gezahlt werden.
d) Scheidet ein Berechtigter im Laufe eines Monats aus dem Kreis der in den Nummern 1 bis 3 Bezeichneten aus oder tritt er im Laufe eines Monats in diesen Kreis ein, so wird das Kindergeld für diesen Monat von der Stelle gezahlt, die bis zum Ausscheiden oder Eintritt des Berechtigten zuständig war. Das gilt nicht, soweit die Zahlung von Kindergeld für ein Kind in Betracht kommt, das erst nach dem Ausscheiden oder Eintritt bei dem Berechtigten nach § 2 zu berücksichtigen ist. Ist in einem Falle des Satzes 1 das Kindergeld bereits für einen folgenden Monat gezahlt worden, so muß der für diesen Monat Berechtigte die Zahlung gegen sich gelten lassen.
e) § 85 Abs. 2 Nr. 3 des Sozialgerichtsgesetzes ist nicht anzuwenden.
f) Der Deutsche Post AG, der Deutsche Postbank AG und der Deutsche Telekom AG obliegt die Durchführung dieses Gesetzes für ihre jeweiligen Beamten und Versorgungsempfänger. Der Bund stellt den Aktiengesellschaften nach Bedarf die Mittel bereit, die sie zur Durchführung dieses Gesetzes benötigen. Verwaltungskosten werden nicht erstattet.

(1a) Obliegt mehreren Rechtsträgern die Zahlung von Bezügen oder Arbeitsentgelt (Absatz 1 Buchstabe a Satz 1) gegenüber einem Berechtigten, so ist für die Durchführung dieses Gesetzes zuständig:

1. bei Zusammentreffen von Versorgungsbezügen mit anderen Bezügen oder Arbeitsentgelt der Rechtsträger, dem die Zahlung der anderen Bezüge oder des Arbeitsentgelts obliegt;
2. bei Zusammentreffen mehrerer Versorgungsbezüge der Rechtsträger, dem die Zahlung der neuen Versorgungsbezüge im Sinne der beamtenrechtlichen Ruhensvorschriften obliegt;
3. bei Zusammentreffen von Arbeitsentgelt (Absatz 1 Nr. 3) mit Bezügen aus einem der in Absatz 1 Nr. 1 bezeichneten Rechtsverhältnisse der Rechtsträger, dem die Zahlung dieser Bezüge obliegt;
4. bei Zusammentreffen mehrerer Arbeitsentgelte (Absatz 1 Nr. 3) der Rechtsträger, dem die Zahlung des höheren Arbeitsentgelts obliegt, oder – falls die Arbeitsentgelte gleichhoch sind – der Rechtsträger, zu dem das zuerst begründete Arbeitsverhältnis besteht.

(2) Absatz 1 gilt nicht für Personen, die ihre Bezüge oder Arbeitsentgelt
1. von einem Dienstherrn oder Arbeitgeber im Bereich der Religionsgesellschaften des öffentlichen Rechts oder
2. von einem Spitzenverband der Freien Wohlfahrtspflege, einem diesem unmittelbar oder mittelbar angeschlossenen Mitgliedsverband oder einer einem solchen Verband angeschlossenen Einrichtung oder Anstalt
erhalten.

(3) Absatz 1 gilt ferner nicht für Personen, die nach dem 31. 12. 1976 voraussichtlich nicht länger als für sechs Monate in den Kreis der in Absatz 1 Nr. 1 bis 3 Bezeichneten eintreten.

(4) Den in Absatz 1 Nr. 1 bis 3 bezeichneten Personen, die für Dezember 1974 Kinderzuschlag oder Leistungen nach § 7 Abs. 6 des Bundeskindergeldgesetzes in der bis zum 31. 12. 1974 geltenden Fassung bezogen haben und nicht zu einer der in Absatz 2 bezeichneten Personengruppen gehören, wird von Januar 1975 an ohne Antrag, jedoch unter dem Vorbehalt der Rückforderung für dieselben Kinder Kindergeld in der sich aus § 10 ergebenden Höhe gezahlt. (Sätze 2 bis 7 zeitlich überholt)

(5) (zeitlich überholt)

(6) Soweit nach Absatz 4 Satz 1 verfahren wird und mehrere Personen für ein Kind die Anspruchsvoraussetzungen erfüllen, steht abweichend von § 3 Abs. 2 bis 4 das Kindergeld derjenigen von ihnen zu, die die Voraussetzungen einer der Nummern 1 bis 3 des Absatzes 1 erfüllt; trifft dies für mehrere Personen zu, so richtet sich die Anspruchsberechtigung nach § 19 Abs. 2 des Bundesbesoldungsgesetzes in der bis zum 31. 12. 1974 geltenden Fassung. § 3 Abs. 2 bis 4 ist insoweit erst für die Zeit vom Beginn des Monats an anzuwenden, in dem ein hierauf gerichteter Antrag nach § 17 Abs. 1 beim Arbeitsamt oder bei der nach Absatz 1 Buchstabe b zuständigen Stelle eingegangen ist.

8. Bundeskindergeldgesetz

I. d. F. der Bek. vom 11. 10. 1995
(BGBl. I S. 1250, 1378)
Geändert durch Jahressteuer-Ergänzungsgesetz 1996 vom 18. 12. 1995 (BGBl. I S. 1959)

– Auszug –

Erster Abschnitt. Leistungen

§ 1 Anspruchsberechtigte

(1) Kindergeld nach diesem Gesetz für seine Kinder erhält, wer nach § 1 Abs. 1 und 2 des Einkommensteuergesetzes nicht unbeschränkt steuerpflichtig ist und auch nicht nach § 1 Abs. 3 des Einkommensteuergesetzes als unbeschränkt steuerpflichtig behandelt wird und
1. eine der Beitragspflicht der Bundesanstalt für Arbeit unterliegende oder nach § 169 c Nr. 1 des Arbeitsförderungsgesetzes beitragsfreie Beschäftigung als Arbeitnehmer ausübt oder
2. als Entwicklungshelfer Unterhaltsleistungen im Sinne des § 4 Abs. 1 Nr. 1 des Entwicklungshelfer-Gesetzes erhält oder
3. eine nach § 123 a des Beamtenrechtsrahmengesetzes bei einer Einrichtung außerhalb Deutschlands zugewiesene Tätigkeit ausübt oder
4. als Ehegatte eines Mitglieds der Truppe oder des zivilen Gefolges eines NATO-Mitgliedstaates die Staatsangehörigkeit eines EU/EWR-Mitgliedstaates besitzt und in Deutschland seinen Wohnsitz oder gewöhnlichen Aufenthalt hat.

(2) Kindergeld für sich selbst erhält, wer
1. in Deutschland einen Wohnsitz oder seinen gewöhnlichen Aufenthalt hat,
2. Vollwaise ist oder den Aufenthalt seiner Eltern nicht kennt und
3. nicht bei einer anderen Person als Kind zu berücksichtigen ist.

§ 2 Abs. 2 und 3 sowie die §§ 4 und 5 sind entsprechend anzuwenden. Im Fall des § 2 Abs. 2 Satz 1 Nr. 6 wird Kindergeld längstens bis zur Vollendung des 27. Lebensjahres gewährt.

(3) Ein Ausländer erhält Kindergeld nur, wenn er im Besitz einer Aufenthaltsgenehmigung oder Aufenthaltserlaubnis ist. Ein ausländischer Arbeitnehmer, der zur vorübergehenden Dienstleistung nach Deutschland entsandt ist, erhält kein Kindergeld; sein Ehegatte erhält Kindergeld, wenn er im Besitz einer Aufenthaltsberechtigung oder Aufenthaltserlaubnis ist und eine der Beitragspflicht zur Bundesanstalt für Arbeit unterliegende oder nach § 169c Nr. 1 des Arbeitsförderungsgesetzes beitragsfreie Beschäftigung als Arbeitnehmer ausübt.

§ 2 Kinder

(1) Als Kinder werden auch berücksichtigt
1. vom Berechtigten in seinem Haushalt aufgenommene Kinder seines Ehegatten,
2. Pflegekinder (Personen, mit denen der Berechtigte durch ein familienähnliches, auf längere Dauer berechnetes Band verbunden ist, sofern er sie in seinen Haushalt aufgenommen hat und mindestens zu einem nicht unwesentlichen Teil auf seine Kosten unterhält und ein Obhuts- und Pflegeverhältnis zwischen diesen Personen und ihren Eltern nicht mehr besteht),
3. vom Berechtigten in seinem Haushalt aufgenommene Enkel.

(2) Kinder, die das 18. Lebensjahr vollendet haben, werden nur berücksichtigt, wenn sie
1. für einen Beruf ausgebildet werden oder

2. sich in einer Übergangszeit zwischen Ausbildungsabschnitten von höchstens vier Monaten befinden oder
3. eine Berufsausbildung mangels Ausbildungsplatzes nicht beginnen oder fortsetzen können oder
4. ein Freiwilliges Soziales Jahr im Sinne des Gesetzes zur Förderung eines Freiwilligen Sozialen Jahres oder ein Freiwilliges Ökologisches Jahr im Sinne des Gesetzes zur Förderung eines Freiwilligen Ökologischen Jahres leisten oder
5. als Arbeitslose in Deutschland der Arbeitsvermittlung zur Verfügung stehen oder
6. wegen körperlicher, geistiger oder seelischer Behinderung außerstande sind, sich selbst zu unterhalten.

Außer in den Fällen des Satzes 1 Nr. 6 werden Kinder nicht berücksichtigt, denen Einkünfte und Bezüge, die zur Bestreitung ihres Unterhalts oder ihrer Berufsausbildung bestimmt oder geeignet sind, in Höhe von nicht mehr als 12000 Deutsche Mark im Kalenderjahr zustehen. Bezüge, die für besondere Ausbildungszwecke bestimmt sind, bleiben hierbei außer Ansatz; Entsprechendes gilt für Einkünfte, soweit sie für solche Zwecke verwendet werden. Der Betrag nach Satz 2 wird für jeden Monat, in dem die Voraussetzungen nach Satz 1 nicht vorliegen, um ein Zwölftel gemindert. Einkünfte und Bezüge des Kindes, die auf diese Kalendermonate entfallen, bleiben außer Ansatz. Ein Verzicht auf Teile der zustehenden Einkünfte und Bezüge steht der Anwendung der Sätze 2 und 4 nicht entgegen. Sind Beträge in ausländischer Währung zu zahlen, treten an die Stelle der in den Sätzen 2 und 4 genannten Grenzwerte die entsprechenden Werte, die sich bei Anwendung der jeweils für September des vorangegangenen Jahres vom Statistischen Bundesamt bekanntgegebenen Verbrauchergeldparität ergeben.

(3) In den Fällen des Absatzes 2 Satz 1 Nr. 1 bis 4 werden die Kinder nur berücksichtigt, wenn sie noch nicht das 27., im Fall des Absatzes 2 Satz 1 Nr. 5 noch nicht das 21. Lebensjahr vollendet haben. Im Fall des Absatzes 2 Satz 1 Nr. 1 wird ein Kind über das 27., im Fall des Absatzes 2 Satz 1 Nr. 5 über das 21. Lebensjahr hinaus höchstens für einen der Dauer des gesetzlichen Grundwehrdienstes, bei anerkannten Kriegsdienstverweigerern der Dauer des gesetzlichen Zivildienstes, entsprechenden Zeitraum berücksichtigt, wenn es
1. den gesetzlichen Grundwehrdienst oder Zivildienst geleistet hat oder
2. sich freiwillig für die Dauer von nicht mehr als drei Jahren zum Wehrdienst oder zum Polizeivollzugsdienst, der anstelle des gesetzlichen Grundwehrdienstes oder Zivildienstes abgeleistet wird, verpflichtet hat oder
3. eine vom gesetzlichen Grundwehrdienst und Zivildienst befreiende Tätigkeit als Entwicklungshelfer im Sinne des § 1 Abs. 1 des Entwicklungshelfer-Gesetzes ausgeübt hat.

Dem gesetzlichen Grundwehrdienst oder Zivildienst steht der entsprechende Dienst, der in dem in Artikel 3 des Einigungsvertrages genannten Gebiet geleistet worden ist, gleich.

(4) Kinder, für die einer anderen Person nach dem Einkommensteuergesetz Kindergeld oder ein Kinderfreibetrag zusteht, werden nicht berücksichtigt.

(5) Kinder, die weder einen Wohnsitz noch ihren gewöhnlichen Aufenthalt in Deutschland haben, werden nicht berücksichtigt. Dies gilt nicht gegenüber Berechtigten nach § 1 Abs. 1 Nr. 2 und 3, wenn sie die Kinder in ihren Haushalt aufgenommen haben.

(6) Die Bundesregierung wird ermächtigt, durch Rechtsverordnung, die nicht der Zustimmung des Bundesrates bedarf, zu bestimmen, daß einem Berechtigten, der in Deutschland erwerbstätig ist oder sonst seine hauptsächlichen Einkünfte erzielt, für seine in Absatz 5 Satz 1 bezeichneten Kinder Kindergeld ganz oder teilweise zu leisten ist, soweit dies mit Rücksicht auf die durchschnittlichen Lebenshaltungskosten für Kinder in deren Wohnland und auf die dort gewährten dem Kindergeld vergleichbaren Leistungen geboten ist.

§ 3 Zusammentreffen mehrerer Ansprüche

(1) Für jedes Kind wird nur einer Person Kindergeld gewährt.

(2) Erfüllen für ein Kind mehrere Personen die Anspruchsvoraussetzungen, so wird das Kindergeld derjenigen Person gewährt, die das Kind in ihren Haushalt aufgenommen hat. Ist ein Kind in den gemeinsamen Haushalt von Eltern, einem Elternteil und dessen Ehegatten, Pflegeeltern oder Großeltern aufgenommen worden, bestimmen diese untereinander den Berechtigten. Wird eine Bestimmung nicht getroffen, bestimmt das Vormundschaftsgericht auf Antrag den Berechtigten. Antragsberechtigt ist, wer ein berechtigtes Interesse an der Leistung des Kindergeldes hat. Lebt ein Kind im gemeinsamen Haushalt von Eltern und Großeltern, wird das Kindergeld vorrangig einem Elternteil gezahlt; es wird an einen Großelternteil gezahlt, wenn der Elternteil gegenüber der zuständigen Stelle auf seinen Vorrang schriftlich verzichtet hat.

(3) Ist das Kind nicht in den Haushalt einer der Personen aufgenommen, die die Anspruchsvoraussetzungen erfüllen, wird das Kindergeld derjenigen Person gewährt, die dem Kind eine Unterhaltsrente zahlt. Zahlen mehrere anspruchsberechtigte Personen dem Kind Unterhaltsrenten, wird das Kindergeld derjenigen Person gewährt, die dem Kind laufend die höchste Unterhaltsrente zahlt. Werden gleich hohe Unterhaltsrenten gezahlt, so bestimmen die anspruchsberechtigten Personen untereinander den Berechtigten. Wird eine Bestimmung nicht getroffen oder zahlt keine der anspruchsberechtigten Personen dem Kind Unterhalt, gilt Absatz 2 Satz 3 und 4 entsprechend.

§ 4 Andere Leistungen für Kinder

(1) Kindergeld wird nicht für ein Kind gewährt, für das eine der folgenden Leistungen zu zahlen ist oder bei entsprechender Antragstellung zu zahlen wäre:
1. Kinderzulagen aus der gesetzlichen Unfallversicherung oder Kinderzuschüsse aus den gesetzlichen Rentenversicherungen,
2. Leistungen für Kinder, die außerhalb Deutschlands gewährt werden und dem Kindergeld oder einer der unter Nummer 1 genannten Leistungen vergleichbar sind,
3. Leistungen für Kinder, die von einer zwischen- oder überstaatlichen Einrichtung gewährt werden und dem Kindergeld vergleichbar sind.

Übt ein Berechtigter eine der Beitragspflicht zur Bundesanstalt für Arbeit unterliegende oder nach § 169c Nr. 1 des Arbeitsförderungsgesetzes beitragsfreie Beschäftigung als Arbeitnehmer aus oder steht es in Deutschland in einem öffentlich-rechtlichen Dienst- oder Amtsverhältnis, so wird sein Anspruch auf Kindergeld für ein Kind nicht nach Satz 1 Nr. 3 mit Rücksicht darauf ausgeschlossen, daß sein Ehegatte als Beamter, Ruhestandsbeamter oder sonstiger Bediensteter der Europäischen Gemeinschaften für das Kind Anspruch auf Kinderzulage hat.

(2) Ist in den Fällen des Absatzes 1 Satz 1 Nr. 1 der Bruttobetrag der anderen Leistungen niedriger als das Kindergeld nach § 6, wird Kindergeld in Höhe des Unterschiedsbetrages gezahlt. Ein Unterschiedsbetrag unter 10 Deutsche Mark wird nicht geleistet.

...

§ 17 Recht der Europäischen Gemeinschaft

Soweit in diesem Gesetz Ansprüche Deutschen vorbehalten sind, haben Angehörige der anderen Mitgliedstaaten der Europäischen Union, Flüchtlinge und Staatenlose nach Maßgabe des Vertrages zur Gründung der Europäischen Gemeinschaft und der auf seiner Grundlage erlassenen Verordnungen die gleichen Rechte. Auch im übrigen bleiben die Bestimmungen der genannten Verordnungen unberührt.

9. Reichsversicherungsordnung
I. d. F. der Bek. vom 15. 12. 1924 (RGBl. I S. 779)
zuletzt geändert Gesetz zur Änderung des 6, SGB vom 15. 12. 1995 (BGBl. I S. 1824)

– Auszug –

§ 583 [Kinderzulage für Schwerverletzte]

(1) Solange der Verletzte eine Rente von 50 oder mehr vom Hundert der Vollrente oder mehrere Verletztenrenten aus der Unfallversicherung bezieht, deren Hundertsätze zusammen die Zahl 50 erreichen (Schwerverletzter), erhöht sich die Verletztenrente für jedes Kind bis zur Vollendung des 18. Lebensjahres um zehn vom Hundert (Kinderzulage), sofern der Verletzte für das Kind vor dem 1. 1. 1984 einen Anspruch auf Kinderzulage gehabt hat.

(2) Würde für das Kind ohne den Anspruch auf Kinderzulage Anspruch auf Kinderzuschuß nach den Vorschriften der gesetzlichen Rentenversicherungen bestehen, so ist die Kinderzulage mindestens in Höhe des Kinderzuschusses zu gewähren. Werden für dasselbe Kind mehrere Kinderzulagen aus der Unfallversicherung gewährt, so gilt der Mindestbetrag für die Summe der Kinderzulagen; sie sind anteilmäßig nach der Höhe der einzelnen Verletztenrenten aufzuteilen.

(3) Die Kinderzulage wird längstens bis zur Vollendung des 25. Lebensjahres für ein Kind gewährt, das sich in Schul- oder Berufsausbildung befindet, das ein freiwilliges soziales Jahr im Sinne des Gesetzes zur Förderung eines freiwilligen sozialen Jahres, oder ein freiwilliges ökologisches Jahr im Sinne des Gesetzes zur Förderung eines freiwilligen ökologischen Jahres leistet oder das infolge körperlicher, geistiger oder seelischer Behinderung außerstande ist, sich selbst zu unterhalten. Im Falle der Unterbrechung oder Verzögerung der Schul- oder Berufsausbildung durch Erfüllung der gesetzlichen Wehrdienst-, Zivildienst- oder einer gleichgestellten Dienstpflicht des Kindes wird die Kinderzulage auch für einen der Zeit dieses Dienstes entsprechenden Zeitraum über das 25. Lebensjahr hinaus gewährt, höchstens aber für einen der Dauer des gesetzlichen Grundwehrdienstes oder Zivildienstes entsprechenden Zeitraum. Die Sätze 1 und 2 gelten nicht, wenn das Kind sich in Ausbildung befindet und ihm aus dem Ausbildungsverhältnis Bruttobezüge in Höhe von wenigstens 750 DM monatlich zustehen; außer Ansatz bleiben Ehegatten- und Kinderzuschläge und einmalige Zuwendungen sowie vermögenswirksame Leistungen, die dem Auszubildenden über die geschuldete Ausbildungsvergütung hinaus zustehen, soweit sie den nach dem jeweils geltenden Vermögensbildungsgesetz begünstigten Höchstbetrag nicht übersteigen. Satz 3 gilt entsprechend, wenn dem Kind mit Rücksicht auf die Ausbildung Unterhaltsgeld oder Übergangsgeld von wenigstens 610 Deutsche Mark monatlich zusteht oder nur deswegen nicht zusteht, weil es über anrechnungsfähiges Einkommen verfügt.

(4) Die Verletztenrente ohne Schwerverletztenzulage (§ 582) darf einschließlich der Kinderzulagen 85 vom Hundert des Jahresarbeitsverdienstes nicht übersteigen. Diesem Höchstbetrag wird das gesetzliche Kindergeld hinzugerechnet.

(5) Als Kinder gelten auch die in den Haushalt des Verletzten aufgenommenen Stiefkinder. Kinder, die mit dem Ziel der Annahme als Kind in die Obhut des Annehmenden aufgenommen sind und für die die zur Annahme erforderliche Einwilligung der Eltern erteilt ist, gelten als Kinder des Annehmenden und nicht mehr als Kinder der leiblichen Eltern.

(6) und (7) *(aufgehoben)*

(8) Mehreren Berechtigten wird die Kinderzulage für dasselbe Kind nur einmal gewährt, und zwar dem, der das Kind überwiegend unterhält.

(9) Die sich aus Absatz 2 für die Unfallversicherung ergebenden Mehraufwendungen werden von den Trägern der gesetzlichen Rentenversicherungen erstattet. Das Nähere über die Abrechnung und Zahlung bestimmt der Bundesminister für Arbeit und Sozialordnung durch Rechtsverordnung. Er kann bestimmen, daß die Erstattungsansprüche durch Pauschbeträge abgegolten werden, und deren Zahlungsweise regeln.

(10) Verletzte, die eine Kinderzulage zu einer Verletztenrente aus der gesetzlichen Unfallversicherung in der Zeit zwischen dem 1. 6. 1975 und dem 30. 6. 1976 deshalb nicht erhalten haben, weil das Pflegekindschaftsverhältnis zu dem Verletzten nicht vor dem Arbeitsunfall begründet worden ist oder die Enkel und Geschwister nicht vor dem Arbeitsunfall in den Haushalt des Verletzten aufgenommen oder von ihm überwiegend unterhalten worden sind, haben insoweit Anspruch auf eine Kinderzulage. Die Höhe der Kinderzulage bemißt sich nach der Höhe der Kinderzulage, die in den jeweiligen Zeiträumen bei Bestehen eines Anspruches nach dem damaligen Recht zu leisten gewesen wäre. Auf diese Kinderzulage ist Kindergeld anzurechnen, soweit es für die gleichen Zeiträume geleistet worden ist. § 8 Abs. 3 des Bundeskindergeldgesetzes ist insoweit nicht anzuwenden. Sofern die Verletzten den Anspruch für die Zeit vor dem 1. 6. 1975 geltend gemacht haben und darüber noch nicht auf Grund des damals geltenden Rechts eine nicht mehr anfechtbare Entscheidung getroffen worden ist, gilt Satz 1 bis 4 auch für die Zeit vor dem 1. 6. 1975. Die Kinderzulage wird auf Antrag geleistet, im Einzelfall kann sie von Amts wegen geleistet werden.

...

§ 891a [Seemannskasse]

(1) Die See-Berufsgenossenschaft kann unter ihrer Haftung mit Genehmigung des Bundesministers für Arbeit und Sozialordnung für die Gewährung eines Überbrückungsgeldes nach Vollendung des 55. Lebensjahres sowie eines Überbrückungsgeldes auf Zeit bei einem früheren Ausscheiden aus der Seefahrt an Seeleute sowie Küstenschiffer und Küstenfischer, die nach § 539 Abs. 1 Nr. 6 versichert sind, eine Seemannskasse mit eigenem Haushalt einrichten. Die Mittel für die Seemannskasse sind im Wege der Umlage durch die Unternehmer aufzubringen, die bei ihr versichert sind oder bei ihr Versicherte beschäftigen. Das Nähere, insbesondere über die Voraussetzungen und den Umfang der Leistungen sowie die Festsetzung und die Zahlung der Beiträge bestimmt die Satzung der Seemannskasse; die Satzung kann auch eine Beteiligung der Seeleute an der Aufbringung der Mittel vorsehen. Die Satzung bedarf der Genehmigung des Bundesversicherungsamtes.

(2) Die Organe und die Geschäftsführung der See-Berufsgenossenschaft vertreten und verwalten die Seemannskasse nach deren Satzung. Die Aufsicht über die Seemannskasse führt das Bundesversicherungsamt.

(3) Soweit die Seemannskasse bei der Durchführung ihrer Aufgaben die Seekasse in Anspruch nimmt, hat sie die der Seekasse hierdurch entstehenden Verwaltungskosten in vollem Umfang zu erstatten.

10. Sozialgesetzbuch

Erstes Buch (I)
– Allgemeiner Teil –

Vom 11. 12. 1975 (BGBl. I S. 3015), zuletzt geändert durch Gesetz zur Änderung des 6. SGB vom 15. 12. 1995 (BGBl. I S. 1824)

– Auszug –

§ 21 Leistungen der gesetzlichen Krankenversicherung

(1) Nach dem Recht der gesetzlichen Krankenversicherung können in Anspruch genommen werden:
1. Leistungen zur Förderung der Gesundheit, zur Verhütung und zur Früherkennung von Krankheiten,
2. bei Krankheit Krankenbehandlung, insbesondere
   a) ärztliche und zahnärztliche Behandlung,
   b) Versorgung mit Arznei-, Verband-, Heil- und Hilfsmitteln,
   c) häusliche Krankenpflege und Haushaltshilfe,
   d) Krankenhausbehandlung,
   e) medizinische und ergänzende Leistungen zur Rehabilitation,
   f) Betriebshilfe für Landwirte,
   g) Krankengeld,
3. bei Schwangerschaft und Mutterschaft ärztliche Betreuung, Hebammenhilfe, stationäre Entbindung, häusliche Pflege, Haushaltshilfe, Betriebshilfe für Landwirte, Mutterschaftsgeld, Entbindungsgeld,
4. Hilfe zur Familienplanung und Leistungen bei nicht rechtswidriger Sterilisation und bei nicht rechtswidrigem Schwangerschaftsabbruch,
5. Sterbegeld.

(2) Zuständig sind die Orts-, Betriebs- und Innungskrankenkassen, die See-Krankenkasse, die landwirtschaftlichen Krankenkassen, die Bundesknappschaft und die Ersatzkassen.

§ 21a Leistungen der sozialen Pflegeversicherung

(1) Nach dem Recht der sozialen Pflegeversicherung können in Anspruch genommen werden:
1. Leistungen bei häuslicher Pflege:
   a) Pflegesachleistung,
   b) Pflegegeld für selbst beschaffte Pflegehilfen,
   c) häusliche Pflege bei Verhinderung der Pflegeperson,
   d) Pflegehilfsmittel und technische Hilfen,
2. teilstationäre Pflege und Kurzzeitpflege,
3. Leistungen für Pflegepersonen, insbesondere
   a) soziale Sicherung und
   b) Pflegekurse,
4. vollstationäre Pflege.

(2) Zuständig sind die bei den Krankenkassen errichteten Pflegekassen.
...

§ 22 Leistungen der gesetzlichen Unfallversicherung

(1) Nach dem Recht der gesetzlichen Unfallversicherung können in Anspruch genommen werden:

1. Maßnahmen zur Verhütung und zur Ersten Hilfe bei Arbeitsunfällen, bei gleichgestellten Unfällen und bei Berufskrankheiten sowie Maßnahmen zur Früherkennung von Berufskrankheiten,
2. Heilbehandlung, Berufsförderung und andere Leistungen zur Erhaltung, Besserung und Wiederherstellung der Erwerbsfähigkeit sowie zur Erleichterung der Verletzungsfolgen einschließlich wirtschaftlicher Hilfen,
3. Renten wegen Minderung der Erwerbsfähigkeit,
4. Renten an Hinterbliebene, Sterbegeld und Beihilfen,
5. Rentenabfindungen,
6. Haushaltshilfe,
7. Betriebshilfe für Landwirte.

(2) Zuständig sind
1. in der allgemeinen Unfallversicherung die gewerblichen Berufsgenossenschaften, Gemeindeunfallversicherungsverbände, Feuerwehrunfallversicherungskassen, Unfallkassen sowie die Ausführungsbehörden des Bundes, der Länder und der zu Versicherungsträgern bestimmten Gemeinden,
2. in der landwirtschaftlichen Unfallversicherung die landwirtschaftlichen Berufsgenossenschaften, die Unfallkassen sowie die Ausführungsbehörden des Bundes und der Länder,
3. in der See-Unfallversicherung die See-Berufsgenossenschaft, die Unfallkassen sowie die Ausführungsbehörden des Bundes und der Länder.

§ 23 Leistungen der gesetzlichen Rentenversicherung einschließlich der Alterssicherung der Landwirte

(1) Nach dem Recht der gesetzlichen Rentenversicherung einschließlich der Alterssicherung der Landwirte können in Anspruch genommen werden:
1. in der gesetzlichen Rentenversicherung:
   a) Heilbehandlung, Berufsförderung und andere Leistungen zur Erhaltung, Besserung und Wiederherstellung der Erwerbsfähigkeit einschließlich wirtschaftlicher Hilfen,
   b) Renten wegen Alters, Renten wegen verminderter Erwerbsfähigkeit und Knappschaftsausgleichsleistung,
   c) Renten wegen Todes,
   d) Witwen- und Witwerrentenabfindungen sowie Beitragserstattungen,
   e) Zuschüsse zu den Aufwendungen für die Krankenversicherung,
   f) Leistungen für Kindererziehung,
2. in der Alterssicherung der Landwirte:
   a) Heilbehandlung und andere Leistungen zur Erhaltung, Besserung und Wiederherstellung der Erwerbsfähigkeit einschließlich Betriebs- oder Haushaltshilfe,
   b) Renten wegen Erwerbsunfähigkeit und Alters,
   c) Renten wegen Todes,
   d) Betriebs- oder Haushaltshilfe zur Aufrechterhaltung des Betriebes im Falle des Todes des landwirtschaftlichen Unternehmers,
   e) Leistungen zur Aufrechterhaltung des Unternehmens der Landwirtschaft.

(2) Zuständig sind
1. in der Rentenversicherung der Arbeiter die Landesversicherungsanstalten, die Seekasse und die Bahnversicherungsanstalt,
2. in der Rentenversicherung der Angestellten die Bundesversicherungsanstalt für Angestellte,
3. in der knappschaftlichen Rentenversicherung die Bundesknappschaft,
4. in der Alterssicherung der Landwirte die landwirtschaftlichen Alterskassen.

...

§ 25 Kindergeld und Erziehungsgeld

(1) Nach dem Kindergeldrecht kann grundsätzlich für jedes Kind Kindergeld in Anspruch genommen werden.

(2) Nach dem Recht des Erziehungsgeldes kann grundsätzlich für jedes Kind Erziehungsgeld in Anspruch genommen werden.

(3) Für die Ausführung des Absatzes 1 sind die Arbeitsämter und die in § 45 Abs. 1 Buchstabe a Satz 1 des Bundeskindergeldgesetzes genannten Stellen, für die Ausführung des Absatzes 2 sind die nach § 10 des Bundeserziehungsgeldgesetzes bestimmten Stellen zuständig.

...

§ 48 Auszahlung bei Verletzung der Unterhaltspflicht

(1) Laufende Geldleistungen, die der Sicherung des Lebensunterhalts zu dienen bestimmt sind, können in angemessener Höhe an den Ehegatten oder die Kinder des Leistungsberechtigten ausgezahlt werden, wenn er ihnen gegenüber seiner gesetzlichen Unterhaltspflicht nicht nachkommt. Kindergeld, Kinderzuschläge und vergleichbare Rentenbestandteile (Geldleistungen für Kinder) können an Kinder, die bei der Festsetzung der Geldleistungen berücksichtigt werden, bis zur Höhe des Betrages, der sich bei entsprechender Anwendung des § 54 Abs. 5 Satz 2 ergibt, ausgezahlt werden. Für das Kindergeld gilt dies auch dann, wenn der Kindergeldberechtigte mangels Leistungsfähigkeit nicht unterhaltspflichtig ist oder nur Unterhalt in Höhe eines Betrages zu leisten braucht, der geringer ist als das für die Auszahlung in Betracht kommende Kindergeld. Die Auszahlung kann auch an die Person oder Stelle erfolgen, die dem Ehegatten oder den Kindern Unterhalt gewährt.

(2) Absatz 1 Satz 1, 2 und 4 gilt entsprechend, wenn unter Berücksichtigung von Kindern, denen gegenüber der Leistungsberechtigte nicht kraft Gesetzes unterhaltspflichtig ist, Geldleistungen erbracht werden und der Leistungsberechtigte diese Kinder nicht unterhält.

§ 49 Auszahlung bei Unterbringung

(1) Ist ein Leistungsberechtigter auf Grund richterlicher Anordnung länger als einen Kalendermonat in einer Anstalt oder Einrichtung untergebracht, sind laufende Geldleistungen, die der Sicherung des Lebensunterhalts zu dienen bestimmt sind, an die Unterhaltsberechtigten auszuzahlen, soweit der Leistungsberechtigte kraft Gesetzes unterhaltspflichtig ist und er oder die Unterhaltsberechtigten es beantragen.

(2) Absatz 1 gilt entsprechend, wenn für Kinder, denen gegenüber der Leistungsberechtigte nicht kraft Gesetzes unterhaltspflichtig ist, Geldleistungen erbracht werden.

(3) § 48 Abs. 1 Satz 4 bleibt unberührt.

§ 50 Überleitung bei Unterbringung

(1) Ist der Leistungsberechtigte untergebracht (§ 49 Abs. 1), kann die Stelle, der die Kosten der Unterbringung zur Last fallen, seine Ansprüche auf laufende Geldleistungen, die der Sicherung des Lebensunterhalts zu dienen bestimmt sind, durch schriftliche Anzeige an den zuständigen Leistungsträger auf sich überleiten.

(2) Die Anzeige bewirkt den Anspruchsübergang nur insoweit, als die Leistung nicht an Unterhaltsberechtigte oder die in § 49 Abs. 2 genannten Kinder zu zahlen ist, der Leistungsberechtigte die Kosten der Unterbringung zu erstatten hat und die Leistung auf den für die Erstattung maßgebenden Zeitraum entfällt.

(3) Die Absätze 1 und 2 gelten entsprechend, wenn für ein Kind (§ 56 Abs. 1 Satz 1 Nr. 2, Abs. 2), das untergebracht ist (§ 49 Abs. 1), ein Anspruch auf laufende Geldleistung besteht.

§ 54 Pfändung

(1) Ansprüche auf Dienst- und Sachleistungen können nicht gepfändet werden.

(2) Ansprüche auf einmalige Geldleistungen können nur gepfändet werden, soweit nach den Umständen des Falles, insbesondere nach den Einkommens- und Vermögensverhältnissen des Leistungsberechtigten, der Art des beizutreibenden Anspruchs sowie der Höhe und der Zweckbestimmung der Geldleistung, die Pfändung der Billigkeit entspricht.

(3) Unpfändbar sind Ansprüche auf
1. Erziehungsgeld und vergleichbare Leistungen der Länder,
2. Mutterschaftsgeld nach § 13 Abs. 1 des Mutterschutzgesetzes soweit das Mutterschaftsgeld nicht aus einer Teilzeitbeschäftigung während des Erziehungsurlaubs herrührt oder anstelle von Arbeitslosenhilfe gewährt wird, bis zur Höhe des Erziehungsgeldes nach § 5 Abs. 1 des Bundeserziehungsgeldgesetzes,
3. Geldleistungen, die dafür bestimmt sind, den durch einen Körper- oder Gesundheitsschaden bedingter Mehraufwand auszugleichen.

(4) Im übrigen können Ansprüche auf laufende Geldleistungen wie Arbeitseinkommen gepfändet werden.

(5) Ein Anspruch des Leistungsberechtigten auf Geldleistungen für Kinder (§ 48 Abs. 1 Satz 2) kann nur wegen gesetzlicher Unterhaltsansprüche eines Kindes, das bei der Festsetzung der Geldleistungen berücksichtigt wird, gepfändet werden. Für die Höhe des pfändbaren Betrages bei Kindergeld gilt:
1. Gehört das unterhaltsberechtigte Kind zum Kreis der Kinder, für die dem Leistungsberechtigten Kindergeld gezahlt wird, so ist eine Pfändung bis zu dem Betrag möglich, der bei gleichmäßiger Verteilung des Kindergeldes auf jedes dieser Kinder entfällt. Ist das Kindergeld durch die Berücksichtigung eines weiteren Kindes erhöht, für das einer dritten Person Kindergeld oder dieser oder dem Leistungsberechtigten eine andere Geldleistung für Kinder zusteht, so bleibt der Erhöhungsbetrag bei der Bestimmung des pfändbaren Betrages des Kindergeldes nach Satz 1 außer Betracht.
2. Der Erhöhungsbetrag (Nummer 1 Satz 2) ist zugunsten jedes bei der Festsetzung des Kindergeldes berücksichtigten unterhaltsberechtigten Kindes zu dem Anteil pfändbar, der sich bei gleichmäßiger Verteilung auf alle Kinder, die bei der Festsetzung des Kindergeldes zugunsten des Leistungsberechtigten berücksichtigt werden, ergibt.
...

§ 65 Grenzen der Mitwirkung

(1) Die Mitwirkungspflichten nach den §§ 60 bis 64 bestehen nicht, soweit
1. ihre Erfüllung nicht in einem angemessenen Verhältnis zu der in Anspruch genommenen Sozialleistung oder ihrer Erstattung steht oder
2. ihre Erfüllung dem Betroffenen aus einem wichtigen Grund nicht zugemutet werden kann oder
3. der Leistungsträger sich durch einen geringeren Aufwand als der Antragsteller oder Leistungsberechtigte die erforderlichen Kenntnisse selbst beschaffen kann.

(2) Behandlungen und Untersuchungen,
1. bei denen im Einzelfall ein Schaden für Leben oder Gesundheit nicht mit hoher Wahrscheinlichkeit ausgeschlossen werden kann,
2. die mit erheblichen Schmerzen verbunden sind oder
3. die einen erheblichen Eingriff in die körperliche Unversehrtheit bedeuten,
können abgelehnt werden.

(3) Angaben, die dem Antragsteller, dem Leistungsberechtigten oder ihnen nahestehenden Personen (§ 383 Abs. 1 Nr. 1 bis 3 der Zivilprozeßordnung) die Gefahr zuziehen würde, wegen einer Straftat oder einer Ordnungswidrigkeit verfolgt zu werden, können verweigert werden.

...

§ 66 Folgen fehlender Mitwirkung

(1) Kommt derjenige, der eine Sozialleistung beantragt oder erhält, seinen Mitwirkungspflichten nach den §§ 60 bis 62, 65 nicht nach und wird hierdurch die Aufklärung des Sachverhalts erheblich erschwert, kann der Leistungsträge ohne weitere Ermittlungen die Leistung bis zur Nachholung der Mitwirkung ganz oder teilweise versagen oder entziehen, soweit die Voraussetzungen der Leistung nicht nachgewiesen sind. Dies gilt entsprechend, wenn der Antragsteller oder Leistungsberechtigte in anderer Weise absichtlich die Aufklärung des Sachverhalts erheblich erschwert.

(2) Kommt derjenige, der eine Sozialleistung wegen Pflegebedürftigkeit, wegen Arbeitsunfähigkeit, wegen Gefährdung oder Minderung der Erwerbsfähigkeit oder wegen Arbeitslosigkeit beantragt oder erhält, seinen Mitwirkungspflichten nach den §§ 62 bis 65 nicht nach und ist unter Würdigung aller Umstände mit Wahrscheinlichkeit anzunehmen, daß deshalb die Fähigkeit zur selbständigen Lebensführung, die Arbeits-, Erwerbs- oder Vermittlungsfähigkeit beeinträchtigt oder nicht verbessert wird, kann der Leistungsträger die Leistung bis zur Nachholung der Mitwirkung ganz oder teilweise versagen oder entziehen.

(3) Sozialleistungen dürfen wegen fehlender Mitwirkung nur versagt oder entzogen werden, nachdem der Leistungsberechtigte auf diese Folge schriftlich hingewiesen worden ist und seiner Mitwirkungspflicht nicht innerhalb einer ihm gesetzten angemessenen Frist nachgekommen ist.

§ 67 Nachholung der Mitwirkung

Wird die Mitwirkung nachgeholt und liegen die Leistungsvoraussetzungen vor, kann der Leistungsträger Sozialleistungen, die er nach § 66 versagt oder entzogen hat, nachträglich ganz oder teilweise erbringen.

Viertes Buch (IV)
– Gemeinsame Vorschriften für die Sozialversicherung –

Vom 23. 12. 1976 (BGBl. I S. 3845), zuletzt geändert durch Gesetz zur Änderung des 6. SGB vom 15. 12. 1995 (BGBl. I S. 1824)

– Auszug –

§ 4 Ausstrahlung

(1) Soweit die Vorschriften über die Versicherungspflicht und die Versicherungsberechtigung eine Beschäftigung voraussetzen, gelten sie auch für Personen, die im Rahmen eines im Geltungsbereich dieses Gesetzbuchs bestehenden Beschäftigungsverhältnisses in ein Gebiet außerhalb dieses Geltungsbereichs entsandt werden, wenn die Entsendung infolge der Eigenart der Beschäftigung oder vertraglich im voraus zeitlich begrenzt ist.

(2) Absatz 1 gilt nicht für Personen, die auf ein Seeschiff entsandt werden, das nicht berechtigt ist, die Bundesflagge zu führen und der Unfallverhütung und Schiffssicherheitsüberwachung durch die See-Berufsgenossenschaft nicht unterliegt. Die Satzung der See-Berufsgenossenschaft muß Ausnahmeregelungen enthalten.

(3) Für Personen, die eine selbständige Tätigkeit ausüben, gelten die Absätze 1 und 2 entsprechend.

...

§ 29 Rechtsstellung

(1) Die Träger der Sozialversicherung (Versicherungsträger) sind rechtsfähige Körperschaften des öffentlichen Rechts mit Selbstverwaltung.

(2) Die Selbstverwaltung wird, soweit § 44 nichts Abweichendes bestimmt, durch die Versicherten und die Arbeitgeber ausgeübt.

(3) Die Versicherungsträger erfüllen im Rahmen des Gesetzes und des sonstigen für sie maßgebenden Rechts ihre Aufgaben in eigener Verantwortung.

(4) Die besonderen Vorschriften über die Eigenunfallversicherungsträger bleiben unberührt.

Sechstes Buch (VI)
– Gesetzliche Rentenversicherung –

Vom 18. 12. 1989 (BGBl. I S. 2261, ber. 1990 I S. 1337) Gesetz zur Änderung des 6. SGB vom 15. 12. 1995 (BGBl. I S. 1824)

– Auszug –

§ 24 Höhe

(1) Das Übergangsgeld beträgt
1. für Versicherte,
    a) die ein Kind (§ 46 Abs. 2) haben oder
    b) die pflegebedürftig sind, wenn ihr Ehegatte, mit dem sie in häuslicher Gemeinschaft leben, sie pflegt und deswegen eine Erwerbstätigkeit nicht ausübt,
    c) deren Ehegatte, mit dem sie in häuslicher Gemeinschaft leben, pflegebedürftig ist und keinen Anspruch auf Leistungen aus der Pflegeversicherung hat,
    bei medizinischen Leistungen 90 vom Hundert, bei berufsfördernden Leistungen 80 vom Hundert, bei Arbeitslosigkeit im Anschluß an berufsfördernde Leistungen 68 vom Hundert,
2. für die übrigen Versicherten
    bei medizinischen Leistungen 75 vom Hundert, bei berufsfördernden Leistungen 70 vom Hundert, bei Arbeitslosigkeit im Anschluß an berufsfördernde Leistungen 63 vom Hundert
der maßgebenden Berechnungsgrundlage.

(2) Versicherte, die unmittelbar vor Beginn der Arbeitsunfähigkeit oder, wenn sie nicht arbeitsunfähig sind, unmittelbar vor Beginn der medizinischen Leistungen Unterhaltsgeld, Arbeitslosengeld oder Arbeitslosenhilfe bezogen und die zuvor Pflichtbeiträge gezahlt haben, erhalten Übergangsgeld bei medizinischen Leistungen in Höhe des bei Krankheit zu erbringenden Krankengeldes (§ 158 Arbeitsförderungsgesetz).

(3) Versicherte in einer Einrichtung der medizinisch-beruflichen Rehabilitation, in der gleichzeitig medizinische und berufsfördernde Leistungen zur Rehabilitation erbracht werden, erhalten Übergangsgeld in Höhe des Betrages, der sich bei Anwendung des für medizinische Leistungen geltenden Vomhundertsatzes ergibt.

(4) Versicherte, die wegen der Bewilligung von Leistungen zur Rehabilitation einen Anspruch auf Rente wegen verminderter Erwerbsfähigkeit oder auf große Witwenrente oder große Witwerrente wegen Minderung der Erwerbsfähigkeit nicht haben (§ 116), erhalten Übergangsgeld mindestens in Höhe der Rente einschließlich der Zusatzleistungen, die sich nach Anwendung der Regelungen über das Zusammentreffen von Renten und Einkommen ergibt.

(5) Das Ersatz-Übergangsgeld wird in Höhe der nach Absatz 4 berechneten Rente gezahlt.

(6) Versicherte, deren Übergangsgeld nach § 22 Abs. 2 berechnet wird und die Rente wegen verminderter Erwerbsfähigkeit beziehen, erhalten Übergangsgeld in Höhe des Betrages, der sich bei Anwendung des für berufsfördernde Leistungen geltenden Vomhundertsatzes auf den Betrag ergibt, um den das Übergangsgeld die Rente übersteigt.
...

§ 48 Waisenrente

(1) Kinder haben nach dem Tode eines Elternteils Anspruch auf Halbwaisenrente, wenn
1. sie noch einen Elternteil haben, der unbeschadet der wirtschaftlichen Verhältnisse unterhaltspflichtig ist, und
2. der verstorbene Elternteil die allgemeine Wartezeit erfüllt hat.

(2) Kinder haben nach dem Tode eines Elternteils Anspruch auf Vollwaisenrente, wenn
1. sie einen Elternteil nicht mehr haben, der unbeschadet der wirtschaftlichen Verhältnisse unterhaltspflichtig war, und
2. der verstorbene Elternteil die allgemeine Wartezeit erfüllt hat.

(3) Als Kinder werden auch berücksichtigt
1. Stiefkinder und Pflegekinder (§ 56 Abs. 2 Nr. 1 und 2 Erstes Buch), die in den Haushalt des Verstorbenen aufgenommen waren,
2. Enkel und Geschwister, die in den Haushalt des Verstorbenen aufgenommen waren oder von ihm überwiegend unterhalten wurden.

(4) Der Anspruch auf Halb- oder Vollwaisenrente besteht längstens
1. bis zur Vollendung des 18. Lebensjahres oder
2. bis zur Vollendung des 27. Lebensjahres, wenn die Waise
   a) sich in Schulausbildung oder Berufsausbildung befindet oder ein freiwilliges soziales Jahr im Sinne des Gesetzes zur Förderung eines freiwilligen sozialen Jahres oder ein freiwilliges ökologisches Jahr im Sinne des Gesetzes zur Förderung eines freiwilligen ökologischen Jahres leistet oder
   b) wegen körperlicher, geistiger oder seelischer Behinderung außerstande ist, sich selbst zu unterhalten.

(5) In den Fällen des Absatzes 4 Nr. 2 Buchstabe a erhöht sich die für den Anspruch auf Waisenrente maßgebende Altersbegrenzung bei Unterbrechung oder Verzögerung der Schulausbildung oder Berufsausbildung durch den gesetzlichen Wehrdienst, Zivildienst oder einen gleichgestellten Dienst um die Zeit dieser Dienstleistung, höchstens um einen der Dauer des gesetzlichen Grundwehrdienstes oder Zivildienstes entsprechenden Zeitraum.

(6) Der Anspruch auf Waisenrente endet nicht dadurch, daß die Waise als Kind angenommen wird.
...

§ 67 Rentenartfaktor

Der Rentenartfaktor beträgt für persönliche Entgeltpunkte bei
1. Renten wegen Alters   1,0
2. Renten wegen Berufsunfähigkeit   0,6667
3. Renten wegen Erwerbsunfähigkeit   1,0
4. Erziehungsrenten   1,0
5. kleinen Witwenrenten und kleinen Witwerrenten bis zum Ende des dritten Kalendermonats nach Ablauf des Monats, in dem der Ehegatte verstorben ist,   1,0
   anschließend   0,25

6. großen Witwenrenten und großen Witwerrenten bis zum Ende des dritten
   Kalendermonats nach Ablauf des Monats, in dem der Ehegatte verstorben
   ist,   1,0
   anschließend   0,6
7. Halbwaisenrenten   0,1
8. Vollwaisenrenten   0,2.

§ 95 Rente wegen verminderter Erwerbsfähigkeit und Arbeitslosengeld

Auf eine Rente wegen verminderter Erwerbsfähigkeit wird das für denselben Zeitraum geleistete Arbeitslosengeld angerechnet. Eine Anrechnung erfolgt nicht, wenn das Arbeitslosengeld
1. nur vorläufig bis zur Feststellung der verminderten Erwerbsfähigkeit oder
2. aufgrund einer Anwartschaftszeit, die insgesamt nach dem Beginn der Rente wegen Berufsunfähigkeit oder der Rente für Bergleute erfüllt worden ist,

geleistet wird.

§ 270 Kinderzuschuß

(1) Berechtigten, die vor dem 1. 1. 1992 für ein Kind Anspruch auf einen Kinderzuschuß hatten, wird zu einer Rente aus eigener Versicherung der Kinderzuschuß für dieses Kind in der zuletzt gezahlten Höhe geleistet. Dies gilt nicht, solange dem über 18 Jahre alten Kind
1. eine Ausbildungsvergütung von wenigstens 750 Deutsche Mark monatlich zusteht oder
2. mit Rücksicht auf die Ausbildung Unterhaltsgeld oder Übergangsgeld von wenigstens 610 Deutsche Mark monatlich zusteht oder nur deswegen nicht zusteht, weil es über anrechnungsfähiges Einkommen verfügt.

Außer Ansatz bleiben Ehegatten- und Kinderzuschläge und einmalige Zuwendungen sowie vermögenswirksame Leistungen, die dem Auszubildenden über die geschuldete Ausbildungsvergütung hinaus zustehen, soweit sie den nach dem jeweils geltenden Vermögensbildungsgesetz begünstigten Höchstbetrag nicht übersteigen.

(2) Der Kinderzuschuß fällt weg, wenn
1. das Kind in seiner Person die Anspruchsvoraussetzungen für eine Waisenrente nicht mehr erfüllt,
2. für das Kind eine Kinderzulage aus der Unfallversicherung geleistet wird,
3. für das Kind Anspruch auf Waisenrente entsteht,
4. Berechtigte wegen der Gewährleistung einer Versorgungsanwartschaft versicherungsfrei werden und ihr Arbeitsentgelt Beträge mit Rücksicht auf das Kind enthält oder sie eine Versorgung mit entsprechenden Beträgen erhalten oder
5. Berechtigte Mitglied einer berufsständischen Versorgungseinrichtung werden und Leistungen hieraus erhalten, in denen Beträge mit Rücksicht auf das Kind enthalten sind.

(3) Bei mehreren Berechtigten wird der Kinderzuschuß für ein Kind nur dem geleistet, der das Kind überwiegend unterhält.

**Achtes Buch (VIII)
– Kinder- und Jugendhilfe –**

in der Fassung der Bekanntmachung vom 3. 5. 1993 (BGBl. I S. 637), zuletzt geändert durch 2. SGB VIII-Änderungsgesetz vom 15. 12. 1995 (BGBl. I S. 1775)

– Auszug –

§ 42 Inobhutnahme von Kindern und Jugendlichen

(1) Inobhutnahme eines Kindes oder eines Jugendlichen ist die vorläufige Unterbringung des Kindes oder des Jugendlichen bei
1. einer geeigneten Person oder
2. in einer Einrichtung oder
3. in einer sonstigen betreuten Wohnform.
Während der Inobhutnahme sind der notwendige Unterhalt des Kindes oder des Jugendlichen und die Krankenhilfe sicherzustellen. Mit der Inobhutnahme ist dem Kind oder dem Jugendlichen unverzüglich Gelegenheit zu geben, eine Person seines Vertrauens zu benachrichtigen. Während der Inobhutnahme übt das Jugendamt das Recht der Beaufsichtigung, Erziehung und Aufenthaltsbestimmung aus; der mutmaßliche Wille des Personensorgeberechtigten oder des Erziehungsberechtigten ist dabei angemessen zu berücksichtigen. Es hat für das Wohl des Kindes oder des Jugendlichen zu sorgen, das Kind oder den Jugendlichen in seiner gegenwärtigen Lage zu beraten und Möglichkeiten der Hilfe und Unterstützung aufzuzeigen.

(2) Das Jugendamt ist verpflichtet, ein Kind oder einen Jugendlichen in seine Obhut zu nehmen, wenn das Kind oder der Jugendliche um Obhut bittet. Das Jugendamt hat den Personensorge- oder Erziehungsberechtigten unverzüglich von der Inobhutnahme zu unterrichten. Widerspricht der Personensorge- oder Erziehungsberechtigte der Inobhutnahme, so hat das Jugendamt unverzüglich
1. das Kind oder den Jugendlichen dem Personensorge- oder Erziehungsberechtigten zu übergeben oder
2. eine Entscheidung des Vormundschaftsgerichts über die erforderlichen Maßnahmen zum Wohl des Kindes oder des Jugendlichen herbeizuführen.
Ist der Personensorge- oder Erziehungsberechtigte nicht erreichbar, so gilt Satz 3 Nr. 2 entsprechend.

(3) Das Jugendamt ist verpflichtet, ein Kind oder einen Jugendlichen in seine Obhut zu nehmen, wenn eine dringende Gefahr für das Wohl des Kindes oder des Jugendlichen die Inobhutnahme erfordert. Freiheitsentziehende Maßnahmen sind dabei nur zulässig, wenn und soweit sie erforderlich sind, um eine Gefahr für Leib oder Leben des Kindes oder des Jugendlichen oder eine Gefahr für Leib oder Leben Dritter abzuwenden. Die Freiheitsentziehung ist ohne gerichtliche Entscheidung spätestens mit Ablauf des Tages nach ihrem Beginn zu beenden. Absatz 2 Satz 2 bis 4 gilt entsprechend.

Zehntes Buch (X)
– Verwaltungsverfahren –

§§ 1 bis 85 vom 18. 8. 1980 (BGBl. I S. 1469, ber. S. 2218)
§§ 86 bis 119 vom 4. November 1982 (BGBl. I S. 1450) zuletzt geändert durch Gesetz zur Änderung des 6. SGB vom 15. 12. 1995 (BGBl. I S. 1824)

– Auszug –

§ 63 Erstattung von Kosten im Vorverfahren

(1) Soweit der Widerspruch erfolgreich ist, hat der Rechtsträger, dessen Behörde den angefochtenen Verwaltungsakt erlassen hat, demjenigen, der Widerspruch erhoben hat, die zur zweckentsprechenden Rechtsverfolgung oder Rechtsverteidigung notwendigen Aufwendungen zu erstatten. Dies gilt auch, wenn der Widerspruch nur deshalb keinen Erfolg hat, weil die Verletzung einer Verfahrens- oder Formvorschrift nach § 41 unbeachtlich ist. Aufwendungen, die durch das Verschulden eines Erstattungsberechtigten entstanden sind, hat dieser selbst zu tragen; das Verschulden eines Vertreters ist dem Vertretenen zuzurechnen.

(2) Die Gebühren und Auslagen eines Rechtsanwalts oder eines sonstigen Bevollmächtigten im Vorverfahren sind erstattungsfähig, wenn die Zuziehung eines Bevollmächtigten notwendig war.

(3) Die Behörde, die die Kostenentscheidung getroffen hat, setzt auf Antrag den Betrag der zu erstattenden Aufwendungen fest; hat ein Ausschuß oder Beirat die Kostenentscheidung getroffen, obliegt die Kostenfestsetzung der Behörde, bei der der Ausschuß oder Beirat gebildet ist. Die Kostenentscheidung bestimmt auch, ob die Zuziehung eines Rechtsanwalts oder eines sonstigen Bevollmächtigten notwendig war.
...

§ 74 Übermittlung bei Verletzung der Unterhaltspflicht und beim Versorgungsausgleich

Eine Übermittlung von Sozialdaten ist zulässig, soweit sie erforderlich ist
1. für die Durchführung
    a) eines gerichtlichen Verfahrens oder eines Vollstreckungsverfahrens wegen eines gesetzlichen oder vertraglichen Unterhaltsanspruchs oder eines an seine Stelle getretenen Ersatzanspruchs oder
    b) eines Verfahrens über den Versorgungsausgleich nach § 53b des Gesetzes über die Angelegenheiten der freiwilligen Gerichtsbarkeit oder nach § 11 Abs. 2 des Gesetzes zur Regelung von Härten im Versorgungsausgleich oder
2. für die Geltendmachung
    a) eines gesetzlichen oder vertraglichen Unterhaltsanspruchs außerhalb eines Verfahrens nach Nummer 1 Buchstabe a, soweit der Betroffene nach den Vorschriften des bürgerlichen Rechts, insbesondere nach § 1605 oder nach § 1361 Abs. 4 Satz 4, § 1580 Satz 2, § 1615a oder § 1615l Abs. 3 Satz 1 in Verbindung mit § 1605 des Bürgerlichen Gesetzbuchs, zur Auskunft verpflichtet ist, oder
    b) eines Ausgleichsanspruchs im Rahmen des Versorgungsausgleichs außerhalb eines Verfahrens nach Nummer 1 Buchstabe b, soweit der Betroffene nach § 1587e Abs. 1 oder § 1587k Abs. 1 in Verbindung mit § 1580 des Bürgerlichen Gesetzbuchs oder nach § 3a Abs. 8 oder § 10a Abs. 11 des Gesetzes zur Regelung von Härten im Versorgungsausgleich zur Auskunft verpflichtet ist,
und diese Pflicht, nachdem er unter Hinweis auf die in diesem Gesetzbuch enthaltene Übermittlungsbefugnis der in § 35 des Ersten Buches genannten Stellen gemahnt wurde, innerhalb angemessener Frist, nicht oder nicht vollständig erfüllt hat. Diese

Stellen dürfen die Anschrift des Auskunftspflichtigen zum Zwecke der Mahnung übermitteln.
...

§ 102 Anspruch des vorläufig leistenden Leistungsträgers

(1) Hat ein Leistungsträger auf Grund gesetzlicher Vorschriften vorläufig Sozialleistungen erbracht, ist der zur Leistung verpflichtete Leistungsträger erstattungspflichtig.

(2) Der Umfang des Erstattungsanspruchs richtet sich nach den für den vorleistenden Leistungsträger geltenden Rechtsvorschriften.

§ 103 Anspruch des Leistungsträgers, dessen Leistungsverpflichtung nachträglich entfallen ist

(1) Hat ein Leistungsträger Sozialleistungen erbracht und ist der Anspruch auf diese nachträglich ganz oder teilweise entfallen, ist der für die entsprechende Leistung zuständige Leistungsträger erstattungspflichtig, soweit dieser nicht bereits selbst geleistet hat, bevor er von der Leistung des anderen Leistungsträgers Kenntnis erlangt hat.

(2) Der Umfang des Erstattungsanspruchs richtet sich nach den für den zuständigen Leistungsträger geltenden Rechtsvorschriften.

(3) Die Absätze 1 und 2 gelten gegenüber den Trägern der Sozialhilfe, der Kriegsopferfürsorge und der Jugendhilfe nur von dem Zeitpunkt ab, von dem ihnen bekannt war, daß die Voraussetzungen für ihre Leistungspflicht vorlagen.

§ 104 Anspruch des nachrangig verpflichteten Leistungsträgers

(1) Hat ein nachrangig verpflichteter Leistungsträger Sozialleistungen erbracht, ohne daß die Voraussetzungen von § 103 Abs. 1 vorliegen, ist der Leistungsträger erstattungspflichtig, gegen den der Berechtigte vorrangig einen Anspruch hat oder hatte, soweit der Leistungsträger nicht bereits selbst geleistet hat, bevor er von der Leistung des anderen Leistungsträgers Kenntnis erlangt hat. Nachrangig verpflichtet ist ein Leistungsträger, soweit dieser bei rechtzeitiger Erfüllung der Leistungsverpflichtung eines anderen Leistungsträgers selbst nicht zur Leistung verpflichtet gewesen wäre. Ein Erstattungsanspruch besteht nicht, soweit der nachrangige Leistungsträger seine Leistungen auch bei Leistung des vorrangig verpflichteten Leistungsträgers hätte erbringen müssen. Satz 1 gilt entsprechend, wenn von den Trägern der Sozialhilfe, der Kriegsopferfürsorge und der Jugendhilfe Aufwendungsersatz geltend gemacht oder ein Kostenbeitrag erhoben werden kann; Satz 3 gilt in diesen Fällen nicht.

(2) Absatz 1 gilt auch dann, wenn von einem nachrangig verpflichteten Leistungsträger für einen Angehörigen Sozialleistungen erbracht worden sind und ein anderer mit Rücksicht auf diesen Angehörigen einen Anspruch auf Sozialleistungen, auch auf besonders bezeichnete Leistungsteile, gegenüber einem vorrangig verpflichteten Leistungsträger hat oder hatte.

(3) Der Umfang des Erstattungsanspruchs richtet sich nach den für den vorrangig verpflichteten Leistungsträger geltenden Rechtsvorschriften.

(4) Sind mehrere Leistungsträger vorrangig verpflichtet, kann der Leistungsträger, der die Sozialleistung erbracht hat, Erstattung nur von dem Leistungsträger verlangen, für den er nach § 107 Abs. 2 mit befreiender Wirkung geleistet hat.

§ 105 Anspruch des unzuständigen Leistungsträgers

(1) Hat ein unzuständiger Leistungsträger Sozialleistungen erbracht, ohne daß die Voraussetzungen von § 102 Abs. 1 vorliegen, ist der zuständige oder zuständig gewesene Leistungsträger erstattungspflichtig, soweit dieser nicht bereits selbst geleistet hat, bevor er von der Leistung des anderen Leistungsträgers Kenntnis erlangt hat. § 104 Abs. 2 gilt entsprechend.

(2) Der Umfang des Erstattungsanspruchs richtet sich nach den für den zuständigen Leistungsträger geltenden Rechtsvorschriften.

(3) Die Absätze 1 und 2 gelten gegenüber den Trägern der Sozialhilfe, der Kriegsopferfürsorge und der Jugendhilfe nur von dem Zeitpunkt ab, von dem ihnen bekannt war, daß die Voraussetzungen für ihre Leistungspflicht vorlagen.

§ 106 Rangfolge bei mehreren Erstattungsberechtigten

(1) Ist ein Leistungsträger mehreren Leistungsträgern zur Erstattung verpflichtet, sind die Ansprüche in folgender Rangfolge zu befriedigen:
1. der Anspruch nach § 8 Abs. 3 Satz 2 des Bundeskindergeldgesetzes,
2. der Anspruch des vorläufig leistenden Leistungsträgers nach § 102,
3. der Anspruch des Leistungsträgers, dessen Leistungsverpflichtung nachträglich entfallen ist, nach § 103,
4. der Anspruch des nachrangig verpflichteten Leistungsträgers nach § 104,
5. der Anspruch des unzuständigen Leistungsträgers nach § 105.

(2) Treffen ranggleiche Ansprüche von Leistungsträgern zusammen, sind diese anteilmäßig zu befriedigen. Machen mehrere Leistungsträger Ansprüche nach § 104 geltend, ist zuerst derjenige zu befriedigen, der im Verhältnis der nachrangigen Leistungsträger untereinander einen Erstattungsanspruch nach § 104 hätte.

(3) Der Erstattungspflichtige muß insgesamt nicht mehr erstatten, als er nach den für ihn geltenden Erstattungsvorschriften einzeln zu erbringen hätte.

§ 107 Erfüllung

(1) Soweit ein Erstattungsanspruch besteht, gilt der Anspruch des Berechtigten gegen den zur Leistung verpflichteten Leistungsträger als erfüllt.

(2) Hat der Berechtigte Ansprüche gegen mehrere Leistungsträger, gilt der Anspruch als erfüllt, den der Träger, der die Sozialleistung erbracht hat, bestimmt. Die Bestimmung ist dem Berechtigten gegenüber unverzüglich vorzunehmen und den übrigen Leistungsträgern mitzuteilen.

§ 108 Erstattung in Geld

Sach- und Dienstleistungen sind in Geld zu erstatten.

§ 109 Verwaltungskosten und Auslagen

Verwaltungskosten sind nicht zu erstatten. Auslagen sind auf Anforderung zu erstatten, wenn sie im Einzelfall 200 Deutsche Mark übersteigen. Die Bundesregierung kann durch Rechtsverordnung mit Zustimmung des Bundesrates den in Satz 2 genannten Betrag entsprechend der jährlichen Steigerung der monatlichen Bezugsgröße nach § 18 des Vierten Buches anhebenund dabei auf zehn Deutsche Mark nach unten oder oben runden.

...

§ 111 Ausschlußfirst

Der Anspruch auf Erstattung ist ausgeschlossen, wenn der Erstattungsberechtigte ihn nicht spätestens zwölf Monate nach Ablauf des letzten Tages, für den die Leistung erbracht wurde, geltend macht. Der Lauf der Frist beginnt frühestens mit Entstehung des Erstattungsanspruchs.

§ 112 Rückerstattung

Soweit eine Erstattung zu Unrecht erfolgt ist, sind die gezahlten Beträge zurückzuerstatten.

§ 113 Verjährung

(1) Erstattungs- und Rückerstattungsansprüche verjähren in vier Jahren nach Ablauf des Kalenderjahres, in dem sie entstanden sind.

(2) Für die Hemmung, die Unterbrechung und die Wirkung der Verjährung gelten die Vorschriften des Bürgerlichen Gesetzbuchs sinngemäß.

...

11. Durchführungserlaß zum Bundeskindergeldgesetz
Zahlung von Kindergeld nach dem Bundeskindergeldgesetz an Angehörige des öffentlichen Dienstes

– Gemeins. RdSchr. d. BMFuS u. d. BMI v. 6. 1. 1994 – BMFuS – 223 – 2862-2/BMI – DII-4 – 221 972/1 (GMBl. S. 70), zuletzt geändert durch Gem. RdSchr. vom 11. 9. 1995 (GMBl. S. 75)

– Auszug –

...

8.121 Ausländische Leistungen, die dem Kindergeld, der Kindergeldzulage oder dem Kinderzuschuß vergleichbar oder nicht vergleichbar sind

(1) Zu den *ausländischen Leistungen,* die den *Ausschluß* des Anspruchs auf Kindergeld *bewirken,* gehören z. B.
– die kantonalen Familienzulagen, die in der *Schweiz* lebenden und dort außerhalb der Landwirtschaft erwerbstätigen Personen zustehen (Urteile des BSG vom 25. 10. 1977 – 8/12 RKg 6/76 und 8/12 RKg 13/77),
– die in einzelnen Kantonen der *Schweiz* gezahlte Ausbildungszulage,
– Kinderrenten, die in *Lichtenstein* und in der *Schweiz* zu Alters- und Invalidenrenten gezahlt werden,
– Kinderzuschüsse zu Renten gemäß §§ 207, 262 und 286 des *österreichischen* Allgemeinen Sozialversicherungsgesetzes 1955,
– Kinderzulagen zu den Beschädigtenrenten aus der *österreichischen* Kriegsopferversorgung nach dem Kriegsopferversorgungsgesetz 1957,
– bestimmte Kinderrenten nach bundesrechtlichen Vorschriften der *USA,*
– staatliche *türkische* Kinderzuschläge für Kinder von Bediensteten des Staates und der staatlichen Betriebe,
– Familienbeihilfen für Bedienstete des *griechischen* öffentlichen Dienstes,
– Ergänzungsbeträge zu Unfallrenten der *italienischen* Staatlichen Unfallversicherungsanstalt (Istituto nazionale per l'assicurazione contro gli infortuni sul lavoro),
– Familienbeihilfen für Bedienstete des *italienischen* öffentlichen Dienstes nach dem Gesetz vom 31. 7. 1975.

(2) *Keine* vergleichbare *Leistungen im Sinne von § 8 Abs. 1 Satz 1 Nr. 2 BKGG* sind dagegen z. B.
– die einzelnen *EG-* oder *Vertragsstaaten* zur Aufstockung des Kindergeldes gezahlten Ausgleichsbeträge,
– mit Rücksicht auf den Familienstand gezahlte Zuschüsse zu Stipendien, die von der Arabischen Republik *Ägypten* an Regierungsstipendiaten während ihres Studiums an einer deutschen Hochschule gewährt werden,
– Kinderzulagen, die von einem im *schweizerischen Kanton Zürich* ansässigen Arbeitgeber an seine in die Bundesrepublik Deutschland entsandten Arbeitnehmer gezahlt werden.

12. Runderlaß des Bundesministers des Innern vom 27. 10. 1995 zur Neuregelung des Familienleistungsausgleichs ab 1. 1. 1996 (Erste Hinweise für die Dienststellen und die Angehörigen des öffentlichen Dienstes)

(Gemeinsames Ministerialblatt 1995, 944)

Dieses Schreiben ergeht im Vorgriff auf künftige Durchführungsanweisungen des fachlich zuständigen Bundesamtes für Finanzen und zur Sicherstellung einer nahtlosen Systemumstellung bei der Auszahlung des Kindergeldes im öffentlichen Dienst und der damit verbundenen besoldungs-, versorgungs- und tariflichen Leistungen. Es dient der Unterrichtung der Dienststelle und der Bediensteten über die zum 1. 1. 1996 eintretenden Rechtsänderungen.

I. Systemwechsel

Durch das Jahressteuergesetz 1996 vom 11. 10. 1995 (BGBl. I S. 1250) wurde der bisherige Familienlastenausgleich zu einem Familienleistungsausgleich weiterentwickelt.

Ziele waren dabei die Steuerfreistellung des Existenzminimums, eine deutliche Verbesserung der Förderung von Familien mit niedrigen Einkommen und mehreren Kindern sowie eine Vereinheitlichung der bisherigen einkommensteuer- und kindergeldrechtlichen Regelungen.

Die Weiterentwicklung zum Familienleistungsausgleich bedeutet einen grundlegenden Systemwechsel: Die bisher während des jeweiligen Jahres mögliche laufende (kumulative) Inanspruchnahme von Kinderfreibetrag und Kindergeld (Berücksichtigung des Kinderfreibetrages in den Lohnsteuertabellen, zusätzlich laufendes Kindergeld) wird ab dem Jahre 1996 durch eine Regelung abgelöst, wonach das Finanzamt erst bei der Steuerveranlagung von Amts wegen prüft, ob das Kindergeld die steuerliche Wirkung des Kinderfreibetrags erreicht.

Die Eintragung von Kindern auf der Lohnsteuerkarte hat danach für den Steuerabzug lediglich noch Bedeutung für den Solidaritätszuschlag und die Kirchensteuer.

Der **Kinderfreibetrag** wird auf 6264 DM (ab 1997: 6912 DM) angehoben. Damit wird der Vorgabe des Bundesverfassungsgerichts, einen Einkommensbetrag in Höhe des Existenzminimums eines Kindes steuerfrei zu lassen (Beschlüsse vom 29. 5. und 12. 6. 1990), allein schon durch den Kinderfreibetrag erfüllt.

Das **Kindergeld** wird auf monatlich jeweils 200 DM (ab 1997: 220 DM) für das erste und zweite Kind, auf 300 DM für das dritte und auf 350 DM für das vierte und jedes weitere Kind angehoben; die bisherige einkommensabhängige Minderung entfällt ebenso wie der Zuschlag zum Kindergeld.

Während des laufenden Jahres wird nur monatliches Kindergeld gezahlt. Soweit es den für die gebotene steuerliche Freistellung erforderlichen Betrag übersteigt, dient es der Förderung der Familie. Reicht es für die gebotene Steuerfreistellung nicht aus oder wird es nicht beantragt, wird bei der Veranlagung zur Einkommensteuer vom Finanzamt (zusätzlich) ein Kinderfreibetrag berücksichtigt, der ggf. mit dem ausgezahlten Kindergeld verrechnet wird.

II. Erste Durchführungshinweise

Hieraus ergeben sich zahlreiche Veränderungen, die auch auf die Abläufe und Entscheidungsgrundlagen im öffentlichen Dienst Auswirkungen haben.

Im Vorgriff auf ein Einführungsrundschreiben des Bundesministeriums der Finanzen und auf künftige Regelungen für die Durchführung der ab 1. 1. 1996 anzuwendenden Vorschriften gebe ich die nachfolgenden Hinweise.

...

III. Anwendung des BKGG

1. Bisheriges Recht

Das bisherige Bundeskindergeldgesetz (BKGG) mit den hierzu ergangenen Durchführungsanweisungen tritt mit Inkrafttreten der Neuregelung außer Kraft. Soweit Ansprüche bis zum 31. 12. 1995 entstehen oder soweit – beispielsweise wegen noch anhängiger Widerspruchsverfahren oder ausstehender Steuerbescheide für vergangene Jahre – Verfahren bis zum 31. 12. 1995 nicht abgeschlossen werden können, ist es für Zeiten bis zum 31. 12. 1995 mit den hierzu ergangenen Durchführungsanweisungen und den geltenden Vordrucken weiter anzuwenden.

Hinsichtlich der haushaltsmäßigen Abwicklung solcher Fälle im Jahre 1996 ergeht in Kürze eine entsprechende Weisung durch Gemeinsames Rundschreiben der Bundesministerien für Jugend, Familie, Frauen und Senioren und des Innern.

2. Neues Recht

Ab 1. 1. 1996 findet die Neufassung des Bundeskindergldgesetzes (BKGG) Anwendung. Über Ansprüche nach diesem Gesetz entscheiden die Familienkassen der Bundesanstalt für Arbeit.

Soweit hiervon im Einzelfall ausnahmsweise Angehörige des öffentlichen Dienstes betroffen sind, erhalten diese das Kindergeld von dort.

Die betroffenen Berechtigten sind entsprechend zu unterrichten; die Kindergeldzahlungen sind möglichst zum 31. 12. 1995 einzustellen – vgl. Abschnitt IV Nr. 2.4 –.

Soweit die Familienkassen der Bundesanstalt für Arbeit nach diesen Bestimmungen Kindergeld leisten, können zu Besoldungs-, Versorgungs- und Vermögenszwecken Vergleichsmitteilungen ausgetauscht werden (§ 69 Abs. 2 Nr. 3 SGB X).

IV. Kindergeld nach dem Einkommensteuergesetz (EStG)

1. Zuständigkeit des öffentlichen Dienstes

Den bisher nach § 45 BKGG zuständigen Stellen obliegt auch weiterhin die Durchführung des Kindergeldrechtes (Bewilligung und Auszahlung) nach den Bestimmungen des EStG.

Nach Auffassung des Bundesministeriums der Finanzen handeln sie hierbei als Teil der Bundesfinanzverwaltung unter Fachaufsicht des Bundesamtes für Finanzen; eine gesetzliche Klarstellung im Finanzverwaltungsgesetz wird noch bis zum 31. 12. 1995 angestrebt.

Soweit Ansprüche auf Kindergeld aufgrund über- oder zwischenstaatlicher Vorschriften entstehen, sind die öffentlichen Dienststellen hierfür ebenfalls – wie bisher – zuständig. Das Bundesministerium des Innern ist im Einvernehmen mit den beteiligten Bundesressorts bemüht, bis zum 31. 12. 1995 eine gesetzliche Regelung zu erreichen, wonach über diese Ansprüche künftig die Bundesanstalt für Arbeit entscheidet und die öffentlichen Dienstherrn lediglich – wie künftig private Arbeitgeber auch – die Auszahlung des Kindergeldes vornehmen.

Hierzu folgt zu gg. Zeit eine entsprechende Unterrichtung.

2. Wesentlicher Inhalt der Neuregelung

2.1 Merkblatt

Der wesentliche Inhalt der Neuregelung ergibt sich aus dem als **Anlage 2**[266] beigefügten Merkblatt für die Kindergeldbezieher.

Darüber hinaus sind für die bisherigen Kindergeldstellen des öffentlichen Dienstes folgende Aspekte von Bedeutung:

2.2 Maßgebliche Vorschriften

Kindergeldansprüche können nach Abschnitt X des Einkommensteuergesetzes in der ab 1. 1. 1996 geltenden Fassung entstehen und sind nach diesen Vorschriften zu bearbeiten. Die bisherigen Kindergeldkassen führen dabei die neue Bezeichnung „Familienkasse".

Für das **Verwaltungsverfahren** ist künftig die Abgabenordnung (AO) maßgeblich; der Rechtsweg ist zu den Finanzgerichten gegeben. Abweichend von den bisher für Kindergeldangelegenheiten maßgeblichen Verfahrensvorschriften des SGB X werden Rechtsbehelfe künftig als Einsprüche (statt bisher: Widersprüche) beeichnet; die bescheiderteilende Stelle entscheidet auch über den Einspruch. Eine Vorlage an die nächsthöhere Behörde ist nicht vorgesehen.

Für die Ahndung von Ordnungswidrigkeiten findet das Ordnungswidrigkeitengesetz weiter Anwendung; im übrigen das Steuerstrafrecht.

Die Vollstreckung von Kindergeldforderungen (z. B. bei Rückzahlungspflichten eines ausgeschiedenen Beschäftigten) erfolgt durch die Hauptzollämter; hierzu ergeht in Kürze ein gesondertes Schreiben des Bundesministeriums der Finanzen.

Vergleichsmitteilungen zu Kindergeldzwecken sind zwischen allen Familienkassen möglich.

Vergleichsmitteilungen zu Besoldungs-, Versorgungs- und Vergütungszwecken (wie im Sozialrecht in § 69 Abs. 2 Nr. 3 SGB X geregelt) sind mangels gesetzlicher Ermächtigung zur Zeit nicht möglich; eine gesetzliche Ermächtigung wird angestrebt.

Die näheren Regelungen zum Verwaltungsverfahren werden gesondert bekanntgegeben.

Das Bundesministerium des Innern strebt für die künftigen Familienkassen des öffentlichen Dienstes an, daß diesem zum Inkrafttreten der neuen Regelung zumindest vorläufige Vordrucke zur Verfügung stehen.

Bis dahin sind ab 1. 1. 1996 die bisherigen KGöD-Vordrucke zu verwenden oder schriftliche Anträge formlos anzunehmen.

2.3 Besondere Regelungen des materiellen Rechts

Grundsätzlich wurde bei der Neuregelung angestrebt, keine Rechtsverschlechterungen vorzunehmen.

Entsprechend kann am 31. 12. 1995 bewilligtes Kindergeld grundsätzlich zunächst weitergezahlt werden.

Allerdings mußten die bisherigen **Kindbegriffe** im Kindergeld- und Steuerrecht vereinheitlicht werden. Hierdurch (und wegen Änderungen in der Rangfolge der Berechtigten, s. u.) haben sich Änderungen bei der Berücksichtigung von Enkelkindern, Geschwistern und sog. „haushaltführenden" Kindern ergeben (Vgl. auch Nr. 4 des als Anlage 2 beigefügten Merkblattes).

Auch wurde die **Berechtigtenregelung (Vorrang)** verändert und künftig das „Obhutsprinzip" in den Vordergrund gestellt; soweit Kinder außerhalb der Haushalte von Berechtigten wohnen, bestimmt sich der Berechtigtenvorrang nach der Höhe des Unterhalts.

Aus der Änderung der zu berücksichtigenden Kinder und der Rangfolge der Berechtigten ergeben sich keine unmittelbaren Folgen für die Kindergeldzahlungen, da durch

---

[266] Nachstehend abgedruckt.

umfassende Übergangsregelungen bis zum 31. 12. 1996 in bestehende Rechtsverhältnisse nicht eingegriffen wird bzw. neue Berechtigte die bisherigen Zahlungen gegen sich gelten lassen müssen.

Soweit für **Kinder unter 16 Jahren** am 31. 12. 1995 ein Kindergeldanspruch besteht, kann dieser ohne weitere Prüfung bis zur Vollendung des 18. Lebensjahres des Kindes verlängert werden.

Für alle **Kinder über 16 Jahre** (die am 31. 12. 1995 das 16. Lebensjahr vollendet haben) gilt folgendes:
- bestand für sie an diesem Tag eine Kindergeldberechtigung, besteht der Anspruch ohne weiteren Antrag bis zum vollendeten 18. Lebensjahr fort. Falls kein Berechtigtenwechsel eintritt, bedürfen diese Fälle keiner Überprüfung.
- bestand für sie keine Kindergeldberechtigung (z. B. wegen einer Ausbildungsvergütung mit Bruttobezügen ab 750 DM/Monat), so bedarf es zu ihrer künftigen Berücksichtigung eines (erneuten) Antrages auf Kindergeld.
- bestand für verheiratete Kinder (z. B. wegen der bisherigen Unterhaltsleistung des Ehegatten) keine Kindergeldberechtigung nach bisherigem Kindergeldrecht, kann sich künftig ein Anspruch ergeben, wenn der Ehegatte weniger als 12 000 DM/Jahr an Unterhaltsleistungen erbringt; auch in diesen Fällen ist ein Antrag erforderlich.

Für alle **Kinder über 18 Jahre** gilt folgendes:
Die bisherigen Berücksichtigungstatbestände gelten grundsätzlich auch im neuen Kindergeldrecht (Ausnahme: „Haushaltführende" Kinder), insbesondere werden
- Kinder bis zur Vollendung des **21 Lebensjahres** berücksichtigt, wenn sie arbeitslos sind und der inländischen Arbeitsvermittlung zur Verfügung stehen. Die Berücksichtigungszeit verlängert sich, wenn Grundwehr- oder Zivildienst (bzw. entsprechend anerkannten Dienste) geleistet wurden.
- Kinder bis zur Vollendung des **27. Lebensjahres** berücksichtigt, wenn sie
  - sich in Berufsausbildung befinden. Der steuerliche Begriff der Berufsausbildung umfaßt sowohl Zeiten der Schulausbildung an allgemeinbildenden Schulen als auch die typische Berufsausbildung. Zur begrifflichen Abgrenzung kann zunächst auf die bisherigen Nrn. 2.21, 2.213 DA-BKGG zurückgegriffen werden.
  - sich in einer Übergangszeit zwischen zwei Ausbildungsabschnitten von höchstens 4 Monaten befinden.
  - eine Beurfsausbildung mangels Ausbildungsplatzes nicht beginnen oder fortsetzen können. Soweit bisher wegen dieses Berücksichtigungstatbestandes Kinder mit Vollendung des 21. Lebensjahres ausgeschlossen wurden, ist ein erneuter Antrag erforderlich. Wird das Kind am 31. 12. 1995 wegen dieses Tatbestandes berücksichtigt, bedarf es bei Vollendung des 21. Lebensjahres keines erneuten Antrages, wenn der Ausbildungsplatzmangel fortdauert.
  - ein freiwilliges soziales oder ökologisches Jahr im Sinne der jeweiligen Fördergesetze leisten.
- Kinder **über das 27. Lebensjahr** hinaus berücksichtigt, wenn sie
  - behinderungsbedingt außerstande sich, sich selbst zu unterhalten.
  - aufgrund von Grundwehr- oder Zivildienst (bzw. entsprechend anerkannten Diensten) in ihrer Ausbildung Verzögerungen erfuhren.

Auch weiterhin haben die **Einkünfte des Kindes** Bedeutung:
Kinder, die das 18. Lebensjahr vollendet haben, werden nicht berücksichtigt, wenn ihnen Einkünfte und Bezüge in Höhe von wenigstens 12 000 DM im Kalenderjahr zustehen; näheres ergibt sich aus § 32 Abs. 4 Satz 2 EStG i. d. F. des Jahressteuergesetzes 1996 (BGBl. I S. 1250 [1260]).

Eine Berücksichtigung der Kinder im Jahre 1996 setzt deshalb voraus, daß die Familienkasse spätestens zu Beginn des Jahres 1996 anhand von begründenden Unterlagen eine Prognose erstellt; diese ist zum Jahresende zu überprüfen.

Näheres wird sich aus den künftigen Durchführungshinweisen ergeben.

2.4 Notwendige Überprüfungen

Sofort zu überprüfen sind alle Fälle, in denen ab 1. 1. 1996 die Familienkasse der Bundesanstalt für Arbeit und nicht mehr die Familienkassen des öffentlichen Dienstes zuständig sind. Die Kindergeldzahlungen sind einzustellen und die Betroffenen an die zuständigen Familienkassen zu verweisen.

Im einzelnen handelt es sich hierbei um
- **alleinstehende Kinder** (z. B. Vollwaisen), die Kindergeld für sich selbst erhalten.
- **Arbeitnehmer und Beamte** (z. B. Grenzgänger), die nicht unbeschränkt steuerpflichtig sind und auch nicht als unbeschränkt steuerpflichtig behandelt werden,
- **Beamte,** die nach § 123a BRRG eine Tätigkeit bei einer Einrichtung außerhalb Deutschlands ausüben, wenn sie nicht unbeschränkt steuerpflichtig sind und auch nicht als unbeschränkt steuerpflichtig behandelt werden.

Bis Ende 1996 zu überprüfen sind alle Fälle, in denen aufgrund der Übergangsregelung – vgl. Nr. 4 des als Anlage 2 beigefügten Merkblattes sowie § 78 EStG in der ab 1. 1. 1996 geltenden Fassung (BGBl. I S. 1250 [1279]) – ein nach neuem Recht vorrangig Berechtigter vom Kindergeldbezug ausgeschlossen wird oder kein Anspruch mehr besteht. Hierbei handelt es sich um Kindergeldleistungen für Enkel und Geschwister.

3. Mittelbereitstellung

Eine besondere Mittelanforderung ist nicht mehr erforderlich. Das ausgezahlte Kindergeld ist der insgesamt einbehaltenen Lohnsteuer zu entnehmen und bei der nächsten Lohnsteuer-Anmeldung gesondert abzusetzen.

Reicht das gesamte Lohnsteueraufkommen nicht aus, so wird der übersteigende Betrag vom zuständigen Betriebsstättenfinanzamt auf Antrag erstattet.

Näheres ergibt sich aus § 72 Abs. 8 EStG in der ab 1. 1. 1996 geltenden Fassung.

4. Kindergeldstatistik

Künftig haben die Familienkassen des öffentlichen Dienstes eine monatliche Kindergeldstatistik als Geschäftsstatistik zu führen[267].

Hierzu wird das Bundesamt für Finanzen demnächst eine Allgemeinverfügung bekanntgeben.

V. Zusätzliche Hinweise für Besoldung, Versorgung und Vergütung

1. Gesetzesanpassungen

Soweit in den einschlägigen Regelungen die Vorschriften des Bundeskindergeldgesetzes in der bis 31. 12. 1995 geltenden Fassung in Bezug genommen werden, sollen diese redaktionell angepaßt werden.

Sollte eine gesetzliche Regelung bis zum 31. 12. 1995 nicht erfolgt sein, bestehen keine Bedenken, die geltenden Regelungen auf die neuen Vorschriften des Kindergeldrechtes nach dem EStG oder dem BKGG – neu – zu beziehen.

2. Ausschlußfristen

Die kindergeldrechtliche Ausschlußfrist (6 Monate) für rückwirkende Kindergeldzahlungen bedeutet nicht in allen Fällen, daß der kindbezogene **Ortszuschlag** ebenfalls nur für diesen Zeitraum rückwirkend gezahlt werden kann: Bestand die materielle Kinder-

---

[267] § 4 des Gesetzes über Steuerstatistiken (StStatG) vom 11. 10. 1995, bekanntgemacht als Art. 35 des Jahressteuergesetzes 1996 (BGBl. I S. 1250 [1410]).

geldberechtigung auch für Zeiten vor dieser Zahlungsausschlußfrist, ist der Ortszuschlag im Rahmen der Verjährungsfrist für Besoldungsansprüche nachzuzahlen.

3. Notwendige Überprüfungen

Alle Fälle, in denen aufgrund von § 40 Abs. 2 Nr. 4 BBesG bzw. entsprechenden tarifvertraglichen Vereinbarungen Ortszuschlag der Stufe 2 wegen Aufnahme eines Kindes in die Wohnung gezahlt wird, sind zu überprüfen:
Durch die ab 1. 1. 1996 eintretende Erhöhung des Kindergeldes und die zu diesem Zeitpunkt vorgenommene Anpassung der Unterhaltsrenten[268] kann sich eine wesentliche Erhöhung der für den Unterhalt des Kindes von anderer Seite zur Verfügung stehenden Mittel ergeben.

4. Rückforderungen

Um zu vermeiden, daß die Rückforderung eventuell überzahlten Ortszuschlags an der Entreicherungseinrede (§ 12 BBesG) scheitert, empfiehlt es sich, diejenigen Besoldungsempfänger, die Anträge auf Kindergeld für Kinder ab Vollendung des 18. Lebensjahres stellen (oder deren Kindergeldzahlung wegen Vorliegens der Voraussetzungen weiter erfolgt), bei Bewilligung der Zahlungsaufnahme und ggf. in den folgenden Jahren in geeigneter Weise auf die Möglichkeit des nachträglichen Wegfalls der Ortszuschlagsberechtigung bei Wegfall des Kindergeldanspruchs hinzuweisen.

5. Anspruchskonkurrenzen

Soweit nach neuem Recht materielle Kindergeldansprüche bestehen, die wegen formeller Ansprüche Dritter (z. B. wegen der Übergangsregelungen für Enkel) nicht zu einer Kindergeldzahlung führen können, halte ich das Vorenthalten der besoldungsrechtlichen Ortszuschlagsleistung nicht für geboten. In diesen Fällen ist der kindbezogene Ortszuschlag dem materiell Berechtigten zuzuerkennen.

VI. Veröffentlichung

Dieses Rundschreiben wird im Gemeinsamen Ministerialblatt veröffentlicht.

Anlage 2
zum Schreiben des BMI vom 27. 10. 1995

Information über Rechtsänderungen beim Kindergeld und bei kindbezogenen Leistungen (z. B. Ortszuschlag, Sozialzuschlag) zum 1. 1. 1996

Durch das Jahressteuergesetz 1996 wurde der Familienlastenausgleich (künftig: Familienleistungsausgleich) ab 1. 1. 1996 neu geregelt: das Kindergeldrecht wurde in wesentlichen Teilen geändert.
Dieses Merkblatt soll Ihnen einen Überblick über die ab 1. 1. 1996 in Kraft tretenden Änderungen im Kindergeldrecht geben; die Änderungen werden zum Teil erhebliche Auswirkungen auf den Kindergeldanspruch haben. Daneben werden mit dem Kindergeldanspruch zusammenhängende kindbezogene Leistungen, wie z. B. Kinderanteil im Ortszuschlag, kindbezogene Versorgungsleistungen, Sozialzuschlag und möglicherweise Beihilfeansprüche berührt (z. B. wenn Ihnen für ein Kind kein Kindergeld mehr zusteht).

---

[268] Fünfte Verordnung über die Anpassung und Erhöhung von Unterhaltsrenten für Minderjährige vom 25. 9. 1995 (BGBl. I S. 1190): Danach können die Unterhaltsrenten um 20 v. H. angehoben werden; weiter wurden die Beträge nach der Regelunterhalt-Verordnung erhöht.

1. Für alle Kindergeldempfänger

1.1 Die bezügezahlenden Stellen des öffentlichen Dienstes sind künftig nur noch für die Festsetzung und Zahlung des Kindergeldes an Berechtigte, die der unbeschränkten Einkommensteuerpflicht unterliegen, zuständig. Diese Voraussetzung erfüllt, wer in Deutschland einen Wohnsitz oder gewöhnlichen Aufenthalt hat. Auch im Ausland wohnende Personen können auf Antrag unter bestimmten Bedingungen als unbeschränkt einkommensteuerpflichtig behandelt werden; werden Sie sich in diesem Falle an Ihre Bezügestelle.

Beschränkt steuerpflichtige Personen erhalten das Kindergeld ab 1. 1. 1996 unter bestimmten Voraussetzungen von der Familienkasse des Arbeitsamtes.

1.2 Die Höhe des Kindergeldes beträgt für im Inland wohnende Kinder monatlich

	ab 1. 1. 1996	ab 1. 1. 1997
– für das erste und zweite Kind jeweils	200,00 DM,	220,00 DM
– für das dritte Kind	300,00 DM,	300,00 DM
– für jedes weitere Kind jeweils	350,00 DM,	350,00 DM

Für im Ausland lebende Kinder besteht nur ausnahmsweise und unter Umständen in geringerer Höhe Anspruch auf Kindergeld.

1.3 Die bisherige einkommensabhängige Minderung des Kindergeldes ab dem zweiten Kind entfällt für die Zeit ab 1. 1. 1996.

1.4 Für die Zeit ab 1. 1. 1996 entfällt auch die Zahlung eines Zuschlags zum Kindergeld.

1.5 Bisher wurde bei nicht verheirateten, getrennt lebenden oder geschiedenen Eltern das Kindergeld demjenigen Elternteil gewährt, der entweder das alleinige Sorgerecht für das Kind hatte oder, wenn dies nicht der Fall war, das Kind überwiegend unterhalten hat. Künftig wird das Kindergeld in diesen Fällen demjenigen gezahlt, der das Kind in seinen Haushalt aufgenommen hat.

Ist das Kind nicht mehr in den Haushalt eines Elternteils aufgenommen, erhält das Kindergeld derjenige Elternteil, der diesem Kind die höhere Unterhaltsrente (Geldleistung) zahlt.

Neben verheirateten Eltern können auch nicht verheiratete in Lebensgemeinschaft wohnende Eltern künftig bestimmen, wer von ihnen das Kindergeld erhalten soll.

Bitte beachten Sie, daß sich durch diese Neuregelung der Kindergeldanspruch und die Höhe des Gesamtkindergeldes verändern können. U. U. kann mit dieser Regelung auch eine Änderung der kindbezogenen Leistungen verbunden sein. Bei geschiedenen Ehegatten kann dies auch Einfluß auf die Höhe der Unterhaltsverpflichtung haben.

2. Für alleinstehende Kinder (Vollwaisen)

Kinder, die bisher Kindergeld für sich selbst beziehen, erhalten dieses ab 1. 1. 1996 nur noch von der Familienkasse des Arbeitsamtes.

3. Für Kindergeldberechtigte mit Kinder über 16 Jahre

3.1 Ab 1. 1. 1996 wird Kindergeld für alle Kinder bis zum vollendeten 18. Lebensjahr gezahlt.

3.2 Kinder, die mangels Ausbildungsplatzes eine Berufsausbildung nicht beginnen können, können bis zum vollendeten 27. Lebensjahr (bisher: 21. Lebensjahr) berücksichtigt werden.

3.3 Für alle Kinder über 18 Jahre gilt künftig, daß Einkünfte und Bezüge, die zur Bestreitung ihres Lebensunterhaltes oder der Berufsausbildung bestimmt oder geeignet sind, dann zum Wegfall des Kindergeldes führen, wenn sie 12 000 DM jährlich erreichen. Einkünfte von Kindern, z. B. von Studenten während der Semesterferien, führen künftig dann nicht zum vorübergehenden Wegfall des Kindergeldes, wenn der Jahresbetrag von 12 000 DM nicht erreicht wird; bei seinem Erreichen fällt allerdings der Anspruch (auch rückwirkend) für das ganze Kalenderjahr weg. Für jeden vollen Kalendermonat, in dem die Anspruchsvoraussetzungen nicht vorgelegen haben (z. B.

keine Ausbildung, Erreichen der Altersgrenze, Ableistung von Grundwehr- oder Zivildienst), ermäßigt sich der o. a. Betrag um ein Zwölftel.

Einkünfte und Bezüge des Kindes in diesem Sinne insbesondere:
- Ausbildungsvergütungen, Einkünfte aus selbständiger und nichtselbständiger Tätigkeit, aus Kapitalvermögen (soweit sie den Sparerfreibetrag von 6000 DM jährlich übersteigen), aus Vermietung und Verpachtung, aus Gewerbebetrieb, aus Land- und Forstwirtschaft,
- Lohnersatzleistungen (z. B. Krankengeld, Mutterschaftsgeld, Arbeitslosengeld, Arbeitslosenhilfe, Rente wegen verminderter Erwerbsfähigkeit),
- Unterhaltsgeld, Übergangsgeld, Ausbildungsgeld, Berufsausbildungsbeihilfe sowie Leistungen nach dem Bundesausbildungsförderungsgesetz (BAföG), soweit diese nicht als Darlehen gewährt werden,
- Leistungen der Sozialhilfe, soweit das Sozialamt von einer Rückforderung bei gesetzlich unterhaltspflichtigen Personen absieht,
- Unterhaltsleistungen – auch des geschiedenen oder dauernd getrennt lebenden Ehegatten des Kindes.

Bei der Ermittlung der Einkünfte aus nichtselbständiger Arbeit (z. B. Ausbildungsvergütungen) wird der Arbeitnehmerpauschbetrag von jährlich 2000 DM oder evtl. höhere Werbungskosten von den Bruttobezügen abgesetzt.

Bei den anderen Einkunftsarten werden (steuerlich anerkannte) Werbungskosten oder Betriebsausgaben in Abzug gebracht.

Ein Verzicht des Kindes auf einen Teil der ihm zustehenden Einkünfte und Bezüge ist (wie bisher) unbeachtlich.

Keine Einkünfte in diesem Sinne sind:
- Unterhaltsleistungen der Eltern an das Kind,
- Bezüge, die für besondere Ausbildungszwecke bestimmt sind (z. B. Büchergeld bei der Begabtenförderung, Auslandsstudiengebühren).

4. Für alle Empfänger von Kindergeld für Enkelkinder, Geschwister und haushaltführende Kinder

4.1 Für Enkelkinder, die, ohne im Haushalt des Berechtigten aufgenommen zu sein, nur von diesem überwiegend unterhalten werden, entfällt die Anspruchsberechtigung; im Rahmen einer Übergangsregelung wird bisher bewilligtes Kindergeld bei Fortbestehen der bisherigen Anspruchsvoraussetzungen längstens bis 31. 12. 1996 weitergezahlt.

4.2 Die Kindergeldberechtigung für Geschwister entfällt generell; im Rahmen einer Übergangsregelung wird bisher bewilligtes Kindergeld bei Fortbestehen der bisherigen Anspruchsvoraussetzungen längstens bis 31. 12. 1996 weitergezahlt.

4.3 Sogenannte haushaltführende Kinder sind ab 1. 1. 1996 nicht mehr berücksichtigungsfähig; im Rahmen einer Übergangsregelung wird bisher bewilligtes Kindergeld bei Fortbestehen der bisherigen Anspruchsvoraussetzungen längstens bis 31. 12. 1996 weitergezahlt.

5. Sonstiges

5.1 Soweit sich aufgrund der Neuregelungen ein Anspruch auf Kindergeld für ein Kind ergibt, das am 31. 12. 1995 nicht berücksichtigungsfähig war, wird Kindergeld nur auf Antrag gezahlt. Es empfiehlt sich eine alsbaldige Antragstellung, da Kindergeld rückwirkend nur für sechs Monate gewährt wird. Wird aufgrund der Rechtsänderung für Ihr Kind einer anderen Person vom Arbeitsamt Kindergeld neu bewilligt, teilen Sie dies bitte Ihrer Bezügestelle für die Festsetzung der kindbezogenen Leistungen (z. B. Kinderanteil im Ortszuschlag, Sozialzuschlag) unverzüglich mit.

5.2 Das neue Kindergeldrecht ab 1996 stellt das Kindergeld in einen unmittelbaren Zusammenhang mit den steuerlichen Vergünstigungen für Kinder. Der Familienleistungsausgleich wird ab 1996 durch den steuerlichen Kinderfreibetrag **oder** das Kindergeld bewirkt; hierfür wird zunächst immer nur – solange die Anspruchsvoraussetzungen vorliegen – das Kindergeld laufend monatlich als Steuervergütung gezahlt. Zu beachten ist, daß dadurch die bisherige steuerliche Berücksichtigung der Kinderfreibeträge bei der monatlichen Lohnsteuerberechnung entfällt. Da die verfassungsmäßige Besteuerung sichergestellt werden muß, prüft das Finanzamt von Amts wegen bei der Veranlagung zur Einkommensteuer, ob das Kindergeld hierfür ausreicht oder statt dessen der Kinderfreibetrag zu gewähren ist.

13. Einführungsschreiben zum Familienleistungsausgleich

(BMF-Schrb. vom 18. 12. 1995 – IV B 5 – S 2282a – 438/95 II –, BStBl I 1995, 805 = DStR 96, 141)

Unter Bezugnahme auf das Ergebnis der Erörterungen mit den obersten Finanzbehörden der Länder gilt für die Anwendung des Familienleistungsausgleichs ab dem Veranlagungszeitraum 1996 folgendes:

Allgemeines

Weiterentwicklung des Familienlastenausgleichs

1   Durch das Jahressteuergesetz 1996 ist der bisherige Familienlastenausgleich zu einem Familienleistungsausgleich weiterentwickelt worden. Ziele waren die Steuerfreistellung von Einkommen in Höhe des vollen Kinderexistenzminimums, eine deutliche Verbesserung der Förderung der Familien mit niedrigeren Einkommen und mehreren Kindern sowie eine Vereinheitlichung der bisherigen einkommensteuer- und kindergeldrechtlichen Regelungen. Die Weiterentwicklung zum Familienleistungsausgleich bedeutet einen grundlegenden Systemwechsel. Die bisher mögliche kumulative Inanspruchnahme von Kinderfreibetrag und Kindergeld wird ab dem Veranlagungszeitraum 1996 durch eine Regelung abgelöst, wonach beides nach entsprechenden Anhebungen nur noch alternativ in Betracht kommt. Das FA prüft von Amts wegen, ob das Kindergeld die steuerliche Wirkung des Kinderfreibetrags ausgleicht.

2   Soweit die Voraussetzungen für das steuerliche Kindergeld und den Kinderfreibetrag übereinstimmen (Abweichungen z. B. bei Stief- und Enkelkindern, §§ 32 Abs. 1, 63 Abs. 1 Nr. 2 und 3 EStG), kann das FA die von der Familienkasse über die Berücksichtigung des Kinds getroffene Entscheidung übernehmen. Bei Zweifeln an der Richtigkeit dieser Entscheidung und bei einer abweichenden Entscheidung hat es die Familienkasse darüber zu unterrichten.

Ausgestaltung des Familienleistungsausgleichs

3   Der Kinderfreibetrag wird auf 6264 DM (ab 1997: 6912 DM) angehoben. Damit wird die Vorgabe des Bundesverfassungsgerichts, einen Einkommensbetrag in Höhe des Existenzminimums eines Kinds steuerfrei zu lassen, erfüllt. Das Kindergeld wird auf monatlich jeweils 200 DM (ab 1997: 220 DM) für das erste und zweite, auf 300 DM für das dritte und auf 350 DM für jedes weitere Kind angehoben. Im laufenden Jahr wird nur monatliches Kindergeld gezahlt. Es dient der Förderung der Familie, soweit es den für die gebotene steuerliche Freistellung erforderlichen Betrag übersteigt. Reicht es für die gebotene Steuerfreistellung nicht aus, wird bei der Veranlagung zur ESt ein Kinderfreibetrag abgezogen und das Kindergeld der tariflichen ESt hinzugerechnet.

Zu § 2 Abs. 6 EStG/Kindergeld als Teil der festzusetzenden Einkommensteuer

4   Die Vorschrift erweitert den Begriff der „festzusetzenden Einkommensteuer" um das Kindergeld. Die Hinzurechnung im Rahmen der Steuererhebung erfolgt nach § 36 EStG.

Unter Kindergeld ist grundsätzlich das für den jeweiligen Kalendermonat zu zahlende Kindergeld zu verstehen. Bei einem barunterhaltspflichtigen Elternteil fällt hierunter das halbe Kindergeld, das er über den zivilrechtlichen Ausgleich entsprechend § 1615g BGB erhält. Demzufolge umschließt der Begriff bei dem betreuenden Elternteil nur die ihm wirtschaftlich verbleibende Hälfte des Kindergelds.

Zu § 31 EStG – Familienleistungsausgleich

Inanspruchnahme von Kinderfreibetrag oder Kindergeld (Satz 1)

5   Während die verfassungsrechtlich gebotene steuerliche Freistellung eines Einkommensbetrags in Höhe des Existenzminimums eines Kinds bisher im dualen System von Kinderfreibetrag *und* Kindergeld herbeigeführt wird, wird dies ab dem Veranlagungszeitraum (VZ) 1996 durch Kinderfreibetrag *oder* Kindergeld (einschließlich vergleichbarer Leistungen) sichergestellt.

Kindergeld als Steuervergütung (Satz 3)

6   Während Kindergeld nach dem bisherigen Bundeskindergeldgesetz, auch soweit es im dualen System des Familienlastenausgleichs steuerlichen Zwecken dient, eine Sozialleistung darstellt, wird Kindergeld im Rahmen des Familienleistungsausgleichs als Steuervergütung gezahlt. Daraus und aus der Rechtsstellung der Familienkassen als Bundesfinanzbehörden ergibt sich, daß AO und FGO Anwendung finden.

Abzug des Kinderfreibetrags (Satz 4)

7   Bei der Veranlagung zur ESt ist von Amts wegen zu prüfen, ob der Kinderfreibetrag abzuziehen ist. Er ist abzuziehen, wenn das Kindergeld einen fehlenden Abzug des Kinderfreibetrags nicht ausgleichen kann. Da die Prüfung auf das einzelne Kind zu beziehen ist, entfällt sie für 1996 für dritte und weitere Kinder, wenn für sie Kindergeld in Höhe von monatlich 300 DM oder 350 DM gezahlt wird. Hierdurch wird die gebotene steuerliche Freistellung in vollem Umfang bewirkt. Wird in einem VZ für dasselbe Kind Kindergeld nach unterschiedlichen Kindergeldsätzen gezahlt, dann ist die Prüfung auf die Monate zu beschränken, für die Kindergeld von 200 DM gezahlt worden ist. Ab dem VZ 1997 sind wegen der Anhebung des Kinderfreibetrags auf 6912 DM auch dritte Kinder in die Prüfung einzubeziehen.

Beispiel: Eheleute erhalten ab Januar 1996 für drei Kinder Kindergeld in Höhe von (200 DM + 200 DM + 300 DM =) 700 DM. Im Juni 1996 scheidet das älteste Kind aus der Berücksichtigung aus.
Kindergeld wird gezahlt für
– das erste Kind für Januar bis Juni 1996 mtl. 200 DM
– das zweite Kind für Januar bis Dezember mtl. 200 DM
– das dritte Kind für Januar bis Juni 1996 mtl. 300 DM
  für Juli bis Dezember 1996 mtl. 200 DM.
Zu prüfen ist, ob ein Kinderfreibetrag abzuziehen ist für
– das erste Kind für Januar bis Juni 1996
– das zweite Kind für Januar bis Dezember 1996
– das dritte Kind für Juli bis Dezember 1996.

Der Prüfung ist stets das zu versteuernde Einkommen (Jahresbetrag) zugrunde zu legen.

8   Wird nach einem zwischenstaatlichen Abkommen Kindergeld in geringerer Höhe gezahlt, ist bei der Prüfung, ob ein Kinderfreibetrag abzuziehen ist, entsprechend zu verfahren. Derzeit bestehen solche Abkommen mit dem Königreich Marokko, mit der Schweizerischen Eidgenossenschaft, mit der Republik Türkei und der Tunesischen Republik. Darüber hinaus findet das mit der Republik Jugoslawien abgeschlossene Ab-

kommen Anwendung auf die Nachfolgestaaten Bosnien-Herzegowina, Bundesrepublik Jugoslawien (Montenegro und Serbien), Kroatien, Republik Mazedonien und Slowenien.

Verrechnung von Kindergeld oder vergleichbare Leistungen (Satz 5)

9 Wird ein Kinderfreibetrag abgezogen, sind die für den entsprechenden Zeitraum zu zahlenden Leistungen für das Kind zu verrechnen (siehe Rdn. 4 und 23 ff.). Eine Verrechnung ist daher nicht vorzunehmen, wenn ein Anspruch auf Kindergeld nicht besteht oder durch Fristversäumnis erloschen ist. Zu den vergleichbaren Leistungen gehört neben den anderen Leistungen i. S. des § 65 EStG auch das Kindergeld nach zwischenstaatlichen Abkommen. Bei einem barunterhaltspflichtigen Elternteil ist eine Verrechnung unabhängig davon vorzunehmen, ob der zivilrechtliche Ausgleich tatsächlich in Anspruch genommen wird.

Zu § 32 EStG – Kinder, Kinderfreibetrag, Haushaltsfreibetrag

Kinder – Abs. 1 und 2

10 Eine Dopppelberücksichtigung von Pflegekindern und von angenommenen Kindern bei Erwachsenenadoption ist künftig nicht mehr möglich. Den leiblichen Eltern steht – unbeschadet des zivilrechtlichen Ausgleichs entsprechend § 1615g BGB – kein Kinderfreibetrag zu.

Berücksichtigung von Kindern – Abs. 3 bis 5

11 Die Vereinheitlichung von Einkommensteuer- und Kindergeldrecht hat zu folgenden Änderungen geführt:

12 Anspruch auf Kinderfreibetrag besteht für jeden *Kalendermonat,* in dem die Voraussetzungen für die Berücksichtigung eines Kinds an wenigstens einem Tag vorgelegen haben.

13 *Arbeitslose Kinder* können bis zur Vollendung des 21. Lebensjahres berücksichtigt werden, wenn sie der Arbeitsvermittlung im Inland zur Verfügung stehen.

14 Befindet sich ein Kind in einer *Übergangszeit* von nicht mehr als 4 Monaten zwischen zwei Ausbildungsabschnitten, kann es auch während dieser Zeit berücksichtigt werden. Gleiches gilt für eine Übergangszeit zwischen Beginn oder Ende eines Ausbildungsabschnitts und dem Beginn oder Ende des Wehr- oder Ersatzdienstes, beziehungsweise eines freiwilligen sozialen oder ökologischen Jahres.

15 Kinder, die *Wehrdienst bis zu drei Jahren oder einen Ersatzdienst* leisten oder eine von diesen Diensten befreiende Tätigkeit als *Entwicklungshelfer* ausüben, können nicht mehr berücksichtigt werden. Statt dessen kann in diesen Fällen der Berücksichtigungszeitraum um die Dauer des inländischen gesetzlichen Grundwehr- oder Zivildienstes über das 21. oder 27. Lebensjahr hinaus verlängert werden, wenn im übrigen die Voraussetzungen des § 32 Abs. 4 EStG vorliegen.

16 Kinder, die das 18. Lebensjahr vollendet haben und denen *eigene Einkünfte und Bezüge* von mehr als 12000 DM im Kalenderjahr zur Verfügung stehen, können grundsätzlich nicht berücksichtigt werden. Bei der Ermittlung der Einkünfte und Bezüge ist § 11 EStG zu beachten; auf H 190 EStH (Anrechnung eigener Einkünfte und Bezüge) wird verwiesen. Der Betrag von 12000 DM ermäßigt sich für jeden Kalendermonat, in dem ansonsten die Voraussetzungen für eine Berücksichtigung nach § 32 Abs. 4 Satz 1 Nr. 1 und 2 EStG nicht vorgelegen haben, um ein Zwölftel. Einkünfte und Bezüge des Kinds, die auf diese Kalendermonate entfallen, bleiben außer Ansatz; R 192a Abs. 2 EStR gilt entsprechend. Bei Kindern mit Wohnsitz oder gewöhnlichem Aufenthalt im Ausland ermäßigt sich die Grenze der Einkünfte und Bezüge des Kinds ggf. entsprechend den Verhältnissen des Wohnsitzstaats des Kinds; § 32 Abs. 6 Satz 4 EStG gilt sinngemäß.

17 Bei der Prüfung der Grenze der eigenen Einkünfte und Bezüge des Kinds bleiben Leistungen außer Betracht, die dem Träger einer Bildungsmaßnahme *(Ausbildung, Fortbildung, Rehabilitation)* nach dem AFG und den dazu erlassenen Anordnungen der Bundesanstalt für Arbeit (A Ausbildung, A Fortbildung und Umschulung, A Reha) oder entsprechenden anderen Sozialleistungsvorschriften unmittelbar als Kostenerstattung für die Ausbildungsleistung (sog. betriebsbezogene Maßnahmekosten oder Lehrgangsgebühren) zufließen. Das gleiche gilt für zuschußweise Zuwendungen an Träger von Bildungsmaßnahmen, die diesen zur Förderung der Berufsausbildung von Jugendlichen unmittelbar rechtlich zustehen, sowie für Fernunterrichtsgebühren nach § 30 A Reha.

18 Außer Betracht bleiben auch Leistungen, die dem Kind zwar zufließen, jedoch wegen seines *individuellen Sonderbedarfs* gewährt werden und deshalb nicht zur Bestreitung seines Unterhalts und seiner Berufsausbildung bestimmt oder geeignet sind. So wird bei Behinderten durch entsprechende Leistungen (nach A Reha) zum einen der behinderungsbedingte Bedarf abgedeckt, zum anderen der Bedarf, der zwangsläufig dadurch entsteht, daß die Bildungsmaßnahme vom Behinderten ohne zusätzliche (und ansonsten von ihm nicht tragbare) Belastung überhaupt durchgeführt werden kann. Letzteres gilt entsprechend für Auszubildende sowie für Fortzubildende und Umzuschulende, die aus arbeitsmarktpolitischen Gründen (nach A Ausbildung bzw. A Fortbildung und Umschulung) gefördert werden. Folgende Leistungen erfüllen diese Bedingung:

- Fahrkosten nach §§ 13, 13a A Ausbildung,
- Fahrkosten und Kinderbetreuungskosten nach §§ 18 und 21 A Fortbildung und Umschulung,
- Kosten für Unterkunft und Verpflegung nach §§ 29 Abs. 3 Satz 2, 33 A Reha, soweit sie den jeweiligen Wert nach der Sachbezugsverordnung übersteigen,
- Reisekosten nach §§ 29 Abs. 3 Satz 2, 34 A Reha,
- Kosten für eine Haushaltshilfe und andere Kosten nach §§ 35 und 36 A Reha,
- entsprechende Leistungen der Jugendhilfe nach § 27 Abs. 3 i. V. mit § 39 SGB VIII.

Dies gilt auch für entsprechende Leistungen nach anderen Sozialleistungsvorschriften.

19 Nicht anzusetzen sind ferner Bezüge, die für *besondere Ausbildungszwecke* bestimmt sind. Dies sind nur Leistungen für

- Studiengebühren und Reisekosten bei einem Auslandsstudium,
- Wechselkursausgleich bei einem Auslandsstudium (Auslandszuschlag),
- Auslandskrankenversicherung bei einem Auslandsstudium,
- Reisekosten bei einem Freiwilligen Sozialen Jahr i. S. des Gesetzes zur Förderung eines Freiwilligen Sozialen Jahres (FSJ-G) ins und vom Europäischen Ausland (Hin- und Rückreise) sowie für höchstens vier Fortbildungsveranstaltungen; Entsprechendes gilt für das Freiwillige Ökologische Jahr i. S. des Gesetzes zur Förderung eines Freiwilligen Ökologischen Jahres sowie
- das Büchergeld der Begabtenförderungswerke.

Entsprechendes gilt für Einkünfte, soweit sie für die genannten Zwecke verwendet werden.

20 Für die Frage der Berücksichtigung von Kindern, die *wegen körperlicher, geistiger oder seelischer Behinderung* außerstande sind, sich selbst zu unterhalten, ist R 180d Abs. 4 Satz 4 EStR mit der Maßgabe anzuwenden, daß an die Stelle des Betrags von 9540 DM der Betrag von 12000 DM tritt.

Kinderfreibetrag – Abs. 6

21 Bei der Übertragung des Kinderfreibetrags haben sich folgende Änderungen ergeben:

- Die bisherige einvernehmliche Übertragung des Kinderfreibetrags (§ 32 Abs. 6 Satz 5 zweite Alternative EStG 1995) ist nicht mehr möglich (Art. 1 Nr. 7 Buchst. d des Jahressteuer-Ergänzungsgesetzes 1996).
- Da Groß- und Stiefeltern nach dem im Kindergeldrecht geltenden Vorrangprinzip, das in § 63 Abs. 1 EStG übernommen wurde, grundsätzlich kindergeldberechtigt sind, wenn sie ein Enkel-

oder Stiefkind in ihrem Haushalt aufgenommen haben, wurde die Möglichkeit eingeführt, den Kinderfreibetrag von den leiblichen Eltern – auch mit deren Zustimmung – auf diese Personen zu übertragen.

Haushaltsfreibetrag – Abs. 7

22 Da Kinderfreibetrag oder Kindergeld alternativ zur Anwendung kommen, ist der Haushaltsfreibetrag u. a. davon abhängig, daß der/die Stpfl. entweder einen Kinderfreibetrag oder Kindergeld für mindestens ein Kind erhält (siehe zu Rdn. 4). Kinder, die sowohl in der Wohnung eines Elternteils als auch eines Großelternteils gemeldet sind, werden dem Großelternteil zugeordnet oder mit dessen Zustimmung dem Elternteil.

Zu § 36 Abs. 2 Satz 1 EStG – Hinzurechnung von Kindergeld

23 Die Hinzurechnung („im entsprechenden Umfang") richtet sich danach, ob das Einkommen um einen vollen oder halben Kinderfreibetrag für den jeweiligen Monat vermindert wurde.

Nur das für den entsprechenden Zeitraum tatsächlich gezahlte Kindergeld – einschließlich des Kindergelds nach zwischenstaatlichen Abkommen und der anderen Leistungen für Kinder (§ 65 EStG) – wird hinzugerechnet. Soweit der Stpfl. geltend macht, Kindergeld nicht oder nicht in entsprechender Höhe erhalten zu haben, hat er dies, ggf. durch eine entsprechende Bescheinigung der zuständigen Familienkasse, nachzuweisen oder glaubhaft zu machen.

Beispiel 1: A hat laut Kindergeldbescheinigung Anspruch auf ein Kindergeld von 2400 DM, er hat aber nur 2000 DM erhalten und kann dies belegen, z. B. durch eine entsprechende Gutschrift oder eine Lohnabrechnung.

Nur das für den entsprechenden Zeitraum tatsächlich gezahlte Kindergeld wird hinzugerechnet, d. h. 2000 DM.

Beispiel 2: B hat in 1996 einen Kindergeldanspruch in Höhe von 200 DM für Dezember. Das Kindergeld für Dezember 1996 wird erst im Januar 1997 zusammen mit dem Kindergeld für Januar 1997 ausgezahlt.

Da es sich bei dem in 1997 gezahlten Betrag teilweise um Kindergeld für 1996 handelt, werden für 1996 200 DM hinzugerechnet, unabhängig davon, wann die Zahlung erfolgt ist, denn das Zuflußprinzip ist ausgeschlossen. Für 1997 erfolgt später nur die Hinzurechnung der auf diesen Veranlagungszeitraum entfallenden Kindergeldbeträge.

Beispiel 3: Der Stpfl. hat bei der zuständigen Familienkasse kein Kindergeld beantragt. Er belegt, kein Kindergeld erhalten zu haben, z. B. durch eine Bescheinigung der zuständigen Familienkasse.

In diesem Fall wird kein Kindergeld hinzugerechnet. Gleichwohl kann der Kinderfreibetrag abgezogen werden.

24 Wird nachträglich bekannt, daß Kindergeld tatsächlich nicht in der bisher angenommenen Höhe gezahlt worden ist, kommt eine Änderung des Steuerbescheids nach § 173 AO in Betracht. Wird das Kindergeld nachträglich gezahlt oder zurückgefordert, ist der Steuerbescheid aufgrund dieses rückwirkenden Ereignisses nach § 175 Abs. 1 Satz 1 Nr. 2 AO anzupassen.

Stichwortverzeichnis

Die Zahlen bezeichnen die Randziffern

Abkommen über soziale Sicherheit 56
Adoption 61
Alternative Inanspruchnahme 177
Altersgrenzen 76
Änderung der Kindergeldbescheinigung 291
Änderung der Kindergeldfestsetzung 231 ff.
Änderung des Vormundschaftsgerichtsbeschlusses 138 ff.
Angehörige des öffentlichen Dienstes 240 ff.
Angehöriger von Mitgliedstaaten der EU 46
Anspruchsberechtigte 27 ff.
Anspruchskonkurrenz 118 ff.
Anstalten des öffentlichen Rechts 255
Antragsberechtigung 208 ff.
Anzeigepflicht 105, 212 ff., 386
Arbeitnehmer-Pauschbetrag 93
Arbeitslosigkeit 79
Asylberechtigter Ausländer 47
Aufenthaltserlaubnis 43 ff.
Aufenthaltsberechtigung 40 ff.
Aufenthaltsgenehmigung 38
Aufhebung der Kindergeldfestsetzung 231
Aufnahme in den Haushalt 67 ff.
Auskunftspflichten 105 ff., 369 ff.
Auskunftsrecht der Familienkasse 379a
Ausländer 38 ff., 45
Ausländische Organisationen 37
Auswirkungen der Systemumstellung 14 ff.
Auszahlungsanspruch 184, 189
Auszahlungspflicht des Arbeitgebers 305 ff., 315 ff.

Barunterhaltspflicht 25a
Befreiung von der Auszahlungspflicht 315 ff.
Befreiungsentscheidung 324 ff.
Befreiungsvoraussetzungen, formelle 231 ff.
Befreiungsvoraussetzungen, materielle 317 ff.
Behinderung 84
Beitragspflicht 54 f.

Berichtigung der Kindergeldfestsetzung 231 ff.
Berufsausbildung 100
Bescheinigungspflicht des Arbeitgebers 380 ff.
Beschluß des Vormundschaftsgerichts 138 ff.
Betriebsstätten-Familienkasse 324
Betriebsstätten-Finanzamt 312
Bezüge für besondere Ausbildungszwecke 102
Bindungswirkung der Entscheidung des Vormundschaftsgerichts 142
Bindungswirkung der Kindergeldbescheinigung 290
Bundesamt für Finanzen 12, 430 ff.
Bundeskindergeldgesetz 11

Duales System 4

Ehegatte des vorübergehend entsandten Arbeitnehmers 52 ff.
Ehrenbeamter 245
Einkommensteuer-Veranlagung 25
Einkünfte und Bezüge des Kindes 84 ff.
Enkel 64 ff.
Entnahme des Kindergeldes aus der Lohnsteuer 309
Entstehen des Kindergeldanspruchs 184
Entwicklungshelfer 80
Erlöschen des Kindergeldanspruchs 185 ff.
Erweiterte unbeschränkte Steuerpflicht nach § 1 Abs. 2 EStG 34
Erweiterte unbeschränkte Steuerpflicht nach § 1 Abs. 3 EStG 35
Europäischer Wirtschaftsraum (EWR) 83, 108

Fachaufsicht 430
Familiengemeinschaft 70
Familienkasse 12 ff.
Familienleistungsausgleich 1
Finanzamtslösung 299
Finanzierung durch den Arbeitgeber 309
Finanzrechtsweg 235

Gastarbeiterkinder 11
Gemeinsamer Haushalt 74, 129
Geschwister 66 ff.
Gesonderte Absetzung des ausgezahlten Kindergeldes 311
Gleichrangig Berechtigte 128 ff.

Haftung des Arbeitgebers 388
Haushaltsinterne Rangfolge 147
Haushaltszugehörigkeit 125
Höhe des Kindergeldes 172 ff.

Kinder, im Ausland lebende Kinder von Angehörigen des öffentlichen Dienstes 282 a ff., 423
Kinder, zu berücksichtigende 57 ff.
Kindergeldantrag 198 ff.
Kindergeldbescheid 215 ff.
Kindergeldbescheinigung 287 ff., 301 ff., 365 ff., 380 ff.
Kinderzulage 160
Kinderzuschuß 161
Kirchensteuer 6, 24
Körperschaften des öffentlichen Rechts 254
Kosten im Vorverfahren 407 ff.
Kostenentscheidung 417 f.
Kostenfestsetzung 419
Kriegsdienstverweigerer 82
Kumulationsverbot 154 ff.
Kurzfristig im öffentlichen Dienst Beschäftigte 262 ff.

Lastenverteilung 433
Leben im Haushalt 108
Leistungen im Ausland 164
Lohnabrechnung 383
Lohnsteuer-Anmeldung 311
Lohnsteuer-Außenprüfung 389
Lohnsteuerbescheinigung 383

Maßgeblichkeit der Kindergeldbescheinigung 301
Mehrlingsgeburten 203
Meldedaten-Übermittlung 390 ff.
Merkblatt für Arbeitgeber 300, Anhang 5
Mitwirkungspflichten 105 ff., 369 ff.
Monatsprinzip 8

Nettolohnvereinbarung 309
Nichtzahlen des Kindergeldes durch den Arbeitgeber 331

Obhutsprinzip 124, 126
Offenbarungsverbot 293
Öffentlich-rechtliches Ausbildungsverhältnis 247
Ordnungswidrigkeiten, Ahndung von 431
Organleihe 430

Parlamentarischer Staatssekretär 246
Pauschbeträge 93
Pfändungsschutz 404 ff.
Pflegekind 61

Rangfolge bei mehreren Berechtigten 123 ff.
Rechtscharakter des Kindergeldes 21 ff.
Rechtsmittel gegen den Beschluß des Vormundschaftsgerichts 144
Rechtsmittel gegen die Kindergeld-Festsetzung 234
Religionsgesellschaften des öffentlichen Rechts 259
Rückforderung von Kindergeld 360 ff.
Rücknahme der Befreiung 327
Rückwirkende Zahlung 190 ff.

Sechsmonatsfrist 190 ff.
Soldaten 246, 250
Solidaritätszuschlag 6, 24
Sparer-Freibetrag 95
Steuergeheimnis 379 a
Steuervergütung 21
Stiefkind 62 ff.
Straftaten, Zuständigkeit für die Verfolgung von 431
Subsidiarität des steuerlichen Familienleistungsausgleichs 156

Teilkindergeld 170 ff.

Übereinstimmende Willenserklärung 131
Übergangsgebührnisse 252
Übergangsregelungen 422 ff.
Überleitung des Kindergeldanspruchs 353 ff.
Unbeschränkt Steuerpflichtiger 30, 31 ff.
Unfallfürsorge 248
Unterbringung 350 ff.
Unterhalt 99
Unterhaltsbeiträge 249
Unterhaltsrente 151
Unternehmen der öffentlichen Hand 256

Verbände der freien Wohlfahrtspflege 261
Verdienstbescheinigungen für Entgeltersatzleistungen 387a
Vereinheitlichung der Kindbegriffe 9
Verfassungsmäßigkeit des Auszahlungsverfahrens 299
Vergleich der Systeme 13
Verletzung der Unterhaltspflicht 336ff.
Verletzung von Mitwirkungspflichten 372
Verordnungsermächtigung 115ff.
Verschollenheit 248
Versorgungsbezüge 288ff.
Verzicht auf Vorrang 148ff.
Vollstreckung 282
Vollwaisen 330
Vorauszahlungen 26

Vormundschaftsgerichtliches Verfahren 133ff.
Vorübergehende Entsendung 48f.

Wehrdienst 80
Widerruf der Erklärung 132
Widerruf des Verzichts 150
Wiedereinsetzung in den vorigen Stand 194

Zahlkind 59
Zählkind 59
Zahlungsunfähigkeit des Arbeitgebers 331
Zahlungszeitraum 214
Zivildienst 80
Zuflußprinzip (§ 11 EStG) 25, 89

68,-
1202/12/2
RR 17.4.96
715167 8
4760